高等学校旅游管理类专业系列教材

旅游规划与设计教程

Tourism Planning and Design

魏峰群　主编

中国建筑工业出版社

图书在版编目（CIP）数据

旅游规划与设计教程 = Tourism Planning and
Design / 魏峰群主编 . —北京：中国建筑工业出版社，
2022.12
高等学校旅游管理类专业系列教材
ISBN 978-7-112-27838-1

Ⅰ.① 旅…　Ⅱ.① 魏…　Ⅲ.① 旅游规划—高等学校—
教材　Ⅳ.①F590.1

中国版本图书馆 CIP 数据核字（2022）第 159457 号

为了更好地支持相应课程的教学，我们向采用本书作为教材的教师提供课件，
有需要者可与出版社联系。
建工书院：https://edu.cabplink.com
邮箱：jckj@cabp.com.cn　　电话：（010）58337285

责任编辑：柏铭泽　陈　桦
责任校对：赵　菲

高等学校旅游管理类专业系列教材
旅游规划与设计教程
Tourism Planning and Design
魏峰群　主编
＊
中国建筑工业出版社出版、发行（北京海淀三里河路9号）
各地新华书店、建筑书店经销
北京雅盈中佳图文设计公司制版
天津安泰印刷有限公司印刷
＊
开本：787毫米×1092毫米　1/16　印张：24¾　字数：494千字
2023年1月第一版　2023年1月第一次印刷
定价：**69.00**元（赠教师课件）
ISBN 978-7-112-27838-1
（39967）
版权所有　翻印必究
如有印装质量问题，可寄本社图书出版中心退换
（邮政编码 100037）

本书编委会

主　　编：魏峰群

主　　审：郑海博

副主编：李振亭　吴　冰　刘新颜　孙碧琛

参　　编：赵晶雪　林碧霞　李星周　韩丽颖　杨蕾洁

　　　　　马文硕　李文瑞　康　莉　贾榕榕　马　瑛

　　　　　邢白雪　张　昕　王宏宇

前　言

规划学科是一个无边界的动态知识领域，这一基本判断对于深刻理解旅游规划的内涵与外延颇有启示。通览以往的旅游规划教材，会发现理论和实践之间存在着一种若隐若现的隔离状态，把旅游规划仅仅看作是技术工具显然是过于简单化了。旅游规划的本质是科学制定旅游产业可持续发展的系统化解决方案，涉及人与自然、人与社会等诸多要素，还包括更为具体的政策制定层面、经济管理层面和建设运营层面等操作性技术。在瞬息万变的当下，面对这些包罗万象的"知识体系"，如何理解其错综复杂的关联与影响，如何进行信息的汇集与提炼，并如何加以创新与运用？对规划设计师而言，必须要具有深刻认识事物本质的才能，方可妥善回应这些不断涌现的问题。正如著名建筑师阿尔瓦罗·西扎（Alvaro Siza）所言："设计师应该成为'无专业的专业人员'，设计师真正需要的是结合不同的元素和学科的能力。因此，设计师应具有广阔的视野，不受具体知识的限制，他们能够把不同的因素联系起来并保持非专业化的综合能力。从这个角度来说，设计师是无知的，但是他可以和许多人共同解决出现的新问题"。填补理论与实践的缝隙，培养真正的设计师素养，是本书编撰的初衷和旨趣。

本书共5篇17章，涵盖旅游规划总论、旅游产业发展规划、旅游景区建设规划、景观与游憩设施设计、旅游目的地管理规划等内容。本书由魏峰群、李振亭、吴冰、刘新颜、孙碧琛和郑海博等学者共同完成编著。

本书立足于旅游规划学科理论和设计实践，面向旅游管理、城乡规划、人文地理、景观设计等专业的学生和教师，以及规划行业的设计师和相关爱好者。我们特别希望这本书成为有用好用的教材和参考书，甚至能成为足以愉悦心情、能时常翻阅的案头读本。

读万卷书，行万里路。让我们从这本书出发，携手共读同行，发现别样旅程。

目 录

第3篇　旅游景区建设规划

第 4 篇　景观与游憩设施设计

第 5 篇　旅游目的地管理规划

第1篇

旅游规划总论

第1章　旅游规划导论

1.1　旅游规划概念·对象·特性

1.1.1　什么是旅游规划

旅游活动发展与经济社会发展息息相关，工业革命带来世界经济的迅速发展，深刻地改变了人类生活的环境和行为模式，旅游活动日益活跃，旅游产业逐步兴起。世界范围内旅游产业的迅猛发展，必然促进旅游发展计划和规划的相关研究和实践。从20世纪初的思想起源开始，时至今日，旅游规划的理论基础不断丰富，基本程序和框架逐步规范，规划研究的内容和方法日趋完善。

那么，什么是旅游规划？

1.旅游规划的概念

管理学家赫伯特·A.西蒙（Herbert A.Simon）认为"规划是要对未来做出不同情景的设想，找到实现不同情景所采取的不同策略，评判最终结果对未来可预见因素的敏感程度"。这一概念包含多重含义：一是描绘未来，即规划是人们根据现在的认识对未来目标和发展状态的构想；二是行为决策，即规划实现未来目标或达到未来发展状态的步骤与决策，其核心是确定发展方案；三是影响评估，即实施不同发展策略与预期目标之间的相互影响关系，并在未来所能呈现出的系统状态。

在旅游规划理论研究和不断实践的发展过程中，出现了较多对于"旅游规划"的基本概念阐述，这些定义都是从不同视角表述旅游规划所具有的本质与内涵，例如，墨菲（Murphy）认为"旅游规划是在预测和调节系统内的变化，以促进有秩序地开发，从而扩大开放过程的社会效益、经济效益与环境效益，因此规划是一个连续操作的过程，可以达到某一目标或者平衡几个目标"；盖茨（Getz）指出"旅游规划是在调查与评价的基础上寻求旅游业对人类福利及环境质量的最优贡献的过程"；甘恩（Gunn）表述为"旅游规划是经过一系列选择决定适合未来行动的动态的反馈过程，未来行动不仅指政策的制定，还指目标的实现"；亨特（Hunter）认为"旅游规划由于牵涉到不同利益群体，所以要注意各种利益的协调，旅游规划是使旅游和其他部门的目标共同实现的过程"。目前，我国多采用《旅游规划通则》GB/T 18971—2003 中的概念表述：① 旅游发展规划，是根据旅游业的历史、现状和市场要素的变化所制定的目标体系，以及为实现目标体系在特定的发展条件下对旅游发展的要素所做出的安排。② 旅游区规划，是指为了保护、开发、利用和经营管理旅游区，使其发挥多种功能和作用而进行的各项旅游要素的统筹部署和具体安排。

　　比较而言，国外学者提出的概念偏重对规划目标和政策过程的理解与阐释，而国内的定义简单明了，更关注规划实施的具体内容和手段。但无论采取怎样的表达方式，基本都阐明了旅游规划的目标、内容与过程，蕴含了空间规划、运营管理和政策指向等内在属性，多元化的定义更有助于从不同视角全面深刻地认识旅游规划的本质与内涵。

　　2. 旅游规划的基本属性

　　属性是指事物在任何条件下都具有的本质特性。通过对旅游规划概念表述的语义解析，可以较为明确地识别出旅游规划所具有的基本属性：

　　1）特定行业属性

　　旅游规划所涉及的对象和领域都是针对构成旅游产业体系的各组成部分和要素，主要包括旅游景区景点、旅游服务设施、旅游交通通信、旅游市场管理，以及与旅游产业运行密切相关的社会经济相关领域，其旅游行业属性明显。

　　2）技术工具属性

　　旅游规划本质上属于一种专业技术工具，是从旅游活动与旅游业发展角度制定的全面发展策略和一系列实施计划，通过运用技术工具来实现规划区和旅游业发展的预设目标。

　　3）管理政策属性

　　从实施角度而言，旅游规划是国民经济发展计划的重要组成部分，用以实现优化资源配置，调整相关利益关系。作为政府的技术性管理政策，旅游规划属于一种能够有效实现社会发展综合利益目标的公共政策。

1.1.2　旅游规划的对象

　　旅游规划的对象即旅游系统。一般认为，旅游系统是指旅游活动各要素之间形成的相互作用、相互依赖并且有特定结构和功能的有机整体。经过长期的探索研究，针对旅游系统的组成与结构，提出了基本的系统框架。卢云亭提出旅游系统由供给系统和需求系统两大部分组成；吴必虎进一步将其细分为四个子系统，即市场子系统、目的地子系统、出行子系统和支持子系统：① 市场子系统是指区域市场、国内市场和国际市场所构成的客源市场；② 目的地子系统是指旅游目的地所能提供的吸引物、基础设施和旅游服务等构成要素；③ 出行子系统指旅游交通和营销机构等；④ 支持子系统是指政策法规、社会环境、人力资源保障等环境条件。四个子系统将旅游活动所包含的三大要素（旅游者、旅游目的地、旅游企事业）、六大需求（吃、住、行、游、娱、购）紧密地联系成为一个有机的整体（图1–1）。从某种意义上说，旅游规划的主要目的就是促进整个旅游系统有序、高效、协调地运转，通过对系统内部各要素的科学合理配置，不断优化运行机制，以实现旅游系统达到最优的目标（图1–2）。

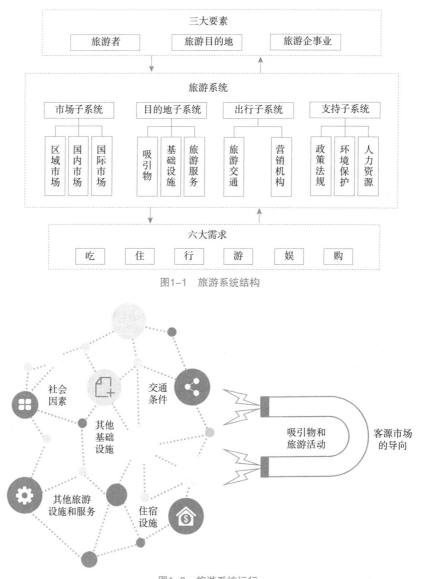

图1–1　旅游系统结构

图1–2　旅游系统运行

1.1.3　旅游规划的特性

1. 综合性

旅游规划是一个关联社会、经济、政治、文化、环境的复杂设计体系，包括资源开发、设施建设、市场营销、服务管理、实施运营等诸多系统和要素，广泛涉及地理学、经济学、社会学、历史学、美学、法学、工程学、管理学、心理学、行为学等知识领域。因此，旅游规划对象本身构成的多元性、现实问题的多样性、环境条件的多面性、管理与实施过程的复杂性等，都决定了旅游规划的复杂性和综合性的特点。

2. 前瞻性

前瞻性是所有类型规划的本质特点。旅游活动及产业运行受到自然规律和社会经济发展规律的约束，其客观规律将指引规划的预测性。尤其对于瞬息万变的旅游市场，则更要求规划对未来状态的设想和对可能出现的问题作出适度超前的预判。因此，旅游规划需要依据区域经济增长和社会发展条件，按照自身发展规律，科学预测，提供具有前瞻性的发展策略和实施步骤。

3. 系统性

旅游规划体系具有系统性和层级性的特点，即各层级的规划都应遵循承上启下的体系要求，下位规划必须符合上位规划的技术性指引，任何一个旅游规划都从属于旅游发展规划体系中的一部分。此外，旅游规划也需要与相关的国土空间规划、城乡发展规划、生态环境保护规划、文化产业发展规划、专项工程设施规划等紧密衔接和协调，共同构成系统性的综合发展规划体系。

4. 稳定性与动态性

旅游规划的稳定性和动态性是一对辩证关系，充分地反映在产业发展和规划指导的全过程中。一方面，旅游规划具有长期性、战略性的特征，通常作为宏观指导政策设定较为明确的规划目标、指导思想和基本原则，即在一个较为长期的发展阶段，需要保持相对稳定的发展政策和实施步骤，以逐步实现预设目标。另一方面，旅游产业作为现代服务业，其波动性、脆弱性和关联性较为突出，众多自然和社会经济因素都会对旅游发展造成一定程度的影响。要求旅游规划必须对旅游发展过程中的新诉求和新问题，进行及时的响应与调整，动态适应不断变化的旅游发展环境。

5. 实践性

旅游规划具有极强的地方实践性特征，检验旅游规划的优劣取决于是否符合地方发展实际要求？是否能解决发展问题和矛盾？是否能取得预设的发展目标？这些问题都必须在实践中加以回答和检验。对于众多不同的地区和景点，其自身的自然条件、社会经济发展水平、所面临的发展问题和需要达成的目标都各不相同，这些地方性差异要求旅游规划必须因地制宜、因时制宜，不断增强旅游规划的实践性。

6. 规范性与创新性

作为旅游法所规定的法定性规划，旅游规划是有关区域未来旅游产业发展的基本方针、政策，是实施开发建设的指南与蓝图，规划的权威性和严肃性需要相关国家规范和技术标准进行保障。因此，旅游规划的基本内容和成果要件，相关技术指标，以及编制程序和审批必须体现规范性。同时，对于不断求新求异的旅游市场需求，不断发展的技术手段和不断创新是旅游规划的灵魂所在，包括旅游产品的创新、营销手段的创新、空间营建的创新、服务管理的创新，创新性深刻地体现在旅游规划的方方面面。

1.2　旅游规划职能·类型·内容

1.2.1　旅游规划的职能与作用

1. 旅游规划的职能

1）基本职能

旅游规划是为了实现旅游产业的可持续发展，依据对规划区资源环境、社会经济和文化背景等各种影响因素的综合分析，明确旅游发展目标，制定旅游开发策略，优化空间布局和配置各项旅游要素，通过旅游资源整合、旅游产业发展，促进经济社会协调发展，实现区域经济、环境和社会发展战略目标。

2）实施职能

旅游规划在执行层面，制定了明确的"资源—产品—设施—服务"各系列建设蓝图与实施步骤，使抽象的发展目标在空间上得以具体地呈现，为旅游业发展和旅游管理提供了可操作的技术工具；同时作为地方社会与经济发展公共政策的一部分，也为行政部门和管理机构实施开发建设行为提供了坚实的法律依据。

3）宣传职能

宣传推广是旅游规划具有的重要派生职能。直观形象的旅游规划发展蓝图易于被公众和社会理解与支持，使得规划内容得以更为广泛地宣传，促进旅游开发活动更为顺利地实施，旅游发展环境也会得到更好的维护；同时有利于提升地方旅游形象的知名度，扩大旅游市场规模，提高旅游业综合效益。因此，旅游规划宣传职能的发挥，促进了公众参与，有利于全社会共同努力实现规划目标。

2. 旅游规划的作用

职能是事物本身所具有的固有的职责和能力。作用是职能的外化，从而产生出来的一种功效与结果。通过旅游规划的职能解读，可以清楚地认识到旅游规划具有指导、推动和保障三大作用：

1）指导作用

旅游规划是各级政府及其旅游管理部门发展旅游业的纲领和计划。通过旅游规划的制定、颁布和实施，各级政府部门和社会各界提高和统一了对如何发展地方旅游业的认识，明确本地区发展旅游业的目标，科学指导未来一段时期内旅游业发展的具体工作。

2）推动作用

旅游规划科学制定旅游发展的目标、战略和步骤，明确提出各个发展阶段的工作内容、质量要求、实施措施和相应职责，合理安排开发建设时序和空间布局。旅游规划为各级管理部门和旅游企事业机构指明方向，有效调动社会发展要素与资源，推动旅游业可持续发展。

3）保障作用

旅游规划根据地方具体情况拟订旅游业发展计划，对旅游开发的各个方面作出合理的安排，并为本地区今后旅游项目立项提供技术支持和法律依据，避免旅游开发的盲目性和随意性，充分保障地方旅游业有序、高效、高质量地科学发展。

1.2.2　旅游规划的类型

旅游规划分为旅游发展规划和旅游景区建设规划两种基本类型（图1-3，表1-1）。

旅游发展规划按行政管理层级，分为全国旅游发展规划、区域旅游发展规划和地方旅游发展规划。地方旅游发展规划可细分为省级旅游发展规划、地市级旅游发展规划和县级旅游发展规划等。

旅游景区建设规划按规划内容与技术深度要求，分为旅游景区总体规划、旅游景区控制性详细规划、旅游景区修建性详细规划三种类型。

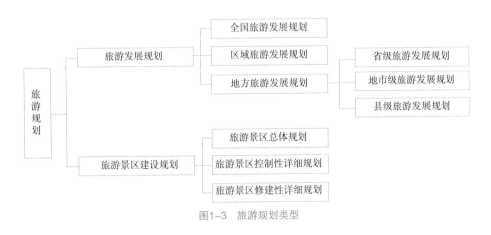

图1-3　旅游规划类型

旅游规划的类型与特点

表 1-1

	旅游业发展规划	景区总体规划	景区详细规划
空间范围	行政区域	旅游景区	景区景点
图纸比例	1：500 000~1：50 000	1：10 000~1：2 000	1：1 000~1：500
规划性质	旅游产业发展规划	景区建设发展规划	景区景点修建规划
规划特征	宏观战略性	中观指导性	微观操作性
规划期限	5~20 年	5~10 年	1~5 年

上述为《旅游规划通则》GB/T 18971—2003 所规定的一般性旅游规划类型与层次，然而为了针对性地解决旅游产业发展过程中出现的专门性问题，地方政府和旅游企业可以编制旅游专项规划，对区域内重要的旅游项目、设施和服务功能配套提出特定要求。近年来出现了诸如概念规划、旅游策划、运营计划等专项规划类型，以及旅游项目建议书和可行性研究报告等相关规划成果形式。

1. 概念规划

概念规划是介于发展规划和建设规划之间的一种新的规划类型，它强调思路的创新性、前瞻性和指导性，是属于一种对旅游宏观发展思路的探讨和研究。作为一种规划设计的思维方法，它淡化了设计的具象，使其成为战略性、探索性的文件，用以指导和协调旅游业的发展与建设。概念规划的内容，一般主要包括以下几个方面：对规划区域资源和市场的研判；明确未来发展目标与定位，以及发展理念和战略；明晰旅游产品的开发方向和特色；提出规划期内的重点建设项目。概念规划突出强调发展思路的创新性和特色化，是对传统旅游规划内容的丰富、完善和提升。

2. 旅游策划

旅游策划最核心的是解决旅游项目的核心吸引物和盈利模式，充分运用创造性思维，整合并优化旅游资源与产品，进一步拟合资源与市场的关系，实现旅游资源价值再创造的过程。策划尤为强调的是通过创造性思维，寻求面向动态市场的产品项目，采取最优的营销途径，形成可实施的策划方案。相比更为全局化和系统化的旅游规划而言，策划更注重对旅游产品和活动项目进行创造性思维的谋划，并根据这种创造性思维制定实现该创意的计划。

3. 运营计划

运营计划专指一个策划项目达到预设目标所需要制定的有可操作性的进度型计划。通过运营计划的逐步落实，最终项目可以按步骤达到预期的目标。运营计划侧重于将旅游策划和规划所涉及的旅游产品或活动项目，进一步与特定的旅游市场进行对接，从商业运营角度细化、深化和落实工作，主要包括实施策略、开展时序、费用预算、收益评估等执行内容。

4. 旅游项目建议书

一般是为旅游项目立项提供的申报材料，又称为预可行性研究报告，是项目建设筹建单位或项目法人，根据国民经济发展、国家和地方中长期发展规划、产业政策、生产力布局、国内外市场、所在地的内外部条件，对拟建项目提出框架性的总体构想，主要内容包括项目背景、建设内容、投资估算、财务预测等。项目建议书主要基于项目实施的轮廓性设想，侧重从投资建设的必要性方面进行论证，同时初步分析投资建设的可行性，以供管理部门决策使用。

5. 可行性研究报告

一般是指从事某项经济活动（投资）之前，从经济、技术、生产、运营直到社会、环境、法律等各种因素进行调查、分析和研究，进一步明确实施的有利因素和不利因素、项目可行性程度，综合评估执行成功率、经济效益和社会影响，为决策者和主管部门审批提供的报告。针对旅游类项目建设，在可行性研究报告中，应对旅游项目的背景条件、发展目标、市场预测、风险因素分析以及财务衡量指标等内容进行重点论证。其结论和成果成为地方发展和改革委员会、文化和旅游行政主管部门等进行旅游项目立项的主要依据和必要文件。

1.2.3　旅游规划基本内容

按照国家标准《旅游规划通则》GB/T 18971—2003 对旅游规划基本内容进行规定。

1. 旅游发展规划

旅游发展规划包含 10 项内容：① 全面分析规划区旅游业发展历史与现状、优势与制约因素，及其与相关规划的衔接；② 分析规划区的客源市场需求总量、地域结构、消费结构及其他结构，预测规划期内客源市场需求总量、地域结构、消费结构及其他结构；③ 提出规划区的旅游主题形象和发展战略；④ 提出旅游业发展目标及其依据；⑤ 明确旅游产品开发的方向、特色与主要内容；⑥ 提出旅游发展重点项目，对其空间及时序作出安排；⑦ 提出要素结构、空间布局及供给要素的原则和办法；⑧ 按照可持续发展原则，注重保护开发利用的关系，提出合理的措施；⑨ 提出规划实施的保障措施；⑩ 对总体投资进行分析，主要包括旅游设施建设、配套基础设施建设、旅游市场及人力资源开发等方面投入与产出分析。

2. 旅游区总体规划

旅游区总体规划包含 13 项内容：① 对旅游区的客源市场的需求总量、地域结构、消费结构等进行全面的分析与预测；② 界定旅游区范围，进行现状调查和分析，对旅游资源进行科学评价；③ 确定旅游区的性质和主题形象；④ 确定功能分区和土地利用，提出规划期内的旅游容量；⑤ 规划旅游区的对外交通系统的布局和主要交通设施的规模、位置，规划旅游区内部的其他道路系统的走向、断面和交叉形式；⑥ 规划旅游区的景观系统和绿地系统的总体布局；⑦ 规划旅游区其他基础设施、服务设施和附属设施的总体布局；⑧ 规划旅游区的防灾系统和安全系统的总体布局；⑨ 研究并确定旅游区资源的保护范围和保护措施；⑩ 规划旅游区的环境卫生系统布局，提出防止和治理污染的措施；⑪ 提出旅游区近期建设规划，进行重点项目策划；⑫ 提出总体规划的实施步骤、措施和方法，以及规划、建设、运营中的管理意见；⑬ 开发建设进行总体投资分析。

3. 旅游区控制性详细规划

旅游区控制性详细规划包含5项内容：① 详细划定所规划范围内各类不同性质用地的界线，规定各类用地内适建、不适建或者有条件地允许建设的建筑类型；② 规划分地块，规定建筑高度、建筑密度、容积率、绿地率等控制指标，并根据各类用地的性质增加其他必要的控制指标；③ 规定交通出入口方位、停车泊位、建筑后退红线、建筑间距等要求；④ 提出对各地块的建筑体量、尺度、色彩、风格等要求；⑤ 确定各级道路的红线位置、控制点坐标和标高。

4. 旅游区修建性详细规划

旅游区修建性详细规划包含9项内容：① 综合现状与建设条件分析；② 用地布局；③ 景观系统规划设计；④ 道路交通系统规划设计；⑤ 绿地系统规划设计；⑥ 旅游服务设施及附属设施系统规划设计；⑦ 工程管线系统规划设计；⑧ 竖向规划设计；⑨ 环境保护和环境卫生系统规划设计。

1.3　旅游规划编制·实施·趋势

1.3.1　旅游规划编制

1. 编制要求

1）政策要求

旅游规划的编制须以国家和地区社会经济发展战略为依据，以旅游业发展方针、政策及法律法规为基础，与各级国民经济发展计划、国土空间规划等法定规划相衔接，与涉及的其他相关专项和专业规划相协调。

2）技术要求

旅游规划编制鼓励采用先进的技术和方法；编制工作所采用的调查方法与图件、

资料，须符合相关国家标准和技术规范；编制人员学科专业背景应更为多元和广泛，以应对旅游规划编制工作的复杂性。

3）实施要求

旅游规划编制要坚持以旅游市场为导向，以旅游资源为基础，以旅游产品为主体，即从市场角度出发解决"空间"和"产品"等核心问题；必须注重规划的可操作性和后期实施效果，充分研判市场空间、运营模式、风险点、盈利点，使规划能够实现地方旅游发展所带来的社会、经济和生态综合效益。

4）创新要求

规划编制思路需要创新性思维，只有创新规划要素组合才能适应不断变化的旅游市场需求，规划才能真正引导旅游业不断提升发展。因此，旅游规划编制要面向地方特征，突出地方特色和文化创新，注重区域协同和差异化发展，避免低质量、同质化、无差别、无创新的规划编制成果。

2. 编制程序

1）任务确定阶段

① 委托方确定编制单位。委托方应根据国家旅游行政主管部门对旅游规划设计单位资质认定的有关规定确定旅游规划编制单位。通常采用包括公开招标、邀请招标、直接委托等形式。② 制定项目计划书并签订旅游规划编制合同。委托方应制定项目计划书并按照《中华人民共和国民法典》与规划编制单位签订旅游规划编制委托合同，明确双方责任与权利。

2）工作准备阶段

① 政策法规研究：对国家和地区旅游发展的相关政策、法规进行系统研究，全面评估规划实施对社会、经济、文化、环境及政府行为等方面的影响；② 旅游资源调查：对规划区内旅游资源的数量、规模、类型、质量进行全面调查，编制规划区内旅游资源分类明细表，绘制旅游资源分析图，具备条件时可根据需要建立旅游资源数据库，调查方法可参照《旅游资源分类、调查与评价》GB/T 18972—2017；③ 旅游客源市场分析：在对规划区和客源地所涉及的旅游者数量和结构、地理和季节性分布、旅游方式、旅游目的、旅游偏好、停留时间、消费水平进行全面调查分析的基础上，研究评估规划期内的客源规模、结构和水平；④ 旅游业发展竞合关系分析：确立规划区在景点资源现状、交通区位、基础设施、服务设施、广告宣传等各方面的区域比较优势，综合分析和评价各种制约因素及发展机遇。

3）规划编制阶段

① 在前期准备工作的基础上，按照编制合同的内容约定，展开规划内容的详细编制；② 规划编制的过程中应根据不断发展的实际情况和最新编制要求及时补充和调整

相关编制内容；③ 对于规划重大战略性问题，充分与委托方进行交流和研讨，不断优化完善规划的指导思想和具体内容；④ 按照合同约定，提交编制完成的规划初步成果，包括规划文本、规划图件、规划说明书、资料汇编和相关附件。

4）征求意见阶段

规划编制单位将规划初步成果按时提交给委托方，委托方应组织召开交换意见会，广泛征求地方各相关部门、机构、民众对规划方案的意见；编制单位须充分吸取各方合理化意见和建议，对规划方案做进一步修改、充实和完善，形成规划评审成果。

5）成果评审阶段

① 编制单位提交旅游规划评审成果，由委托方提出申请，上一级文化和旅游行政主管部门组织评审；② 旅游规划的评审采用会议审查方式，评审组一般由 5~7 人组成，技术评审意见应形成审查会议纪要，并经评审成员签字，评审意见和结论方为有效；③ 旅游规划评审主要围绕规划的目标、定位、内容、结构和深度等方面进行技术审议，同时对规划提出的各项发展指标的科学性、文字与图件成果的规范性，以及规划实施的可操作性进行重点审查和评价。

3. 报批和修编

编制单位按照技术评审会会议纪要所提出的修改意见和建议进行成果完善，按时向委托方提交最终的旅游规划编制成果，并由委托方按有关审批规定程序公示、报批和实施，正式成为地方旅游业发展的法定性文件。

在规划期内的实施过程中，旅游规划需要调整和修编，应当按规定向规划审批机关提出专题申请报告，经认定后依照法律规定组织调整和修编工作（图 1-4）。

1.3.2　旅游规划的实施

《中华人民共和国旅游法》从法律层面赋予了旅游规划在不同阶段的实施职能。

① 明确指出国务院和省、自治区、直辖市人民政府以及旅游资源丰富的设区的市和县级人民政府，应当按照国民经济和社会发展规划的要求，组织编制旅游发展规划；

② 旅游发展规划应当与土地利用总体规划、城乡规划、环境保护规划，以及其他自然资源和文物等人文资源的保护和利用规划相衔接；

③ 旅游发展规划应当包括旅游业发展的总体要求和发展目标，旅游资源保护和利用的要求和措施，以及旅游产品开发、旅游服务质量提升、旅游文化建设、旅游形象推广、旅游基础设施和公共服务设施建设的要求和促进措施等内容；

④ 各级人民政府应当组织对本级政府编制的旅游发展规划的执行情况进行评估，并向社会公布。

在旅游规划的编制、实施、管理和评估等各个环节，《中华人民共和国旅游法》

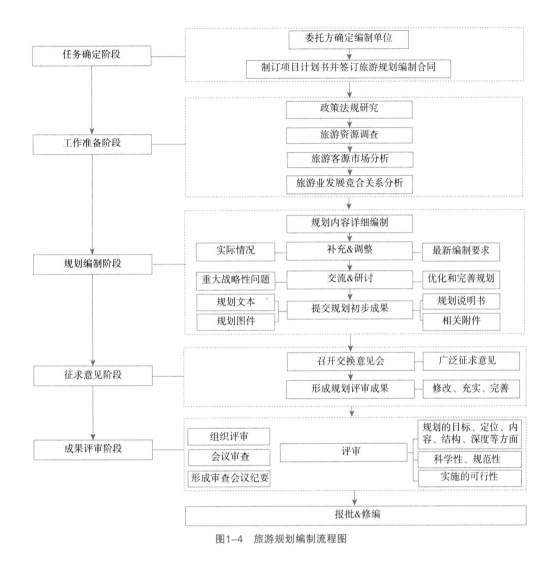

图1-4　旅游规划编制流程图

均提出了明确的实施要求。旅游规划作为法定规划，其严肃性、权威性需体现在实施层面。

1.旅游规划实施内容与主体

在实践中，旅游规划具体实施的主要内容一般包括旅游项目开发、旅游市场推广、旅游服务设施建设、旅游基础设施建设、旅游环境保护与建设等几个方面。对于不同的实施内容，其实施主体及其参与程度都有所差异，分述如下：

1）旅游项目开发

旅游项目开发是旅游规划实施的关键，旅游规划是否具有可行性和可操作性，关系到旅游项目是否能落到实处。旅游项目的开发建设一般以企业为主，政府引导或进行协助、监管。

2）旅游市场推广

旅游项目开发与建设之后，就需要进行市场宣传和推广，以吸引大规模的旅游者，旅游市场推广包括旅游形象宣传和旅游产品促销等内容，一般以政府与企业为主，政府负责旅游地形象推广与组织旅游目的地营销活动，而企业负责进行具体的旅游产品促销活动。

3）旅游服务设施建设

旅游服务设施建设主要包括住宿设施、餐饮设施、游乐设施，以及其他旅游服务设施的建设，如游客服务中心、旅游咨询中心、旅游购物场所等。旅游服务设施建设一般以企业为主，由政府引导。

4）旅游基础设施建设

旅游基础设施建设一般由道路交通设施建设，防灾设施建设，给水排水设施建设，以及电力电信设施建设等几个部分组成，以政府投资建设为主，企业参与部分投资建设，并采取多种方式由政府回收使用。

5）旅游环境保护与建设

旅游环境保护与建设包括对旅游区生态系统的修复或保护、植被景观的保护、重点区段的绿化、社区文化氛围的营造、旅游服务环境的改善等，主要以政府为主，社区参与，企业协助。

2. 旅游规划实施方案

根据不同的实施主体，旅游规划实施方案一般分为三种类型：政府主导型实施方案、企业主导型实施方案、社区参与型实施方案。

1）政府主导型实施方案

政府在旅游规划编制与实施过程中起主导作用，通过宏观调控的手段，运用其法律和政策杠杆，调整其所掌握的某些旅游经济活动的变量，从而影响旅游各部门、各主体运行过程。例如，政府出台旅游项目投资与配套政策，依据项目依托的环境、本地旅游开发现状，以及项目对地区旅游业甚至地区经济发展的重要程度，对不同的项目采取差异化的配套政策（如优惠政策、准入政策和负面清单等）；此外，政府有权对旅游项目投资实行必要的政府管制，通过土地限制、保证金制度或者经营许可等方式对企业的开发经营行为进行有效的监督与管理。

在政府主导的旅游规划实施过程中，政府不仅是关键的利益相关者，还是其他利益相关者的管理者和协调者，它发挥作用的程度直接影响着各利益相关者的利益和地方旅游业的整体发展。具体而言，政府主导型实施方案主要包括以下几方面的实施内容：① 对旅游规划设计单位编制的旅游规划进行审批，发挥其在旅游规划与发展中的主导作用；② 制定一系列旅游项目配套政策，加强招商引资工作，引导旅游项目开发与建设，让旅游项目落到实处；③ 联合并协助旅游开发商、经营商进行必要的旅游市场推广，旅游项目投入运营后，旅游宣传与促销力度是否能跟得上，关系到旅游项目的成败；④ 加强行业管理与监督，加强旅游标准化建设，规范旅游服务，保证旅游设施安全运营，保证良好的旅游服务环境；⑤ 完善旅游基础设施建设，一般来说旅游区外围的基础设施投资建设由地方政府承担，最好能与企业项目投资同步；⑥ 政府还应制定旅游环境治理的法律法规，执法部门需要加大执法力度，加强对旅游环境的治理与监管。

2）企业主导型实施方案

随着社会主义市场经济体系的不断完善，当前旅游企业逐步成为旅游开发建设的主体力量。旅游项目开发商作为旅游开发、建设的投资者，拥有规划方案的选择权，并根据其介入的程度负责旅游规划的编制、实施和调整。

在旅游规划实施中旅游企业的主体行为包括：① 进一步规划设计旅游项目并投资建设，保证旅游项目顺利开发与建成运营，从而落实旅游规划方案；② 承担或配合当地政府进行旅游市场宣传和推广活动；③ 负责景区内部服务设施和基础设施的建设，如景区道路等；④ 对景区景点进行日常的经营管理，保证景区景点的日常工作正常进行；⑤ 为旅游经营项目配备和安排相应的管理服务团队。

3）社区参与型实施方案

社区居民是旅游资源和产品的共享者、拥有者和创造者，他们是旅游规划的直接影响者或受益者，应该成为旅游规划的参与者，而不是被忽视的附属者和旁观者。社区居民参与到旅游业发展中并获得应得的经济效益，是促进社区居民保护旅游环境、参与旅游经营或服务、获取关系谅解或支持的前提条件，是旅游规划顺利且有效实施的保障。旅游规划要从传统的以经济效益为中心转向以人为中心，不断提高对旅游目的地社区的重视程度，强调社区参与旅游规划和决策制定过程，充分考虑当地居民对旅游发展的想法和对旅游发展的感知与态度，以便在旅游规划实施后减少社区居民对旅游项目的负面情绪和冲突。

在旅游规划实施中社区居民参与的内容包括：① 选择合适的途径参与旅游规划方案的制定与决策工作，参与到旅游经营活动当中，从而获得部分旅游经济收益；② 配合政府改善旅游环境，加强社区管理，努力维持社区治安，为旅游投资、开发与建设营造良好的社区环境；③ 配合政府加强环境整治，提高环境保护意识，自觉保护和传承当地旅游赖以发展的原生态、原住民文化环境；④ 为旅游规划与发展提供社会服务，如当地社区居民配合旅游规划部署开办多样化、特色化的农家餐饮、社区民宿和旅游商店等设施，积极参与民俗文化活动等。

3. 旅游规划实施过程

1）规划审议

首先，成立正规机构为规划组的工作提供指导和建议，该机构可以是项目启动委员会或当地文化和旅游局，并审议规划报告草案。其次，规划组在整个规划过程中都应保持与相关政府机构、企业部门代表和相关利益方（如社区组织）的密切合作，吸收和采纳公共、企业部门及相关组织机构的意见和反馈。最后，正式规划成果应提交相关政府部门审议以确保得到政府各相关部门的认可和公众理解。如果当地有规划程序法，审议程序将包括举办由公众及其代言人参加的公众听证会。

2）规划采纳

规划成果经审议通过后，规划文本就以法律的形式固定下来了，成为当地旅游发展的正式准则，一切旅游开发活动均应符合该准则的相关规定。此外，在法律机构的保证下，被采纳的规划具有修改和调整的权限，但这种修改需要在一定的法定程序下进行，并具有同等的法律效力。

3）法律法规

为了有效实施旅游规划和管理旅游业发展，需要制定相关法律法规作为依法行政的依据和保障。依据各地实际情况，部分法律法规（如土地使用分区和开发标准）可能需要进行单独立法，而有些可以并入现行的法律法规中。此外，地方可以针对实际情况，制定专门性技术法规或实施细则，深化细化法律规定。

4）审批程序

旅游规划实施过程中需要通过政府的各项审批。例如，发展改革委员会立项；可行性研究报告审批；政府规划委员会批准；土地规划审批；建设土地的招标、拍卖、挂牌与征用；合同中政府承诺的落实；建设准备与报建批复等。其中项目建议书、可行性研究报告等是立项的重要文件，在内容和格式上有特定的要求。

5）项目实施

规划项目投资可能来源于公共部门或私营部门、地方财政或社会援助。大型旅游基础设施一般由政府出资建设，而商业服务设施、娱乐设施设备等多由私营部门投资。对于地方具有重大意义的建设项目，还可以争取各级政府和主管部门的专项支持资金。因此，在制定开发计划时，应全面考虑可能的资金来源和筹融资渠道，保障项目顺利实施。

6）评估与监督

旅游规划实施和旅游业管理的一个基本要求是对开发计划进程的评估与监督，尤其是旅游业发展对地方经济、环境和社会文化的持续影响，以及旅游业开发目标和政策是否能得以实现的监督，评估与监督的结果应及时反馈至管理部门进行应对。

7）规划修正

通过监督可以观察到规划的实际实施与规划计划是否存在偏差，或者在具体实施中发现原规划中某些方面或实施进程存在问题，需要根据现有的条件加强实施管理或者修正旅游规划。

8）复议和修编

鉴于旅游业的高速发展和复杂而又多变的内外部发展环境，旅游规划的某些内容在规划期内都有可能不再适宜和合理，因此旅游规划需要每隔约 5 年正式复议一次，并作适当的修改和调整。一般来说，原规划的战略目标、总体思路、基本原则、公共政策等长效稳定的部分，不应该作轻易改变，除非发展环境和发展政策发生重大的变化，则应该按程序启动规划修编，以适应新的发展形势。

1.3.3　旅游规划发展趋势

全球旅游业经过多年的快速发展，产业规模和发展质量日益提升。在这波澜壮阔的发展历程中，旅游规划对指导地方旅游产业发展、旅游项目建设及旅游目的地运营管理等方面具有重要且深远的意义。伴随着现代旅游业进入深度发展阶段，旅游市场瞬息变幻以及规划理念的不断创新，新的问题和新的要求也不断涌现，面对复杂系统的旅游规划与设计，学界业界在不断努力探索更加符合现实发展诉求、更具可操作性与普遍适用性的规划编制体系与方法，进一步推进旅游规划在遵循科学化、规范化、法制化的道路上前行。

1. 规划理论的丰富与创新

1）公众利益优先意识

旅游业发展过程中涉及社会各方面的权益，规划编制和管理中的公众参与意识、公众权益保障等逐渐获得社会共识，旅游规划应予以体现。

2）公平公正意识

在旅游规划发展过程中，从初期的物质空间规划，逐渐向服务管理规划转变，进而向旅游公共利益保障、弱势群体旅游权益保障、旅游救助扶贫等高层次发展，将旅游规划作为平衡社会各阶层权益的公共政策制定，更加注重在旅游发展过程中促进公平公正这一社会发展目标的实现。

3）生态环境保护意识

旅游规划在编制和实施过程中，越来越注重自然生态环境和历史人文环境的保护。"反规划""规划减法原则"等新旅游开发建设原则和理念逐渐引发关注。

4）全域开发与管理理念

"全域 +""旅游 +"等理念本身就是规划宏观性、战略性、全局性的进一步强化，同时全域开发不仅局限于空间层面，还扩展至产业、服务、管理，即以旅游产业发展作为链条，将全社会发展要素进一步集合起来，形成"1+1>2"的聚集效应和联动效应。

5）多规合一理念

多规合一是将国民经济和社会发展规划、国土空间规划、生态环境保护规划、旅游规划等多类型规划综合起来，协调"多规"所确定的开发建设策略的一致性，并统一于政府政策管理，以实现各级各类规划所提出的未来发展目标和蓝图。

2. 规划编制程序与方法的进展

1）规划编制技术创新

在旅游规划中，现代科学技术和智能化手段广泛应用，针对游客需求个性化和多元化的发展趋势，互联网形成消费大数据分析，越来越丰富的可视化成果表达，仿真、VR 技术等在规划设计的运用也处于积极探索中。

2）学科多元化趋势明显

旅游规划的编制过程是一个多学科、多专业、多领域的融合过程，旅游规划前瞻性强、涉及面广、复合度大、影响广泛。因此，旅游规划编制必须融合旅游、文化、市场、经济、城市、景观、运营等多领域、多背景的智力与资本。

3）"项目策划—开发规划—实施运营"一体化趋势

为了避免规划和运营环节的脱节，越来越多的规划编制提供从规划设计、实施、运营及推广的全链服务，适度扩展和延伸传统规划所限定的内容，为地方和企业提供更全面、更具可操作性的技术成果。

4）公众参与规划编制与实施全过程

旅游活动的进行、旅游产业的发展都离不开公众参与。有效的公众参与可以使旅游规划更易于被公众所接受，降低开发建设和运营风险，同时也可以监督政府和企业行为，有利于维护公众利益。因此，公众参与在规划编制与实施过程中的重要性不言而喻。旅游规划只有公众真正地参与进来，才能够真正地实现规划预期目标。

第 2 章　旅游规划理念与理论

2.1　旅游规划价值理念

2.1.1　科学创新理念

　　旅游规划是面向未来旅游业发展的系统性技术集成和实施方案，不仅需要创新性地解决现实问题与矛盾，还需要前瞻性地进行科学筹谋以应对旅游发展环境的动态变化。自 1978 年改革开放至今，我国旅游业呈跨越式发展，在 40 多年的旅游发展历程中，人们越来越清晰地认识到科学发展和创新发展的重要意义，科学发展是创新发展的基础，创新发展是科学发展的体现和升华。一方面，旅游开发与建设是为了促进地方社会经济发展，改善和提升民众生活质量，具有重要的解决地方现实问题与矛盾的作用。旅游规划若缺乏科学发展的指导，将导致规划操作性和适用性的弱化，难以实现预设的规划目标。另一方面，随着我国旅游业的兴起和迅猛发展，人们的旅游需求不断变化，旅游市场竞争日益激烈，创新性在旅游发展和规划中的作用和地位越来越重要，现代旅游规划设计中必须秉持创新性的思维模式，它决定着地方旅游业和景区发展能否始终保持长久而强大的核心竞争力。因此，将科学创新理念作为旅游规划最基础和最关键的核心指导思想具有重要价值。规划应通过理念、技术、管理模式的科学创新，重塑旅游产业链条，提升旅游消费品质，推进旅游产业智慧化和品牌化进程，并培养和催生出新的旅游业态。

2.1.2　以人为本理念

　　旅游业作为现代服务业，承载着广大民众对美好生活的向往。对于旅游规划的价值取向而言，实现"人民群众更加满意的现代服务业"目标是基本任务，并不断完成从满足"旅游者"基本需求到"人民群众"更加满意，从"旅游业"到"服务业"等全方位的转型升级。从这个角度看，如何在规划设计中注入"以人为本"的理念，做好资源与服务的合理配置，是规划的重要工作内容。随着人类社会从服务经济转向体验经济，以及旅游资源的深度开发、旅游需求量的增加、类型的多样化和旅游品质的不断提升，旅游活动在体验旅游时代发生了深刻变化，越来越多的旅游者更加注重旅游过程中个人的感受和体验，人们开始追求新颖独特、具有丰富个人经历和感受的旅游活动，进一步促使了对旅游规范化和个性化服务的高标准诉求。因此，现代旅游规划必须坚持"以人为本"的理念，重点关注和研究旅游者的体验需求，以旅游者需求为导向，对现有旅游产品进行优化组合，并不断开发新的体验类旅游产品，以满足人民群众日益增长的物质需要与精神文化需要。

2.1.3 公平共享理念

当前全域旅游模式的践行和推广本质上是"共商—共建—共享"在旅游领域中的具体体现。现代旅游业发展过程中越来越注重公开、公平、公正理念的践行，旅游发展需要关注社会各阶层和利益群体的权益保障，促进发展过程全民参与，发展成果全民共享，发展全面服务于公众。旅游规划作为地方旅游发展的公共政策，亟需构建公平共享的运作机制推进旅游权益的公平分配与平衡。旅游规划的重要发展目标就是强调均衡、公平与普惠，以"共享"取代"独享"，以"多赢"取代"输赢"，在规划中逐步建立起公平共享的利益均衡机制，兼顾"公平"和"效率"，为弱势群体与弱势地区创造出更多的发展机会，实现"发展"与"共享"的双重目标，让全社会从旅游发展过程中获得更多的成果、成就和幸福。

2.1.4 和谐发展理念

新时期，我国提出了构建社会主义和谐社会的伟大任务，这一思想深刻影响了旅游业发展的理念与目标，旅游规划应全面贯彻"和谐发展"的精神内涵。首先，从人与自然的和谐角度来说，旅游规划必须遵循资源节约和环境友好的原则，用最少的资源取得最优的利益，遵循可持续发展原则，实现旅游发展与保护生态环境一体化；其次，从人与人的和谐角度来说，旅游规划必须遵循以人为本的原则，尊重游客、社区居民、从业者的权益；最后，从人与社会的和谐角度来说，旅游规划应该遵循旅游开发和区域发展一体化的原则，促进旅游业与其他产业的协调发展，从而实现经济效益、生态效益、文化效益、社会效益一体化。旅游业的深度融合发展促进政府、企业、社会组织、居民、游客利益的和谐共生，共同推动全社会和谐发展目标的实现。

2.1.5　可持续发展理念

随着全球可持续发展和绿色发展理念的推行，旅游规划作为一种集成的和可持续的技术和方法，涉及旅游资源可持续利用、生态旅游项目推广、旅游与社区和区域可持续发展的关系、旅游业可持续发展政策等问题。因此，必须将自然、文化和社会、经济、环境作为旅游规划的核心要素，从社会、经济和环境的协调发展角度评价规划方案，评估不同规划方案对区域总体发展目标、社会文化以及环境所产生的综合影响。世界旅游组织制定的《旅游业可持续发展——地方旅游规划指南》[①]，从社区旅游规划角度分析旅游业与环境和社区发展的关系，规划的制定过程、规划层次、规划内容、规划的实施以及市场营销战略的制定、旅游业社会和环境影响的调控方法、旅游业的管理方法等，是社区可持续旅游开发规划的技术性指导文件。因此，旅游规划应遵循可持续发展理念，在社会、经济和环境方面做出正确抉择，寻求最优的旅游业发展路径。

2.2　旅游规划理论基础

旅游规划理论作为旅游规划科学性的集中体现，是旅游规划领域最根本的理论基石。旅游规划作为一种综合性社会经济系统规划，属于交叉应用性学科，其相关理论发展涉及学科领域极为广泛，理论体系仍处于不断扩充和丰富的阶段。一般认为，当前的旅游规划理论主要建构在经济、环境和人文三大基础理论之上，并以此为基础不断延伸，逐渐形成较为完整的旅游规划理论体系。本书依据旅游规划所涉及的重点学科理论，具体阐释地理学理论、设计学理论、经济学理论、社会学理论和管理学理论五大理论基础（图 2-1）。

2.2.1　地理学理论

地理学是研究地球表面地理事物和现象的空间分布规律，以及人类活动与地理环境关系的科学，兼具自然科学和人文科学的综合性特点，是最早被用来研究旅游现象的理论，也是指导旅游活动和旅游业发展最重要、最广泛和最成熟的理论，至今已经形成了自然地理学、人文地理学、社会地理学、文化地理学和旅游地理学等多个学科分支。地理学理论的综合性、区域性、空间性，以及对资源环境的认识、人地关系的观念、地理信息技术与方法的研究都成为旅游规划中的重要理论依据。

---

① 　国家旅游局计划统计司.旅游业可持续发展——地方旅游规划指南 [M].北京：旅游教育出版社，1997.

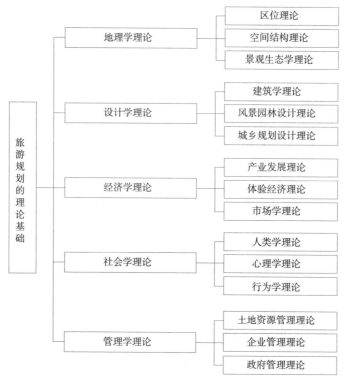

图2-1　旅游规划的理论基础

1. 区位理论

区位是人类行为活动的空间，它不仅包括行为活动的地理位置，还包括行为活动与各种地理要素之间的相互联系和相互作用。在人类活动中，有政治活动、文化活动、经济活动等内容或实体，称为区位主体。与此对应的，区位理论是指关于人类活动的空间分布及其空间中的相互关系的学说，是研究人类经济行为空间区位选择以及空间区域内经济活动优化组合的理论。该理论创建于19世纪，到目前为止研究和应用范围遍及工业、农业、商业、交通等多个领域，形成工业区位论、农业区位论、中心地理论、空间相互作用等理论。

旅游活动的核心是旅游者从客源地到旅游地的空间位移，由此产生旅游地的区位选择、旅游地间的竞合作用、区域旅游空间格局等诸多研究，这些都与空间区位理论关系密切。由于旅游业是一项经济服务产业，旅游地的区位选择可以看作是一种经济行为，涉及旅游地与客源地相互作用中的相对位置、通达性及相互意义。具体而言，区位理论在旅游规划中的应用主要体现在以下三方面：① 区位分析与选择：旅游地的地理位置是旅游规划首要考虑的因素，主要包括地域空间范围、旅游资源与产品的赋存、与客源地和周边城镇的关系、内外部交通的可达性、区域内自然经济历史文化环境等；② 旅游交通和设施配套：旅游交通与路线是联系旅游地与客源地的通道，其规划布局是实现游客流动和服务物资供应的保障；③ 竞合关系研究：在区域旅游产业发展空间层面上，合理布局、错位发展，协调旅游地之间的竞合关系，促进旅游产业集群及集中区的形成与发展，产生规模集聚效应，提升旅游产业发展的规模与质量。

2. 空间结构理论

自 20 世纪 50—60 年代以来，古典区位论发展为现代区位论，其理论研究从单个经济单位的区位决策发展到区域总体经济空间结构的研究，由静态的空间区位选择发展为空间相互作用、空间结构演变的研究，并形成各种空间结构理论。空间结构是指各种经济活动的经济技术特点及由此而决定的区位特征存在差异，所以它们在地理空间上所表现出的形态是不一样的，如工业、商业等表现为点状，交通、通信等表现为线状，农业多表现为面状。这些具有不同特质或经济意义的点、线、面依据其内在的经济技术联系和空间位置关系相互连接在一起，形成了具有特定功能的区域空间结构。一般地，区域空间结构由点、线、网络和域面四个基本要素组成，其主要理论包括圈层结构理论、增长极理论、点—轴渐进扩散理论、核心—边缘理论等。

旅游空间结构是旅游业诸要素的空间表达，主要由不同等级的旅游节点、不同等级与类型的旅游通道、旅游地域系统等组成。旅游空间结构是否合理，对于区域旅游活动的顺利开展、旅游产业要素的优化配置、旅游业的增长，均具有重要的作用和影响。空间结构理论在旅游规划中的运用主要表现在区域旅游发展空间布局方面。在一定范围内，通常选择旅游资源丰富、具有开发潜力、通达性良好的区域作为旅游集散中心或产业发展廊道，构建区域发展核心和发展轴带，促进旅游发展要素在区域之间充分流动、融合与交换，逐步辐射和带动整个区域旅游产业均衡发展。其具体内容主要包括区域分析与区域模型研究、旅游地等级系统划分与功能区划、旅游中心地建设及组合关系、旅游服务与基础设施空间统筹等。

3. 景观生态学理论

景观生态学是跨地理学和生态学的一门交叉学科，主要研究由不同生态系统组成的景观结构、功能、演化及其与人类社会的相互作用，探讨景观优化利用与管理保护的原理和途径。它的重要价值在于为环境保护和自然资源管理提供理论依据。景观生态学将景观空间结构抽象成三种基本单元：斑块（Patch）、廊道（Corridor）、基质（Matrix），简称斑廊基结构。斑块是空间的点状结构或块状结构，代表与周围环境不同的相对均质的非线性区；廊道是不同于两侧相邻景观的一类特殊带状要素类型，对景观起通道和阻隔的双重作用；基质是斑块镶嵌内的背景生态系统或土地利用类型。

景观生态学理论对于旅游规划，尤其对景区景点建设具有重要的理论支撑作用。① 宏观尺度层面：区域旅游空间布局是基于景观生态学中的斑廊基结构。旅游规划必须关注旅游开发与环境保护的协调关系，包含"开发建设、景观价值、生态保护"等方面的综合性统筹，通过构建不同的功能单元，从整体协调和优化利用出发，确定景观单元及组合方式，选择科学合理的利用模式。② 微观设计层面：旅游区景观景点设计中运用斑块、廊道、基质三类元素营建出与环境融为一体，以及特色化、人性化、生态化的旅游景观风貌，丰富景观层次，提升景观品质，塑造更加优美宜人的旅游景观和游憩环境。此外，景观生态学理论与方法，如景观格局、景观诊断、景观预测及敏感度分析技术，为旅游规划提供科学的理论指导与方法支持。

2.2.2　设计学理论

1. 建筑学理论

旅游规划中涉及众多的服务建筑、景观建筑、公共设施和景观小品的设计与配置，需要建筑学科领域的专业技术理论支撑。建筑学是研究建筑物及其环境的学科，也是关于建筑设计艺术与技术结合的学科，旨在总结人类建筑活动的经验，研究人类建筑活动的规律和方法，创造符合人类生活需求及审美要求的物质形态和空间环境。建筑学是科学、人文与艺术的完美结合，既需要美学素养又需要科学才华。传统建筑学的研究对象包括建筑物、建筑群，以及室内空间的设计，设计内容通常包括技术和艺术两个方面，建筑不仅要满足人们物质上的要求，还要满足精神上的要求。社会生产力和生产关系的变化，以及政治、文化、宗教、生活习惯等的变化，都密切影响着建筑技术和艺术。因此，对于建筑设计的理解与认识是不断深入的，首先满足最基本的功能与安全需要，其次解决人居环境改善的问题，然后关注空间艺术品质的提升，最后表达空间情感、场所精神和文化价值的创造与实现。

2. 风景园林设计理论

风景园林学是关于景观环境的分析、布局、设计、改造、管理、保护、恢复的科学和艺术，是一门建立在广泛的自然科学和人文艺术学科基础上的应用学科。景观设计无处不在，风景园林规划设计要素包括自然景观要素和人工景观要素，其主要任务就是在一定的地域范围内，运用园林艺术和工程技术手段，通过改造地形（筑山、叠石、理水）、种植树木、花草，营造建筑和布置道路等，构建优美的自然环境和生活与游憩境域。

随着人们对自然的认知范围不断扩展，人与自然的关系不断变化，以及对景观、空间、尺度、运动等概念的理解与认识不断深入，现代风景园林设计越来越注重以下几个方面：① 自然生态的维护：设计依据减法原则，严格控制人工建设强度与规模，最大程度保持场地原生态景观格局与风貌。② 地域文化的表现：地域性景观是指一个地区自然景观与历史文脉的总和，包括气候特点、地形地貌、水文地质、动植物资源等构成的自然景观资源条件及人类作用于自然所形成的人文景观等。在某个地区中，各个景观元素彼此之间是相互联系的，并与周围的自然与人文特征相结合，构成人们所观察到的景观类型。景观设计应从大到一个区域、小到场地周围的自然景观和人文景观的类型和特征出发，充分利用当地独特的自然景观元素和人工景观元素，营造出适合当地自然和人文条件的景观类型，以及适应当地生活习俗和景观利用的方式。③ 场地个性的彰显：任何场地都具有大量显性或隐性的景观资源，了解并理解场地，因地制宜地将场地所蕴含的自然与文化信息联系和利用起来，将场所个性特色加以提炼并运用于设计之中。④ 环境空间的关联：风景园林设计不仅要关注空间本身，还要关注该空间与周边空间的联系方式，即一个空间以何种方式转换到邻里空间，并逐渐扩展至更大尺度范围，从而形成相互之间有机联系的整体性景观。

3. 城乡规划设计理论

现代城市规划始于 19 世纪的工业革命时期，经过百年的发展，在协调区域与城乡社会经济发展、引导城乡空间建设与发展、维护生态与环境等方面显示出无可替代的重要价值。现代城乡规划学科开拓者霍华德倡导的"花园城市"、格迪斯的"人与自然融合"、芒福德的"区域整体协调"等思想，极大地推动、深化和提升了现代城乡规划的理论思想，并在解决区域城乡发展问题方面发挥着重要的理论意义与实践作用。20 世纪末，吴良镛提出"人居环境科学"的规划思想，进一步明确建筑学、城乡规划和风景园林的综合目标是为人类生活营建理想的聚居环境。

城乡规划设计学科已经形成了较为成熟系统的理论和方法，其核心内容包括：① 规划作为公共政策的决策，是确定未来发展目标及其实施方案的理性过程；② 综合性空间规划是经济、社会、环境和形态的协调发展；③ 规划既是科学又是艺术，但在理论上和方法上更为注重科学；④ 规划受到价值观念的影响。这些理论和方法为旅游规划工作的开展提供强有力的技术支撑。实际上，我国的旅游规划工作框架与流程基本上是以城乡规划为基础发展起来的，相关技术标准与规范也多来源于城乡规划设计领域。此外，旅游业已经成为城市发展的一个重要产业，旅游业的发展与城乡规划紧密相关。随着"旅游城市化"和"城市旅游化"的发展趋势，旅游与城乡的关系越来越紧密，旅游规划与城乡规划的融合进一步加强，两者考虑的问题逐渐交织在一起，如城乡游憩空间建设、历史文化遗产保护、文化与旅游产业发展、城乡景观风貌维护、城乡形象塑造等，都需要城乡规划与旅游规划的共同实施和管理。

2.2.3　经济学理论

经济学是研究人类经济活动和经济现象规律的一门学科，而旅游规划本身就是一种人类对区域旅游经济进行规划的实践活动。经济现象、经济关系和经济规律必然对旅游规划具有极为重要的指导意义，其涉及内容主要包括旅游产业部门的结构关系，旅游商品的市场和价格、竞争关系，旅游的供给、需求和消费关系，旅游活动的性质和特征，区域间旅游业的发展、协调和竞争关系，旅游的收入与分配的关系，旅游投资决策和经济效益，旅游企业与政府管理部门、投资商、当地居民、游客的利益关系协调等。

1. 产业发展理论

产业发展理论研究产业发展过程中的发展规律、发展周期、影响因素、产业转移、资源配置、发展政策等问题。产业发展规律主要指一个产业的诞生、成长、扩张、衰退淘汰的各个发展阶段需要具备怎样的条件和环境，从而应该采取怎样的政策措施。一个产业在各个不同的发展阶段都会有不同的发展规律，同时，处于同一发展阶段的不同产业也会有不同的发展规律。因此，只有深入研究产业发展规律才能增强产业发展的竞争能力，才能更好地促进产业的发展。

产业发展理论体现在旅游规划中的主要有竞争力理论和生命周期理论。① 竞争力是通过参与者双方或多方的角逐或比较而体现出来的综合能力。20 世纪 80 年代以来，经济全球化不断深入，市场竞争逐渐加剧，人们开始对竞争力的研究加以重视。随着旅游市场竞争的加剧，一个地区的旅游产业在旅游市场中的竞争力日益受到人们的关注，当前旅游规划的目标之一就是提升规划对象在市场中的竞争力。因此，在确定旅游发展目标和方向时，必须运用竞争力理论分析规划对象在旅游市场中的竞争状况。旅游规划的制定必须依照旅游竞争力理论分析的结论，找出旅游发展的差距所在，明确其制约因素，调整规划目标与重点，最终提升地区旅游产业的竞争力。② 旅游地生命周期理论是描述旅游地演进过程的一种理论。它的应用也从描述和分析旅游地的历史演进过程推广到了预测旅游地今后的发展趋势，指导旅游地营销策略，从而达到延长旅游地生命周期的目的。旅游规划在实施一段时间后往往要根据实施情况进行一定的调整，以更加适应旅游地的发展，旅游地生命周期理论为调整性规划提供了很好的研判依据。

2. 体验经济理论

体验经济是服务经济的延伸，是农业经济、工业经济和服务经济之后的第四类经济类型，强调顾客的感受性满足，重视消费行为发生时的顾客的心理体验。而旅游作为人们求新、求异、求奇、求美、求知的一种重要途径，本身就是一种体验活动，旅游者在旅游过程中得到的并不是具体的旅游资源，而是一种经历、一种感受、一种体验。因此，旅游经济活动是一种天然的体验经济。随着人类社会从服务经济转向体验经济，以及旅游业的发展、旅游需求量的增加、旅游品质的提高和需求的多样化，游客的旅游模式在体验旅游时代发生了深刻变化：旅游者更多注重旅游过程中个人的感受和经历，而不是对某个旅游目的地的选择。体验可以分为四种类型——娱乐的体验、教育的体验、逃避现实的体验和审美的体验，这些类型恰恰都符合旅游体验的特征。近年来，多样化的新兴旅游产品的不断涌现进一步表明，人们开始追求新颖独特、具有丰富个人经历和感受的旅游活动，体验经济正在成为经济活动的主导力量。

体验与商品和服务一样，需要经过发现、设计、组织等过程才能呈现出来。设计体验遵循的基本原则：① 确定主题：制定明确的主题可以说是经营体验的第一步。如果缺乏明确的主题，消费者就抓不到主轴，就不能整合所有感受到的体验，也就无法留下长久的记忆。② 塑造印象：主题是体验的基础，还需要塑造令人难忘的印象，必须制造强调体验的线索。线索构成印象，在消费者心中创造体验，而且每个线索都必须支持主题与主题相一致。③ 减除负面：要塑造完整的体验，不仅需要设计一层层的正面线索，还必须减除削弱、违反、转移主题的负面线索。④ 感官刺激：体验中的感官刺激应该支持、增强主题，而且体验所涉及的感官越多，就越容易成功、越令人难忘。旅游规划中要深入研究旅游者的体验需求，以体验需求为导向，遵循体验设计的基本原则，创新出更具特色的"感受体验"类旅游产品，促进旅游规划中市场预期目标的实现。

3. 市场学理论

市场学是研究企业市场营销活动规律的经济管理学科分支，市场营销就是商品和服务从生产者手中移交到消费者手中的一种过程，是企业或其他组织以满足消费者需要为中心进行的一系列活动。市场营销管理是指为创造达到个人和机构目标的交换，而规划和实施的理念、产品和服务的构思、定价、分销和促销的过程，包括分析、规划、执行和控制，其管理对象包括理念、产品和服务。市场营销管理的基础是交换，目的是满足各方需要。市场营销管理的主要任务是刺激消费者对产品的需求，但不能局限于此。它还帮助企业在实现其营销目标的过程中，影响需求水平、需求时间和需求构成。因此，市场营销管理的任务是刺激、创造、适应及影响消费者的需求。市场营销理论的核心概念是 4P，即产品（Product）、价格（Price）、渠道（Place）、促销（Promotion）。现代市场学进一步提出 4C 理论，即消费者需求与欲望（Consumer Wants and Needs）、成本（Cost）、方便（Convenience）、沟通（Communication）。

运用市场学理论来指导旅游规划与旅游目的地管理，需要遵循旅游开发以市场为导向的原则，要站在市场竞争角度评价旅游资源，要对旅游市场进行深入分析和科学预测，并制定合适的营销策略，有针对性地把旅游产品推向目标市场。同时，针对目标市场的经济、文化、心理、需求等方面的特征，采取有效的促销手段，刺激旅游需求的增长，缓解旅游供求的矛盾，达到旅游供求的最优动态平衡。

2.2.4　社会学理论

旅游活动是一种复杂的社会文化现象，旅游业是一项综合性的经济—文化产业。发展旅游业最基本的社会学原理就是满足人类在自然界和社会中产生的各种需要及其需求，旅游规划的最终目的是满足人类更好地通过休闲、休憩、旅游活动而获得的心理和精神需求。社会学作为一门与其他学科交叉、涉及面较广的综合型学科，具有极强的综合性，对旅游现象的社会学研究开始于第二次世界大战之后的大众旅游热，关于旅游的社会学理论也由此构建，旅游社会学研究旅游社会文化现象主体（即"旅游者"）在现代及后现代社会中的独特"性质"和"类型"，并从把"旅游者"作为独特的社会群体和个体的认识中而缘起。

1. 人类学理论

人类学是将人作为直接研究对象，并以其为基础和综合理解为目的的学科。以人类学的观点来认识和理解旅游活动，开始关注与探讨旅游者与接待地文化的相互关系，直接促成了旅游发展中以人为本基本理念的树立。旅游人类学就是从文化角度，以人为旅游活动的核心，研究旅游地居民、社会团体、旅游开发者与旅游者之间关系的科学，其主要内容包括旅游的文化性质与形态、旅游活动中的主客关系、旅游中的文化冲击、旅游与社会文化改变等。旅游规划的指导思想、发展目标、功能布局等都要考虑旅游者需求和目的地社区居民的利益，以及吸收各方相关群体和机构参与规划编制的过程，充分体现人类学的"人本"思想内核。

2. 心理学理论

心理学是一门研究人类心理现象及其影响下的精神功能和行为活动的科学，兼顾突出的理论性和应用性，其研究涉及知觉、认知、情绪、思维、人格、行为习惯、人际关系、社会关系、人工智能、智力商数、性格等许多领域，也与日常生活的许多领域发生关联。自美国著名心理学家马斯洛（A.H.Maslow）提出著名的"需求层次理论"后，法勃（Farber）等学者开始探索旅游心理学理论。旅游心理学是指主要研究旅游者和旅游从业人员在旅游活动过程中的心理现象、特征及其规律的科学，包括旅游者心理活动、旅游服务心理、旅游企业经营与管理心理、旅游体验与感知、旅游动机、旅游态度、旅游情感和情绪、旅游审美与偏好等。因此，旅游规划必须根据现代人生活和工作的特点以及在当代社会大背景下形成的人们心理上的特点，在充分考虑旅游者群体心理特点的前提下，进行具有针对性的产品设计、环境建设，以及提供满足不同心理需求的旅游服务。

3. 行为学理论

行为学研究人类行为的基本规律，同时研究社会群体行为的规律和后果，以及控制和监测的方法。行为规律包括：① 在特定的环境之中，具有特定个性的人，有特定的行为表现。② 在相似的环境之中，具有相似个性的人或相似共性的群体，有相似的行为表现。③ 任何一种行为，都会相应产生一种及以上的后果。

旅游行为学是研究旅游活动过程中旅游者消费心理和行为产生、发展和变化的科学。旅游者有着不同的人格特征、兴趣爱好、消费行为、需求心理等，由此产生各异的旅游行为，在旅游者个人心理活动的支配和影响下，做出诸如休闲度假、文化游览、猎奇探险，以及各种认识世界的旅游活动行为。在同一社会群体之中，由于相同的习俗和文化，成员的个性之中会有较多的共同点，因此形成了社群成员某些行为的共同特征。行为学理论对个体行为、群体行为、行为控制和管理的研究，以及对研究旅游市场行为、旅游市场细分、旅游消费行为、旅游营销等内容具有重要的借鉴和启示价值。

2.2.5　管理学理论

管理学是研究管理规律、探讨管理方法、建构管理模式，从而取得最大管理效益的学科。与其他学科门类一样，是人类在自身实践中，随着对现实各种事物认识的提高和深化而产生出来的。管理学的思想和理论广泛、普遍地适用于人类的各项活动，包括经济、政治、文化、社会、科技等活动。旅游规划作为旅游业发展中的一项重要实践活动，具有复杂性、综合性和动态性的特点，因而管理学理论在旅游规划中具有重要的、基础性的指导意义。

1. 土地资源管理理论

近年来，国家实施了保护基本农田和生态环境、土地资源集约节约利用的土地政策。旅游业的发展需要土地资源作为旅游景区用地，然而现在的旅游景区用地存在诸多问题，如绿化面积过大、占用耕地等，这些问题的出现要求加快景区土地资源管理的支持体系建设，完善旅游景区土地利用规划管理的对策。了解土地资源管理、土地利用和国家土地政策，促进旅游规划更贴合土地资源管理理论要求，努力争取在国家许可的政策框架内使规划设计的旅游项目得到相应的土地资源支持，这是确保旅游规划有效性的前提。

2. 企业管理理论

现代企业管理理论是管理学理论的重要组成部分，涉及企业的治理结构、营销、生产、人力资源开发与管理、质量管理等多方面内容。旅游业作为 21 世纪的热门产业，带动了大批旅游企业的发展，如旅行社、旅游交通、旅游酒店和旅游置业等相互交织结合，构成一条比较完整的旅游产业链。同时，旅游企业的发展是旅游产业中生产力的核心组成部分，对这些企业的发展做好规划，能为开展好旅游规划奠定基础。因此，掌握好企业管理的基本理论并在旅游规划中加以应用，是旅游规划编制应具备的基本知识技能。

3. 政府管理理论

政府管理是管理学的重要理论，其比较成熟的理论体系有助于分析、构筑一个合理的旅游行政管理体系，促进地方旅游产业的有效运行和发展。政府管理对旅游业的影响主要体现在旅游政策的制定方面，反过来，旅游的经济效益也对政府政策的制定和实施产生影响。旅游的宏观经济利益不断影响政府制定政策的观点和态度；旅游的微观经济利益，也必然反映到为经济服务的政治生活中；旅游的社会利益还被当今世界各种社会制度认为是一种公民权利。政府对旅游业的管理和重视，能够引导和规范旅游政策的制定与实施，在帮助各级政府探索旅游业可持续发展机制等方面，将起到无可替代的重大作用。

第 2 篇

旅游产业发展规划

产业发展规划，是指综合运用各种理论分析工具，从当地实际状况出发，充分考虑国际国内及区域经济发展态势，对当地产业发展的定位、产业体系、产业结构、产业链、空间布局、经济社会环境影响、实施方案等做出一定规划期内的科学计划。一般性的产业发展规划有较为规范的程序与内容：第一，进行经济发展阶段和产业结构分析，以明确当前产业问题和预测未来发展方向；第二，根据全球、区域及周边地区产业演化、区域发展政策和本地产业特征等，分析产业发展面临的机遇、挑战及优劣势；第三，针对产业现状和发展条件，确定产业发展定位与总体战略；第四，依据特定的发展原则，确定"点、轴、带、圈、片、区"的总体空间布局，以及重点建设项目；第五，依据国家、省、市的相关政策要求，提出符合当地实际的产业发展政策。

旅游产业发展规划是根据旅游业的历史、现状和市场要素的变化所制定的目标体系，以及为实现目标体系在特定的发展条件下对旅游发展的要素所作的安排。其主要任务是明确旅游业在国民经济和社会发展中的地位与作用，提出旅游业发展目标，优化旅游业发展的要素结构与空间布局，安排旅游业发展优先项目，促进旅游业持续、健康、稳定发展。

第3章 产业发展要素分析

3.1 旅游资源分析

旅游资源是旅游产业发展的基础，一个地方旅游业的发展状况很大程度上依赖于旅游资源的赋存状况，包括旅游资源类型、数量、质量、特点，以及空间分布、开发利用条件等。因此，对于区域旅游资源的分析研究是制定旅游产业发展规划的首要基础工作。

3.1.1 旅游资源分类

旅游资源分类应遵循分类法的基本要求，根据旅游资源的共同点和差异点进行归并，划分出具有一定从属关系的不同等级类别（型），在所划分出的每一种类别（型）中，其属性上彼此有相似之处，不同类别（型）之间则存在一定的差异。例如，两分法分类方案根据旅游资源成因，将旅游资源分为自然旅游资源和人文旅游资源两大类别（型），两者之间存在较为明显的差别。根据自然旅游资源和人文旅游资源各自内部的差异，又可进一步划分出次级类型，依此类推，形成具有一定从属关系的不同等级的类别（型）系统。此外，旅游资源还可以依据资源形态特征、质量高低、演化形态等不同标准划分出多种类别（型）系统。

为了适应我国旅游业的快速发展，满足我国旅游资源开发利用的需要，避免分类体系不统一对旅游资源调查、评价、开发的影响。依据中华人民共和国国家标准《旅游资源分类、调查与评价》GB/T 18972—2017，规定旅游资源类型体系，以及旅游资源调查、等级评价的技术与方法，以适用旅游资源开发与保护、旅游规划与项目建设、旅游行业管理与旅游法规建设、旅游资源信息管理等方面的需要。国家标准分类体系依据旅游资源的性状，将其划分为"主类、亚类、基本类型" 3 个层次，包括 8 个主类、23 个亚类、110 个基本类型（表 3-1）。

旅游资源分类及代码表　　　　　　表 3-1

主类	亚类	基本类型
A 地文 景观	AA 自然景观综合体	AAA 山丘型景观，AAB 台地型景观，AAC 沟谷型景观，AAD 滩地型旅游地
	AB 地质与构造形迹	ABA 断裂景观，ABB 褶曲景观，ABC 地层剖面，ABD 生物化石点
	AC 地表形态	ACA 台丘状地景，ACB 峰柱状地景，ACC 垄岗状地景，ACD 沟壑与洞穴，ACE 奇特与象形山石，ACF 岩土圈灾变遗迹
	AD 自然标记与自然现象	ADA 奇异自然现象，ADB 自然标志地，ADC 垂直自然带
B 水域 景观	BA 河系	BAA 游憩河段，BAB 瀑布，BAC 古河道段落
	BB 湖沼	BBA 游憩湖区，BBB 潭池，BBC 湿地
	BC 地下水	BCA 泉，BCB 埋藏水体
	BD 冰雪地	BDA 积雪地，BDB 现代冰川
	BE 海面	BEA 游憩海域，BEB 涌潮与击浪现象，BEC 小型岛礁
C 生物 景观	CA 植被景观	CAA 林地，CAB 独树与丛树，CAC 草地，CAD 花卉地
	CB 野生动物栖息地	CBA 水生动物栖息地，CBB 陆生动物栖息地，CBC 鸟类栖息地，CBD 蝶类栖息地
D 天象与 气候 景观	DA 天象景观	DAA 太空景象观赏地，DAB 地表光现象
	DB 天气与气候现象	DBA 云雾多发区，DBB 极端与特殊气候显示地，DBC 物候景象
E 建筑与 设施	EA 人文景观综合体	EAA 社会与商贸活动场所，EAB 军事遗址与古战场，EAC 教学科研实验场所，EAD 建设工程与生产地，EAE 文化活动场所，EAF 康体游乐休闲度假地，EAG 宗教与祭祀活动场所，EAH 交通运输场站，EAI 纪念地与纪念活动场所
	EB 实用建筑与核心设施	EBA 特色街区，EBB 特性屋舍，EBC 独立厅、室、馆，EBD 独立场、所，EBE 桥梁，EBF 渠道、运河段落，EBG 堤坝段落，EBH 港口、渡口与码头，EBI 洞窟，EBJ 陵墓，EBK 景观农田，EBL 景观牧场，EBM 景观林场，EBN 景观养殖场，EBO 特色店铺，EBP 特色市场
	EC 景观与小品建筑	ECA 形象标志物，ECB 观景点，ECC 亭、台、楼、阁，ECD 书画作，ECE 雕塑，ECF 碑碣、碑林、经幡，ECG 牌坊牌楼、影壁，ECH 门廊、廊道，ECI 塔形建筑，ECJ 景观步道、甬路，ECK 花草坪，ECL 水井，ECM 喷泉，ECN 堆石
F 历史 遗迹	FA 物质类文化遗存	FAA 建筑遗迹，FAB 可移动文物
	FB 非物质类文化遗存	FBA 民间文学艺术，FBB 地方习俗，FBC 传统服饰装饰，FBD 传统演艺，FBE 传统医药，FBF 传统体育赛事
G 旅游 购物	GA 农业产品	GAA 种植业产品及制品，GAB 林业产品与制品，GAC 畜牧业产品与制品，GAD 水产品及制品，GAE 养殖业产品与制品
	GB 工业产品	GBA 日用工业品，GBB 旅游装备产品
	GC 手工艺品	GCA 文房用品，GCB 织品、染织，GCC 家具，GCD 陶瓷，GCE 金石雕刻、雕塑制品，GCF 金石器，GCG 纸艺与灯艺，GCH 画作
H 人文 活动	HA 人事活动记录	HAA 地方人物，HAB 地方事件
	HB 岁时节令	HBA 宗教活动与庙会，HBB 农时节日，HBC 现代节庆

　　注：如果发现本分类没有包括的基本类型，使用者可自行增加，增加的基本类型可归入相应亚类，置于最后，最多可增加 2 个。编号方式为：增加第 1 个基本类型时，该亚类 2 位汉语拼音字母 +Z，增加第 2 个基本类型时，该亚类 2 位汉语拼音字母 +Y。

随着社会生活的不断演变和旅游业的深入发展，越来越多传统意义上的物质资源和非物质资源创新性地成为旅游资源，特别是全域旅游发展理念和发展模式在实践中的推行，极大地改变了传统旅游资源观，对旅游资源的新认识已经扩展到了全空间、全产业、全时态，"泛旅游资源"进入旅游者视野并吸引其进一步成为产生旅游动机与行为的非传统意义上的旅游吸引物。全域旅游视角下的泛旅游资源观不仅仅局限于传统旅游资源的利用，而是进一步扩展旅游视野，积极融入社会发展、产业经济、科研文教、生态保育等领域，充分利用一切可利用的资源支持旅游产业的升级和扩展。因此，依托现行的旅游资源分类标准体系，可以不断地调整、扩充和优化该分类体系，以适应不同阶段旅游产业发展的需要。

3.1.2　旅游资源要素调查

1. 旅游资源调查基本要求

旅游资源调查，是指依照一定标准和程序针对旅游资源开展的询问、查勘、实验、绘图、摄影、录像、记录填表等活动，也是旅游开发的第一步。调查成果的质量、准确性和科学性对旅游开发的科学规划、合理开发和保护都有重要意义，旅游资源调查必须保证其结果具有权威性、科学性、可信度、客观性和严肃性。通过调查，了解和掌握区域旅游资源的类型、数量、分布、特征、成因、规模、结构，以及开发潜力等基本情况，可以为旅游资源的科学评价奠定基础，为制定旅游规划以及进行合理开发和保护，提供客观科学的依据；通过调查，可建立和完善区域旅游资源信息资料库，为区域旅游业管理、经营提供必要的信息；通过调查，可深入地了解区域旅游环境质量，发现存在的问题，为区域旅游环境质量监控提供准确、具体的信息，为制定旅游资源保护措施提供决策依据。

2. 旅游资源调查的类型

根据国家标准《旅游资源分类、调查与评价》GB/T 18972—2017，旅游资源调查可分为"旅游资源详查"和"旅游资源概查"两个类型，其调查方式和精度要求不同。

1）旅游资源详查

旅游资源详查是为全面详细了解和掌握整个区域旅游资源的情况，按照全部既定调查程序等进行的旅游资源调查，包括调查准备、实地调查，要求对全部旅游资源单体进行调查，提交全部《旅游资源单体调查表》。实地调查工作程序如下：

（1）确定调查区内的调查小区和调查线路

为便于开展旅游资源评价、旅游资源统计和旅游资源开发工作，可将整个调查区分为若干"调查小区"。调查小区一般按行政区划分（如省级调查区，可将地区级的行政区划分为调查小区；地区级调查区，可将县级的行政区划分为调查小区；县级调查区，可将乡镇级的行政区划分为调查小区），也可按现有或规划中的旅游区域来划分。调查线路按实际要求设置，一般要求贯穿调查区内所有被调查小区和主要旅游资源单体所在的地点。

（2）选定调查对象

主要针对具有旅游开发前景，有明显经济、社会、文化价值的旅游资源单体；集合型旅游资源单体中具有代表性的部分；代表调查区形象的旅游资源单体等进行重点调查。对旅游品位明显较低、不具有开发利用价值的；与国家现行法律法规相违背的；开发后有损社会形象的或可能造成环境问题的；影响国计民生的；某些位于特定区域内的旅游资源单体暂时不进行调查。

（3）填写《旅游资源单体调查表》

每一调查单体需要填写《旅游资源单体调查表》（表 3-2）。

旅游资源单体调查表

表 3-2

基本类型：

代　　号	:	其他代号：①　　　；②
行政位置		
地理位置	东经　　　　北纬	
性质与特征（单体性质、形态、结构、组成成分的外在表现和内在因素，以及单体形成过程、演化历史、人事影响等主要环境因素）		
旅游区域与进出条件（单体所在地区的具体位置、进出交通、与周边旅游集散地和主要旅游区 [点] 之间的关系）		
保护与开发现状（单体保存现状、保护措施、开发情况）		
共有因子评价问答（你认为本单体属于下列评价项目中的哪个档次，应该得多少分数，在最后一列内写上分数）		

评价项目	档　　次	本档次规定得分	你认为应得的分数
单体为游客提供的观赏价值，或游憩价值，或使用价值如何	全部或其中一项具有极高的观赏价值、游憩价值、使用价值	30~22	
	全部或其中一项具有很高的观赏价值、游憩价值、使用价值	21~13	
	全部或其中一项具有较高的观赏价值、游憩价值、使用价值	12~6	
	全部或其中一项具有一般观赏价值、游憩价值、使用价值	5~1	
单体蕴含的历史价值，或文化价值，或科学价值，或艺术价值如何	同时或其中一项具有世界意义的历史价值、文化价值、科学价值、艺术价值	25~20	
	同时或其中一项具有全国意义的历史价值、文化价值、科学价值、艺术价值	19~13	
	同时或其中一项具有省级意义的历史价值、文化价值、科学价值、艺术价值	12~6	
	历史价值、或文化价值、科学价值、或艺术价值具有地区意义	5~1	

续表

评价项目	档　次	本档次规定得分	你认为应得的分数
物种是否珍稀，景观是否奇特，此现象在各地是否常见	有大量珍稀物种，或景观异常奇特，或此类现象在其他地区罕见	15~13	
	有较多珍稀物种，或景观奇特，或此类现象在其他地区很少见	12~9	
	有少量珍稀物种，或景观突出，或此类现象在其他地区少见	8~4	
	有个别珍稀物种，或景观比较突出，或此类现象在其他地区较多见	3~1	
如果是个体有多大规模？如果是群体，其结构是否丰满；疏密度怎样；各类现象是否经常发生	独立型单体规模、体量巨大；组合型旅游资源单体结构完美、疏密度优良级；自然景象和人文活动周期性发生或频率极高	10~8	
	独立型单体规模、体量较大；组合型旅游资源单体结构很和谐、疏密度良好；自然景象和人文活动周期性发生或频率很高	7~5	
	独立型单体规模、体量中等；组合型旅游资源单体结构和谐、疏密度较好；自然景象和人文活动周期性发生或频率较高	4~3	
	独立型单体规模、体量较小；组合型旅游资源单体结构较和谐、疏密度一般；自然景象和人文活动周期性发生或频率较小	2~1	
是否受到自然或人为干扰和破坏，保存是否完整	保持原来形态与结构	5~4	
	形态与结构有少量变化，但不明显	3	
	形态与结构有明显变化	2	
	形态与结构有重大变化	1	
在什么范围内有知名度；在什么范围内构成名牌	在世界范围内知名，或构成世界承认的名牌	10~8	
	在全国范围内知名，或构成全国性的名牌	7~5	
	在本省范围内知名，或构成省内的名牌	4~3	
	在本地区范围内知名，或构成本地区名牌	2~1	
开发旅游后，多少时间可以开发旅游；或可以服务于多少游客	适宜游览的日期每年超过300天，或适宜于所有游客使用和参与	5~4	
	适宜游览的日期每年超过250天，或适宜于80%左右游客使用和参与	3	
	适宜游览的日期每年超过150天，或适宜于60%左右游客使用和参与	2	
	适宜游览的日期每年超过100天，或适宜于40%左右游客使用和参与	1	
本单体是否受到污染，环境是否安全；有没有采取保护措施使环境安全得到保证	已受到严重污染，或存在严重安全隐患	−5	
	已受到中度污染，或存在明显安全隐患	−4	
	已受到轻度污染，或存在一定安全隐患	−3	
	已有工程保护措施，环境安全得到保证	3	

本单体得分		本单体可能的等级		填表人		调查时间	

2）旅游资源概查

旅游资源概查，是指对旅游资源进行一般层面上的调查，简化工作程序，把资料收集限定在与相关项目有关范围的调查，适用于了解和掌握特定区域或专门类型的旅游资源调查，要求对涉及的旅游资源单体进行调查。可以简化工作程序，如不需要成立调查组，调查人员可由其参与的项目组织协调委派；资料收集限定在专门目的所需要的范围；可以不填写或择要填写《旅游资源单体调查表》等。两种方法的比较如图 3-1 所示。

图3-1　旅游资源调查方法对比图

3. 旅游资源调查的内容

旅游资源调查的基本内容，是为了查明可供旅游业开发利用的资源状况，了解旅游资源的存量状况、开发利用的环境条件及客源市场动态等（图 3-2）。

图3-2　旅游资源调查的内容

1）旅游资源存量状况调查

根据旅游资源自身的属性特点，确定调查区内的资源调查对象，并依据规定的旅游资源分类标准对区域旅游资源的类型、数量、结构、规模、级别、成因等基本情况进行具体调查，形成旅游资源的文字、影像、专题地图等有关资料。

对于旅游资源类型的调查，通常以《旅游资源分类、调查与评价》GB/T 18972—2017 为依据，分别对调查区域的 A 地文景观、B 水域景观、C 生物景观、D 天象与气候景观、E 建筑与设施、F 历史遗迹、G 旅游购品、H 人文活动 8 个旅游资源主类进行具体调查，明确区内旅游资源的种类。同时，还要对区内各种不同类型的旅游资源的数量、分布范围、面积，以及资源级别的高低等内容做进一步调查。

旅游资源结构、成因调查，是指就调查区的自然景观、人文景观，自然景观内部、人文景观内部的资源组合形式与结构，资源的形成原因、发展历史、存在时限、利用的可能价值，以及自然与人文相互依存的因果关系等内容开展的调查。

进行旅游资源存量调查时还应就调查区内旅游资源现在的开发状况、项目、类型、时间季节、旅游人次、旅游收入、消费水平，以及周边地区同类旅游资源的开发比较、开发计划等现状进行调查。

2）旅游环境条件调查

旅游环境条件调查，是指根据旅游资源的开发要求，对与其相关的自然、社会、经济环境条件进行调查。自然条件包括地质、地貌、气象气候、水文、动植物等；社会条件包括行政归属与区划、道路交通、人口与居民、文化教育、医疗卫生、社会安全、发展历史等；经济条件包括地理区位、道路交通、能源供给、电力通信、公共服务等。

调查还包括影响旅游资源利用的环境保护情况，主要有工矿企业、生活服务等人为因素造成的大气、水体、噪声等污染状况和治理程度。

3）旅游客源市场调查

旅游客源市场是旅游业发展的必要条件。客源的流向、流量、需求和消费水平直接影响着旅游发展的方向、规模和档次，同时也影响着旅游经营和管理的模式。因此，调查旅游客源市场，并对其进行正确、合理的定位，对调查区的旅游开发建设至关重要。主要通过对海外游客、国内游客、外地游客、本地游客的数量、所占比例、各自停留的时间、旅游动机、消费构成和消费水平，以及年龄、性别、职业、文化程度等基本情况进行调查，了解当地旅游市场的客流来源、游客的旅游需求，以确定市场定位。

4. 调查程序与方法

1）调查程序

旅游资源调查的主要程序如表3-3所示。

旅游资源调查的程序　　　　　　　　　　　　　　　表3-3

主要步骤	主要内容
搜集现有资料	充分搜集分布于各部门的现有资料，如气象、水利、林业、地矿、园林、文物、统计等部门及行业组织，大多积累有一定专业系统性的资料和图纸
实验室解译	地图、数字化地图、航片、遥感磁带数据等，作为地理信息载体，蕴含着极为丰富的资源信息；通过实验室解译工作，可以快速、大范围地掌握许多实地人工考察难以获取的资源信息
现场勘察	通过考察、采访、观测、测量、物探、摄影摄像、记注、调查填表、标本采集、样方调查、无线电跟踪等方法，进行实地踏勘、挖潜、校核；根据具体情况，现场勘察工作可分为粗线条勘察、重点研究勘察、比较评价勘察三类
整理归纳	进行地图编制、资料归纳整理（基础资料、环境资料、社会经济资料、现有设施资料）、旅游资源资料汇总

2）调查方法（表 3-4）

旅游资源主要调查方法

表 3-4

调查方法	主要内容
现场勘查法	调查人员可以通过路勘、测量、拍照和填绘等形式直接获得旅游资源的第一手资料
文案调查法	又称间接调查法，是通过收集旅游资源的各种现有信息数据和情报资料，从中摘取与资源调查项目有关的内容，然后进行分析研究的一种调查方法；这种方法常被作为旅游资源调查的首选方法，但是文案调查需要调查人员进行合理的筛选和取舍
询问调查法	调查者用访谈询问的方式了解旅游资源情况的一种方法；应用这种方法可以从所在地的部门、居民与旅游者中及时地了解没有记载的事实和难以出现的现象；通常可以采用设计调查问卷、调查卡片、调查表等，通过面谈调查、电话调查、邮寄调查等形式进行询问访谈，获取需要的资料信息
专家调查法	指通过多次相关专家的意见征询，对所研究问题的影响因子体系按其权重值进行打分，渐次集中形成征询意见，从而对所调查、研究的问题得出结论的一种方法
问卷调查法	是一种获取旅游资源二手资料的方法，主要通过问卷的形式向被调查对象获取信息；问卷分为封闭式问卷和开放式问卷
观察调查法	是指调查者在现场对被调查事物和现象进行直接观察或借助于仪器设备进行记录，以获得旅游资源信息资料的调查方法；这种方法最大的特点是能客观地反映被调查对象的实际行为，资料的真实性高，并且简便易行，灵活性强，但是不能深入具体
综合考察法	是对旅游资源的各种属性进行分析、综合，并得出结论的一种方法；综合考察法也是最常用的旅游资源调查法之一
遥感调查法	是指通过卫星照片、航空照片等遥感图像的整体性，全面掌握调查区旅游资源的现状，判读各景区（点）的空间布局和组合关系的方法；运用此法进行旅游资源的主体观察和定量测量，实现景观信息的提取，特别是能对人迹罕至、山高林密及采用常规方法无法到达的地区进行旅游资源的调查
统计分析法	是指通过对旅游资源的规模、速度、范围、程度等数量关系的分析研究，认识和揭示事物间的相互关系、变化规律和发展趋势，借以达到对旅游资源的正确解释和预测的一种方法
分类分区法	是指通过对旅游资源属性的相关数据分区后快速逐一扫描，获得频繁项集，并将它们归入若干个不同类别的一种方法，运用此方法时不需要扫描原数据库，便可有效地挖掘出其中的频繁项集，且不会丢失重要规则。研究表明，该算法具有很好的可测量性

3.1.3　旅游资源评价

　　旅游资源评价，是指在旅游资源调查基础上进行的深层次研究工作，选择调查区中的旅游资源、旅游环境及其开发条件作为评价对象和内容，采取一定的方法对旅游资源的特点及其开发作出评判和鉴定，为调查区旅游资源的规划、开发和管理提供理论依据。

1. 旅游资源评价的目的和原则

1）旅游资源评价的目的

旅游资源评价是对区域旅游发展的基础性研究，其评价的科学性、准确性和客观性必然影响着区域旅游资源的开发程度和旅游业的远景发展。因此，明确旅游资源评价的目的具有重要意义。

（1）规划目的

通过对调查区旅游资源、旅游环境及其开发利用的综合评价，为合理利用旅游资源，确定调查区旅游资源开发的重点、步骤等宏观规划研究提供现实依据，为旅游开发区域的中观规划提供发展定位依据，为旅游地的微观规划提供建设依据。

（2）开发目的

通过对调查区旅游资源的类型、组合、特色、结构、功能和性质的评价，确定调查区旅游资源的质量，在规划的指导下，为旅游区的具体旅游资源的开发利用方向和专项旅游建设项目提供论证，评估其在开发建设中的地位，为旅游区的开发提供科学依据，为已经开发和部分开发的旅游区提供改造和延伸的依据。

（3）管理目的

通过对调查区旅游资源的质量、规模、水平的评价，为旅游资源的分级分类管理提供系列资料和判定标准；为合理利用资源，发挥整体效应、宏观效应提供经验；为确定不同旅游地的建设顺序准备条件。

2）旅游资源评价的原则

旅游资源评价是一项重要而复杂的工作。旅游资源涉及生物、地理、气候、环境、经济、历史、科技、文学、艺术等多个学科领域的知识。依据不同的评价标准来判断，可能会得出不同的评价结果。因此，旅游资源评价必须遵循一定的评价原则，力求做到科学、客观、公正，以促进资源合理有效地开发利用（表3-5）。

旅游资源评价的基本原则　　　　　　　　　　　　　　　　表3-5

客观性原则	旅游资源评价应从实际出发，实事求是地评价它的价值高低与影响，充分运用地学、美学、历史学、社会学等多学科知识认识旅游资源的价值内涵，力求进行全面客观评价
科学性原则	旅游资源评价应坚持科学的态度，符合客观科学的标准，对旅游资源的形成、本质、属性、价值等核心内容做出科学的解释和准确的评价
系统性原则	旅游资源评价要求综合衡量，全面完整地进行系统评价，准确地反映旅游资源的整体价值；此外，还需将其所处区位、环境、客源、建设开发条件、地区社会经济发展水平等作为开发利用因素纳入系统综合评价的范畴
动态性原则	旅游资源评价需要以体验与认识作为基础，深入考察旅游资源的本质属性，了解旅游资源的长期趋势、变化特性与过程，使资源评价结果具有一定的前瞻性，并针对不同情况修正结论，充分考虑时空环境变化，明确旅游资源的动态发展属性

2. 旅游资源评价的内容

综合当前国内外学者的研究成果，一般旅游资源评价的主要内容包括以下三个部分：质量评价、环境评价和开发条件评价（图3-3）。

图3-3 旅游资源评价的内容

1）旅游资源质量评价

（1）旅游资源的特色

旅游资源或景区（点）所具有的超群出众的个性特征是吸引旅游者前往参观游览的主要因素，具有极大的开发潜力。因此，必须尽可能挖掘那些具有独特性的旅游资源，分析评价也主要针对旅游资源地方色彩的浓郁程度，即奇特、珍稀、古老、优美、体量等个性的强弱、艺术造诣的高低和景观的优劣等方面去分析。

（2）旅游资源的价值和功能

旅游资源的价值，是指旅游资源在区域旅游业中的作用。这个作用的大小是由区域旅游资源的观赏性、历史性、科考性及社会文化性等特征所决定的，是旅游资源质量和水平的反映。例如，特别优美的自然风光由于其美学特征突出，因而具有很高的观赏价值；某些历史悠久的珍贵文物古迹，或已被收入《世界文化遗产名录》，或是国家重点文物保护单位，因而具有很高的历史文化价值。旅游资源的功能，是指区域旅游资源能够满足开展旅游活动需求的各种作用的组合，它是旅游资源价值的具体体现。旅游资源的价值越高，旅游意义越大；旅游资源的功能结构越复杂，提供开展旅游活动的形式就越多样。旅游资源的价值和功能评价，是指对区域旅游资源的美学价值、历史价值、科学研究价值、艺术价值，以及可供开发利用的特殊功用的分析评价。

（3）旅游资源的数量、密度和结构

区域旅游资源的多少（主要指景物、景点的数量）、旅游资源的集中程度（单位面积内旅游资源的数量），以及区域旅游资源的分布和组合特征，能进一步说明旅游资源的吸引功能，是旅游资源评价的主要内容之一。在一定区域内，只有旅游资源数量大、类型多，分布集中且搭配协调，形成一定规模的旅游资源，才具有较高的旅游价值。不同性质或不同风格的旅游资源可以互补，开展多种旅游活动，有利于扩大客源市场；区域旅游资源的分布集中有利于集中开发，减少开发中的投资。一些独立的旅游资源即使具有一定的特色或价值较高，但由于集聚度较低，组合关系较弱，开发的性价比较低。

2）旅游资源环境评价

（1）旅游资源的自然环境

旅游资源的自然环境，是指地质、地貌、水文、气候、土壤、动植物等自然要素所构成的自然环境，对旅游资源的开发利用前景影响很大。自然环境是构成旅游资源所在区域整体感知形象的一个因素，是旅游活动的重要外部环境条件之一。自然环境对旅游资源的质量、时间、节律和开发有着直接的决定作用。首先，不少自然环境本身就是旅游资源不可分割的一部分，直接影响着旅游资源的质量与品位。其次，环境的某些因子直接决定着旅游的开发效益。例如，气候既是重要的旅游资源，同时又与旅游资源的开发程度、规模、利用季节有直接关系。因此，旅游资源的自然环境评价要求对自然环境及其各组成要素进行综合评价分析，并根据环境要素的作用机理和影响范围、深度、速度等预测自然环境的演化状况和后果。

（2）旅游资源的社会环境

旅游资源的社会环境，是指由旅游资源所在区域的社会开放程度、社会安全与稳定、政府及当地居民对发展旅游业的态度，以及精神文明状态等共同构成的社会环境。它直接影响到旅游资源开发利用的需求、速度、质量和总体规模，因而也是旅游资源环境评价的重要内容之一。一个地区的政治局势和社会稳定与否，直接影响着旅游者的出游决策。良好的社会环境能够促进旅游业的快速发展；社会治安差的地方即使有品位很高的旅游资源，旅游者也不愿前往。社会环境的另一个重要构成要素是政府的政策导向。我国旅游业发展走的是社会主义市场经济道路，这意味着旅游资源开发必须在政府的宏观调控和法律约束的范围之内进行。此外，旅游资源开发的实践表明，如果当地的文化传统比较开放，人民热情好客，旅游地卫生保健状况较好，就能够吸引旅游者的到来，使旅游者有宾至如归的感觉，也会对旅游资源开发有积极的促进作用。

（3）旅游资源的经济环境

旅游资源的经济环境，是指能够满足游客开展旅游活动的一切外部经济条件，包括经济发展水平、人力资源状况、物资和产品供应条件、基础设施等。旅游开发实际上就是经济开发。社会经济需要、地区经济实力直接决定和影响着旅游资源的开发，资金和人力资源条件直接关系到旅游资源开发利用的深度、广度、进度和开发的可能性，基础设施和旅游专用设施的容纳能力直接影响到旅游资源的可进入性和旅游服务质量，而城镇的发展和居民的收入水平直接关系到旅游产品的提供和旅游市场的大小。

（4）旅游资源的环境容量

旅游资源的环境容量，是指旅游资源所在区域在一定时间条件下旅游活动的容纳能力。它是旅游资源构成景区（点）规模和效率的总标志。旅游资源的环境容量往往对旅游资源的开发规模具有限制性作用，主要受旅游资源的自然特性、旅游功能、旅游活动方式及旅游者的偏好等多种因素影响，涉及旅游者心理需求、旅游资源保护、生态平衡、旅游经济社会效益等。旅游资源并非在一定时间、一定范围内接待的旅游者数量越多越好。超过旅游资源的环境容量，旅游活动就会受到影响，旅游资源及其环境也会受到一定的破坏。

3）旅游资源开发条件评价

（1）旅游资源的区位条件

旅游资源所处的地理区位、交通区位和客源区位的优劣往往会影响到旅游资源的吸引力、开发规模、线路布置和利用的方向。旅游资源的开发成功与否，不仅取决于资源本身，还取决于资源所处的空间位置、与邻近区域资源的组合结构以及交通区位状况。一般情况下，处在交通枢纽或交通沿线附近的旅游资源有利于被开发利用；反之，处于偏僻、交通不便之地的旅游资源，由于其可进入性差，即使资源价值较高，也难成为热点旅游地。旅游资源与其邻近区域旅游资源的组合结构决定着旅游资源开发利用的前景。如果与其邻近区域旅游资源的等级相当、类型相似，则呈现相互替代的状态，造成游客的分流，旅游市场将会受到影响；相反，则呈现互补状态，产生"集聚效应"，可以连片规模开发，起到提携作用，能够吸引更多的旅游者，开发前景乐观。

（2）旅游资源的客源市场条件

旅游资源开发必须以客源市场为依据。客源市场的大小决定着旅游资源的开发规模和开发价值。没有一定数量的游客作为保障，旅游资源的开发就不可能产生良好的经济效益。客源数量通常与旅游开发地的腹地大小、腹地经济发展程度关系较大。因此，对旅游资源开发后所能吸引的客源范围、客源层次、客源特点进行分析研究，可以确定和揭示主要的客源市场，有针对性地进行规划开发，有利于促进区域旅游业的发展。

（3）旅游资源的投资条件

资金是旅游资源开发的必要条件。资金是否充足直接关系到旅游开发的深度、广度以及开发的可能性。任何区域旅游资源的开发都需要大量的资金投入，投资者会就国家政治局势、地区社会治安状态、地区政策、经济发展战略、投资优惠政策等相关投资环境作全面的分析评价，之后决定是否投资。营造良好的投资环境，有利于增强投资积极性，提高旅游资源的开发利用水平。

（4）旅游资源的施工环境条件

旅游资源的开发必须要有一定的施工现场，这种现场主要用于建设游览、娱乐设施和各种接待、管理设施。因此，旅游资源评价还应该考虑开发项目的难易程度及其工程量的情况等施工环境条件。评价施工环境条件的关键是权衡经济效益。

3. 旅游资源评价的方法

旅游资源评价的方法分为定性评价法和定量评价法两种类型，目前通常采用的国家标准《旅游资源分类、调查与评价》GB/T 18972—2017 属于定性与定量相结合的综合打分评价方法（图 3-4）。

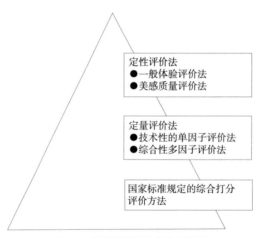

图3-4　旅游资源评价方法示意图

1）旅游资源定性评价法

（1）一般体验评价法

一般体验评价，是指体验者根据亲身体验对一个或一系列旅游资源的整体质量进行定性评估。对一系列旅游资源进行一般体验评价，其结果可以形成一个评价序列。常用方式是旅游者在问卷上回答有关旅游资源的优劣顺序，或由各方面专家讨论评价，或统计在常见报刊或旅游书籍、旅行指南上出现的频率等。一般体验评价的项目很简单，只要求对旅游资源进行整体质量评价，或在问卷上按表示质量优劣的序号填上评价者认定的旅游资源即可。但是这种方法常局限于少数知名度较高的旅游资源开发地，无法用于一般类型或尚未开发的旅游资源。

（2）美感质量评价法

旅游资源美感质量评价一般是基于对旅游者或专家体验的深入分析，建立规范化的评价模型，评价的结果多是具有可比性的尺度或数量值。关于自然风景质量的视觉评估，目前较为公认的有专家学派、心理物理学派、心理学派和现象学派，其主要观点如表 3-6 所示。

自然风景质量视觉评估四大学派　　　　　　　　　　表 3-6

学派	主要观点
专家学派	凡是符合形式美原则的风景（皆指自然风景）都具有较高的风景质量；专家学派的风景质量评价方法突出地表现为一系列的分类分级过程，其依据除了形式美原则外，还有生态学原则
心理物理学派	心理物理学派把风景与风景审美理解为一种刺激—反应的关系，将心理物理学的信号检测方法引用到风景质量评价中，通过检测公众对风景的审美态度获得一个反映风景质量的量表，然后将该量表与风景组成成分之间建立起数学关系
心理学派	该学派把风景作为人的生存空间、认识空间来研究，强调风景对人的认识作用在情感上的影响，试图用人的进化过程及功能需要来解释人对风景的审美过程；环境心理学家卡普兰夫妇提出了"风景信息"的观点；他们认为，人在风景审美过程中既注重风景中那些易于辨识和理解的特性，又对风景中蕴藏的具有神秘感的信息感兴趣；因此，具有这两种特性或信息的风景质量就高
现象学派	该学派又称经验学派，其把人在风景审美评判中的主观作用提高到了绝对高度，把人对风景的审美评判看作人的个性及其文化历史背景、志向与情趣的表现；其研究方法一般是考证文学艺术家们关于风景审美的文学、艺术作品，考察名人的日记等，以此来分析人与风景之间的相互作用及某种审美评判所产生的背景；另外，也通过心理测量、调查、访问等形式记叙现代人对具体风景的感受和评价

2）旅游资源定量评价法

（1）技术性的单因子评价法

技术性的单因子评价法，是指评价者在评价区域旅游资源时集中考虑某些典型而又关键的因素，并对这些起决定性作用的因素进行适宜性评价或优劣评价的方法。这种评价方法对于开展专项旅游活动，如登山、滑雪、游泳等，在旅游资源评价时较为适用，且一般仅限于对自然环境因素的评价，如气候适宜性评价、地形适宜性评价、海滩及海水质量评价等。以高山滑雪类旅游资源评价为例：滑雪道要求的坡度必须在 35° 以下，但如果滑雪区缓坡（10° 以下）所占面积太大，会影响滑雪者的体验水准，难以吸引滑雪者。

（2）综合性多因子评价法

该评价方法是在考虑多因子的基础上运用数学方法，对旅游资源进行综合评价。常用的评价方法如下：

第一，层次分析法。层次分析法最早是由美国运筹学家萨蒂（A. L. Saaty）提出的，在国内应用这一研究方法的领域很广泛。层次分析法是将复杂的问题分解成若干层次，在比原问题简单得多的层次上逐步分析，将人为主观判断用数量形式表达出来。

主要步骤如下：

① 将旅游资源的评价进行层次划分，划分出大类、类和层等，构成旅游资源评价模型树；

② 给出评价因子的大类、类、层的权重。对模型树中各层次，分别建立反映其影响关系的判断矩阵，通常应用德尔菲法即专家咨询法，获得评价因子排序权重及位次；

③ 根据权重排序，以 100 分按权重赋予各个因子分值，得到旅游资源定量评价参数表；

④ 根据各评价因子的权重确定基本评价因子的指标分，亦可采用德尔菲法。例如，楚义芳建立的旅游地评价模型，相应的评价因子模型如图 3-5 所示。采用菲什拜因（Fishbein）和罗森伯格（Rosenberg）关于旅游地评估数量模型，即

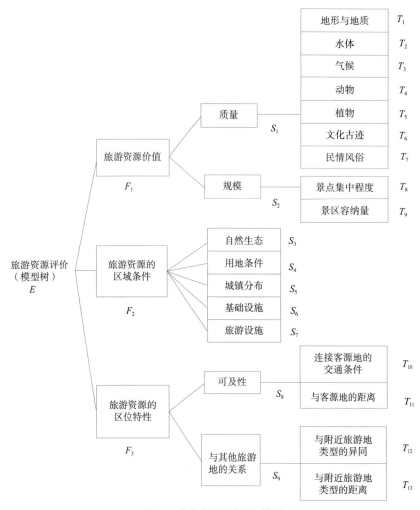

图3-5　旅游资源评价因子模型

$$E=\sum_{i=1}^{n}Q_iP_i \tag{3-1}$$

式中　E——旅游地综合性评估结果值；

　　　Q_i——第 i 个评价因子的权重；

　　　P_i——第 i 个评价因子的评价值；

　　　n——评价因子的数目。

评价因子	大类	类	层
层次	F	S	T

评价因子的权重来源于层次分析法处理专家咨询的结果，运用模型时，只要取得评价因子权重的方法适当，其结果往往具有较高的应用价值。

第二，指数评价法。旅游资源的指数评价法分为三步：

① 第一步，调查分析旅游资源的开发利用现状、吸引力及外部区域环境，要求有准确的统计定量资料；

② 第二步，调查分析旅游需求，主要内容有游客数量、旅游者构成、逗留时间、旅游花费趋向、需求结构及节律性等；

③ 第三步，拟定总体评价式，建立表达旅游资源特质、旅游需求与旅游资源之间关系的若干量化模型。公式为

$$E=\sum_{i=1}^{n}F_iM_iV_i \tag{3-2}$$

式中　E——旅游资源评价指数；

　　　F_i——第 i 项旅游资源在全部旅游资源中的权重；

　　　M_i——第 i 项旅游资源的特质与规模指数；

　　　V_i——旅游者对第 i 项旅游资源的需求指数；

　　　n——旅游资源总项数。

3）国家标准规定的综合打分评价方法

依据"旅游资源共有因子综合评价系统"赋分。评价系统设"评价项目"和"评价因子"两个档次。评价项目为"资源要素价值""资源影响力"和"附加值"。其中，"资源要素价值"项目中含五项评价因子；"资源影响力"项目中含两项评价因子；"附加值"项目含一项评价因子。

评价项目和评价因子用量值表示，每一评价因子分为四个档次，其因子分值相应地分为四档。具体的旅游资源评价赋分标准见表 3-7。

旅游资源评价赋分标准　　　　　　　　　　　　　　　表 3-7

评价项目	评价因子	评价依据	赋值
资源要素价值（85分）	观赏游憩使用价值（30分）	全部或其中一项具有极高的观赏价值、游憩价值、使用价值	30—22
		全部或其中一项具有很高的观赏价值、游憩价值、使用价值	21—13
		全部或其中一项具有较高的观赏价值、游憩价值、使用价值	12—6
		全部或其中一项具有一般观赏价值、游憩价值、使用价值	5—1
	历史文化科学艺术价值（25分）	同时或其中一项具有世界意义的历史价值、文化价值、科学价值、艺术价值	25—20
		同时或其中一项具有全国意义的历史价值、文化价值、科学价值、艺术价值	19—13
		同时或其中一项具有省级意义的历史价值、文化价值、科学价值、艺术价值	12—6
		历史价值，或文化价值，或科学价值，或艺术价值具有地区意义	5—1
	珍稀奇特程度（15分）	有大量珍稀物种，或景观异常奇特，或此类现象在其他地区罕见	15—13
		有较多珍稀物种，或景观奇特，或此类现象在其他地区很少见	12—9
		有少量珍稀物种，或景观突出，或此类现象在其他地区少见	8—4
		有个别珍稀物种，或景观比较突出，或此类现象在其他地区较多见	3—1
	规模、丰度与概率（10分）	独立型旅游资源单体规模、体量巨大；集合型旅游资源单体结构完美、疏密度优良级；自然景象和人文活动周期性发生或频率极高	10—8
		独立型旅游资源单体规模、体量较大；集合型旅游资源单体结构很和谐、疏密度良好；自然景象和人文活动周期性发生或频率很高	7—5
		独立型旅游资源单体规模、体量中等；集合型旅游资源单体结构和谐、疏密度较好；自然景象和人文活动周期性发生或频率较高	4—3
		独立型旅游资源单体规模、体量较小；集合型旅游资源单体结构较和谐、疏密度一般；自然景象和人文活动周期性发生或频率较小	2—1
	完整性（5分）	形态与结构保持完整	5—4
		形态与结构有少量变化，但不明显	3
		形态与结构有明显变化	2
		形态与结构有重大变化	1
资源影响力（15分）	知名度和影响力（10分）	在世界范围内知名，或构成世界承认的名牌	10—8
		在全国范围内知名，或构成全国性的名牌	7—5
		在本省范围内知名，或构成省内的名牌	4—3
		在本地区范围内知名，或构成本地区名牌	2—1
	适游期或使用范围（5分）	适宜游览的日期每年超过 300 天，或适宜于所有游客使用和参与	5—4
		适宜游览的日期每年超过 250 天，或适宜于 80% 左右游客使用和参与	3
		适宜游览的日期每年超过 150 天，或适宜于 60% 左右游客使用和参与	2
		适宜游览的日期每年超过 100 天，或适宜于 40% 左右游客使用和参与	1
附加值	环境保护与环境安全	已受到严重污染，或存在严重安全隐患	—5
		已受到中度污染，或存在明显安全隐患	—4
		已受到轻度污染，或存在一定安全隐患	—3
		已有工程保护措施，环境安全得到保证	3

注：根据国家标准《旅游资源分类、调查与评价》GB/T 18972—2017 表 1 制作。

根据对旅游资源单体的评价，得出该旅游资源单体共有综合因子评价赋分值。依据旅游资源单体评价总分将其分为五级，从高级到低级分别为：

五级旅游资源，得分值域大于等于 90 分；

四级旅游资源，得分值域为 75~89 分；

三级旅游资源，得分值域为 60~74 分；

二级旅游资源，得分值域为 45~59 分；

一级旅游资源，得分值域为 30~44 分；

未获等级旅游资源，得分小于等于 29 分。

其中，五级旅游资源称为"特品级旅游资源"，五级、四级、三级旅游资源统称为"优良级旅游资源"，二级、一级旅游资源统称为"普通级旅游资源"。

4. 旅游资源调查与评价成果提交要求

全部文（图）件包括《旅游资源调查区实际资料表》《旅游资源图》《旅游资源调查报告》。旅游资源详查和旅游资源概查的文（图）件类型和精度不同，旅游资源详查需要完成全部文（图）件，包括填写《旅游资源调查区实际资料表》，编绘《旅游资源地图》，编写《旅游资源调查报告》，旅游资源概查要求编绘《旅游资源地图》，其他文件可根据需要选择编写。

根据国家标准《旅游资源分类、调查与评价》GB/T 18972—2017 的要求，各调查区编写的旅游资源调查报告基本篇目见表 3–8。

旅游资源调查报告主要内容

表 3–8

标题	内容
1. 调查区旅游环境	主要分析调查区的旅游发展背景与环境
2. 旅游资源开发历史和现状	梳理调查区旅游资源开发现状与问题等
3. 旅游资源基本类型	根据"国标"对调查区已有旅游资源进行调查并分类
4. 旅游资源评价	对调查区旅游资源进行总体评价、等级评价与质量评价
5. 旅游资源保护与开发建议	根据旅游资源调查与评价结果针对性地提出保护与开发建议
主要参考文献	罗列主要的参考书籍、文献与规划文本等
附图：《旅游资源图》或《优良级旅游资源图》	全部文（图）件应包括《旅游资源调查区实际资料表》《旅游资源图》《旅游资源调查报告》

3.2　旅游市场分析

旅游产业的发展，除了需要一定的旅游资源基础，更需要一定规模的旅游市场作为支撑。对任何一个国家、地区或旅游企业来说，旅游市场的占有率直接关系到旅游经济发展水平，对未来旅游产业的发展具有举足轻重的影响。

从经济学角度看，旅游市场有广义和狭义之分。广义的旅游市场是指在旅游产品交换过程中反映的各种经济行为和经济关系的总和。狭义的旅游市场则是指在一定时间、一定地点和条件下，具有旅游产品购买力、购买欲望和购买权利的群体。从这个意义上说，一般规划中所言的旅游市场就是旅游需求市场或旅游客源市场。对一个旅游目的地而言，旅游市场的规模、特征、潜力与趋势直接决定了旅游产业发展的现状与未来，故在旅游产业发展规划中，对旅游市场进行科学准确的调查、分析、研判和预测具有重要的现实意义和指导作用。具体而言，只有进行深入的市场调查与分析，才能了解客源市场的真实需求及变动趋势，才能进行科学的市场细分并确定适合的目标市场，进而进行针对性的产品开发与规划。此外，对旅游市场的准确预测是对市场长期发展趋势的分析与把握，是保证旅游规划前瞻性与动态合理性的基础。

3.2.1　旅游市场的构成要素·影响因素

1. 旅游市场的构成要素

1）旅游者

旅游产品的消费者是构成旅游市场主体的基本要素，旅游市场大小取决于该市场中人口数量的多少，一个国家或地区总人口多，则潜在的旅游者就多，需要旅游产品的基数就大，因此，人口的多少反映了旅游产品潜在市场的大小。

2）购买力

旅游市场大小取决于购买力。购买力是指人们在可支配收入中用于购买旅游产品的能力，它是由收入水平决定的。没有足够的支付能力，旅游者便无法成行，旅游只会是一种主观愿望。

3）购买欲望

旅游市场大小还取决于购买欲望，购买欲望是旅游者购买旅游产品的主观愿望或需求，是反映潜在购买力变成现实购买力的重要条件，没有购买欲望，即使有购买力也不能形成旅游市场。

4）购买权利

旅游市场大小还取决于人们购买旅游产品的权利。购买权利是指允许消费者购买某种旅游产品的权利。对于旅游市场来说，尤其是国际旅游，由于旅游目的国或旅游客源国单方面的限制，如不发给签证或限制出境，都会使旅游权利受阻而导致无法形成国际旅游市场。

以上四个要素是相互作用、缺一不可的，人口因素是前提，没有旅游者就没有市场；人口多而居民收入又高的国家和地区才是真正具有潜力的市场；有了人口和收入，还必须使旅游产品符合旅游者的需求，引起其购买欲望，并在具备旅游权利的情况下，使潜在旅游市场变成现实旅游市场。

2. 影响旅游市场的因素

1) 产品因素

产品因素主要有产品的质量、产品的特色等要素。产品的质量是产品的核心内容。对旅游产品而言包括景观质量、景观受保护的程度、旅游行程安排的合理程度、旅游交通的便利程度、旅游设施的档次、旅游服务的好坏及其他相关活动、设施的情况等。旅游产品的特色是决定旅游需求的另一个重要内容。

2) 经济因素

经济因素主要有产品的价格、相关服务的价格等。产品价格的变化对需求的影响是市场经济条件下的一个基本规律，它同样也适用于旅游产品。而且，由于旅游产品属于高层次消费品，因此价格的变化对需求的影响表现得更为明显，但一味地降低产品的价格会影响产品质量。对于特定的旅游产品，其相关旅游服务的价格变动会对其造成影响。

3) 消费者客观因素

消费者客观因素主要有旅游者的收入、余暇时间、旅游者的生活环境等。旅游者个人收入增加，对旅游的需求会增加，反之会减少。余暇时间的增加将提升对旅游的需求。旅游者的生活环境对旅游者的需求也有较大的影响。旅游需求量通常与消费者可自由支配收入和余暇时间存在着正相关关系。一般而言，个人可自由支配收入和余暇时间越多，旅游需求量越大；反之，则越小。但是，某些低档服务产品的需求量会随着可自由支配收入的增加而减少。因为在条件允许的情况下，人们总是追求高档的需求。

4) 消费者心理因素

消费者的心理因素主要包括消费者偏好、消费者的价格期望、社会的流行时尚等。消费者偏好是指旅游者在进行消费选择时表现出来的兴趣爱好的不同。消费者的价格期望是指消费者对产品价格的预测和期望，这将在短期内影响消费者对产品的需求。如果预测未来产品的价格可望下降，那么目前的旅游需求就会下降；反之，则旅游需求上升。对旅游产品的需求还与时尚有关。流行时尚将影响客源地人们对旅游产品的需求。一旦某一旅游产品成为时尚，人们对它的需求将增加，而对非时尚的旅游产品的需求变化往往不大，甚至出现短时相对的下降。

3.2.2　旅游市场特征分析

1. 旅游市场空间分布特征

根据距离衰减法则，旅游者的行为活动在空间上呈距离衰减的规律，距离越远，活动机会越小，以此为原理可以划分出以旅游地为中心的周边客源地旅游流量的等级。如一级客源市场、二级客源市场、三级客源市场。

1）旅游规划中常常采用引力模型确定三级客源市场

$$T_{ij}=G\frac{P_iA_i}{D_{ij}}$$
（3-3）

式中　T_{ij}——客源地 i 与旅游目的地 j 之间旅游流量指标；

　　　P_i——客源地 i 的人口规模、经济水平等旅行倾向程度指标；

　　　A_i——目的地 j 的吸引力或容量指标；

　　　D_{ij}——客源地 i 与旅游目的地 j 之间的距离；

　　　G——经验参数。

从公式可以看出，P 和 A 值越大、D 值越小，则旅游流量越大。

2）旅游客源市场的空间分布集中性

$$G = 100 \times \sqrt{\sum_{i=1}^{n}\left(\frac{X_i}{T}\right)^2}$$
（3-4）

式中　G——客源地的地理集中指数；

　　　X_i——第 i 个客源地游客数量；

　　　T——旅游目的地接待游客总量；

　　　n——客源地总数。

G 值越接近 100，游客来源越少越集中；G 值越小，则客源地越多越分散。对于一个旅游目的地来说，客源地越分散，旅游经营越稳定，若客源过于集中，很容易受到客源地社会、经济、政治等因素的冲击。

2. 旅游市场时间分布特征

气候的季节变化使得旅游客源市场具有较强的时间波动性，中国居民旅游的适宜季节多为春季和秋季。寒暑假也会形成特殊人群的旅游高峰。旅游客源市场的时间分布集中性可用集中性强度指标进行衡量。

1）旅游客源市场的季节性强度指数：

$$R = \sqrt{\sum_{i=1}^{12}(X_i-8.33)^2/12}$$
（3-5）

式中　R——客源市场时间分布强度指数；

　　　X_i——各月游客数量占全年比率的百分比。

R 值越接近 0，旅游客源市场的时间分配越均匀；R 值越大则时间波动越大，旅游地的淡旺季差异就越大。

2）旅游客源市场的星期节律性指数：

$$R=\sqrt{\sum_{i=1}^{7}\left(X_i-14.29\right)^2/7}\qquad（3-6）$$

式中　R——出游人数分日时间集中指数；

　　　X_i——周内每日游客数量占全周比率的百分比。

R 值越接近 0，游客出游时间分布越均匀；R 值越大则出游时间集中强度就越大，旅游地周内的差异就越明显。

3.2.3　旅游市场调查内容·方法·程序·指标

旅游市场调查是指运用科学的方法和合适的手段，全面系统地收集、整理、甄别、选择、分析和总结与规划决策相关的旅游客源市场需求信息，以获取现实和潜在旅游市场基本情况的工作环节。

1. 旅游市场调查的内容

1）旅游市场需求调查

（1）宏观环境调查

旅游市场宏观环境调查是对旅游客源市场的社会、经济、政治、法律与文化环境进行调查分析，为旅游市场需求的分析与预测提供必要的指导依据。如图 3-6 所示，旅游市场宏观环境包括：经济环境，主要有旅游客源地国民生产与收入指标、潜在消费者收入状况和消费结构等；政治法律环境，主要有旅游客源地社会与经济发展政策以及主要法律法规体系；社会文化环境，主要有旅游客源地人口地理环境特征等。

（2）市场需求调查

旅游客源市场需求调查主要是对旅游目的地提供的旅游产品所引起的旅游客源市场行为反应信息进行调查分析，包括：旅游产品购买信息，即旅游客源市场现有和潜在的购买人数、购买动机与购买环境等；旅游产品销售信息，即旅游产品在旅游客源地的

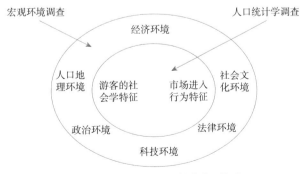

图3-6　旅游市场宏观环境的主要构成

市场占有率与销售量等；旅游消费行为信息，即旅游消费者的消费习惯、产品偏好与旅游决策等。

2）旅游市场供给调查

（1）旅游产业调查

旅游产业调查又称为旅游生产者调查，包括：旅游产业内部调查，主要是旅游地的旅游产业规模、产业结构、产业利润率和产业保障体系等；旅游产业外部调查，主要是旅游地的旅游产业竞争状况、产业成长环境和产业融合能力等；旅游相关产业调查，主要是旅游发展六要素所涉及的旅游地相关产业信息。

（2）旅游产品调查

旅游产品调查是旅游市场供给调查的核心任务，包括：旅游产品评价调查，主要是旅游产品生产质量的调查、旅游产品配套设施的调查，以及旅游产品销售信息的调查等；旅游产品价格调查，主要是旅游者对同类旅游产品价格的评价调查、团体与旅行社优惠价格的确定等；旅游产品促销调查，着重于旅游目的地、旅游企业如何根据自己的目标市场选择广告媒体，如何增强旅游产品的吸引力等。

2. 旅游市场调查的方法（表 3-9）

旅游市场调查的主要方法　　　　　　　　　　表 3-9

方法	主要内容
观察法调查	分为直接观察和实际痕迹测量两种方法：① 直接观察法，指调查者在调查现场有目的、有计划、系统地对调查对象的行为、言辞、表情进行观察记录，以取得第一手资料； ② 实际痕迹测量法，是通过某一事件留下的实际痕迹来观察调查，一般用于对用户的流量、广告效果等的调查
访谈调查	访谈调查是旅游市场调查的一种辅助方法，调查者可用访谈、问卷调查的方式，从旅游客源地或旅游目的地了解旅游市场的客观事实； 访谈调查一般可采用两种方法：一种是询问调查法，可依据调查提纲进行简单访谈；另一种是问卷调查法，需先设计印制较详尽的调查问卷，通过现场填写、问话填写完成，亦可使用网络答题形式完成
实验法调查	该方法通常用来调查某种因素对市场销售量的影响，是在一定条件下进行小规模实验，然后对实际结果做出分析，研究是否值得推广；它的应用范围很广，任何旅游商品改变品种、品质、包装、设计、价格、广告、陈列方法等因素时，都可以应用这种方法，以调查用户的反应
深度访谈法	这是由一个掌握高级访问技巧的调查人员采取一种无结构的、直接的、个体性的访问，深入访谈被调查者，以揭示对某一问题深层次的潜在动机、信念、态度、情感和知觉的调查方式；若运用得当，可弥补调查问卷法的不足、扩展资料的层面、加大资料分析的深度，主要应用范围包括详细了解复杂的行为、敏感的话题，或对企业高层、专家、政府官员进行访问，如对旅游企业、旅游局领导、景区景点负责人等的访谈
小组座谈法	这是调查人员通过召集或走访被访问者，以召开座谈会形式与被访问者直接面对面交谈从而获取数据的一种调查方法；基本形式是由一个经过训练的主持人，以一种无结构的自然形式与小组被调查者交谈，主持人负责组织讨论；其主要目的是通过对一组被调查者的倾听调查，获取对一些问题的深入了解；这种方法的价值在于从自由小组讨论中得到一些意想不到的发现，对旅游文化、国土、文物、园林、林业等部门领导、专业人员的调查就属于这种方法

3. 旅游市场调查的程序

1）明确调查目标

漫无目的或意图不明显的调查都会带来低效率，意义也不大，甚至会成为走过场的形式主义。

2）制定调查计划

要去哪里调查、什么时候开座谈会、需要哪些人参加等都要事先考虑计划好；同时，涉及调查问卷的需要准备好调查问卷，对于参加座谈会形式调查的人员需要提前预约组织好，并对座谈会上要交谈的内容、问题等提前准备好。

3）实施调查工作

不管什么形式的调查，都是一个收集信息、资料的过程，这个过程直接影响调查质量，进而影响调查的准确性。

4）整理分析调查数据

调查过程收集来的数据、信息及资料是调查结果的输入内容，而调查结果就是对输入的数据、信息及资料进行去粗取精、去伪存真、由此及彼、由表及里的专业加工后输出的内容。

5）撰写调查报告

这是旅游市场调查的最后一个环节，调查人员应总结出决策者最终关心的调研问题的答案，将大量统计数据、表格和公式中蕴涵的信息用清晰明了的语言和数据以解答问题的形式展示给决策者（图 3-7）。

图3-7　旅游市场调查的程序

4. 衡量旅游市场的主要指标

1）旅游者人数指标

旅游者人数是指旅游目的地在一定时期接待本区域以外旅游者的数量情况，一般以旅游人次数来衡量。旅游者人数指标可以用来反映旅游目的地现有旅游产品吸引市场需求的能力，同时也可用来衡量各地区旅游业的发达程度。一般情况下，旅游目的地旅游业的发达程度与该地区的旅游人数呈正比例关系。在使用旅游者人数指标时应注意：旅游人次数所表达的只是一定时期内旅游者的到访次数，而不是实际接待旅游者的人数。

2）旅游者停留时间指标

旅游者停留时间指标是从时间角度衡量旅游者使用目的地旅游设施和服务的程度，同时也能反映旅游者对目的地的需求水平。主要包括两个指标：

（1）旅游人天数，又称旅游者停留天数，是旅游者人次数与人均停留天数的乘积，反映旅游者在该目的地的实际停留时间。

（2）旅游者人均停留天数，指一定时期内旅游者停留天数与旅游者人数之比。它从平均数角度反映了旅游需求的现实特征，同时也能表明目的地对旅游者的吸引强度。

3）旅游者消费指标

旅游消费指标是以价值形态衡量旅游需求的数量状态，主要包括旅游消费总额、旅游者人均消费额和旅游消费率三个指标。

（1）旅游消费总额，指一定时期内旅游者在旅游目的地的全部货币支付，包括旅游者旅游过程中的各种花费，如住宿费、餐饮费、交通费、娱乐费和旅游购物支出等。这一指标具有重要的经济意义，既能反映旅游目的地的货币收入水平，又能表示出旅游目的地对特定旅游市场的吸引能力。在旅游人次数既定的情况下，旅游者消费额越高，说明该旅游目的地的旅游业发展水平也越高。

（2）旅游者人均消费额，指在一定时期内旅游者消费总额与旅游人数之比。一般情况下，度假旅游者的人均消费额会高于观光旅游者，而一些专项旅游产品（如探险、健身等）的人均消费额又高于度假旅游者，因此，在同等情况下，更提倡发展高人均消费额的旅游项目，以提高旅游产业的附加价值。

（3）旅游消费率，指在一定时间内一个国家或地区的出国旅游消费总额与该国家或地区国民旅游消费总额的比率。该指标能反映一个国家或地区居民出国旅游需求的强度，也能体现该区域旅游市场的基本格局。

4）区域旅游需求能力指标

反映区域旅游业发展水平和能力的指标还包括旅游出游率和旅游重游率两类。

（1）旅游出游率，旅游出游率又包含净出游率和总出游率两种。

总出游率指标是指一定时期内，某地区出境游的人次数与该地区总人口的比率。该指标能反映该地区旅游需求的强度，可以作为旅游目的地选择目标客源市场的依据。

净出游率是指一定时期内，某地区出境旅游人数与该地区总人口的比率，该指标能反映该市场旅游产品的需求特点，也可以作为旅游目的地选择目标客源市场的重要依据。

（2）旅游重游率，又称旅游频率，是指一个国家或地区出国（或出境）旅游人次数与该区域出国（或出境）旅游人数之比。该指标能反映旅游市场的需求密度和开发潜力。

3.2.4　旅游市场细分

1. 市场细分的概念

市场细分（Market Segmentation）的概念最早由美国的市场营销学家温德尔·R. 史密斯（Wendell R. Smith）于 1956 年提出。它是第二次世界大战结束后，美国众多产品市场由卖方市场转化为买方市场这一新的市场形势下企业营销思想和营销战略的新发展，更是企业贯彻以消费者为中心的现代市场营销观念的必然产物。

市场细分是企业根据消费者需求的异质性，把整个市场划分成不同的消费者群体的过程，其主要依据是异质市场中需求一致的顾客群，其实质就是在异质市场中求同质。市场细分的目标不是分解，而是聚合，即在需求不同的市场中把需求相同的消费者聚合到一起，以便于企业进行市场定位和营销。面对激烈的市场竞争，越来越多的企业选择建立在市场细分基础上的目标市场营销。市场存在许多不同的特征，这些特征将市场分割成若干性质有所差异的组成部分，每个部分构成一个细分市场。任何一个规划区（旅游区）或旅游企业都不可能满足整个旅游市场和所有旅游者的需要。旅游企业通过市场细分，制定不同的营销组合、旅游产品、价格、营销渠道、促销方法等，以便更好地满足各种旅游消费者不断变化的需求。另外，旅游市场细分可使旅游经营者更清晰地认识市场，通过对市场的各种特性进行整理、观察和分析，进而发现新的市场机会，挖掘新的市场需求。旅游市场按照一定特性被分割后，旅游企业可找出对自己最为关键的市场部分，利用自身有限的资源集中对这部分市场进行开发和拓展。这样资源得到充分的利用，使企业的行为效率最大化。

2. 市场细分的程序和原则

旅游市场细分一般采用美国营销学家麦卡锡（McCarthy）提出的细分市场的一整套程序。这一程序包括 7 个步骤：选定产品市场范围；列举分类顾客的基本需求；分析不同潜在用户的不同要求；抽调潜在顾客的共同要求；根据潜在顾客基本需求的差异划分不同的群体和子市场；进一步分析每一细分市场的需求和购买行为的特点，并分析其原因，以便在此基础上决定是否可以对这些细分出来的市场进行合并；测量每一细分市场的规模。细分市场的程序在实际的操作中可以根据市场的需要灵活调整，不必拘泥于学者提出的旅游市场细分的步骤。

旅游市场细分一般遵循的基本原则：

1）可衡量性

指各细分市场的需求特征、购买行为等能明显地区分开来，各细分市场的规模和购买力大小等能具体测量。要做到这一点，就要保证所选择的细分标准清楚明确，能定量地测定，这样才能确定划分各细分市场的界限。另外，所选择的标准要与旅游者的某种或某些旅游购买行为有必然的联系，这样才能使各细分市场的特征明显，且范围比较清晰。

2）可占领性

即经过细分后所确定的目标市场要使旅游产品有条件进入并能占有一定的市场份额。规划区必须从实际出发，以保证细分的市场是自身的人力、物力、财力等资源所能达到的，否则不能贸然去开拓。此外，营销人员要能与客源市场进行有效的信息沟通，具有畅通的销售渠道，这对于具有异地性特征的旅游市场尤其重要。

3）可获利性

即细分的市场在顾客人数和购买力上足以保证规划区取得良好的经济效益。优先保证细分市场的相对稳定性，也就是说，在占领市场后的相当一段时期内不应改变自己的目标市场，以便规划区制定较长期的经营策略。不仅要保证短期利润，还必须有一定的发展潜力，以保持较长时期的经济效益，从而不断提高规划区的竞争能力。

4）动态性

旅游市场细分是对旅游消费需求的差异化区分，而旅游消费需求本身是处于动态变化之中的。因此，必须坚持对旅游需求市场的动态跟踪，根据需求的变化进行与时俱进的细分，这样才能保证细分的科学性与长期获利性，实现市场细分的终极目的——占领市场，获得利润。

3. 细分的方法与标准

1）旅游市场细分的方法

目前主要有 4 种：① 单一变数法，即根据影响旅游消费需求的某一因素进行市场细分；② 综合变数法，即根据影响旅游消费需求的两种以上的因素进行市场细分；③ 主导因素排列法，即按照某一影响旅游者消费的主导因素来进行市场细分；④ 系列变数法，即按照影响旅游消费需求的各种因素进行系列划分。

2）旅游市场细分的种类

要进行有效的市场细分，必须找到科学的细分依据。每个旅游者都具有许多特点，如性别、年龄、职业、文化程度、购买习惯等，这些特点正是导致游客需求出现差异的因素，每一个这样的因素都可以作为对市场实施细分的依据。不同类型的市场，细分的因素也有所不同，同时这些因素又处于动态之中，因此称为细分变量或市场细分标准。总体上来说，旅游市场可以按照以下 4 种标准进行细分，见表 3-10。

旅游市场的细分种类及细分因素　　　　　　　　表 3-10

细分种类	细分因素
地理因素	地理距离、地区、城市、乡村、不同的气候带、地形地貌
人口统计因素	性别、年龄、收入、受教育程度、职业、民族、宗教、家庭结构、社会阶层
心理变量	性格、个性、旅游动机、生活方式、兴趣爱好、价值取向、旅游习惯
购买行为	购买组织形式、购买忠诚度、价格敏感度、广告敏感度

（1）地理因素细分

旅游活动本身是以旅游者的空间位移为典型特征的，因此按照地理因素对旅游市场进行细分有着非常重要的意义。如世界旅游组织根据地区间在自然、经济、文化以及旅游者流向等方面的联系，将世界旅游市场细分为六大旅游区域：欧洲市场、美洲市场、东亚及太平洋市场、南亚市场、中东市场和非洲市场。通常所说的国内旅游市场和国际旅游市场是按国界进行的市场细分，这是旅游目的地国家或地区细分国际旅游市场最常用的形式。此外，地理距离、地区、城市、乡村、不同的气候带、地形地貌等都可以作为地理细分的标准。

（2）人口统计因素细分

人口统计因素细分是将旅游市场以人口统计学变量如性别、年龄、收入、受教育程度、职业、民族、宗教、家庭结构、社会阶层等为基础划分成不同的群体，这些变量往往易于识别且便于衡量，人口统计因素细分也是划分旅游者群体常用的方法。旅游企业通常选择其中一个或几个变量作为划分的标准，如按照人口年龄段，旅游市场可细分为老年人、中年人、青年人、儿童四个子市场。旅行社也可以按照家庭生命周期将旅游市场划分为新婚家庭、中年家庭和老年家庭，从而相应地推出"新婚旅游""合家欢旅游"和"追忆往昔旅游"等不同的旅游产品来满足个性化的需要。

（3）心理变量细分

旅游者在心理上也具有许多不同的特征，如个性、旅游动机、生活方式、兴趣爱好、价值取向、旅游习惯等，心理变量细分就是按照这些标准对旅游市场进行细分。人们在旅游活动中更多是为了获得心理上或精神上的满足，而人与人在心理满足上又有很大的差异，如有的人旅游是为了寻求刺激，有的人旅游是为了寻求安宁。因此，旅游经营者应利用这种差异对市场进行细分，创造不同的市场特色。不同的心理需求、不同的个性就产生了消费者不同类型的购买动机，有的追求新颖，有的追求实用；有的对质量要求很高，有的则只求物美价廉。由于消费者的心理需求具有多样性、时代性、可诱导性等特征，因此有时心理因素很难严格加以判定，进而很难量化和把握，但它对旅游市场划分极为有效。根据旅游动机可将在饭店住宿的客人分为公务客人和度假客人，与之对应的细分市场就是公务旅游市场和休闲旅游市场，饭店就要确定自身的目标市场，进行产品定位和营销活动。

（4）购买行为细分

不同的旅游者在购买行为上往往会有很大的差异，因此按照旅游者的购买行为进行市场细分是很有效的。依据购买组织形式变量将旅游市场细分为团队市场和散客市场，是旅游市场最基本的细分形式之一。而近些年来散客市场得到很大的发展，成为世界旅游市场的主体。在这一市场中，形式也日益复杂多样，出现了自助旅游、自主旅游、结伴同游、家庭旅游、自驾旅游等形式。如有些旅游者在旅游时只乘坐某一家航空公司的飞机或只住某一类型酒店，航空公司和酒店就可按照这种行为习惯将旅游者分为坚定的品牌忠诚者、转移型的忠诚者和无品牌偏好者，然后通过一系列市场营销活动来扩大市场占有率。

一些旅游方面的专家认为，随着旅游市场全球化进程的加快，用来划分国际市场的一些传统变量，如地理变量和国家界限等，将会逐渐被心理变量细分、购买行为细分所替代，因为它们能够更加准确地反映游客之间的文化异同，从而更加有利于确定目标市场。在西方发达国家，新出现的一些细分市场包括老年人、年轻的单身者、旅游探险者、文化探索者、体育爱好者以及其他特殊兴趣团体市场。

3.2.5　旅游市场预测

为提高科学管理水平，减少盲目决策，需要通过分析预测来把握经济发展或未来市场的变化，降低决策可能遇到的风险，使决策目标得以顺利实现。旅游市场预测是指在通过市场调查获得一定资料的基础上，针对目的地或企业的实际需要以及相关的现实环境因素，运用一定的知识、经验和科学方法，对企业和市场未来发展变化的趋势做出可行的分析与判断，为营销活动等提供可靠依据，进而为决策服务。

1. 预测的工作过程

对特定旅游规划区或企业进行市场预测时，一般应遵循以下步骤：首先应明确问题和预测目标；然后进行资料收集；其后是选择预测方法与模型；再后是分析并评估预测结果；最后形成市场预测报告。旅游市场预测的程序如图 3-8 所示。

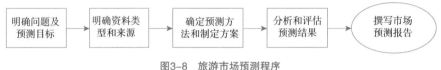

图3-8　旅游市场预测程序

1）明确问题及预测目标

这是开展市场预测工作的第一步。预测目标不同，预测的内容和项目、所需要的资料和运用的方法都会有所不同。明确预测目标，就是根据经营活动存在的问题，拟定预测的项目，制定预测工作计划，编制预算，调配力量，组织实施，以保证市场预测工作有计划、有节奏地进行。

2）明确资料类型和来源

进行市场预测必须占有充分的资料。有了充分的资料，才能为市场预测提供分析、判断的依据。在市场预测计划的指导下，调查和收集预测有关资料是进行市场预测的重要一环，也是预测的基础性工作。

3）确定预测方法和制订方案

根据预测目标以及各种预测方法的适用条件和性能，选择科学的预测方法。有时可以运用多种预测方法来预测同一目标，然后进行比较和平衡，确定相对准确的预测数据。预测方法的选用是否恰当，将直接影响到预测的精确性和可靠性。运用预测方法的核心是建立描述、概括研究对象特征和变化规律的模型，根据模型进行计算或者处理，即可得到较好的预测结果。

4）分析和评估预测结果

分析判断是对调查收集的资料进行综合分析，并通过判断、推理使感性认识上升为理性认识，从事物的现象深入到事物的本质，从而预计市场未来的发展变化趋势。在分析评判的基础上，通常还要根据最新信息对原预测结果进行评估和修正。

5）撰写市场预测报告

预测报告应该概括预测研究的主要活动过程，包括预测目标、预测对象及有关因素的分析结论、主要资料和数据，预测方法的选择和模型的建立，以及对预测结论的评估、分析和修正等。

2. 旅游市场规模预测

1）成长率预测法

成长率预测法又称假设成长率预测法，是对企业产品销售量或者旅游区游客接待量进行预测的一种常用方法。

这种销售预测的公式如下：

$$NY=TY \cdot \left(\frac{TY}{LY} \right) \tag{3-7}$$

式中　NY——来年销售额；

　　　TY——今年销售额；

　　　LY——上年销售额。

在未来的市场营运情况变化不大的企业或旅游区，这种预测方法很有效。若未来的市场变化不定，则应再采取其他预测方法，以相互借鉴。

2）德尔菲法

德尔菲法（Delphi Method）是 20 世纪 40 年代由奥拉夫·赫尔默（Olaf Helmer）和诺曼·达尔克（Norman Dalkey）首创，经过戈尔登（T.J.Gordon）和兰德公司进一步发展而形成的。该方法采用匿名发表意见的方式，即专家之间不得互相讨论和沟通，通过多轮征集调查专家对问卷所提问题的看法，经过反复征询、归纳、修改，最后汇总成专家基本一致的看法作为预测的结果。这种方法具有广泛的代表性，较为可靠。

德尔菲法的具体实施步骤：① 组成专家小组，按照课题所需要的专业范围来确定专家，人数多少可根据预测项目大小和涉及面宽窄而定，一般应超过 10 人；② 向所有专家提出所要预测的问题及有关要求，并附上相关的背景材料，然后，由专家做出书面答复；③ 各个专家根据自身所掌握材料，提出自己的预测意见，并说明自己是怎样利用这些材料并提出预测值的；④ 将各位专家第一次的判断意见汇总，列成图表进行对比，再分发给各位专家，让专家比较自己同他人的不同意见，修改自己的意见和判断，也可以把各位专家的意见加以整理，或请地位更高的其他专家加以评论，然后把这些意见再分发给各位专家，以便他们参考后修改自己的意见；⑤ 将所有专家的修改意见收集起来并汇总，再次分发给各位专家，做第二次修改；逐轮收集意见并不断综合专家反馈信息是德尔菲法的主要特点；收集意见和信息反馈一般要经过三四轮。在向专家反馈信息时，只给出各种意见，但并不告知发表意见专家的具体姓名。这一过程重复进行，直到每位专家不再改变自己的意见为止；⑥ 将专家意见进行汇总。

3）数理分析预测法

数理分析预测法是使用历史数据或因素变量来预测需求的数学模型预测法。该方法根据已掌握的较完备的历史统计数据，运用一定的数学方法进行科学加工整理，借以揭示有关变量之间的规律性联系，用于预测未来发展变化情况。目前常用的数理分析预测方法有以下几种：

（1）加权算术平均法

用各种权数算得的平均数称为加权算术平均数，它可以自然数作权数，也可以项目出现的次数作权数，所求平均数即测定值，见式 3-8。

$$y = \frac{\sum (x_i \cdot w_i)}{\sum w_i} \qquad （3-8）$$

式中　y——预测值；

　　x_i——各观测值；

　　w_i——各观测值的对应权数。

（2）趋势平均预测法

趋势平均预测法是以过去发生的实际数为依据，在算术平均数的基础上，假定未来时期的数值是它近期数值的延续，而同较远时期的数值关系较小的一种预测方法，见式 3-9。

$$Y_{t+k} = a_t + b_t \cdot k \qquad （3-9）$$

式中　Y_{t+k}——第 $t+k$ 期预测值；

　　k——趋势预测期数；

　　a_t——预测直线的截距；

　　b_t——预测直线的斜率。

（3）指数平滑法

指数平滑法是以一个指标本身过去变化的趋势作为预测未来的依据的一种方法。对未来预测时，考虑到近期资料的影响应比远期更大，因而对不同时期的资料选择不同的权数，越是近期资料，权数越大，反之权数越小，见式 3-10。

$$S_t = ay_t + (1-a)S_{t-1} \qquad\qquad （3-10）$$

式中　S_t——时间 t 的平滑值；

　　　y_t——时间 t 的实际值；

　　　S_{t-1}——时间 $t-1$ 的实际值；

　　　a——平滑常数，其取值范围为 [0，1]。

（4）线性回归预测法

该方法根据 x，y 的现有数据，寻求合理的回归系数 a、b，得出一条变动直线，并使线上各点至实际资料上的对应点之间的距离最小，其模型见式 3-11。

$$y_t = a + bx \qquad\qquad （3-11）$$

式中　y——因变量，即预测值；

　　　t——预测的时间周期；

　　　x——自变量，即某影响因素；

　　a、b——回归系数，其中，a 为 y 轴截距，b 为斜率。

（5）高低点法

高低点法是利用代数式 $y=a+bx$，选用一定历史资料中的最高业务量与最低业务量的总成本（或总费用）之差 Δy，与两者业务量之差 Δx 进行对比，求出 b，再求出 a 的方法。

（6）时间序列预测法

时间序列预测法是把一系列时间作为自变量来确定直线方程 $y=a+bx$，进而求出 a、b 的值，这是回归预测的特殊形式。

客观而言，旅游市场规模预测的基础，是有假定前提的，即形成过去市场状态的主要因素，在未来继续存在且持续发挥作用和影响，或市场将沿着历史发展轨迹有规律地进行渐变。但事实上，旅游发展存在着许多不可预测的影响因素，既有客观和人为因素、也有必然和偶然因素，还有社会和政策因素等等，因此旅游市场发展具有非线性、随机性和动态性的特征，本质上极其难以把握和预测。从某种角度说，"成功预测的难度大大超过形成精确模型的技术难度"，因此说旅游市场预测既是科学又是艺术。预测者需要提出正确的假设，选用巧妙的方法，利用有限的资料，在动态中把握未来，不能不说是一种高超的艺术。

第4章 产业发展模式·定位·目标

4.1 旅游产业发展经验

1. 科学规划、全面统筹、依法实施是旅游业有序发展的前提

科学规划、合理开发是旅游业可持续发展的基础。国内外旅游产业发展成熟地区的一个共同经验与启示是"严格遵循发展规划"：一是规划先行，先制定规划后开发建设，全面统筹产业发展、避免造成资源无序开发、项目重复建设、项目运营困难等问题；二是赋予规划严肃性和权威性，以相关法律法规为依据保障规划的实施，避免随意变更规划内容；三是严格依据规划进行建设和管理，增强"三分规划，七分管理"的规划执行意识。

2. 保护环境、集约发展、有序利用是旅游业可持续发展的关键

在旅游业发展过程中，科学处理好经济发展与环境保护的关系，突出强调协调发展，坚持开发就是保护的理念，做到人与自然和谐发展，经济效益、社会效益、环境效益相统一。一方面，良好的生态环境是旅游业发展的重要资源与环境，有序利用旅游资源、保护生态环境，有利于促进旅游业的持续发展。另一方面，旅游业的持续发展，为促进区域生态环境有效保护和推动社会经济发展带来深远影响。

3. 以人为本、注重需求、提高品质是旅游业健康发展的根本

旅游业是现代服务业的重要组成部分，加快旅游业提质增效发展，是适应人民群众消费升级和产业结构调整的必然要求。旅游产业发展的核心理念是以人为本，充分考虑旅游者、社区居民和旅游企事业等不同利益群体的诉求，逐步完善旅游设施、提供优质旅游服务、塑造和谐旅游环境，不断促进旅游业健康稳定发展，进一步满足人民群众日益增长的旅游休闲文化生活需要，通过旅游促进人的全面发展，使旅游业成为提升人民群众品质生活的幸福产业。

4. 政府引导、市场驱动、社会参与是旅游业良性发展的保障

持续加强政府引导，积极推进市场化运作，广泛调动社会力量参与，对于综合性和带动性极强的旅游产业发展极为关键。各级政府应充分发挥在规划、组织、协调等方面的主导作用，保证市场在旅游发展要素与资源配置中发挥决定性作用，鼓励社会多种力量共同参与旅游业发展，坚持旅游产业发展方向，调整优化产业结构，扩大旅游产业规模，为旅游业转型升级、提质增效发展提供保障。

5. 创新发展、特色发展、融合发展是旅游业未来发展的动力

坚持创新驱动，以创新推动旅游业转型升级，推动旅游业从资源驱动和低水平要素驱动向创新驱动转变，使创新成为旅游业发展的不竭活力和动力；坚持因地制宜特色发展，引导旅游产业特色化、差异化、精品化发展，形成特色鲜明、优势互补的发展格局；坚持融合发展，充分发挥旅游业强关联、高综合、强拉动的特点，通过"旅游+"和"+旅游"手段，主动与文化、体育、教育、卫生、环境保护、城乡建设、交通运输、工农业、商务、会展等行业跨界渗透融合，推动旅游业全域融合发展。

4.2 旅游产业发展模式

发展模式（Developing Mode）是一个国家或一个地区在特定的环境条件下，即在自身特有的历史、经济、文化等背景下所形成的发展方向，以及在体制、结构、思维和行为方式等方面的特点。旅游产业发展模式是一个国家或地区在某一个特定时期旅游业发展的总体方式，不同的发展模式将形成不同的发展道路和发展战略，并深刻影响发展实践。

一般而言，选择什么样的发展模式，是受多种因素制约的。生产力的发展水平、自然资源情况、产业发展程度、社会政治制度等因素都影响着发展模式的选择。决定和影响一个地区旅游产业发展模式的主要因素有以下几个方面：① 经济社会发展总体水平：经济社会发展水平越高，科技越发达，社会基础设施和公共设施更为完善，对于旅游资源的开发利用也会更为充分；同时在相对发达的地区居民收入水平较高，旅游需求与消费潜力较强，旅游市场规模相对较大，这两方面都为旅游业的发展奠定了良好的基础，从而使旅游业的发展成为社会经济发展的必然结果。② 地区旅游资源赋存状况：一个区域可供开发利用的旅游资源，其数量、规模、品质、组合关系等情况对于选择何种旅游产业发展模式影响显著，对于自然资源与文化资源丰富的地区，和旅游资源相对贫乏的地区在具体的开发思路、发展策略和制定相关政策方面一定是有差异的，最终形成因地制宜、各具特色、实施有效的旅游产业发展模式。③ 旅游产业发展阶段：旅游业形成时期早晚和目前所处的发展阶段，直接关系到旅游业发展现状特征与未来发展趋势，以及旅游产业运行的社会经济状况和政策法规环境，不同的产业发展情况也会对其产业发展模式产生深远影响。

4.2.1　典型模式

世界旅游产业发展过程中出现以下几种典型的旅游产业发展模式（表 4-1）。

旅游产业发展模式

表 4-1

划分依据	发展模式	发展模式主要特征
旅游业的形成、发展及其与国民经济的关系	超前型发展模式	旅游业的形成与发展超越了国民经济总体发展的一定阶段，通过发展旅游业来带动和促进国民经济中与其相关联的其他产业和地区发展的一种发展模式； 这种发展模式适用于经济欠发达的发展中国家或地区，充分利用拥有的旅游资源，在政府支持下首先发展入境旅游业，以获取经济发展所需要的外汇，进而推动相关产业和地区的发展； 采取这种发展模式一般须具备三个条件：第一，拥有足以吸引旅游者的旅游吸引物，它是确定发展模式的内部条件；第二，在境外存在着对其旅游资源相应的旅游需求，并有必要的外部资金注入，是该发展模式的外部条件；第三，政府的政策支持，它是实施该发展模式的前提条件
	滞后型发展模式	又称自然发展型模式，它是旅游业在国民经济发展到一定阶段后，自发地形成和发展起来的一种发展模式； 该模式是建立在国民经济发展的基础上，即随着经济的发展，人们收入水平的提高，社会生产力水平的提高，人们的闲暇时间也随之增多，一方面在居民当中产生了对旅游的需求，另一方面社会也具备了适应这种需要的条件，因而滞后型旅游发展模式是一种常规的旅游产业发展模式，反映了旅游经济活动发展的客观规律
旅游产业成长的演进	延伸型发展模式	旅游业发展先以发展国内旅游为先导先行，在国内形成旅游产业基础上，再发展入境和出境旅游，最终实现国内旅游、入境旅游和出境旅游全方位发展的模式； 该模式的特点是：它的发展是由境内向境外延伸的，是在社会经济发展的基础上自然形成的
	推进型发展模式	该模式指先以发展入境旅游为主，在初级入境旅游产业基本形成的基础上，逐步规范、扩大入境旅游产业，直接激活和发展国内旅游，最终实现入境旅游的规模化和效益化，进而推动国内旅游和适度出境旅游的全面发展
旅游产业成长的调节机制	市场主导型发展模式	该模式指旅游产业发展主要依靠市场调节机制来推动的一种发展模式； 市场调节机制主要包括价格、供求关系和竞争等，在这些机制的作用下，实现旅游产业资源的有效配置，推动旅游产业内部的自行调节和自行均衡，在供求不均衡—均衡—不均衡的适应和不适应的矛盾运动中实现发展； 该发展模式具有如下三个特点：第一，旅游产业的发展主要依靠市场机制来实现旅游产业内部的自行调节和自行均衡；第二，政府的作用是间接的，主要通过一定的市场参数来实现调节；第三，国家产业政策对旅游产业的影响主要侧重于市场需求
	政府主导型发展模式	该模式指以各个时期旅游产业发展规划或通过制定旅游产业政策来实现其发展的一种发展模式； 它通过制定旅游规划或旅游产业政策来制定各个时期旅游产业发展的战略、目标和实现战略目标的各种对策和措施，从而达到干预旅游产业发展的目的； 这些对策和措施既有行政的、经济的和法律的，同时并不排除利用市场调节机制的作用，然而相对于政府宏观调控来说，市场调节居于辅助地位； 该发展模式主要发生在以下两种情况：一种是具有传统干预和控制经济的国家或地区，另外一种是需要在短期内推进旅游经济快速发展的国家或地区

4.2.2　特定模式

近年来，我国旅游经济快速增长，产业格局日趋完善，市场规模品质同步提升，旅游业已成为国民经济的战略性支柱产业。但是，随着大众旅游时代的到来，我国旅游有效供给不足、市场秩序不规范、体制机制不完善等问题日益凸显。我国将实施具有自身特色、符合现阶段发展实际的全域旅游发展模式。2017 年，"全域旅游"首次写入《政府工作报告》，即以旅游业为优势产业，统一规划布局、优化公共服务、推进产业融合，不断提升旅游业现代化、集约化、品质化、国际化水平。

全域旅游是指在一定区域内，以旅游业为优势产业，通过对区域内经济社会资源尤其是旅游资源、相关产业、生态环境、公共服务、体制机制、政策法规、文明素质等进行全方位、系统化地优化提升，实现区域资源有机整合、产业融合发展、社会共建共享，以旅游业带动和促进经济社会协调发展的一种新的区域协调发展理念和模式。

1. 总体目标

1）旅游发展全域化

推进全域统筹规划、全域合理布局、全域服务提升、全域系统营销，构建良好自然生态环境、人文社会环境和放心旅游消费环境，实现全域宜居宜业宜游。

2）旅游供给品质化

加大旅游产业融合开放力度，提升科技水平、文化内涵、绿色含量，增加创意产品、体验产品、定制产品，发展融合新业态，提供更多精细化、差异化的旅游产品和更加舒心、放心的旅游服务，增加有效供给。

3）旅游治理规范化

加强组织领导，增强全社会参与意识，建立各部门联动、全社会参与的旅游综合协调机制。坚持依法治旅，创新管理机制，提升治理效能，形成综合产业综合抓的局面。

4）旅游效益最大化

把旅游业作为经济社会发展的重要支撑，发挥旅游"一业兴百业"的带动作用，促进传统产业提档升级，孵化出一批新业态，不断提高旅游对经济和就业的综合贡献水平。

2. 实施路径

全域旅游发展模式具有全空间整合、全要素投入、全产业参与、全季候活动、全旅游体验、全社会受益六个典型性特征，其核心就是调动一切可以利用的社会经济发展要素和资源，全面推进旅游产业发展。

1）进一步推动旅游与城镇化、工业化和商贸业融合发展；推动旅游与农业、林业、水利融合发展；推动旅游与交通、环保、国土、海洋、气象融合发展；推动旅游与科技、教育、文化、卫生、体育融合发展。

2）大力推进旅游领域大众创业、万众创新，加强政策引导和专业培训，促进旅游领域创业和就业。

3）鼓励各类市场主体通过资源整合、改革重组、收购兼并、线上线下融合等投资旅游业，促进旅游投资主体多元化。

4）培育和引进有竞争力的旅游骨干企业和大型旅游集团，促进规模化、品牌化、网络化经营。积极发展中小旅游企业，引导其向专业化、特色化、创新方向发展，形成大中小旅游企业协调发展的格局。

3. 行动指南与认定标准

1）行动指南

《全域旅游示范区创建工作导则》为全域旅游示范区创建工作提供行动指南。该导则明确指出，全域旅游示范区创建要实现"五个目标"：一是实现旅游治理规范化，成为体制机制改革创新的典范；二是实现旅游发展全域化，成为目的地建设的典范；三是实现旅游供给品质化，成为满足大众旅游消费需求的典范；四是实现旅游参与全民化，成为全民参与共建共享的典范；五是实现旅游效应最大化，成为旅游业惠民生、稳增长、调结构、促协调、扩开放的典范。

2）认定标准

《国家全域旅游示范区验收标准》设定了国家全域旅游示范区认定的基本要求和认定条件。其中基本要求包括体制机制、综合贡献、旅游规划、旅游厕所、安全文明 5 个方面。认定条件则包括政策支撑、旅游交通、公共服务、智慧旅游、旅游环境、旅游要素、宣传推广、共建共享 8 个方面。

4.3　旅游产业发展定位与目标

定位理论（Positioning）在旅游业中应用比较广泛，常见的"旅游定位"包括旅游市场定位、旅游功能定位、旅游产业定位、旅游产品定位、旅游形象定位、旅游品牌定位等。从广义上来说，旅游定位是指某一旅游发展主体在一定环境中的相对位置。例如，旅游市场定位，是旅游产品在潜在目标市场中占据的位置；旅游形象定位，是旅游地或旅游景区被游客接受的位置等。

旅游产业定位是指明确旅游业在整个经济发展中的地位与作用。区域旅游业的发展不仅依赖于旅游资源禀赋、区位条件和区域经济背景，还受到区域周边环境的制约。资源、区位和环境等要素相互作用，使得一地旅游业的发展呈现出明显的地域特征。紧紧把握旅游业的地域特征，是区域旅游业发展定位的基本依据。具体而言，决定一个区域旅游产业发展定位的主要因素包括该区域旅游业的产业边界、旅游产业贡献度的大小、旅游产业的发展趋势，以及旅游产业所处的特定阶段。

进入 21 世纪以来，全国大多数省、自治区、直辖市都明确了旅游业的重要产业地位和在当地国民经济与社会发展中的作用，纷纷把旅游业列为本地经济发展中新的支柱产业、战略性支柱产业、第三产业的龙头产业、优先发展的产业和新的经济增长点，提出"旅游强省"的战略，并制定和颁布了鼓励和促进旅游业发展的一系列政策性文件。

4.3.1　旅游产业发展指导思想与基本原则

1. 指导思想

旅游产业发展的指导思想是在旅游产业发展定位明确的基础之上，确定指导旅游产业发展的总体思想和总体思路，具有宏观性、总括性、原则性、根本性、完整性、系统性等特点。

旅游产业规划中指导思想的框架结构一般分为三个递进层次，通常表述范式为：

第一层：以……为指导。该部分是理论指导和政策引领，为提纲挈领的总纲。

第二层：以……为目标，坚持……基本原则，以……为主要内容，以……为重点，采用……方法与措施。该部分是规划思路的主体，包含了原则、内容重点、方法、举措等具体要素。

第三层：实现……目标。此部分为发展目标的设定和展望，进一步明确具体的发展任务和目的。

以上文字阐述在不同情况下会有所变化、有所不同，但基本结构和关键要素相对固定，构成一个完整、系统的发展指导思想。

1）国家"十三五"旅游业发展规划

高举中国特色社会主义伟大旗帜，全面贯彻党的十八大和十八届三中、四中、五中、六中全会精神，深入贯彻习近平总书记系列重要讲话精神，落实党中央、国务院决策部署，按照"五位一体"总体布局和"四个全面"战略布局，牢固树立和贯彻落实创新、协调、绿色、开放、共享发展理念，以转型升级、提质增效为主题，以推动全域旅游发展为主线，加快推进供给侧结构性改革，努力建成全面小康型旅游大国，将旅游业培育成经济转型升级重要推动力、生态文明建设重要引领产业、展示国家综合实力的重要载体、打赢脱贫攻坚战的重要生力军，为实现中华民族伟大复兴的中国梦作出重要贡献。

2）国家"十四五"文化和旅游发展规划

高举中国特色社会主义伟大旗帜，深入贯彻党的十九大和十九届二中、三中、四中、五中全会精神，坚持以马克思列宁主义、毛泽东思想、邓小平理论、"三个代表"重要思想、科学发展观、习近平新时代中国特色社会主义思想为指导，全面贯彻党的基本理论、基本路线、基本方略，紧紧围绕经济建设、政治建设、文化建设、社会建设和生态文明建设的总体布局和全面建设社会主义现代化国家、全面深化改革、全面依法治国、全面从严治党的战略布局，立足新发展阶段、贯彻新发展理念、构建新发展格局，紧紧围绕举旗帜、聚民心、育新人、兴文化、展形象的使命任务，坚定文化自信，增强文化自觉，坚持稳中求进工作总基调，以推动文化和旅游高质量发展为主题，以深化供给侧结构性改革为主线，以改革创新为根本动力，以满足人民日益增长的美好生活需要为根本目的，统筹发展和安全，大力实施社会文明促进和提升工程，着力建设新时代艺术创作体系、文化遗产保护传承利用体系、现代公共文化服务体系、现代文化产业体系、现代旅游业体系、现代文化和旅游市场体系、对外和对港澳台文化交流和旅游推广体系，推进文化铸魂、发挥文化赋能作用，推进旅游为民、发挥旅游带动作用，推进文旅融合、努力实现创新发展，为提高国家文化软实力、建设社会主义文化强国作出积极贡献。

2. 基本原则

1）国家"十三五"旅游业发展规划

（1）坚持市场主导

发挥市场在资源配置中的决定性作用，遵循旅游市场内在规律，尊重企业的市场主体地位。更好发挥政府作用，营造良好的基础环境、发展环境和公共服务环境。

（2）坚持改革开放

改革体制机制，释放旅游业的发展活力，形成宏观调控有力、微观放宽搞活的发展局面。统筹国际国内两个大局，用好两个市场、两种资源，形成内外联动、相互促进的发展格局。

（3）坚持创新驱动

以创新推动旅游业转型升级，推动旅游业从资源驱动和低水平要素驱动向创新驱动转变，使创新成为旅游业发展的不竭动力。

（4）坚持绿色发展

牢固树立"绿水青山就是金山银山"的理念，将绿色发展贯穿到旅游规划、开发、管理、服务全过程，形成人与自然和谐发展的现代旅游业新格局。

（5）坚持以人为本

把人民群众满意作为旅游业发展的根本目的，通过旅游促进人的全面发展，使旅游业成为提升人民群众品质生活的幸福产业。

2）国家"十四五"文化和旅游发展规划

（1）坚持正确方向

坚持党对文化和旅游工作的全面领导，牢牢把握社会主义先进文化前进方向，以社会主义核心价值观为引领，固本培元，守正创新，坚持把社会效益放在首位、实现社会效益和经济效益相统一。

（2）坚持以人民为中心

尊重人民群众主体地位，提高人民群众文化参与程度，激发人民群众文化创新创造活力，促进满足人民文化需求和增强人民精神力量相统一，让人民享有更加充实、更为丰富、更高质量的精神文化生活，不断实现人民对美好生活的向往。

（3）坚持创新驱动

突出创新的核心地位，把创新作为引领发展的第一动力，全面推进模式创新、业态创新、产品创新，大力发挥科技创新对文化和旅游发展的赋能作用，全面塑造文化和旅游发展新优势。

（4）坚持深化改革开放

紧扣新发展阶段、新发展理念、新发展格局，紧盯解决突出问题，推进文化和旅游领域深层次改革，加强改革系统集成，发挥改革整体效应，推进文化和旅游领域高水平对外开放，加强中外文明交流互鉴。

（5）坚持融合发展

以文塑旅、以旅彰文，完善文化和旅游融合发展的体制机制，推动文化和旅游更广范围、更深层次、更高水平融合发展，积极推进文化和旅游与其他领域融合互促，不断提高发展质量和综合效益。

4.3.2　旅游产业发展的目标设定

旅游业发展目标是指旅游发展规划期间，旅游产业规模、质量、效益等所应当达到的具体标准，主要指发展速度、质量及具体指标，包括经济目标、社会目标、文化目标、环境目标，在有些地方还可以包括城乡目标、产业的分项目标等。在我国，旅游发展的目标是旅游发展规划的重要内容，它不仅明确了所要完成的任务，也决定了相关政策和措施的制定方向。

旅游业发展目标通常分为总体目标和具体目标。总体目标一般是提出区域旅游产业发展的定性目标或总体规模；具体目标一般是确立区域旅游产业发展各个方面的量化目标，主要包括旅游人次目标、旅游收入目标、旅游就业目标、旅游贡献目标等。

例如，国家"十三五"旅游业发展规划，旅游业发展的主要目标是：①旅游经济稳步增长：城乡居民出游人数年均增长 10% 左右，旅游总收入年均增长 11% 以上，旅游直接投资年均增长 14% 以上；到 2020 年，旅游市场总规模达到 67 亿人次，旅游投资总额 2 万亿元，旅游业总收入达到 7 万亿元。② 综合效益显著提升：旅游业对国民经济的综合贡献率达到 12%，对餐饮、住宿、民航、铁路客运业的综合贡献率达到 85% 以上，年均新增旅游就业人数 100 万人以上。③ 人民群众更加满意："厕所革命"取得显著成效，旅游交通更为便捷，旅游公共服务更加健全，带薪休假制度加快落实，市场秩序显著好转，文明旅游蔚然成风，旅游环境更加优美。④ 国际影响力大幅提升：入境旅游持续增长，出境旅游健康发展，与旅游业发达国家的差距明显缩小，在全球旅游规则制定和国际旅游事务中的话语权和影响力明显提升。

国家"十四五"文化和旅游发展规划，发展目标为：① 到 2025 年，我国社会主义文化强国建设取得重大进展。文化事业、文化产业和旅游业高质量发展的体制机制更加完善，治理效能显著提升，人民精神文化生活日益丰富，中华文化影响力进一步提升，中华民族凝聚力进一步增强，文化铸魂、文化赋能和旅游为民、旅游带动作用全面凸显，文化事业、文化产业和旅游业成为经济社会发展和综合国力竞争的强大动力和重要支撑。② 社会文明促进和提升工程成效显著，社会主义核心价值观深入人心，中华优秀传统文化、革命文化、社会主义先进文化广为弘扬，国民素质和社会文明程度不断提高。③ 新时代艺术创作体系建立健全，社会主义文艺繁荣发展，推出一批讴歌新时代、反映新成就、代表国家文化形象的优秀舞台艺术作品和美术作品。④ 文化遗产保护传承利用体系不断完善，文物、非物质文化遗产和古籍实现系统性保护，文化遗产传承利用水平不断提高，全国重点文物保护单位"四有"工作完成率达到 100%，建设 30 个国家级文化生态保护区和 20 个国家级非物质文化遗产馆。⑤ 公共文化服务体系更加健全，基本公共文化服务标准化均等化水平显著提高，服务效能进一步提升，全国各类文化设施数量（公共图书馆、文化馆站、美术馆、博物馆、艺术演出场所）达到 7.7 万，文化设施年服务人次达到 48 亿。⑥ 文化产业体系更加健全，文化产业结构布局不断优化，文化及相关产业增加值占 GDP 比重不断提高，文化产业对国民经济增长的支撑和带动作用得到充分发挥。⑦ 旅游业体系更加健全，旅游业对国民经济综合贡献度不断提高，大众旅游深入发展，旅游及相关产业增加值占 GDP 比重不断提高，国内旅游和入境旅游人次稳步增长，出境旅游健康规范发展。⑧ 文化和旅游市场体系日益完备，文化和旅游市场繁荣有序，市场在文化和旅游资源配置中的作用得到更好发挥，市场监管能力不断提升。⑨ 对外和对港澳台文化交流和旅游推广体系更加成熟，中华文化走出去步伐加快，培育形成一批文化交流和旅游推广品牌项目，海外中国文化中心总数达到 55 个。⑩ 展望 2035 年，我国建成社会主义文化强国，国民素质和社会文明程度达到新高度，国家文化软实力显著增强。文化事业更加繁荣，文化产业和旅游业的整体实力和竞争力大幅提升，优秀文艺作品、优秀文化产品和优质旅游产品充分满足人民群众美好生活需要，文化和旅游发展为实现人的全面发展、全体人民共同富裕提供坚强有力保障。

在省域层面,如《四川省"十三五"旅游业发展规划》中发展目标表述为:到 2020 年,基本建成产业发达、产品丰富、设施完善、服务优良、安全有序、市场竞争力位居全国前列的旅游经济强省和世界重要旅游目的地。① 产业实力进一步增强:旅游业发展增速保持在每年 15% 以上,2020 年全省旅游总收入比 2015 年翻一番,达到 1.2 万亿元,旅游业成为我省国民经济的战略性支柱产业;② 产业素质进一步提升:旅游新业态不断涌现,产业结构渐趋优化,旅游基础设施和公共服务设施建设全面加强,大熊猫、大九寨、大峨眉、大香格里拉、大蜀道五大国际旅游品牌知名度和影响力不断提升,区域发展更加均衡。客源结构进一步优化,2020 年入川游客与本省游客的比例优化为 45:55;全省接待国内游客中过夜游客人数在总人数占比达 48%,比 2015 年提升 2 个百分点;"十三五"期间全省接待入境人均天花费年均增长率比"十二五"提升 3 个百分点;③ 综合带动作用进一步凸显:旅游业对全社会就业带动、促进百姓致富作用更大;到 2020 年,旅游直接就业人数达到 230 万人以上,通过发展旅游惠及贫困人口占全省脱贫任务的 20% 以上。

通过对不同层级旅游规划文本的分析和总结,区域旅游产业规划目标体系一般可以通过五个维度进行量化,见表 4-2。

旅游产业发展主要指标

表 4-2

分类指标	具体指标
市场规模	旅游总人次（万人）
	入境过夜旅游人次（万人）
	国内旅游人次（万人）
旅游经济	旅游总收入（亿元）
	国际旅游收入（亿美元）
	国内旅游收入（亿元）
	旅游投资规模（亿元）
	旅游业增加值占 GDP 比率（%）
	旅游业对全省生产总值的综合贡献（%）
旅游消费	省内城乡居民年均出游次数
	过夜游客人均消费（元）
社会效益	旅游直接就业人数（万人）
	占全省就业总人数的比率（%）
品质提升	国家 AAAA 级旅游景区（家）
	国家 AAAAA 级旅游景区（家）
	省内旅游示范县（个）

第5章 旅游产业空间布局

5.1 空间布局理论依据

旅游产业空间布局是通过对土地及其负载的旅游资源、旅游设施进行空间布局和功能区划，确定各层级旅游区域的旅游产业发展主题、旅游形象定位、旅游基本功能、建设开发重点，从而形成符合区域资源环境特点和旅游产业发展现实以及未来目标的空间部署形态和整体空间发展格局。

旅游空间布局涉及以下理论基础：

1. 区位理论

区位理论是说明和探讨地理空间对各种经济活动分布和区位的影响，研究生产力空间组织的一种学说，或者说是关于人类活动空间分布和空间组织优化的理论。旅游区位论是传统区位论在旅游活动中的应用，对旅游空间布局的指导作用主要包括旅游空间组织层次、集聚效应、旅游线路设计、场所选择等。

2. 中心地理论

中心地是供给中心商品职能的布局场所；中心地具有等级性，每个高级中心地都附属有几个中级中心地和更多的低级中心地；决定各级中心地和服务供给范围大小的重要因子是经济距离，即用货币价值换算后的地理距离，主要由费用、时间、劳动力、消费者行为等因素决定，交通发达程度对中心地的意义重大。该理论在旅游空间布局中的应用主要表现在：① 建立旅游中心地等级序列，明确区域空间关系；② 旅游地的中心性越高，越有可能成为区域的增长极。

3. 增长极理论

增长极理论认为，经济发展是不平衡性，区域经济发展在空间上将产生极化效应和扩散效应。在旅游开发中，首先要培育旅游增长极，以此来带动区域旅游的发展。旅游增长极一般是那些旅游资源价值大、区位条件好、社会经济发展水平高的旅游地和旅游城镇。

4. 点轴理论

点轴理论是学者陆大道根据发展轴和中心地理论提出的，该理论不同程度地体现了社会经济空间组织的有效形式，是制定区域生产力合理布局和城市重点发展战略的重要理论。在旅游开发中，"点"就是旅游中心城市或重点旅游地，"轴"就是连接通道，整个旅游系统的空间结构演变也是由"点"到"轴"、再由"轴"到"网"的演化过程。

5. 核心—边缘理论

核心—边缘理论认为，任何一个国家都是由核心区域和边缘区域组成，核心区域指城市集聚区，边缘区域是相对较为落后的区域，核心与边缘之间存在着不平等的发展关系。该理论的指导意义体现在：① 旅游资源区域整合，以优势旅游资源为核心形成若干增长极，突出资源优势互补、建构区域旅游体系；② 旅游用地规划和城市旅游圈的构造；③ 区域旅游联动发展。

6. 圈层结构理论

圈层结构理论认为，城市与周围地区有着密切的联系，社会经济活动从中心向外围呈现出有规则的变化，形成以建成区为核心的集聚和扩散的圈层状空间分布结构。该理论对旅游空间布局的指导意义体现在：① 成立旅游合作机构，实施区域合作；② 发挥圈内资源优势，扬长避短，分工协作；③ 整体设计，凸显旅游圈整体特色，形成竞争力；④ 联合促销，总体宣传，塑造旅游圈鲜明的旅游形象。

7. 产业集群理论

产业集群是企业为寻求外部经济而向某一区位集聚的现象，进而提出"集聚经济"的概念。该理论认为在高级集聚阶段，各个企业通过相互联系的组织而形成的地方工业化就是集聚经济，即产业集群。旅游产业集群理论对旅游空间布局的意义体现在：① 有利于减少群内旅游行为主体的交易费用，降低新产品、技术、服务和创新管理的成本；② 有利于加快旅游产品整合和市场开拓，增强集群吸引力，提升区域竞争力；③ 有利于促进群内旅游要素的整合和统一，加速区域旅游经济圈的形成与发展。

5.2 空间布局概念 · 要素

旅游空间结构是旅游业诸要素的空间表达，是一定地域范围内旅游经济要素的相对区位关系和分布形式，一般依托该区域旅游资源，并结合其在区域旅游网络中的地位和旅游市场开发战略构建而成。旅游空间结构是否合理，对于区域旅游活动的顺利开展、旅游产业要素的优化配置、旅游业的增长，均具有重要的作用。

鉴于旅游空间结构在旅游规划中的重要性，国内外学者从不同角度认识其构成与特征：① 旅游空间结构主要由不同等级的旅游节点、不同等级与类型的旅游通道、旅游地域核心系统等组成（Pearce，1999）；② 旅游空间结构是旅游经济客体在空间中相互作用所形成的空间聚集程度及聚集状态，体现了旅游活动的空间属性和相互关系，是旅游活动在地理空间上的投影（吴必虎，2001）；③ 旅游空间结构包括三种要素：点要素，包括旅游中心地、旅游目的地；线要素，包括联系旅游中心地与旅游目的地的区域内旅游线路、联系不同旅游中心地的区域间旅游线路等；面要素，包括旅游资源分区、旅游功能区、旅游圈等（李玲和李娟文，2005）；④ 旅游空间结构反映了区域旅游经济系统中各旅游子系统（旅游目的地系统、旅游客源地系统、旅游流系统、旅游交通系统、旅游接待系统等）、各类旅游要素（旅游城市、旅游目的地、旅游企业等各类节点状要素；旅游交通、旅游线路等旅游线状要素；旅游区、风景名胜区、旅游核心区、旅游边缘区、旅游空间集聚区等旅游面状要素）之间的空间组织关系，包括诸旅游要素在空间中的相互位置、相互关联、相互作用、集聚程度和集聚规模以及区域相对平衡关系等（卞显红，2007）。

综上所述，某一区域旅游空间结构，是指旅游经济客体在区域范围内相互作用所形成的空间聚集程度及聚集状态，它体现了旅游活动的空间属性和相互关系，是旅游活动在地理空间上的投影，是在长期的旅游发展过程中旅游活动和区位选择的积累结果，作为区域旅游活动的空间表现形式，反映了旅游活动的区位特点以及在地域空间中的相互关系。

区域旅游空间结构规划，需充分考虑区域内旅游资源的分布状况，发挥旅游资源的优势与特色，并结合交通、地理环境等条件，按照总体布局、突出重点、分期开发，保证足够的可持续发展空间的理念，实现资源共享、产品互补、特色鲜明、客源互流、协调发展，最终实现旅游系统的整体最大功效。

5.3　空间结构分析

区域旅游空间结构现状与特征常常运用旅游中心度和旅游经济联系度两个指标来进行解读和分析研究。

1. 旅游中心度

旅游中心度是旅游中心地旅游发展情况的评价指标，一般而言，具有相对较强的旅游吸引力和旅游辐射力，且旅游产业占地区生产总值一定比例的旅游目的地具有较高的中心度。旅游中心度的评价指标一般包括旅游资源分布、旅游接待能力、旅游接待人数和收入等多个主要因素及相对应的一系列指标，见表 5-1。

旅游中心度评价指标　　　　　　　　　　　　　　　表 5-1

主要因素	指标	指标含义
旅游资源竞争力	X_1	国家 A 级景区（个）
	X_2	国家重点文物保护单位（个）
	X_3	世界自然遗产与文化遗产（个）
旅游接待竞争力	X_4	四星级以上饭店（个）
	X_5	旅行社总数（个）
	X_6	旅游接待总人数（万人次）
旅游产业竞争力	X_7	旅游总收入（亿元）
	X_8	旅游产业占 GDP 比率（%）
	X_9	旅游外汇收入（千万美元）
旅游经济竞争力	X_{10}	第三产业增加值（亿元）
	X_{11}	固定资产投资额（亿元）

2. 旅游经济联系度

区域内各层级旅游中心与节点之间存在共存和共生关系，表现为差异化的旅游经济联系情况。旅游经济联系除受区域内旅游接待人数和旅游经济收入的影响外，很大程度上取决于交通便利程度及所需要付出的时间成本等因素。旅游经济联系对旅游系统空间结构的形成有着重要的影响，旅游经济联系程度不同，各地区、各城市、各景区之间的游客流动情况会产生相应的差异。旅游经济联系紧密的地区，游客流动更为频繁，旅游流的规模结构伴随着游客流的变化而产生相应的差异。依据某一区域旅游目的地的旅游中心度和旅游经济联系度，可以全面认识和理解区域旅游空间结构的形成和演化发展规律。

5.4　空间布局原则

1. 主题突出

区域旅游空间结构规划应根据规划区最优的旅游资源和区位条件，将主体因素和综合决策相结合，通过集聚效应来提高规模效益，突出整体优势和个性特色，使主题功能与形象在区域职能划分中更加明确。

2. 适度均衡

在宏观尺度下的空间结构规划中，规划要素一般包括旅游城市、旅游目的地、旅游交通与旅游服务接待等。空间布局过于集中，易导致局部区域旅游活动超过承载力，也不利于形成均衡发展的态势，并引发相关负面影响。

3. 差异互补

充分考虑不同主题区之间的差异性和互补性，既可以避免重复建设和不良竞争，也可以令旅游者感到旅游过程更加丰富和完整。依据同一性或差异性所划定的各个分区，既要有各自的特点，形成自己的优势和主题，并以此为分工导向，配置各区的相关配套项目，又要使本区的专业化发展服从上一级功能区的整体需要，形成各区之间扬长避短、优势互补、功能耦合的分工合作体系。

4. 环境融合

在现实环境中，交通线与地形线如河流线、山脊线等，自然地将地域空间进行了分割，充分利用这些要素特点，并与地理环境结合来构筑网络型空间组织结构，能更好地反映地域、地形、景观、人文等特点，具有一般空间结构不能比拟的灵活、科学的优点。

5.5　空间布局模式

旅游空间结构的布局模式主要有以下几种：

1. 核心结构

重点开发建设若干旅游中心，以带动周边区域发展的布局模式。首先在区域内选择最具发展优势的旅游目的地，使其发展规模和发展潜力超过其他旅游地，构建形成区域旅游中心，即发展增长极。然后通过增长极的极化效应和辐射效应的不断发挥，促进区域旅游业整体均衡发展。

2. 点轴结构

围绕旅游重要节点和线路进行开发布局，逐渐形成发展节点与发展轴线相互作用的带状发展廊道，构建出区域内串珠型空间形态，进一步带动点轴系统周边地带旅游业发展。

3. 圈层结构

形成多核中心及边缘地带的圈层空间形态，一般以区域中心城市为核心，其他旅游地分布在中心外围扩展圈层内。

4. 团组结构

大多是受到资源环境条件的限制，多个旅游地相对集中而形成各自独立的发展组团。

区域旅游空间结构的演化过程，遵循由简单到复杂，由低级到高级的发展历程。生产力发展水平、自然条件与资源赋存、交通运输条件及区域发展政策等都影响着区域旅游空间结构的形态。一般而言，区域旅游空间结构都将经历均质分散化空间结构、极核化空间结构、点轴化空间结构、集群组团化空间结构、圈层扩散空间结构、均衡发展化空间结构等多个阶段，最终整个区域的旅游产业发展空间体系日趋完善，区域发展差异逐步缩小，空间结构在达到均衡状态后，将开始再次出现非均衡发展。

第6章 旅游产品与线路组织

6.1 旅游产品概念·特性

6.1.1 概念

旅游规划的重要任务之一便是向旅游客源市场提供符合消费需求的旅游产品（Tourism Product）。对于旅游产品概念与内涵的解读，学界从不同的视角给出较多的阐述。多数学者将旅游产品定义为构成游客全部旅游体验的一系列活动、服务和利益，并提出了旅游产品模型。史密斯（Stephen L. J. Smith，1994）提出的解释模型（图6-1）为圈层结构，从里到外依次是"物理场所、服务、友好、可自由选择和参与"。其中，"物理场所"指现场、自然环境或设施如瀑布、野生生物或度假胜地，可以是固定设施如宾馆酒店，也可以是移动装备，如游艇；还可以指自然环境，如天气、水质、基础设施等，"物理场所"是旅游产品的核心。"服务"指各种旅游企业提供给游客的旅游服务。"友好"指各类企业的服务态度必须是友好的，必须给游客以热情欢迎他们到来和乐于为他们服务的美好感觉。"可自由选择"指游客可以自由地购买、自如地使用旅游企业提供的各种设施和服务。"参与"指游客可以参与企业提供的各种活动和服务，获得忘我的"畅爽"感觉。同时，史密斯（Smith）还根据旅游产品的投入与产出状态，将旅游产品的生产功能分解为初级投入、中间投入、中间产出和最终产出4种状态（表6-1）。

学者米德尔顿（Middleton，1998）则认为旅游产品是组合起来的一组4AS要素，包括旅游吸引物（Attractions）、可达性（Access）、服务设施（Amenities）、附属服务（Ancillary Services）。由此可知，任何一种旅游产品都是一个整体系统，不单用于满足某种需求，还能得到与此有关的一切辅助利益，并且产品的外形部分、延伸部分等因素决定了旅游者对旅游产品的评价。

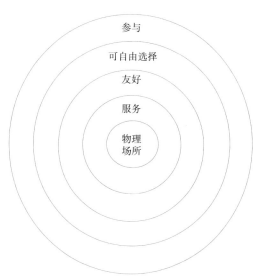

图6-1 旅游产品的解释模型

旅游产品生产功能　　　　　　　　　　表 6-1

初级投入 （资源）	中间投入 （设施）	中间产出 （服务）	最终产出 （经历）
土地	国家公园	公园解说	商务接触
劳动力	度假区	导游服务	游憩
水体	交通方式	文艺表演	社会交往
农业生产	博物馆	纪念礼品	教育
燃料	工艺品商店	会议	身心放松
建筑材料	会议中心	举止	记忆
资金	宾馆	接待服务	
	餐馆	餐饮服务	
	出租车公司	节日与节食	

综上所述，本书从规划设计角度，将旅游产品的概念简化为广义、中义和狭义三种：①广义旅游产品是由景观资源、空间设施和旅游服务三类要素所构成；②中义旅游产品是指由景观资源和空间设施构成的集合体，具有明显的物质性特征；③狭义旅游产品仅指景观资源，等同于通常意义上的景区景点。一般而言，在旅游产业发展规划中强调广义和中义的旅游业产品策划，而对于旅游景区建设规划层面，更侧重中义和狭义的旅游产品设计。

6.1.2　特性

旅游产品作为一种消费商品，除了包含在旅游过程中享受的饮食和日用品等有形产品外，绝大多数是满足精神需要的无形产品。它通过向人们提供服务以满足人们的特定需要，从而具有价值和使用价值双重性质。

旅游产品的使用价值满足人们在旅游过程中多方面多层次的需求。旅游产品的使用价值具有以下特点：① 多效用性：体现为旅游产品能满足旅游者在物质生活和精神生活等多方面的需要；② 重复性：旅游资源和旅游设施的所有权在交换中没有转移；③ 暂时性：旅游产品只有在特定时间与特定空间里的使用权。

旅游产品的价值主要指：① 物质产品的价值：包括旅游服务所凭借的建筑物和设施的折旧，向游客提供的饮食和日用品的原材料成本等，它们都是物化劳动创造的，价值量由凝结在产品中的社会必要劳动时间来决定；② 旅游服务的价值：旅游服务人员的劳动创造，其价值是由服务人员所耗费的社会必要劳动时间决定的；③ 旅游吸引物的价值：人文景观的价值主要是当代人开发建设时投入的成本；自然景观的价值主要是经过人类开发的那部分。

旅游产品除了具有一般商品的基本属性外，它还具有自身的一些特殊性，主要体现在以下几个方面：

1. 旅游产品的综合性

首先，表现在它是由多种旅游吸引物、交通设施、住宿餐饮设施、娱乐场地，以及多项服务组成的混合性产品。其次，它既包括物质的、精神的劳动产品，又包括非劳动产品和自然物，是满足人们在旅游活动中对食、住、行、游、购、娱各方面需求的综合性产品。最后，旅游产品的综合性还表现在生产旅游产品所涉及的部门和行业很多，其中有直接向游客提供产品和服务的旅馆业、餐饮业、交通部门、游览点、娱乐场地以及旅行社、银行、海关、邮电等旅游企业和部门，也有间接向旅游者提供产品和服务的部门和行业。

2. 旅游产品的无形性

无形性是服务产品的共同特征，因为服务是一种活动，一种行为，它无法被人们触摸或以数量衡量，因此许多服务产品在购买者心目中只是一种感受。旅游产品主要表现为旅游服务。只有当游客到达旅游目的地享受到旅游服务时，才能感受到旅游产品的使用价值。当游客进行旅游目的地选择时，见不到旅游产品的形体，在旅游者心目中只有一个通过媒体宣传和相关群众介绍所得到的印象，这就是旅游产品无形性的反映。

3. 旅游产品的不可转移性

主要表现在旅游服务所凭借的吸引物和旅游设施无法从旅游目的地运输到客源所

在地供旅游者消费。只有通过旅游信息的传递，以及旅游中间商的促销活动把游客组织到目的地来进行消费。旅游产品的不可转移性还体现在产品销售后所有权的变更上。有形产品通过交换换来所有权的转移。而旅游产品通过交换带来的是游客在一个特定时间和地点上对旅游产品的暂时使用权，而不是永久的所有权。旅游产品的所有权在任何时候都属于目的地，不能转移给游客。

4. 旅游产品的生产消费同步性

旅游产品的生产表现为旅游服务的提供，因此，旅游产品的生产必须以游客的到来为前提。没有游客就没有旅游服务对象，换句话说，只有当游客来到旅游目的地，旅游服务的提供才会发生，也只有游客接受旅游服务时，他们的旅游消费才开始。

5. 旅游产品的不可储存性

由于旅游服务和旅游消费在时空上的同一性，因此当没有旅游者购买和消费时，以服务为核心的旅游产品就不会生产处理，也就无法像其他有形产品那样，可以在暂时销售不出去时储存下来，留待日后再销售。

6. 旅游产品的易波动性

易波动性是产品使用价值和价值的实现受多种因素的影响和制约而易于折损的现象。这些因素是由旅游产品本身的特点形成的，也是受外部环境中不可控因素的制约形成的。首先，旅游产品是满足人们在旅游过程中食、住、行、游、购、娱多方面需要的综合性产品。在旅游产品的多方面构成中存在一定的比例关系。其次，旅游产品往往受制于季节和假日等外部因素的制约。最后，旅游产品的易波动性还表现在旅游活动必然会涉及人与自然、人与社会和人与人之间的诸多关系，从而影响旅游产品价值的实现。

7. 旅游产品的后效性

旅游者只有在消费过程全部结束后，才能对旅游产品质量做出全面、确切的评价。旅游者对旅游产品质量的理解是其期望质量与经历质量相互作用的结果。期望质量是旅游者实际购买之前，根据所获得的有关旅游产品的各种信息，对产品质量进行的评价。如果期望质量高于实际的经历质量，顾客就会产生不满，也不会进行重复购买，而且会产生对企业不利的口头宣传。因此，旅游企业不能把对旅游者面对面服务的完成看作整个销售活动的结束。

8. 需求弹性大与替代性强

受各种因素的影响，旅游市场对旅游产品的需求弹性很大。在旅游市场中存在着平季、淡季和旺季之别，导致旅游产品的需求具有很大的弹性。

旅游产品有很强的替代性有两层意思：一层是旅游虽然是人们生活中的一种需要，但不像食物、衣服等生活必需品，而是一种高层次的消费。在我国，目前旅游仍是一种高档的奢侈产品，要想去旅游，就得放弃另一种需求。而另一层是旅游者可以自由选择旅游线路、目的地、饭店和交通工具。

6.1.3　生命周期理论

1980 年，加拿大地理学家巴特勒（Butler）对旅游地生命周期理论（Tourist area Cycle of Evolution）进行了系统阐述。该理论认为"旅游吸引物并不是无限和永久的，而应将其视为一类有限的、并可能是不可更新的资源"。因此，一个地方的旅游开发不可能永远处于同一个水平，而是随着时间变化不断演变，呈现出由萌芽经发展到成熟再到衰退直到最终退出市场的演进过程，近似一条"S"形的变化曲线，表达不同发展阶段旅游地的发展状况（图 6-2）。旅游地发展阶段可分为介入期、探索期、发展期、稳定期、滞长期和衰弱期（或复兴期）6 个不同时期。

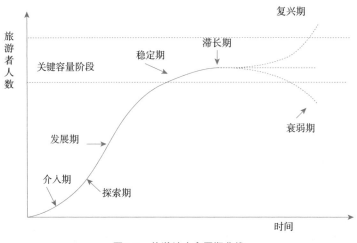

图6-2　旅游地生命周期曲线

6.2　旅游产品类型谱系

进入 20 世纪的大众旅游（Mass Tourism）时代，旅游需求充分释放，旅游产品不断创新，逐渐形成了一个完全开放、不断丰富的旅游产品类型系统。因此，在旅游规划中需要构建一个动态变化和弹性适应的旅游产品类型谱系。

本书依据旅游产品的主体功能与服务特点，将旅游产品划分为 5 种大类和若干亚类，大类分别为：观光游览类产品、休闲度假类产品、文化体验类产品、业务产业类产品、特殊专项类产品（表 6-2）。

旅游产品谱系表　　　　　　　表 6-2

大类	亚类
1. 观光游览类产品	1.1　自然风光观光 1.2　都市景观观光 1.3　名胜古迹观光 1.4　主题公园观光 1.5　国家公园观光 1.6　生态旅游观光
2. 休闲度假类产品	2.1　滨水休闲度假 2.2　山地森林度假 2.3　温泉养生度假 2.4　乡村休闲度假 2.5　环城游憩度假 2.6　自驾野营度假 2.7　豪华邮轮度假 2.8　康体运动度假
3. 文化体验类产品	3.1　遗产旅游 3.2　艺术旅游 3.3　博物馆旅游 3.4　民俗旅游 3.5　宗教旅游 3.6　怀旧旅游 3.7　文学影视旅游 3.8　研学旅游 3.9　社会体验旅游
4. 业务产业类产品	4.1　商务旅游 4.2　会议会展旅游 4.3　节事旅游 4.4　奖励旅游 4.5　工业旅游 4.6　农业旅游 4.7　科技旅游
5. 特殊专项类产品	5.1　军事旅游 5.2　探险旅游 5.3　秘境旅游 5.4　黑色旅游 5.5　边境旅游 5.6　狩猎旅游 5.7　斗兽旅游 5.8　美食旅游 5.9　奢华旅游 5.10　太空旅游

6.2.1　观光游览类产品

观光旅游是一种最为常见的旅游产品类型，是人类为了满足其好奇心而产生的初级旅游产品。正因为其初级性，越发体现出遍在性，是最为普及的旅游产品。中国主流旅游产品大多仍然属于观光游览类产品。

1. 自然风光观光

自然风光观光是观光游览产品中开发最早、最主要的形式之一，它是以名山大川、峡谷湖泊、喷泉瀑布、森林草原、海滨海岛等为主要吸引物，具有良好的环境教育功能，为旅游者提供欣赏大自然之美、陶冶个人情操、锻炼人生意志的一种观光旅游产品。此外，自然风光观光的另一个重要特点就是其与多类型旅游产品具有良好的兼容性和组合性。

2. 城市景观观光

城市作为人类物质、精神创造密集展示的空间场所，是人类现代文明和历史古迹的主要集中地。作为一定领域内的政治活动中心、经济金融中心、商业和消费中心、科技教育中心、文化艺术中心、交通枢纽，城市集中了开展旅游活动必备的所有条件，使其成为常见的旅游密集地带。城市特色街巷、公共建筑与设施、城市公园、商业游憩场所，以及城市夜景观、节庆活动和文艺演出等都是极佳的旅游吸引物。

3. 名胜古迹观光

名胜古迹，是指在人类社会发展历史中，各类社会活动遗留下来的一切活动痕迹和遗物，包含除现代人类活动产物之外的所有历史时期、所有表现和存在形式的历史产物，如古代建筑、古代园林、古陵墓，以及与现代社会文化联系密切的历史城市、建筑设施遗址、宗教寺庙遗址、文学艺术、社会风俗等，前往这些名胜古迹观光可以增长知识、享受艺术创造、提升爱国主义精神。其中，革命纪念地属于特殊的名胜古迹观光地。"红色旅游"是以中国共产党领导人民在革命和战争时期树立丰功伟绩所形成的纪念地、标志物为载体，以其所承载的革命历史、革命事迹和革命精神为内涵，组织接待旅游者开展缅怀学习、参观游览的主题性旅游活动，旅游者进行参观游览，学习革命历史知识、接受革命传统教育和振奋精神、增加阅历的旅游活动。

有关研究表明，不同类型的旅游产品，其有效吸引半径是不一样的，一般来说，观光型旅游产品具有全球性的吸引力，而度假型产品仅具有区域性吸引力，游乐型产品则只具有地区性吸引力。目前，中国观光旅游产品面临趋于成熟、价格竞争激烈、利润水平下降、对交通条件要求高、重游率低等挑战。因此，应该尽快完善产品结构，逐步建立一个以观光产品为基础，非观光产品占有较大比重，二者相辅相成的精品化、多元化、不断推陈出新和合理分布的旅游产品体系。

4. 主题公园观光

第二次世界大战后，随着旅游业的快速发展，市场上涌现出了多种新型的升级观光产品，它们大多是人工景观，且多数都是商业投资性旅游项目，受到游客青睐的同时取得了良好的经济收益。常见产品形式包括以下几种。

1）微缩景观

其以较小的比例再现某些著名景观的人工创造物。世界第一个微缩景观在 1952 年首建于欧洲的荷兰，其具有以下重要优势：旅游者无需远行便可欣赏闻名景观；现代人可以看到古代景观，景区可以靠近客源市场，弥补地区资源匮乏的不足，节约了旅行成本。

2）"外国村"或"外国城"

其是将具有异国情调的民居或风景名胜按照原大小或微缩模型后建立起来供旅游者参观，甚至城市中侨民集聚街区也常常成为旅游地，如各国的唐人街、日本长崎的荷兰村、广岛的法国村、美国的德国城等。

3）"仿古村"

其是将一国一地的古代社会某个时期具有典型意义的村落或街区仿建出来，并以某种形式恢复当时的民俗活动，吸引游人。如伦敦的"15 世纪一条街"、西班牙的"唐古河德城"、美国的"16 世纪村庄"、日本的"明治街"、丹麦的拉杰尔仿古旅游村、中国杭州的"宋城"等。

4）主题乐园

其以美国迪斯尼为代表，它具有强烈的个性、普遍的适宜性、友好的参与性等优势；也具有投资额高，占地规模大，消费水准高的特点。世界著名的主题乐园，如美国迪士尼乐园、意大利加达云霄乐园、瑞典里瑟本游乐园、英国奥尔顿塔公园、美国布希公园、德国欧洲主题公园、韩国乐天世界、西班牙冒险港、美国六旗游乐园、丹麦蒂沃利公园。1989 年，深圳"锦绣中华"开业，浓缩中国各地著名景点于一园。自此，中国各大城市中，各种主题的人造景观景点大量涌现。

5）野生动植物园和水族馆

野生动植物园是指那些利用自然环境或人工模拟环境开放式展出野生动植物的综合性场所，它们融动物繁育、保护、救护、宣传教育及科学研究为一体，为游客提供观赏和接触珍禽异兽的机会，同时为动物提供一个良好的庇护场所。如美国大沼泽地国家公园、澳大利亚弗林德斯蔡斯国家公园、肯尼亚马赛马拉野生动物园、内罗毕国家公园、博茨瓦纳莫雷米野生动物保护区、赞比亚卡富埃国家公园、坦桑尼亚塞伦盖蒂国家公园等。1993 年，中国深圳野生动物园成为国内第一家野生动物园，随后西安秦岭野生动物园、秦皇岛野生动物园、上海野生动物园等建设运营，在中国大城市周边区域发展较快。此外，近年以海洋动物为主题的水族馆、海洋动物表演、潜水观光等不同形式的产品受到市场的关注。

主题公园型的观光游览产品多为商业投资性旅游项目，投资巨大，具有一定的商业风险。因此，在产品策划时必须经过一番完整的商业测算，如游客参与方式、逗留时间、旅游动机、旅行方式、消费额度等，然后再确定"具有市场发展潜力"的主题。若要保持长盛不衰的市场竞争力，则必须不断更新和创新游乐项目，以适应市场需求的变化。对中国来说，深远的民族文化取之不尽、用之不竭，主题公园产品的开发建设紧密地与文化结合起来，将具有广阔的发展前景。

5. 国家公园观光

"国家公园"的概念源自美国"National Park"，现代意义上的国家公园是1872年美国建立的黄石国家公园，占地面积约为898 317hm^2。自黄石国家公园设立以来，全世界已设立了数千个风情各异、规模不等的国家公园。纵观世界上各种类型、各种规模的国家公园，一般都具有两个典型特征：① 国家公园自然状况的天然性和原始性，即国家公园通常都以天然形成的环境为基础，以天然景观为主要内容，人为的建筑、设施只是为了方便而添置的必要辅助。② 国家公园景观资源的珍稀性和独特性，即国家公园天然或原始的景观资源往往为一国所罕见，并在国内甚至在世界上都有着不可替代的重要而特别的影响。这些国家公园的建立都具有保护地域内自然遗产和文化遗产，以及向公众提供旅游机会的双重责任。经过近200年的研究和发展，"国家公园"已经成为一项具有世界性和全人类性的自然文化保护运动，并形成了一系列逐步推进的保护思想和保护模式。

6. 生态旅游观光

生态旅游是由国际自然保护联盟（IUCN）专家于1983年首次提出的概念。随着经济的增长、科学技术的发展和社会的进步，生态旅游目前已经成为当今世界旅游业发展的热点，生态旅游的实践区域也在不断地扩大，较早发展生态旅游的地区和国家也在实践中积累了丰富的经验。世界许多组织和机构都在致力于推广生态旅游活动的普及。生态旅游活动的内涵主要是指，旅游活动以大自然为对象，同时强调人地关系的和谐发展，保护生态的原生状态，坚持可持续发展的旅游观念，把生态保护作为既定的前提，把环境教育和自然知识普及作为核心内容，是一种求知的高层次的旅游活动。

在世界上，并不是每个地方都具备开展生态旅游的条件。目前，野生动物资源使非洲成为世界生态旅游的重要发源地之一，尤其是非洲的肯尼亚、坦桑尼亚、南非、博茨瓦纳、加纳等国已成为当今国际生态旅游的热点地区。地处亚马孙河流域的秘鲁、厄瓜多尔、哥伦比亚、委内瑞拉和巴西，以及哥斯达黎加、洪都拉斯、阿根廷、智利、美国、加拿大等国家也是生态旅游较发达的地区。在亚洲，印度、尼泊尔和印度尼西亚，以及马来西亚是最早开展生态旅游活动的地区。此外英国、德国、日本、澳大利亚的生态旅游也有所发展。这些地区和国家开展的主要生态旅游活动有野生动物参观、原始部落之旅、生态观察、河流巡航、森林徒步、赏鸟、动物生态教育，以及土著居民参观等。目前，在国内开发经营的生态旅游区主要集中在森林公园、风景名胜区、自然保护区。生态旅游开发较早、较为成熟的地区主要有香格里拉、西双版纳、长白山、澜沧江流域、新疆喀纳斯等。

6.2.2　休闲度假类产品

休闲度假旅游就是以环境优美、设施良好的度假环境为旅游目的地，开展具有相对较少流动性的休养和娱乐的旅游活动。休闲度假旅游具有以下特点：目的地相对固定，更强调休息，在一地停留的时间相对较长，重游率较高，无需导游陪同，对娱乐设施要求较高。休闲度假区的建设要求有宜人的环境设计和度假气候，便捷的进出口交通，一流的酒店和完善的设备，高水准的服务，完备的体育娱乐设施。

1. 滨水休闲度假

1）海滨度假

其属于常见的传统度假方式之一，地中海沿岸、加勒比海、墨西哥湾、印度洋群岛、澳大利亚、南太平洋岛等地区，都发展成为世界上最集中的海滨度假胜地。海滨度假旅游的主要吸引物是 3S（阳光 Sunshine、海水 Seawater、沙滩 Sand），以及海滩和与其相连的海域组成的滨海景观。海滨浴场是海滨度假旅游必不可少的基本设施之一，一般由水上运动区、游泳区、日光浴区、沙滩活动区、附属设施和酒吧餐饮等配置服务设施组成，空间开阔，错落有致，有的绵延数公里。

海滨度假区开展的主要旅游活动包括三类：一是疗养康体产品，如海水浴、阳光浴、沙疗等；二是娱乐类，如水上有游泳、潜水、冲浪、划船、空中跳伞、捕鱼、飞机牵引滑水、摩托艇等，岸上有沙滩排球、沙雕、沙地自行车运动等；三是综合类，如度假村、海底隧道、玻璃船、潜艇、水族馆、高尔夫球、大型游乐园等。

2）湖滨度假

湖滨度假主要依托良好的湖泊资源，环湖建设旅游度假地。如日内瓦湖畔的瑞士小镇罗尔、加拿大滨湖尼亚加拉镇、韩国庆州普门湖度假区、太湖旅游度假区等。度假地主要围绕湖泊周边展开，如湖滨公园、码头，诸多湖上游乐设施沿湖岸线设置环湖绿地廊道，或设置自然曲线式的自由步行道，一方面保护和维持原有湖泊生态环境，另一方面解决环湖的交通问题，并结合滨水环境，合理设置观景平台提供游客休憩、观景空间。

2. 山地森林度假

在山地、森林开展度假旅游活动具有众多优势，山地森林环境对人体健康较为有利的高度范围是中、低山区，它对人体健康的促进作用，主要表现在山地气候的疗养效应和山地环境中的某些长寿因素两方面。森林环境本身具备健身的功效，主要表现在森林能够降低噪声，减少烟尘和细菌含量，降温增湿；森林空气中氧气含量高；空气中含有较多的负离子，能改善人体神经功能，促进新陈代谢，可使血压和心率下降，使人感到心旷神怡、精神振奋，并且还能增强人体的免疫功能。此外，轻松、愉快的度假环境可以使度假者在精神上感到放松、愉悦，从而有利于身心健康。人们可充分利用山地和森林的自然条件作康体疗养，避暑度假、爬山、游览和散步。例如，在欧洲的阿尔卑斯、韩国首尔附近的山地，出现了以冬季山地运动、健身、狩猎为主要目的的山地度假旅游区。

一般而言，发展山地森林度假具备以下条件为宜：第一个条件是拥有复杂多变的良好山地环境；第二个条件是具有良好的气候资源以及丰富的动植物资源；第三个条件是当地具有丰厚的文化旅游资源，包括纯朴的民俗风情资源；第四个条件是具有良好的可进入条件。

3. 温泉养生度假

温泉度假旅游是指以天然温泉（含地热蒸汽、矿物泥）或人工开采的地热水为依托，以沐浴温泉与接受温泉健康服务为主要内容，达到观光、休闲、游憩、疗养、度假等目的的旅游活动。温泉度假旅游作为度假旅游的重要类型之一，其发展历史悠久，利用温泉资源开发为度假地也是世界常见的旅游度假区开发模式。在欧洲这些度假地被称为 SPA，源于拉丁文，意指用水来达到健康，即达到保养、健身的效果。日本温泉度假胜地的发展也较为成熟，20 世纪初期在一些城市附近就已形成疗养保健温泉地，从北到南约有 2600 多座温泉，有 7.5 万家温泉旅馆，日本的温泉不但数量多、种类多，而且品质较高，素有"温泉王国"的美誉。著名的如富士山温泉度假地、箱根汤本温泉度假区、长崎岛原温泉度假胜地。

4. 乡村休闲度假

乡村度假旅游为游客提供接触大自然、领略田园风光、呼吸乡土气息、参观民俗风情、品尝传统风味、购买土特产品和手工艺品的体验机会。乡村旅游活动作为一种新型旅游形式，它是以农业和乡村为资源而开发的一种新兴生态旅游产品，是农业生产和旅游活动相结合的产物。这种将第一产业和第三产业有机结合形成的乡村旅游业态，如今已遍及成都城郊和乡村，基本形成了以农家乐、乡村酒店、全国农业旅游示范点、旅游古镇为主要产品的乡村旅游产业业态。实践证明，发展乡村旅游，是推进农村产业结构调整、建设美丽乡村、旅游助力脱贫致富的有效途径。

5. 环城游憩度假

休闲游憩是休闲经济的一种类型，是休闲消费其中的一种方式，它代表着人们休闲消费的一种积极取向。城市居民利用周末空闲时间，在城市及郊野的风景区、度假村、健身场馆、城市公园、商业街区等休闲场所集中开展游憩度假活动。休闲旅游综合了观光旅游与度假旅游的双重特点，强调身心放松，充分参与。休闲游憩具有时间短、空间范围小、活动形式简单的特征。

休闲活动促进了环城游憩带的出现，旅游活动更多地推向城市郊区，环绕城市外围、处于近城乡镇景观之中与中心城市交通联系便捷，具有观光、休闲、度假、娱乐、康体、运动、教育等不同功能，其中周六前往、入住一宿、周日返回式的出游方式被称为"一夜游度假模式"，这些土地利用构成的游憩活动空间称为环城游憩带（ReBAM）。由于其易达和与城市不同的郊野景观，深受城市居民的喜爱，目前已成为大城市旅游空间体系的一个重要组成部分。城市居民选择环城游憩带内的度假设施进行周末近途度假，是当下较为普遍的度假方式。随着我国居民自由时间的增多，可支配收入的增加，休闲观念的形成，对休闲游憩的需求正在成为一种主流趋势。

6. 自驾野营度假

1）自驾车旅游

自驾车旅游是随着汽车消费热潮的出现而产生的一种全新的旅游形式，自驾车旅游是指有组织、有计划，以自驾车为主要交通手段的自助旅游形式。自驾车旅游具有自由化与个性化、灵活性与舒适性、选择性与季节性等特点。"自驾车旅游"最早出现于 20 世纪的美国，是早年流行于发达国家的旅游形式。在最初人们称周末开车出游为"SUNDAY-DRIVE"，西方国家更为普及。自驾车旅游对公路条件、沿途设施、交通管理等都有较高要求。随着我国高速公路网的不断完善和房车营地等服务基地的建设，为大力发展自驾车旅游提供了必要的基础条件。

2）野营度假

在现代城市中生活工作的人们更向往以自然环境为主的旅游地，随着汽车进入到更多的家庭，野营度假旅游产品将会得到进一步的发展。野营属于一种户外游憩活动，更适合在气候温暖的地区开展，野营度假区一般建设在城郊数百公里范围内，车程距离约 2~3 小时。野营旅游在西方国家十分普遍，发展较为成熟。按野营地点类型分为自然地点野营、指定地点野营、公园内野营、汽车野营、青年旅游等；按野营主题分为求生野营、登山野营、教育训练野营等众多类型；按设施类型划分为帐篷野营、木屋野营、汽车野营和吊床野营等。美国野营协会（ACA）的统计数据显示：全美约有近 30 000 座野营地可供游客选择，其野营活动项目共分为六大主题（学术活动、环境教育、冒险活动、艺术创作、运动健身、水上活动），每个主题活动又细分为三种类型可供选择，即娱乐型（Recreational），教学型（Instructional）和竞争型（Intense or Competitive），共计约 9100 多种活动项目，30 000 多种课程。

7. 豪华邮轮度假

1）豪华列车旅游

豪华列车旅游专指乘坐设施齐全，豪华舒适的旅游列车进行沿途旅行、休闲和度假活动。世界豪华列车内部装饰和设备可以与五星级酒店媲美，包厢内附设有办公、沐浴、餐厅功能区，列车上还配备邮递服务、棋牌娱乐、时装购物，以及 24 小时管家服务。列车沿途停靠重要城市和旅游景区时将提供专线奢华旅游服务。目前世界豪华列车，如东方快车（伊斯坦布尔—巴黎之旅）、皇家苏格兰人号、威尼斯辛普朗东方列车号（伦敦—巴黎—威尼斯之旅）、"非洲之傲"罗沃斯列车、印度豪华皇宫列车、东方亚洲号（吉隆坡—曼谷之旅）、瑞士冰河列车（火车时速仅 35km/h，有"全世界最慢的观景列车"之称）等。

2）豪华邮轮旅游

豪华邮轮被誉为海上移动星级饭店，旅客在享受奢华服务的同时，随游轮到各个港口城市观光游览。目前已经发展成为一个相对独立的产业——游船业。世界许多国家十分重视游船业的发展，如皇家加勒比国际游轮有限公司是全球著名游轮旅游服务公司，全球性豪华游轮品牌。旗下豪华皇家船队包括海洋光谱号、海洋量子号、海洋航行者号等。此外著名邮轮公司还有嘉年华邮轮、迪士尼邮轮、丽晶七海邮轮、世朋邮轮、风星邮轮等，这些公司拥有世界闻名的豪华游船，如"欧洲号""海洋自由号""皇家公主号""君主占领号""玛丽王后Ⅱ号"等。全球游船旅游人次年增长 8%，接近世界旅游业平均增速的两倍，游船旅游市场正在向大众化和年轻化方向发展。国际游船协会将现代游船旅游分为经济型、现代型、奖励型、豪华型、豪华航海型、探险型和专业型等七个主要类别。

8. 康体运动度假

1）康体健身旅游

康体健身旅游是指具有一定规模和影响力，且由旅行社或俱乐部加以营销推广的普通体育健身活动，一般以游泳、羽毛球、骑行、跑步、网球、高尔夫为主要活动内容。如在德国，组织自行车骑行旅游的旅行社有数百家，每年约 1200 万人参加，逐渐形成了较为成熟的体育健身旅游产品。又如，中国香港每年接待入境旅游者规模位居世界前列，这固然与香港是国际著名大都市有关，但与香港旅游协会积极开拓体育旅游市场，努力使香港成为理想的体育健身旅游目的地也有很大关系。协会通过驻外旅游办事处，有针对性地积极推销体育健身旅游产品：向日本游客集中推销高尔夫球，向东南亚国家推销赛马，向欧美国家和澳大利亚推销网球和羽毛球，从而吸引大批体育爱好者前往香港进行体育健身旅游。在我国，参与运动型游憩活动的人也逐年增多，在跑步、打球、游泳、钓鱼、登山等活动的基础上增加了保龄球、沙壶球、网球、台球、壁球、冲浪、健美、攀岩等新型体育健身项目。此外，中国传统的武术文化旅游开发为体育旅游的一项特殊产品，历来深受海外游客青睐。

2）体育观赛旅游

体育观赛旅游专指组织各项体育赛事的观众前往比赛举办地进行观看并参加节庆

活动的一种旅游产品。广大民众大多喜爱观看高水平的体育比赛，如奥运会、世界杯足球赛、美国 NBA 篮球赛、F1 方程式赛车、环法自行车赛等都吸引着大量观众前去比赛场地区现场观看。许多观赛者认为到异地既可以观看比赛，又可旅游，这种"一举两得"的消费心理更推动体育观赛旅游市场的不断扩大。对于赛事举办地而言，尤其是举办世界重大赛事，如奥运会等，伴随着大批游客的前来，对提升举办地知名度、扩大旅游市场和影响力收益多多。如韩国和日本仅通过联合举办 2002 年世界杯，就分别创造出 88 亿美元和 245 亿美元的产值，吸引大量海外投资，并提供了数十万个就业机会。澳大利亚政府为举办悉尼奥运会，增添和改善了许多运动场馆、基础设施、城市交通、城市卫生等一系列配套服务，进一步提高了国家和城市的知名度。

3）体育运动旅游

与普通体育健身旅游以休闲为主的特点相比，体育运动旅游具有更为规范化和规模化的旅游市场，旅游活动也更注重体育运动项目本身。近年来，受到旅游市场青睐的体育运动项目包括高尔夫旅游、滑雪运动旅游、冲浪漂流旅游、高空滑翔伞旅游等。

（1）高尔夫旅游：高尔夫球运动属于一项高端体育健身旅游产品，绿色、健康、时尚的特点吸引了越来越多的爱好者，逐渐成为旅游产品中的新贵。据统计，每年参与高尔夫运动人数以年均 20% 的高速度增长，并产生丰盈的旅游收益，旅游发展潜力巨大。

（2）滑雪运动旅游：滑雪是一项旅游休闲和体育运动相结合的项目，主要以高山滑雪为主，功能综合、设施现代化的大型滑雪度假区越来越多。目前世界上已经形成欧洲、北美和东亚三大滑雪旅游区。如参与阿尔卑斯山滑雪活动近 5000 万人次，滑雪道达 4 万条以上，滑雪缆车 1400 条之多，瑞士仅滑雪旅游一项，每年接待外国游客千万人次，创汇百亿美元左右。美国、法国、瑞士、奥地利、澳大利亚、日本、韩国等都在大力发展滑雪旅游。在世界滑雪大潮的带动下，我国滑雪运动近年蓬勃发展，北京、河北、四川、新疆、山东、河南、湖北、甘肃、山西、陕西、内蒙古等地区相续建设滑雪场，未来的市场潜力极大。

（3）冲浪漂流旅游：冲浪旅游作为旅游活动中综合健身、探险、休闲等多种功能的旅游形式，在世界上产生了重要影响。如今，国外许多地区的冲浪旅游已初具规模，并具有不同的地域特色，如美国夏威夷、澳大利亚、南非开普敦、南美厄瓜多尔等。漂流是游客乘船筏或自驾船筏，在青山绿水、深峡幽谷中顺流而下，感受和体验运动所带来的刺激、乐趣、美感，同时欣赏沿途景色和呼吸新鲜空气，达到愉悦精神、调节生活、锻炼体魄等目的的一项旅游活动。我国地域辽阔，河流资源十分丰富，漂流旅游活动会是旅游者不错的选择。

4）医疗养生旅游

医疗养生旅游主要是指依托旅游目的地优美的环境景色，利用现代化康体养生的服务设施，以及专业医护人员开展的各种康体养生的旅游体验活动，具体包括现代化理疗、拓展运动、餐饮养生、温泉洗浴等活动。随着社会经济的发展，人们对身心健康越来越重视，当前康体养生成为旅游者的旅游动机之一。康体养生旅游的产品形式多样，如罗马尼亚的疗养院内开设的项目包括泥疗、水疗、电疗、磁疗、茶疗、理疗、针灸、按摩等；法国在地中海沿岸的海滨胜地充分利用海水资源，开发出了浴疗室、海水游泳池、海底淋浴、微泡沫澡堂、海水蒸气按摩室、海泥或鲜藻治疗等项目。康体养生旅游的深度发展，逐渐出现了更专业化的医疗保健旅游产品，并初具规模，很多国家成为国际医疗旅游的主要目的地，如日本、泰国、印度、新加坡、韩国等亚洲国家；瑞士、德国、匈牙利、立陶宛、拉脱维亚等欧洲国家；拉美的阿根廷、巴西、哥斯达黎加、古巴，以及非洲的南非等国。

我国具有深厚的中医文化积淀，每年都有很多境外游客来华就医、参观考察、洽谈中药材贸易，针灸、针刺麻醉、气功医疗、治疗脱发、学习太极拳等更是热门项目。我国多家中医医院先后接待自加拿大、美国、瑞士、韩国、日本等地的游客，怀着对中国传统医学的浓厚兴趣，体验中国医疗保健旅游。

6.2.3　文化体验类产品

从一定意义上说，旅游活动过程是一个文化的商品化过程，也是一种文化交流和创造过程，因此，所有的旅游活动都可视为文化旅游，这里更强调旅游经历的文化体验。文化是旅游经济竞争的核心。国际旅游发展的经验显示，旅游与文化交流结合程度越高、旅游文化因素越多，旅游经济越发达。在旅游资源越过初级开发阶段之后，文化将成为旅游业纵深发展的重要驱动力。

文化旅游一般是指旅游供给者凭借创造的文化观赏对象和休闲娱乐方式，使游客获得富有文化内涵和深度参与体验的旅游活动。文化旅游可分为四个层面：第一个层面是历史文化层，以文物、史迹、遗址、古建筑等为代表；第二个层面是现代文化层，以现代文化、艺术、技术成果为代表；第三个层面是民俗文化层，以居民生活习俗、节日庆典、祭祀、婚丧、饮食和服饰等为代表；第四个层面是道德伦理文化层，以人际交流为表象。

文化旅游强调区域整体上的文化体验，以地域文化的整体优势和具体的古建筑吸引旅游者，开发以文化为特色的旅游景点和旅游活动内容，可以满足游客的高层次文化需求。我国是开展文化旅游的重要目的地，独有的历史文化延续性、深厚的民族文化底蕴、繁多的文化资源种类，有利于开发结构完善、选择适应面广的文化旅游产品，如西安古城游、敦煌丝路艺术文化游、武汉楚文化旅游等，逐渐形成一系列的文旅融合精品。

1. 遗产旅游

遗产旅游被视为文化旅游的核心产品类型，是指"关注人类所继承的一切能够反映这种继承的物质与现象，从历史建筑到艺术工艺、优美风景等的一种旅游活动"，或到遗产地的旅游活动就是遗产旅游。《世界遗产名录》是国际公认的遗产旅游评价标准之一。《世界遗产名录》中包括四种遗产类型：一是世界自然与文化遗产；二是世界文化遗产；三是世界自然遗产；四是世界文化景观。

早期鲜为人知的平遥、丽江等古城因被列入《世界文化遗产名录》而声名鹊起，并很快成为新兴旅游地，创造出了可观的经济效益和社会效益。根据世界遗产委员会的凯恩斯决议：全世界每年入选项目提名为 45 个，"一国一年一项自然遗产一项文化遗产"，目前中国有上百处景观或古迹被列入申遗"预备清单"。

2. 艺术旅游

艺术，特别是表演艺术主要集中在城市中的歌剧院、音乐厅、剧场，以及表演芭蕾、戏剧、交响乐等艺术场所，此外还有大量的民间艺术、技艺的表演。这些表演艺术常常被许多城市视为当地独特的旅游产品。

世界各国都十分重视艺术资源的旅游开发，并取得明显的经济效益。例如，奥地利的音乐旅游，意大利的绘画旅游、雕塑旅游，每年吸引无数游客前往欣赏。我国对戏曲、音乐、舞蹈、众多民间工艺等艺术文化的旅游开发和展示还远远不够。在英国，与艺术相关的旅游活动花费占到英国海外旅游者花费的 50% 左右。我国也越来越重视地方性艺术领域产品的开发，如齐鲁民间音乐艺术旅游、四川民间艺术旅游、贵州岩画艺术旅游、乌木根雕艺术旅游、制陶制瓷工艺旅游、景泰蓝制作工艺旅游、安徽黄梅戏文化艺术旅游等。

3. 博物馆旅游

博物馆被称为"旅游者之家"，是旅游者特别是具有一定文化素质的旅游者必到之地。博物馆应包括遗址类博物馆、展览中心和美术馆、科学和自然类博物馆、艺术博物馆、生态博物馆等多种类型，具有良好的文化功能、教育功能、研究功能、休闲功能、旅游功能等。因此，博物馆旅游使旅游活动由一般的游览观光上升到高文化含量的游憩活动。

4. 民俗旅游

民俗旅游主要是以民俗事象为主要观赏内容的文化旅游活动，是一种高层次的文化旅游，它利用目的地民间日常生活方式及其文化吸引外来游客，生动活泼、参与性强，具有独特的审美特征，充分满足人们"求新、求异、求乐、求知"的心理需求，加之它与其他文化有一定的差异，而且这种差异越大，对外来人的震撼就越大，从而对国内或国际游客产生的吸引力也就越大。民俗旅游资源的神秘性、真实性和体验性对民俗旅游的发展起了极大的拉动作用。

一般来说，传统民族民俗文化包括六类，即衣食住行方面的生活文化、婚姻家庭和人生礼仪文化、民间传承文化（民间文学艺术、民间歌舞、民间游乐等）、科技工艺文化、信仰和巫术文化、节日文化。民俗旅游是指那些可以对旅游者产生吸引力，为旅游业所开发利用的传统民族民俗文化，进行旅游开发以满足旅游者需求的旅游形式。常见的形式有民族村寨、访问家庭、民俗文化活动、少数民族风俗游，云南、广西、贵州等少数民族聚集地区开展得较为成功。

5. 宗教旅游

宗教在其形成的历史过程中蕴涵丰富的文化资源，如宗教建筑、宗教民俗、宗教艺术、宗教礼仪等，它们具有相应的旅游美学特征和旅游价值，是一种重要的旅游资源。宗教旅游包括宗教信徒的宗教朝圣旅游，也包括非宗教信徒的宗教观光旅游。从信仰、信徒角度来看，宗教朝觐产生了大量的旅游需求，如进香、拜佛、朝圣等；从宗教文化体验角度来看，即使不是信仰该宗教的游客，或者是信仰其他宗教的游客，对某种宗教产生的建筑文化、雕塑及石刻艺术、特殊的活动氛围，也具有强烈的观摩愿望，以期从中获得文化欣赏的愉悦体验。

全世界约有 25 亿宗教信徒，孕育着一个广大的客源市场，围绕宗教旅游资源开展旅游活动市场前景广阔。宗教旅游具有四个特点：客源市场稳定；吸引范围等级分明，世界级、国家级、地区级腹地范围较大；重游率较高；旅游地生命周期极长。

我国的宗教景观分为四大类：第一类是以名山、寺庙、洞窟、佛塔为主的佛教旅游资源；第二类是以主要名山、宫观庙宇、洞窟石刻及遗迹为主的道教旅游资源；第三类是以清真寺院、著名遗迹为主的伊斯兰教旅游资源；第四类是以主要教堂、著名遗迹为主的基督教旅游资源。此外，宗教旅游和其他文化结合，还可以开展更多的旅游活动，如宗教与茶道、宗教与武术、宗教与气功、宗教与医药、宗教与饮食、宗教与音乐、宗教与书法绘画、宗教与民俗、宗教与传统文化节日等。

6. 怀旧旅游

怀旧旅游是指专门寻觅古代社会风情、古代建筑、古代生活用具、古代歌舞文化、古代名人故居或墓地的旅游活动。目前开发的怀旧旅游产品包括怀古旅游、仿古旅游、寻古旅游、寻根旅游、祭祖旅游、名人故居或墓地旅游等。例如，山西大槐树祭祖旅游、陕西清明公祭轩辕黄帝祭祖旅游活动，以及北京的郭沫若故居、上海虹口公园的鲁迅墓、浙江绍兴的鲁迅故居等。此外，人们前往与本人的人生历程具有某种特殊联系的地点，进行参观探访怀旧也属于此类旅游产品。

7. 文学影视旅游

这一类型的旅游产品与著名作家、经典文学作品、大众熟悉的文学作品故事内容，以及故事发生的真实（或虚构）场所等有着直接而密不可分的关系。文学旅游景点包括作家故居或纪念馆、作品故事情节游览线、小说故事情节发生的场所游览点、诗人作家游历所至而留下的诗文、石刻、碑记等。这些文学旅游景观或独立成景，或作为陪衬，与其他人文（或自然）景观交相辉映，大大地增加了旅游地的吸引力。如英国莎士比亚的故乡是来自世界各地"文艺朝圣"者的必到之处，成为英国最著名的旅游胜地之一。我国著名的文学旅游产品，如浙江绍兴鲁迅的《孔乙己》衍生的旅游产品、江苏常熟的沙家浜镇以围绕京剧《沙家浜》开发的文化旅游区等。此外，电影拍摄地往往也成为热门的旅游目的地，《廊桥遗梦》《指环王》《阿凡达》等影片使许多取景地一举成为世界著名的旅游目的地。我国宁夏银川西部影视城围绕"文学影视"主题，将一片荒漠废墟变成国内知名的旅游景区，这些案例进一步证明文学影视旅游是一种重要的旅游产品类型。

8. 研学旅游

研学旅游是指旅游者出于文化求知的需要，在人生不同阶段暂时离开常住地以独立出游、结伴或团队的形式到异地开展的文化考察活动。研学旅游将"学"与"游"融合一体，重新回到原初意义的学习方式。研学旅游借助自然事物，激发学生强烈的好奇心和求知欲，让学生自主地运用已知去探求未知。在"学"与"游"的融合活动中，学生个体从大自然、从社会获得丰富多彩的信息素养和永生难忘的心灵感悟。

1）修学旅游

修学旅游是指以提高自身素质为目的，以一定的修学资源为依托，以特定的旅游产品为载体，以个体的知识研修为目标，以旅游为表现形式的学习型旅游活动。起初主要是组织青少年学生利用假期到国外进行旅游、观光和学习。在欧美和日本，修学旅游已形成一种传统，并被认为是素质教育的一个组成部分。

常见的修学旅游是以某一专题为目标，以增进技艺、增长知识为目的的一种专项旅游活动，也是开展户外教育的重要形式之一。修学产品的类型多样，包括科学考察、冬夏令营、校园参观、爱国主义教育等，其主题一般为：或了解一门学科，或学习一门语言，或考察某地风俗文化，或参观一些有影响的学术中心、著名学府、主要历史学派的活动遗址和著名学者故里的一种旅游行为。修学旅游突出一个"学"字，要求参加者在旅游的过程中要有所学，学有所获。

2）学艺旅游

通过旅行社组织使旅游者在旅游过程中学习到某种工艺，常见课程包括制陶、园艺、插花、编织、雕塑、针灸、美容、摄影、气功等。越是民族风格和艺术特色的工艺技艺，越受游客的青睐。例如，在法国，游客们可以在旅游地学习制陶、编织、纺织、雕塑、淘金、织壁毯、吹制玻璃器皿等技术，在游览美丽风光的同时掌握一门技能。所学的技艺是游客根据自己的兴趣爱好自由选择的，学艺费根据时间长短而定。该类型旅游活动的开展，是一种自我升华的过程，旅游的乐趣就是学习，在欣赏和动手中提高自我修养和素质。

我国的民间技艺和工艺极为丰富，可以积极开发成为优质的学艺旅游产品，例如，剪纸、刺绣、泥塑、捏面人、木刻、石雕、景泰蓝、蜡染、微雕等。一方面可以发展特色旅游产品和旅游商品，另一方面对于传承这些非物质文化遗产具有重要意义。

3）科学考察旅游

科学考察旅游是指依托旅游目的地特有的地质地貌、水文气候、历史古迹以及奇观现象等，以探究成因及特征为目的的野外考察、自然观察和科学探险活动。科学考察旅游一般发生在受人类活动影响较小的自然地区，其中地质、珍稀动植物旅游是较为成熟的旅游产品形式，是一种高品位旅游活动。近年来随着科考旅游的不断发展，科考旅游不仅包括自然生态景观、生物多样性等自然科学考察旅游，还包括历史文化、民族文化等人文社会科学考察旅游。集知识性、趣味性、参与性、探奇性为一体的科普性考察旅游成为世界各国最为时尚的旅游产品类型。在欧美等西方发达国家尤其是和探险紧密结合的科考旅游更是受到专业人士和探险爱好者的青睐。例如，极地科考旅游、神秘洞穴科考旅游、珠峰科考旅游、百慕大科考旅游、沙漠戈壁科考旅游等。鉴于科学考察旅游的特殊性，一般严格限制参与者的数量和行为，同时游客必须先接受相关环境保护、野生动植物保护和安全常识教育，以及相关管理条例的学习和培训。

9. 社会体验旅游

社会体验旅游是指以感受和体验异域或异类的社会生活方式为主要目的的特殊旅游活动。例如，体验城市流浪者一日生活，或者到贫困农村地区参与生活体验，甚至前往阿富汗战乱区域，以及切尔诺贝利核辐射区域等，都可以成为新颖的体验旅游活动。例如，荷兰卡姆斯特拉旅行社推出的"巴黎流浪4日游"，参加旅行团的成员不得随身携带现金、信用卡和手机，他们要学会在行程中像流浪者一样在街上捡拾某些被遗弃的东西或者靠卖艺来维持日常生活，旅行社也为他们提供乐器、画笔等谋生工具帮助他们，但是旅游活动组织者的主要任务是监督游客们一切行为都要按活动要求去做。甚至到了夜晚，旅行社为游客提供席地而睡的硬纸板或报纸，极为真实地体验不同阶层的民众生活。当然，最后一晚会让游客入住高级酒店，同时提供给他们一份不错的晚餐，让他们产生前后鲜明的对比，激发游客的博爱情怀。

6.2.4　业务产业类产品

1. 商务旅游

商务旅游是指以商务活动为主要目的，离开常驻地到异地进行商业洽谈、会议展览、科技文化交流以及由此产生的游览、休闲、娱乐、购物等旅游活动。商务旅游作为近年来发展最快的旅游产品之一，从其规模和发展看，已成为世界旅游市场的重要组成部分，而且仍有巨大的发展潜力。与普通旅游产品相比，商务旅游具有若干发展优势：① 消费水平具有高端性：商务旅游一般以职业经理人等公司高层为主，他们对相关旅游服务的效率、品质、个性化及完善程度的要求高，因此总体消费附加值高；② 消费安排具有计划性：与会人员的旅游消费时间往往以活动计划为主，不受旅游季节与气候影响，利于平衡淡旺季，使旅游资源得到更为充分的利用；③ 消费行为具有重复性：商务活动地点的固定化带来了活动的重复化，从而形成了旅游消费行为的重复化；④ 消费收益具有综合性：会议、会展和大型商业性活动具有非常强的联动效应，考虑旅游乘数作用的话，其对城市经济的贡献将是巨大的。商务旅游的发展不完全依赖于当地自然风光、名胜古迹等资源赋存状况，而与交通区位、经济发展等要素密切相关。因此，对于一些传统意义旅游资源欠缺的城市，完全可以通过增强商业贸易活动及完备服务设施建设，促进商务旅游的发展。

2. 会议会展旅游

会议会展旅游是借助举办国际会议、研讨会、论坛等会务活动以及各种展览会而开展的旅游形式，是大中城市旅游产品开发的一个重点。由于会议会展旅游具有组团规模大、客人档次和消费额高、停留时间长、涉及相关服务行业多、成本低、利润丰等特点，在欧洲、北美洲，以及中国和新加坡等国家，会议组织已经成为一门特色产业。此外，会议会展旅游具有时段不受气候和季节影响的特征，从而消除了观光旅游时段性明显的缺点，可以弥补旅游地淡旺季之间的不平衡，有利于提高城市旅游设施和服务的使用率，有利于带动城市功能的提升、增加城市的知名度。因此，会展业和旅游业两个独立产业部门的相互介入，融合发展而成的会议会展旅游被誉为"旅游之花"。国际大型会议会展旅游对举办城市的要求也比较高，必须具备现代化的会展设施、便捷的交通，要有不同档次的住宿、接待服务设施、购物娱乐场所等。近年来，会议会展旅游市场出现的新特征包括：会议议题趋向国际化和多元化；会议目的地城市逐渐增加，会议会展中心日益分散化；具有展览性质的会议迅速增加，举办权竞争越发激烈；出现会议地点相对固定的会议会展目的地。知名的瑞士达沃斯论坛、世界互联网大会、世界遗产大会等会议的举办等都为当地经济发展带来了巨大的促进作用。例如，中国海南省的博鳌小镇，因"博鳌亚洲论坛"的举办而举世皆知，使当地的旅游业在短期内获得了快速发展，慕名参观游览的游客络绎不绝。

3. 节事旅游

节事旅游通常是指依托某一特定节事所开发的一系列旅游项目，包括地方特色产品展览、体育比赛等具有旅游特色的活动或非日常发生的特殊事件，如各种各样的博览会、文化节、艺术节、戏剧节、电影节、音乐节、美食节等。节事旅游可以分为传统节庆旅游和特殊性节庆旅游。传统节庆旅游主要是指依托一些传统节庆（如春节、劳动节、国庆节以及各地的地方节日）所开展的旅游活动。特殊性节庆旅游主要指依托一些流动性的或临时的节庆活动，如奥运会、世博会、音乐会等所开展的旅游活动。一般来说，大型节事活动对承办地的旅游业具有显著的带动促进作用。

4. 奖励旅游

根据国际奖励旅游协会的定义，奖励旅游的目的是协助企业达到特定的目标，并给予达到该目标的参与人士一个尽情享受、难以忘怀的旅游假期作为奖励，其形式一般为商务会议旅游、海外教育培训、休闲度假旅游，以奖励对公司运营及业绩增长有重大贡献的职员。需要指出的是，奖励旅游并非普通的员工旅游，而是企业机构提供活动经费，委托专业旅游机构针对性设计的"特殊"旅游活动，借用旅游这一形式作为对员工的奖励，进一步调动工作积极性，增强企业的凝聚力。因此，奖励旅游又称为"激励旅游"，其内容包括：颁奖典礼、主题晚宴或晚会、教育培训、免费休假等。奖励旅游已经成为企业促进业务发展、塑造企业文化的重要管理手段。

5. 工业旅游

工业旅游是一种主要以工业建筑景观、技术装备和生产设施、生产工艺流程及企业管理体系，以及独特的企业文化为旅游吸引物，以增长知识、开阔眼界、扩大阅历为目的，集观赏、考察、学习、参与、购物于一体的专项旅游产品。工业旅游具有提高企业知名度、增加收益、改良当地环境、丰富当地旅游产品、提供就业等方面的积极意义，国内外均出现了工业旅游开发热潮。

早在 1960 年，英国出现了以工业遗产游览为主的工业旅游雏形，之后随着工业化的快速发展，工业旅游陆续在发达国家和发展中国家出现，并逐渐扩展和深化。现代工业旅游不同于传统旅游，它主要以工业科技和企业文化为关注点，企业通过游客的参观游览，获得更多的社会影响力和企业知名度。据统计，英美等工业发达国家有约三分之一以上的企业都在积极发展工业旅游。在法国，不仅酿酒、香水、服装业等普通生产企业对游人开放，就连汽车、飞机和火箭制造业每年也要接待几十万的游客。如雷诺、标致、雪铁龙三大汽车公司每年接待游客达数十万人次，从而使得世界许多著名的大企业和现代科技基地纷纷向公众开放，成为游客瞩目的旅游景点。

传统工业区开发成为工业旅游区，必须要满足 4 个条件：① 要看它是否具有较高的知名度；② 要看它是否具有典型性，是否有较高的历史、文化、艺术和科技含量；③ 要看它是否具有较强的观赏性、趣味性，参观游览环境是否安全、整洁、舒适；④ 要考虑工业旅游产品的区位和交通是否适中、便捷，具有良好的可达性。我国许多知名企业被授予"全国工业旅游示范点"称号，成为全国发展工业旅游的样板，例如山东推出了"玉液琼浆，青岛啤酒欢迎您"的工业旅游项目，海尔集团的"海尔工业游"

项目，北京首钢集团公司开展主题为"钢铁是这样炼成的"工业旅游项目等。

6. 农业旅游

农业旅游是指将旅游业与农业生产结合起来，并将其细分为观光种植业、观光牧业、观光渔业、观光生态农业等类型，吸引城市居民参与农业生产，现场采摘瓜果，观赏农场风光。例如，澳大利亚的许多庄园将当地葡萄资源优势与旅游活动有机结合，策划开发出了许多融参与、知识、娱乐于一体的特色农业旅游项目。每年有数百万游客到澳大利亚远离城市的偏远酒庄，住进条件简陋的农舍或具有悠久历史的酒店，品尝葡萄酒产地的特色饮食，领略诗情画意的田园风光；参观各种具有特色的农业生产设施；旅游者可以自由参观园内的葡萄作物，参与用机械或手工采摘葡萄等各种农业健身运动；可以用简单的酿酒工具自酿葡萄酒，品尝甜美的葡萄和葡萄酒，学习品酒知识；还可以进行具有美容健身功效的葡萄酒浴；游客能够在轻松舒适优美的环境中陶冶身心并学到很多有关葡萄及葡萄酒的相关知识，葡萄酒旅游已经成为澳大利亚旅游产品的重要组成部分。

7. 科技旅游

所谓科技旅游是一种以科学技术为支撑，以各种科技资源为吸引物，以满足旅游者增长知识、开拓视野、丰富阅历、休闲娱乐等旅游需求为目的，融参观、考察、学习、娱乐、购物等活动于一体的专项旅游。

2017 年，国家旅游局[①]和中国科学院发布"首批中国十大科技旅游基地"，进一步推进"旅游＋科技"产业融合发展。例如，贵州省黔南 500m 口径球面射电望远镜、中国科学院西双版纳热带植物园、湖北宜昌长江三峡水利枢纽工程、中国科学院南京紫金山天文台、中国科学院青岛海洋科考船、中国科技馆、甘肃酒泉卫星发射基地、中国科学院安徽合肥董铺科学岛、中国科学院国家授时中心、中国科学院遥感卫星接收站等，都成为游览科技景观、追求科学知识的知名科技旅游目的地。

6.2.5　特殊专项类产品

1. 军事旅游

军事旅游是一种专项旅游产品，它把人们平时很难了解的军事生活和某些军事设施以及军事文化与旅游结合起来，满足广大旅游者了解军事、关注军事的好奇心理，利用现有的军营和军事设施，以及遗弃的军事设施和设备，开展模仿军事活动的旅游产品，军事旅游作为一种全新的旅游形式，尤其受青少年的欢迎。

---

① 2018 年 3 月，根据第十三届人民代表大会第一次会议批准的《国务院机构改革方案》，将国家旅游局的职责整合，组建中华人民共和国文化和旅游部，不再保留国家旅游局。

军事旅游因依托先进的军事科学技术，形式多样，富于新奇性、刺激性和冒险性，在英、美、德等军事发达国家中备受旅游者青睐，成为当地旅游业多元化发展进程中的旅游亮点。目前我国尚处于初始阶段，主要通过举办军事科技展览、建立射击馆、军事游乐园等形式，对军事旅游进行初步开展。

2. 探险旅游

探险旅游是指依托自然环境特征，需要特殊体育或者类似设备支持的令游客激动刺激的户外活动。旅游产品内容常常涉及挑战自然及接触大自然等主题，主要分为空中探险旅游、陆地探险旅游和水中探险旅游三种类型。探险旅游地往往不需要进行任何人工开发，保持当地的原始自然地貌、植被条件，使旅游者通过自身努力进行探险，具体项目包括徒步旅行、艰辛跋涉旅游、激流探险、洞穴探险、矿井探险、航海探险、海底探险、极地探险、森林探险等。

与探险旅游相配合的项目包括一些必要的道路及住宿设施建设，以及针对探险过程中可能遇到的问题的科学培训、野外生存培训等教育项目，探险旅游的组织者可以是专业旅行社，也可以是探险协会，少数情况下散客旅游者自发组成探险队伍，甚至只身前往。

3. 秘境旅游

组织游客前往常有奇怪现象发生的地域进行旅游活动，即"神秘地带"，包括极地、神秘失踪百慕大三角、水怪出没的尼斯湖、野人出没的神农架、死亡地带罗布泊等地区。现在恐怖电影、恐怖文学是大行其道，而恐怖旅游也是越来越受到青少年青睐，这些旅游目的地充满诡异故事、血腥传说以及各种怪诞现象，令人毛骨悚然，却又诱惑力十足。从神秘的自杀圣地金门大桥到闹鬼的好莱坞饭店，从收藏干尸的医学博物馆到鬼影重重的战场遗址，从有着血腥历史的伦敦塔到传说有外星人出没的51区，还有最富冒险精神的游客才敢入住的命案房。

4. 黑色旅游

1）灾变旅游

灾难遗址地是灾难的发生地，往往对全球或区域的自然或社会环境带来深刻影响，同时大多又给人类带来一定的心理创伤，加之事故过后的重建家园行动，能够完整保存下来的并不多见，使其具有非常强烈的独特性和重大历史纪念意义或科学研究价值。到灾难发生地去参观，可以满足部分旅游者求知、体验、缅怀等特殊需求。如美国夏威夷旅游部门捕捉"珍珠港事件"蕴含的巨大商机，结合世界各国人民"珍爱和平、远离战争"的美好愿望，把当年被炸毁的珍珠港海军基地及舰艇这一稀缺度较高的旅游资源加以开发，建造灾难性主题公园，使旅游者产生心灵震撼，感受和平的美好。新奥尔良市的"卡特里娜"飓风重灾区的"灾难游"，我国汶川映秀地震遗址公园为 AAAA 级景区，包括建筑物坍塌现场、地震体验中心、汶川大地震震中纪念馆、遇难者公墓、大爱文化展示地等。

2）战争旅游

泛指在交战区域或前战场进行旅行观光或考古研究的活动。由旅行探险公司、当地向导甚至新闻媒体共同支撑的"战争旅游"产品悄然兴起，并在社交媒体的推动下发展壮大。例如，在约旦河西岸犹太人定居点，特殊的旅游景点被称为"卡利布尔 3 号（Calibre 3）"的营地，游客可以身临其境地体验时长为 2h 的"射击冒险"之旅，这里可以满足全世界游客对于战争和反恐行动的幻想。游客们可以从以色列军官那里学习到战斗技能和反恐策略，行程安排为：紧急集合、热身运动、徒手格斗、装卸各种枪械、射击、乘直升机巡逻、值勤站岗、沿围墙巡逻。"卡利布尔 3 号"营地还提供更先进的模拟战斗，如绳索速降。在这项活动中，游客们扮演以色列突击队成员，去完成拯救人质的任务。除了一次性的体验式项目，"卡利布尔 3 号"还推出为期 3 个月的青少年军事夏令营等活动项目。

5. 边境旅游

边境旅游的主要目的是满足自己的好奇心，实现自我挑战。对旅游者而言，边境在很多情况下是一种障碍，它曾经被封锁，是冲突之地，从而显得神圣又神秘。边境代表国家的主权范围，具有象征意义。这种在旅游者心中积聚的对边境特殊的好奇心，在脚踏边境线、跨越国境时得到满足。边境口岸的氛围是边境旅游中的主要吸引物，不同的民族、国籍、信仰和使用不同语言、货币等场所氛围，构成了一种特殊的旅游环境和体验；此外，边境区域的界标、"国门"建筑物、告示牌、边境工作人员的仪表、举止等等因素，也赋予了交界地带特殊的神秘感。其中，边境线是最为独特的旅游资源，在其他地方属于极为平常的建筑物或设施，而地处边境线则完全不同，压覆其上的一个村落、一座住宅、一个商店、一家旅馆，就会变成独特的旅游吸引物，引来好奇的旅游者，界河、界山、界湖都成为重要的旅游资源。

中国与多国直接接壤，陆地边境线长达 20 366km。随着中国边境口岸相继开发，发展边境旅游作为振兴边境地区经济的重要举措，成为一种极具发展潜力的旅游产品形式。

6. 狩猎旅游

狩猎旅游的目的在于消遣、休闲和娱乐，并非获取动物骨肉和皮毛，因而不同于传统的狩猎活动。通常，狩猎旅游者的经济收入相当高、文化教育素质较高，旨在追求个性化、具有冒险精神的旅游方式。因此，狩猎旅游属于高端旅游项目，对目的地的设施、设备、服务质量等要求较高。

狩猎旅游在选择开展地区时需要极为慎重，必须设置动物放养区和狩猎区等功能区，以及必要的安全设施设备，同时需要制定严格的管理制度和管理措施。此外，为保持地区生态平衡，需要对以野生动物为狩猎对象的旅游项目进行严格限制，积极提倡以驯养动物为狩猎物。一般大型狩猎旅游区，划出允许狩猎范围，限定狩猎方式和时间，控制持证猎手数量，控制武器弹药种类，确定受保护物种，禁捕猎雌兽和幼兽，并提供专业设施以清理战利品、储存及利用其残骸，还要制定突发事故应急预案等。

7. 斗兽旅游

利用动物之间、人兽之间的争斗表演，吸引大量旅游者前往观看，一些地区和民族的传统斗兽表演举世闻名。如西班牙的斗牛表演，是具有国际知名度的旅游产品，全国有 400 多个斗牛场，平均每年有 5000 多场斗牛表演，直接为斗牛服务的雇员达 15 万人，观赏斗牛的旅游者人次高达 3100 万，门票收入达 1 亿美元。我国许多少数民族传统体育项目中，也有十分吸引人的斗兽表演或骑射表演。例如，斗鸡、斗狗、斗猪、斗牛、斗羊等。

8. 美食旅游

美食旅游是一种以具有地方风味特色的食品、佳肴为主要吸引物，满足旅游者品尝美食、学习烹饪技艺和制作技巧、享受独特的餐饮氛围等需求的新兴专项旅游产品。丰富而浓厚的饮食文化内容是开展美食旅游的必备条件，美食旅游则是饮食文化旅游发展的必然趋势和结果。一般开展美食旅游应具备下列条件：① 食品和菜肴具有鲜明的地方风味特色，② 精细的选料、精湛的烹饪技艺和制作技巧，③ 良好的饮食环境和卫生条件，④ 良好的餐饮服务质量。

中国幅员辽阔，由于地理环境、气候物产、政治经济、民族习惯与宗教信仰的不同，使得各地区、各民族的饮食特色千姿百态、异彩纷呈。"八大菜系"就是区域环境的整体差异所形成的，以其各具风韵的烹调技艺，不同风格的菜肴特色成为美食旅游重要的吸引物。

9. 奢华旅游

奢华旅游特指极少数游客花费巨额费用的旅游消费活动，其特点是费用极高，自己安排特殊线路和活动，配有专门的服务人员，活动消费追求最高级品质。一般而言，某些著名商业公司为了建立商业信用，获得某种社会影响，购买该类型的旅游产品，以起到宣传企业实力的目的。奢华旅游目的地多是国际豪华酒店、高尔夫度假地、保健疗养胜地、豪华私人游艇等，旅游出行时提供专机和豪华车辆接送服务，餐饮提供著名厨师烹饪，娱乐预约著名歌手和影星表演。奢华旅游最重要的特征就是高品质和高价格，提供普通人难以企及的超级旅游体验。

10. 太空旅游

太空旅游是基于人们遨游太空的梦想，到太空去旅游，给人提供一种前所未有的体验，最新奇和最刺激的是可以观赏太空奇景，同时还可以体验失重感觉。从广义上来说，常被提及的太空旅游包括几种方式：飞机的抛物线飞行、接近太空的高空飞行、亚轨道飞行和轨道飞行。目前的太空旅行只是少数富豪的奢侈消费，但随着科技的进步，太空旅游会离我们越来越近，在不久的将来，人们的火箭发射能力会逐渐增强，升空的舒适度也会大大提高，并且随着运载能力的提高，大规模太空旅行也将会实现。未来太空旅游将呈大众化、项目多样化、多家公司竞争的发展趋势，它对于人类航天事业的发展具有重要的意义。

总而言之，随着旅游产品竞争日益激烈，人们对产品形式的要求越来越全，对产品品质的要求越来越高，对产品体验的要求越来越新。大众游客已不满足被动地晒太阳、看风景，而希望在有限的时间内愉快地体验"全新"的世界，改变围绕在身边的熟悉环境，逃离日常生活环境和工作氛围。但由于有限的语言交际能力和在陌生环境内的不安全感，以及缺乏接触陌生人的勇气，旅游者实际上又难以在旅游过程中达到变换全新场景的愿望。为了帮助旅游者克服上述各种与旅游经历有关的"现实障碍"，不断涌现的旅游产品，促进游客接触，增加人际交流，增加愉悦体验，使人生经历更加丰富和深刻。

6.3　旅游产品策划导向·原则·方法

6.3.1　导向模式

目前，旅游产品开发和策划可以分为四种导向模式：资源导向型、市场导向型、形象导向型和项目导向型。不同的导向模式，其开发策划思路与侧重点有所不同，适应于不同的产品开发阶段和当地的具体发展情况（表 6-3）。

旅游产品策划导向模式　　　　　　　　　　　　表 6-3

模式类型	资源导向型	市场导向型	形象导向型	项目导向型
引导要素	旅游资源品位	旅游市场定位	旅游形象塑造	重点建设项目
核心内容	注重资源赋存与评价	重视市场分析、预测和定位	依据旅游形象定位与推广	紧密对接重点建设项目的规划与实施
理论基础	地理学、历史学	经济学、市场学	心理学、社会学	管理学、系统学
技术方法	定性研究	量化分析	定性研究	综合研究
典型产品	风景名胜区	主题游乐公园	历史文化街区	场馆与节庆活动

1. 资源导向型

基于"靠山吃山靠水吃水"的初级开发思路，从旅游地景观资源出发，梳理分析旅游资源特色，挖掘地域文化内涵，开发策划富有自身资源特色的旅游产品和项目，形成具有一定垄断性和竞争力的旅游产品。该模式简单易行，成效显著，尤其对于旅游资源具有优势的旅游地作用明显。但对于缺乏良好自然景观资源或历史文化要素的区域，需要更深层次地创造和挖掘旅游吸引物。

2. 市场导向型

侧重从旅游市场需求的现状和发展趋势出发，策划适销对路的旅游产品。在准确掌握旅游市场变化规律的基础上，根据需求预测，结合资源状况，确定开发主题、规模和层次，策划系列旅游产品。由于能够在最短的时间被市场接受，产品的市场适应性较强，易快速实现经济效益。但是，市场导向型产品容易忽略社会效益与环境效益，在运营过程中更容易出现环境破坏、忽略社会责任、盲目迎合市场中不健康需求的现象，对社会文化造成侵害的负面影响。同时，从旅游产品生命周期的角度来看，市场导向型旅游产品虽然能够更快地进入成长期，但是成熟期常常会比较短，整个旅游产品的生命周期也因此更短，旅游产品总体效益水平受到一定的影响。

3. 形象导向型

充分利用旅游地所形成的良好旅游形象带动旅游产品策划与营销，紧密结合旅游地形象定位，策划与形象主题相关的旅游产品，快速导入旅游消费市场。由于产品主题与旅游地长期稳定的旅游形象建立关联，塑造自身品牌效应，因此形象导向型旅游产品将具有较长的生命周期和良好的市场前景。

4. 项目导向型

依据旅游地重点建设项目规划和实施计划，策划与主题相关联的旅游产品，具有明确的目标导向，注重可操作性和可行性，可以有效降低市场风险和运营成本。同时策划的系列旅游产品也会成为建设项目的外延组成部分，共同形成发展合力。

6.3.2　基本原则

1. 依托资源原则

旅游产品是以旅游资源为基础的，但拥有旅游资源并不等于拥有旅游产品。要把旅游资源转化成旅游产品，必须根据旅游市场需求和资源特色，进行科学的旅游产品设计，把各种旅游资源要素组合成特色鲜明、适销对路的旅游产品，这样才能真正形成有市场竞争力的旅游产品。

2. 面向市场原则

旅游产品策划必须牢固树立市场观念，始终坚持以旅游者需求为导向。深入分析旅游客源市场的需求特点、需求规模、需求水平和变化趋势，准确地选择目标旅游客源市场并进行正确的市场定位，才能掌握好旅游产品设计的方向和目标，从而设计出适销对路、物美价廉，并具有市场竞争力的旅游产品，使之在推向旅游市场后能够有效满足旅游者需求，具有较强的市场竞争力和旺盛的生命力。

3. 突出特色原则

旅游项目策划的灵魂在于特色。坚持特色开发原则，必须重视对旅游资源和旅游市场的调查和分析，并根据旅游市场需求及变化特点，充分发挥旅游资源的比较优势，突出旅游资源的特色和品位，并与其他旅游要素有机组合，丰富旅游活动的内容，提升旅游产品的文化内涵，增强旅游过程的愉悦性、休闲性、体验性和参与性等，从而提高旅游产品的吸引力和竞争力。

4. 塑造品牌原则

在旅游产品设计中，还要坚持产品优化原则，高起点创意、高标准设计、高水平开发，这样才能不断提高旅游产品的品位、质量，突出特色，培育具有市场影响力的精品名牌产品。

6.3.3　策划基本方法

旅游产品策划是结合当地旅游资源和旅游市场发展，通过创造性思维设计旅游产品主题，实现资源、产品与市场的有效对接，打造出当地具有核心竞争力的旅游产品。

1. 文化分析法

从社会文化学角度来看，旅游动机有两类：一类是文化差异，另一类是文化认同。文化差异会形成吸引力，如异国情调、少数民族风情、各种民俗节庆等；文化认同同样产生吸引力，如寻根谒祖、宗教旅游等。因此，对于地方文化特色的发现、挖掘和深入分析，成为策划旅游产品的重要方法。

2. 典型集中法

将区域内数量少、特色弱、分布较为分散的景观景点，经过进一步迁移集中、整合包装，形成若干形态完整、规模较大、特色鲜明的旅游产品集群，即典型集中区，最终得以建设成为具有竞争力和影响力的旅游目的地。一般在主题公园建设中运用较为普遍，如锦绣中华、三国城、大唐不夜城等；农业旅游区开放时也通过大面积大规模花卉种植等方法集中特色景观；大型节庆活动策划时也往往整合集中地方文化旅游资源，这些都是典型集中法的运用。

3. 逆向思维法

逆向思维是人类一种重要的创新性思维方式，也称为求异思维，它是将似乎已成定论的事物或观点逆向思考的一种思维方式。鉴于创新性是旅游产品策划的重要属性，规划设计时需要经常性地采取跳出正向思维，逆向而行的方法，用一个独特的角度去思考问题和解决问题，将会取得出其不意的效果。例如，城市野生动物园、大唐不夜城、玻璃景观廊桥、攀爬瀑布等新型旅游产品。

4. 借鉴引进法

旅游产品一般是具有不可移动性，但其形式完全可以根据市场需求进行某种程度的借鉴和引进，例如文化步行街区、娱乐主题公园、节庆会展活动、特色休闲民宿等。在借鉴和引入的同时需注意不要简单地重复模仿，而应因地制宜地进行改良和优化，甚至进一步提升品质和特色，尽可能注入当地独特的文化内涵则更具地方特色，形成自己独有的产品竞争力。

5. 借势衍生法

旅游策划要善于运用借景原理，巧借相关的资源、力量或事件，衍生和扩展旅游产品。例如，充分利用交易博览会举办、传统节庆活动开幕，甚至高速路开通、知名人物到访等重要的地方事件所产生的积极影响，推出与其主题相关或衍生的旅游产品，提升产品知名度和影响力。

6. 时空搜索法

从空间和时间两个轴向上搜寻与本地区位、市场及资源条件的最佳交叉点的方法，在两个轴的极端方向的旅游项目往往能吸引更多的旅游者。例如，在时间轴上两个方向：古与今。古有寻根问祖、历史文化游、传统建筑游，今有工业旅游、现代科技旅游、自驾车旅游，即两大类"回顾传统文明"和"体验现代文明"的趋势。在空间上寻找差异，如城市居民上山下乡游、农村居民的都市观光、南方人冰雪旅游，北方人海岛度假游，以及国内游客的出境游等。在这两个方向上可以策划很多新兴的旅游产品和旅游项目。

当然正确判断时空交叉面与旅游地发展战略的交叉点，是该方法的关键。许多成功的案例，无一例外地是找到了与本地区位、市场、资源、资金与时空面的交点。例如，深圳华侨城旅游景区充分研究旅游市场，在时空维度中寻求差异点打造异彩纷呈的主题旅游产品，取得策划的成功。深圳华侨城主要运用现代休闲理念和高新娱乐科技手段，满足人们参与、体验的时尚旅游需求，打造出一座融参与性、观赏性、娱乐性于一体的现代娱乐主题公园。而东部华侨城的建设，则汇集休闲度假、户外运动、科普教育、生态探险等主题于一体的生态旅游示范区。强烈差异化的发展构建出更优的组合关系，两者共同形成了更强的发展合力（表6-4）。

总之，旅游产品策划的方法还在实践中不断丰富和完善，在新经济时代，"智慧就是力量""创新就是生产力"，规划设计应善于运用敏锐、新颖、独特的视角开展策划，努力推出具有社会价值、经济价值、生态价值和文化价值，具有吸引力、竞争力和生命力的旅游新产品，实现资源、产品与市场的完美结合。

华侨城旅游产品策划对比　　　　　表 6-4

	主题特性		时间特性		文化特性		形态特性		类型特性	
	中国	世界	古代	现代	认同	差异	静态	动态	自然	人文
锦绣中华	√				√		√		√	
世界之窗		√				√	√		√	
民俗文化村	√		√			√		√		√
欢乐谷		√		√				√		√

6.3.4　旅游产品项目库

旅游产品项目库从游览项目、住宿项目、餐饮项目、交通项目、购物项目、娱乐项目 6 个方面提供了多样化的旅游产品建设项目，在旅游规划中需要针对旅游地因地制宜地进行选择、组合和创新，形成具有地方特色的旅游产品系列（表 6-5）。

旅游项目库　　　　　表 6-5

项目类型	具体项目	建设开发内容
餐饮项目	野餐	野餐场地建设、野餐设施的提供、野餐食物的提供
	野炊	野炊场地建设、野炊设施的提供、野炊食物的提供
	酒吧	建筑建设、酒水的提供
	茶肆	茶社的建设、茶具的提供
	宴席	餐厅的建设（餐厅的大小、风格）
	风味小吃	场所的建设（大小、风格）
	快餐	场所的建设
住宿项目	野营	场地建设（树上巢居、地下穴居、地表帐篷野营）、表演活动开发、设备的提供（帐篷、睡袋）
	风情屋	风情屋的建设（规模、风格、材质、色调）
	旅途铺位	火车卧铺、汽车卧铺、轮船铺位、畜力运输铺位、汽车旅馆
	度假村	度假村建设、娱乐活动的开展
	常规旅馆	旅馆建设、宾馆建设、别墅建设、度假公寓建设
交通项目	机动工具	飞机、火车、豪华大巴、热气球、水上飞船、气垫船、大客轮、游艇、水下观光船、潜水艇、水陆两栖船、电车、太阳能车、观光轻轨、缆车、索道、升降梯、飞艇、宇宙飞船等设施的租赁、承包或者建设
	畜力工具	马（牛）车、大象、骆驼、驴、狗拉雪橇等畜力工具的组建与培训
	人力工具	人力三轮、竹排、划船、皮艇等工作团队的组建
	自然力	帆船、冰帆、荡索、漂流艇、溜索、滑翔伞、蹦极等设施的修建及服务人员的培训
	道路建设	栈道、索桥、滑梯、步道、观光廊道、机动车道等的建设

续表

项目类型	具体项目	建设开发内容
游览项目	地文景观	综合自然旅游地、沉积与构造、地质地貌过程形迹、自然变动遗迹、岛礁等景观的保护遗迹观景台、观光廊道的建设
	水域风光	观光河段、天然湖泊与沼泽、瀑布、泉、河口与海口、冰雪地等景观的保护与观景廊道建设
	生物景观	树木、草原与草地、花卉地、野生动物栖息地的建设与保护
	天象与气候景观	日月星辰观察区建设、光环现象观察地观景亭建设、海市蜃楼现象多发地观景亭建设、天气及气候现象观光廊道建设
	历史遗存	史前人类活动、社会经济活动遗址遗存展示馆建设，相关主题文化活动的开发与演绎
	建筑设施	综合人文旅游地、单体活动场馆、景观建筑与附属型建筑、居住地与社区、归葬地、交通建筑、水工建筑等建筑设施的保护、恢复以及规模的改变，内部旅游线路的组织
	人文活动	人事记录、艺术、民间习俗、现代节庆均采用现代化技术以及舞台化演绎展示或再现这些人文活动，演艺场所的建设、员工的培训
购物项目	地方旅游商品	特色旅游商品店的建设、特色旅游商品制作工艺展示场所的建设等
娱乐项目	健身项目	风筝、滑翔、跳伞、游泳、人造波游泳、冲浪、潜水、帆板、帆船、滑水、滑沙、滑草、滑车、滑板、划船、骑马、波浪车道、脚踏轨道车、水上自行车、多人自行车、跳跳自行车、雪橇、武术、体操、减肥、针灸、药膳、理疗浴、海水浴、沙浴、泥浴、温泉浴、矿泉浴、森林浴、负氧离子浴、森林氧吧、桑拿浴、蒸气浴、冰水浴等
	竞技项目	赛马、赛艇、赛车、赛龙舟、射箭、击剑、摔跤、相扑、高尔夫球、保龄球、网球、足球、篮球、排球、沙滩排球、乒乓球、羽毛球、桌球、门球、手球、马球、垒球、棒球、曲棍球、冰球、水球、彩弹射击等
	器械项目	飞艇、滑翔机、游览飞机、热气球、蹦极、汽车拖拽跳伞、过山车、翻滚车、空中旋转器材、月球车、碰碰车、海盗船、越野车、摩托艇、碰碰船、科幻设施等
	观赏项目	赛事观赏、海底世界海底观光船、艺术馆、博物馆、展览馆、音乐厅、影剧院、环幕电影、水幕电影、球幕电影、动感电影、3D 电影、茶馆、书场、舞会、文艺表演、沙龙、宗教习俗、礼仪庆典、微缩景观、产业观光园、仿古街（城）、影视城（基地）、退役设施、游乐园、民俗文化村（园）、名著景观、动植物园、生肖园、古币坛、碑林、蜡像馆、雕塑园等
	智力游戏	模拟仿真、迷宫、电子游戏、对歌、棋牌、野外生存训练等
	生产项目	狩猎、垂钓、捕捞、种植、收获、采集、食品加工、刺绣、锻造等

6.3.5　策划程序

针对旅游产品的策划开发，按照程序化步骤进行，包括机会确认、产品设计、产品试验、市场推介四个环节（表 6-6）。

		旅游策划基本程序　　　　　　　　　　表 6-6
机会确认	市场定义	确认区域旅游产品中最具发展前途的开发项目
	出点子	
	点子成型	
产品设计	旅游者测定	将好的想法转变为某种可以实现的形式
	概念开发	
	战略开发	
产品试验	促销试验	确定它是否具有市场潜力、对旅游者是否具有吸引力
	市场预测	
	试验性营销	
市场推介	产品规划	试验结论是积极的、正确的，就可以将开发的新产品推向市场，扩大宣传力度
	推介宣传	

6.4　区域旅游线路组织

根据旅游市场的需求，考虑旅游景点的分布状况和资源保护的要求，结合服务设施和基础设施的建设布局，合理安排整个旅游过程的活动路线，使景区景点、服务设施以一定的方式连结成一个具有特定功能的整体。

6.4.1　旅游线路的内涵·要素·类型

1. 概念内涵

旅游线路是一个区域内若干景点在不同空间上的串联与组合，并形成了一定的游览参观顺序与连接方式，由于可以采取多种不同的组合方式及不同的特色主题，因此产生了千变万化的旅游线路。再结合旅游者行为特征和目的地接待能力等影响因素，为旅游者设计包括整个旅游过程中全部活动内容和服务的旅行游览路线。

2. 组成要素

旅游线路是旅游产品重要的组成部分，实际上是旅行系统在线性轨迹上的投射，将各种单项的旅游要素有机地组合在一起，并形成一定功能特色和文化主题。一般在旅游市场上较为成熟的旅游线路，包括以下几个构成要素：旅游景点、活动项目、旅游住宿、旅游交通、旅游餐饮、旅游购物和娱乐活动等多种要素。

3. 线路类型

1）按空间尺度划分：大尺度旅游线路、中尺度旅游线路、小尺度旅游线路；

2）按时间尺度划分：一日游线路、二日游线路、三日游线路、多日游线路；

3）按旅游主题划分：依据沿线旅游产品的文化特色及活动特点进行区分，如：江南水乡风情游线、乡村休闲度假游线、丝绸之路历史游线等。

6.4.2　旅游线路组织的原则

旅游线路组织应遵循科学合理的基本原则开展设计，使旅游者以最合理游线获得最丰富的旅游经历。

1. 需求导向的原则

满足并符合旅游者的需求意愿和行为法则是旅游线路设计的前提，在已经发育成熟的以市场为导向、以需求为中心的旅游市场环境中，任何没有市场意义的旅游线路产品都是毫无价值的，在旅游线路设计中，要根据市场需求不断更新旅游线路以迎合旅游者的需要，这样才能对旅游者产生持续的吸引力。

2. 因地制宜的原则

充分考虑区域地形地貌、景观资源、旅游产品、交通设施、服务基地、生态保护等相关影响因素，结合实际情况，因地制宜地设计恰当的旅游线路。

3. 游客体验的原则

旅游者的旅游体验是检验旅游线路设计是否合理的标准，旅游者在旅游全过程中的体力变化和心理活动都有高峰低谷等不同状态。因此，在旅游线路组织时要注意不同类型旅游产品的交错，以及参观游览活动和休息的组合，形成更为适当的旅游顺序和节奏。

4. 最大效益的原则

旅游者在出游时都希望通过最短的旅游时间和最小的成本来获取最大的旅游效能。在线路组织中需要设计合理的旅游全程时间和活动日程，在空间上尽可能使整条线路有最便捷的走向，全程不走回头路，并且能够串起较多的旅游点，尽最大可能实现"旅短游长"的目标。

5. 主题突出的原则

旅游线路组织的一个重要任务就是突出和展示当地最美的旅游景观，最大限度地彰显地域特色文化。因此，在组织线路所涉及的构成要素时，需要紧紧围绕特定的文化主题或旅游特色活动展开。具有独特主题并充满吸引力的旅游线路才有强大的竞争力和生命力。

6. 弹性开放的原则

旅游线路组织在适应旅游产品不断变化的情况下要不断更新和丰富，保持一定的弹性和开放性，对传统线路不断改进和创新，灵活地进行整合和优化。

6.4.3　线路组织与设计步骤

旅游线路组织与设计一般分为四个步骤：

第一步：确定目标市场的经济水平。经济水平的差异往往会影响对旅游产品的需求，收入低的游客往往偏好观光型旅游产品，而收入高的游客对休闲度假以及专题类旅游产品的需求较高。所以在设计旅游线路时一定要考虑目标市场的经济水平，有针对性地设计旅游线路。

第二步：根据游客的类型和期望，确定组成旅游线路内容的旅游资源的基本空间格局。

第三步：结合上面两个步骤的背景材料对有关的旅游基础设施和专项设施进行分析，设计若干可供选择的线路。

第四步：选择最优的旅游线路，一般是在设计的若干条路线方案中进行比较分析从中选出最佳线路。

第7章 旅游产业融合发展规划

进入 20 世纪，由于科学技术的快速发展和扩散，已高度分工的一些产业逐渐出现再次融合的趋势，不同类型的产业边界逐渐交接和模糊，产业之间相互渗透并融合形成新的产业业态，并成为带动经济发展新的增长点。旅游业在这一发展背景下，也显露出自身作为综合性产业融合相关产业的独特优势。"旅游 +" 和 "+ 旅游" 的融合模式为旅游业的可持续发展注入新的生机和活力。

旅游产业融合发展是指旅游产业与其他产业或旅游产业内不同行业相互渗透、相互交叉，最终融合为一体，逐步形成新产业或产业链的动态发展过程。其结果既满足了游客市场的有效需求，又节约了相关企业与机构的投入成本，并获得了 "$1+1 > 2$" 的协同聚集效应。

7.1 产业融合机制·路径·策略

7.1.1 产业融合机制

1. 产业融合的条件

技术融合是产业融合的前提。技术融合所催生的创新活动及其在产业中的应用会给原来的市场带来活力，推动产业新业态的出现，就如数字电子学对计算机和通信业所产生的影响那样。在工业经济发展的过程中，最早表现的融合就是技术融合。正是基于这样的理由，美国学者尤佛里（Yoffie）将产业融合定义为"采用数字技术后原本各自独立的产品整合"。技术融合的一个重要结果是拓宽了大型企业的技术基础，使它们能够在技术知识上更容易与其他产业进行对接，从而赢得竞争优势。

但是，技术融合并不必然带来市场融合。在技术融合到市场融合的过程中，还需要经历技术创新、产品创新、流程创新，以及管理创新等阶段。技术融合发生后，它还需要以产品为依托体现出来，完成产品融合。产品融合意味着对原有的技术生产路线、业务流程、组织管理等方面进行改造。新产品必须能够迎合潜在的市场需求，并且与原来的市场消费群体进行替代或互补。不论是技术融合，还是产品融合，都应该以市场融合为导向。很多企业技术融合失败，并不是技术能力不足，而是在新的价值链上没有找准自己的定位，不能有效地连接消费者和供应商。市场融合的最终目的是通过技术降低成本，形成产品差异，取得竞争优势。可见，产业融合不是一个简单的过程，它需要完整地经历技术融合、产品融合、市场融合等各个环节，最后才能实现产业融合。

2. 旅游产业融合的内涵

所谓融合是指朝着一个预设目标相互运动，或是两个或更多要素的汇合，或是几种不同事物合成一体。这意味着，融合就是不同要素（系统）向同方向共同演进而形成一个新要素（或新系统）的过程。旅游产业作为开放的产业系统，在产业自组织演化进程和外部力量的影响与干预下，其产业边界在原本不太清晰的基础上呈现出更加动态的变化特征。所以，旅游产业融合是开放的旅游产业系统本身动态演进的必然结果，并不受原有产业边界模糊性的影响。促使旅游产业发生融合变化的内在动力在于旅游产业系统的强关联性，以及追求效益最大化的冲动性，其外在驱动力由市场需求的推力、竞争合作的压力、技术创新的拉力和规制放松的助力构成。正是在这种内外力互动的作用中，推动了旅游产业融合的出现与发展。

因此，从系统论角度来看，旅游产业融合是指在开放的旅游产业系统中，构成产业系统的各要素的变革在扩散中引起不同产业要素之间相互竞争、协作与共同演，进而形成一个新兴产业的过程，其融合路径包括了技术融合、企业融合、产品融合、市场融合、制度融合等内容。

3. 融合动力机制

促进旅游产业融合的动力或因素是多方面的，这些动力或因素的构成及其相互联系、相互作用的方式和原理就构成旅游产业融合的动力机制。

1）旅游市场需求的拉力

旅游是社会经济发展到一定阶段的产物。从旅游产业特征来看，它是以需求为导向的产业，其产业链是围绕旅游需求构成的，这是旅游业与传统产业的不同之处。因此，旅游需求的变化会导致整个旅游产业链的变化。随着经济的不断发展，人们收入水平的不断提高，消费能力和层次不断提升，人们对旅游需求呈现出个性化、多样化、精神化、分散化的趋势，单纯的观光型、度假型的旅游产品难以满足市场需求，需要文化型、娱乐型、复合型的旅游产品来满足市场的多样化需求。

随着旅游需求的变化调整，旅游产业链就会随之变化调整，这种来自旅游需求的拉力促进旅游产业与其他产业融合发展，不断扩大旅游产业的外延，这样才能开发出新的旅游产品满足旅游者的多样化需求。因此，旅游需求的多样化和动态变化是促成旅游产业融合的主要因素。这与其他产业融合所形成的模糊产业划分边界，导致产业界限收缩甚至消失并不完全一致，这是由旅游产业本身的特性决定的。

2）旅游企业的内驱力

随着旅游市场的不断成熟，竞争也越来越激烈，旅游企业要想在竞争中立于不败之地，实现利润最大化和保持长期竞争优势，就必须不断创新旅游产品和服务来更好地满足消费者的需求。而旅游产品要想满足旅游者不断变化的需求，就要不断增加差异性、知识性、参与性和补偿性等元素。要达到这样的目的，旅游业必须具有较强的开放性，通过不断吸收其他行业的精髓，并按照主题化要求为消费者提供各种价值的复合体。而多样化价值的提供不能依赖于单一产业，要依靠跨产业的重组与融合。因此，这种内在的驱动力促使旅游产业与其他产业的融合。

3）技术创新的推力

产业融合理论认为技术创新在不同产业之间的扩散导致了技术融合，而技术融合使不同产业间的技术边界趋于模糊，最终促使产业融合现象产生。同时，技术创新也改变了市场的需求特征，给原有产业的产品带来了新的市场需求，从而为产业融合提供了市场空间。但是在旅游产业，这一点并不明显。技术创新在旅游资源整合、项目开发、市场开拓、企业管理、营销模式、咨询服务等领域的应用，引发旅游发展战略、经营理念和产业格局的变革，带来产业体制创新、经营管理创新和产品市场创新，最终改变旅游产业的发展方式。因此，技术创新使得旅游业的科技含量不断提高，为旅游业发展注入新的活力，增添新的内容，加速旅游业产业融合和结构优化的步伐，是旅游产业融合的直接推动力。

4）外部环境的支撑力

中国经济经过几十年的高速发展，基本完成了工业化的过程，开始面临着转型和升级，政府大力支持发展服务业，先后出台了加快发展现代服务业和旅游业的意见，并将旅游业确定为国民经济的战略性支柱产业，同时明确提出"大力推进旅游与文化、体育、农业、工业、林业、商业、水利、地质、海洋、环保、气象等相关产业和行业的融合发展"，为旅游业和服务业创造了较为宽松的政策环境，促进了旅游产业的融合发展。与此同时，服务业领域尚未形成垄断性较强的服务企业，使得进入这一领域比较容易，也加速了旅游业与服务业的融合。

总之，旅游业在外部环境的支撑和影响下，在来自需求的拉力、企业内部驱动力和技术创新推力的共同作用下，形成了旅游产业融合的持续性动力机制（图7-1），促

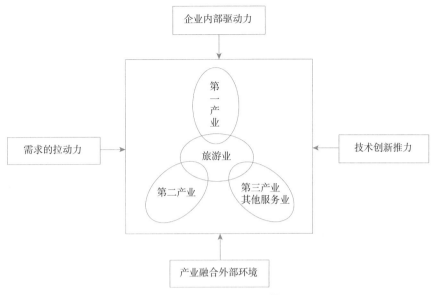

图7-1　产业融合动力机制模型

进旅游产业与其他相关产业的融合，增加了传统产业的附加值，延长了产业链，实现了部分传统产业的功能置换与创新，提高了区域产业转型升级的能力，拓展了发展的空间，取得了旅游产业融合的效益。

7.1.2　产业融合路径

旅游产业融合路径是指在产业融合动力机制的作用下，在旅游业与其他产业融合发展过程中呈现出的各种不同形式的状态。各种产业因自身的功能作用、技术优势、特征等的不同，以及它们与旅游业关联方式的差异，与旅游产业融合的途径或方式也各不相同，主要有以下四条路径。

1. "模块嵌入式" 融合路径

"模块嵌入式" 融合路径是指旅游业以价值模块的方式嵌入到其他产业链之中，成为产业链上的增值点，使其他产业具有旅游功能。混合型业态及旅游服务外包业务的开展，都是对这种效应的诠释。以差旅服务为例，差旅公司针对各类企业出差旅行、会议展览、奖励旅游和商务考察的需要，提供专业化咨询、系统化管理与全程化服务，将以往的旅行社业务嵌入到其他公司的整体运作当中。模块化的发展模式意味着经济资源的升级，组织、网络、信誉和社会资本等高级资源成为主导因素，超越了以往旅游业发展的推动要素，加快了旅游业与网络社会的紧密联系，实现了旅游业的转型升级。

2. "横向拓展式"融合路径

"横向拓展式"融合路径主要指旅游产业向其他产业如第一产业、第二产业，以及除了旅游业的第三产业不断拓展融合的方式，"横向拓展式"融合强调旅游产业的拓展方向是旅游产业外部。旅游是需求导向的产业，需求的多变性要求产品的多变性，因此旅游产业要在更广泛的范围中挖掘、打造更丰富的具有旅游价值的要素，并不断把这些要素融入自己的产业之中，使旅游方式、旅游产品不断创新，以多变的盈利模式扩展价值空间。例如，工业旅游、农业旅游等丰富多彩的旅游形式，就是旅游业通过横向的拓展，把其他产业的资源融入旅游产业中，使得旅游资源的外延不断拓展，旅游资源不断丰富。这种融合方式的主要特点是把其他产业资源不断融合进来，旅游资源这个环节不断扩张，而旅游产业链上的其他环节变化不大，或者没有改变。

3. "纵向延伸式"融合路径

"纵向延伸式"融合路径是指旅游产业内的价值链纵向延伸，和横向拓展的不同之处在于融合的方向。传统的旅游经营模式是旅行社分别向饭店、景区、车船公司等订购单项旅游产品，进行打包组合然后卖给旅游者，而现在旅游者可以从网上直接订购，旅游者可以根据自己的旅游爱好自由搭配酒店和航班，携程网、艺龙网、去哪儿网等就是其中的典范。现在这些旅游网络平台不断向产业链的前后端延伸拓展自己的业务，使得旅游业出现纵向延伸式的融合。旅游产业的最大特点之一是游客的异地活动，旅游产业的融合还表现在旅游产业链的空间延伸，如客源地的旅行社与目的地、中转地旅游资源的对接，形成一条无缝衔接的优质旅游线路，在增加游客吸引力的同时，也可增加旅游经济价值。

4. "交叉渗透式"融合路径

"交叉渗透式"融合路径可以说是既包含旅游产业与其他产业的横向拓展又包含纵向延伸，对应不同产业与旅游产业交叉渗透出现兼具多个行业特征的新型服务业业态的过程。这种融合表现为相互渗透和相互交叉，从而使得融合后的产业兼具旅游业的特征，与原有的旅游业形成既替代又互补的关系。更形象的表达就是将旅游业转化为"液态"，灌注到不同产业之中，与相关产业融为一体。或者把不同的行业披上旅游的外衣，并逐渐渗透融为一体。这是旅游产业融合的主要路径，大部分旅游产业融合可以归为这一类，如研学旅行、医疗旅游、会展旅游、邮轮旅游、旅游地产、主题公园旅游、都市休闲旅游等新兴业态，这些都是不同的行业与旅游产业通过不断地交叉渗透，最终融为一体出现新的业态。

7.1.3　产业融合通用策略

1. 放松产业管制，完善跨界治理机制

旅游产业是一个民生性产业和竞争性产业，政府应放松产业管制，这样才能吸引

更多的人才、资金、技术等资源进入旅游产业，促进旅游产业的更新换代。当然，在产业融合的过程中，会出现因规则、资源及利益分配不同而产生的冲突，所以完善跨界治理机制以协调各局部利益主体在产业融合中的行为不配合的矛盾是十分必要的。跨界治理机制强调各利益主体之间持续的互动，以认可的目标为前提，实施对公共事务的管理，以达到基于目标实现的资源有效配置的目的。为此，可考虑以下几个方面：首先，建立一个超乎产业成员主体之上的组织，如旅游产业发展委员会约束成员主体的行为，制定政策目标，运用政策工具，实现产业竞争力提升的目标；其次，建立有效的激励机制，力求实现各成员主体利益最大限度的平衡，可根据需要设立不同内容的专项基金，如"产业融合市场开发基金""融合型产品营销基金""创新性旅游人才基金""旅游环境改善投资基金"等；最后，要完善约束机制，通过一系列法规制度的完善来实现对相关利益主体行为的约束和监督。

2. 加强产业协作，强化政策引导效应

由于旅游需求的多样性和动态性，旅游产业的融合可能发生在任何产业之间，因此，要在加强对科技进步和需求变化关注的情况下，加强各产业间的信息沟通和协作，从中寻找创新产品的可能。而在引导产业融合的探索中，不同产业间探索联合出台有助于融合的促进政策是十分必要的。例如，在农业和旅游业融合发展高科技农业观光旅游和基于农家乐的乡村旅游中，农业农村部和旅游局联合出台鼓励农民发展新型农业旅游的产业政策就是一个很好的探索。在消费需求多样化的新形势下，各产业部门要打破部门分割的思维，以开放的观念寻求产业发展更广阔的空间，要跳出本产业看待产业发展的形势，以产业部门联动政策的出台，促进产业结构的升级换代。为促进旅游产业融合初期发展的需要，可考虑根据产业发展需要编制产业融合规划，出台产业融合标准，引导产业融合行动。例如，根据三次产业融合的需要，我国及时出台和评选了全国工农业旅游示范基地，如果能将这样的做法进一步推广到诸如会展旅游、体育旅游等方面，将会更好地促进产业融合的进程。

3. 培育企业集团，提高企业创新能力

企业作为产业融合的主体，其实力的大小和创新能力的高低对能否实现融合起着关键的制约作用。现有旅游集团虽然有个别的已进入世界 500 强行列，但是从整体来看，靠行政力量捏合形成的各地旅游集团尚缺乏真正的集合力和竞争力。培育企业集团一方面靠政府扶持，另一方面也是更重要的方面，即在市场竞争中经受磨炼而自然成长，这样的集团才真正具有创新能力和竞争能力。目前，旅游企业集团有创新能力不足、实力不够的问题，也有市场秩序不完善和知识产权保护不力的问题，因此培育企业集团更重要的是培育集团成长的市场竞争环境和制度，而其中重要的是完善法律法规建设，保护企业创新行为和创新利益。同时，要用鼓励政策如建立产业创新奖励制度，鼓励倡导企业不断学习创新的行为。产业融合具有阶段性，在不同阶段政府和市场应发挥不同的作用，待融合产业度过幼稚期后，政府应该及时从微观推动者向宏观管理者转变，任由新的融合产业在市场经济规律作用下竞争、成长、提升和壮大。

4. 强化市场营销，引导市场消费方向

对于产业融合形成的新型产品，市场需要一个认识和接受的过程，而靠市场自然接受和扩散可能耗时较长，因此通过市场策划和营销手段的运用，引导市场消费方向变化，会有助于克服产业融合中需求方面的障碍，加快市场融合的进程，促进新型产业的成长和市场份额的提高。产业融合本身就是创新，所以在市场营销中也要以创新的思路、创意的手段将创新型产品推介到市场上，其中至为关键的是以适当的方式将创新型产品的顾客核心价值表达出来，激发消费市场的消费意愿。首先，要通过广泛运用各种媒介宣传旅游产品信息，将旅游是一种生活方式的观念传递给市场，使之成为提高国民生活质量的一种必然选择，从而为创新型旅游产品被市场接受奠定强大的基础；其次，要在把握当今旅游消费变化趋势的基础上，大胆地将新型技术融入旅游体验产品的设计中，运用互联网及电子商务媒介宣传融合后的新产品体验价值，用价值增值利益打动消费者，促进消费市场的融合和扩散；最后，要整合各种营销资源，利用整合营销传播理论和实践指导融合型旅游产品的推广工作，从市场需求角度创造促进旅游产业融合的有利条件。旅游产业融合是产业融合大趋势下的新型产业创新方式，它从需求的角度适应了游客需求更加精细、更加个性、更加多样的消费特点，也从供给的角度创造了产业成长需要的更大的空间、更深化的链条、更持久的能力，从旅游供需契合的角度为旅游产业竞争力的提升创造了良好的土壤。而认识和克服产业融合中的障碍因素，将会为产业融合视角下的旅游产业竞争力提升奠定良好的基础。

7.2　文化与旅游产业融合发展

1. 文化产业

随着现代世界市场经济的高度发展和我国市场经济体制的确立，一直被看作是社会公共福利部分的文化事业逐步向社会事业与经济产业相结合的文化产业转化和发展。一般意义上的文化产业，是指为人们提供文化产品以及为生产和经营文化产品提供物质设备和智力服务的经济行业，是第三产业的重要组成部分。传统文化产业由媒体、广告、出版、影视、音像、文博、名胜、艺术、娱乐和体育，以及教育等多种文化商品行业和部门构成，是满足人们日益增长的多样化精神消费需求的新兴产业。20

世纪 60 年代以来，世界经济发达国家开始把文化产品作为后工业社会国民经济发展的方向和支柱之一。

2. 文化旅游产业

旅游活动本质上是一种文化消费和精神享受，在这个意义上旅游业是大文化产业的重要组成部分。经济是旅游的基础，文化是旅游的灵魂。因而，从广义角度来看，旅游产业本质上是文化产业，即以文化消费为主要内涵的经济产业门类。那么，旅游产品就是文化产品，旅游消费就是文化消费，旅游享受就是文化精神愉悦。旅游与文化二者密不可分，深度的融合发展将加速文化旅游产业的发展壮大，并进一步提高产业的综合经济效益。

随着我国居民对文化旅游的需求不断增加，文化旅游作为一种全新的体验形式，成为现代旅游业发展的新亮点和突破口。在产业融合的背景下，文化旅游产业成为当代经济社会发展中最具活力的新兴产业之一，文化旅游的优势和必要性日益明显，积极发展文化旅游产业逐渐成为满足人民群众日益增长的文化需要、提高人民生活水平、构建和谐社会、实现全面协调可持续发展的重要途径。

3. 融合发展条件

1）资源共有

无论是历史人文资源还是现代人文资源，本质上都是文化资源。无比丰厚的社会文化资源是中国发展旅游业的主要资源依托。保护、利用、开发文化资源是文化产业和旅游产业的共同需要。

2）市场共享

文化产业与旅游产业作为服务贸易都具有强烈的人文性，它们的服务对象都是人，直接为人服务。文化产品及其设施既为本地居民服务，又为外来旅游者服务。而外来游客源源不断地涌来，有些地区甚至超过本地居民的数倍或数十倍，为该地区的文化产业提供了永不枯竭的客源市场。

3）产品共用

旅游产品及其设施主要为外来旅游者服务，同时又为本地居民服务。经济、文化和旅游发达的国家和地区的经验表明，本地居民与外来旅游者的文化消费内容和档次日益趋同。中国等发展中国家的经验也表明，开始主要为海外旅游者服务的旅游产品及其设施也改善了本国、本地居民的生活环境和文化生活，被越来越多的本地居民享用。

4）环境共通

文化产业和旅游产业作为第三产业，在我国都是方兴未艾，极具前景的新兴产业。支持它们快速发展的条件和环境具有高度的共通性和一致性，即在政府倡导、政策的扶持下，多元投资，社会协办，逐步走向市场运作、企业经营。

深刻认识文化和旅游有可以融合的一面，也有各自相对独立的一面，推动文化和旅游融合发展，坚持"宜融则融、能融尽融"的基本原则。同时尊重客观发展规律，实事求是，因地制宜，采取特色化、差异化、创新性等具体发展策略，在实践过程中探索文化和旅游融合发展的有效路径。

7.3　农业与旅游产业融合发展

1. 农业旅游

"农业旅游"这一概念是在 2001 年首次由国家旅游局正式提出的，并将推进工业旅游和农业旅游列为当年的旅游工作要点。根据《全国农业旅游示范点、工业旅游示范点检查标准》中对农业旅游点的界定和入选旅游点来看，应该说我国正式提出的"农业旅游"偏重乡村旅游中与生产关系比较密切的部分，因此，不能把农业旅游完全等同于乡村旅游。但是，另一方面，农业旅游又为更广泛开展乡村旅游奠定了有利的基础。换言之，农业旅游实际上从属于乡村旅游，是乡村旅游的重要组成部分，是某些特色农业发展地区甚至是乡村旅游活动的主体。

农业旅游作为农业和旅游业的结合物，主要是一种利用农业景观和农村空间吸引游客游览消费的新型农业经营形态，是依托现代农业发展和新农村建设两大载体，通过整合优势产业资源、优化空间布局、拓展农业旅游功能、创优品牌形象全面提升农业旅游产业。农旅融合不是简单地给二者做加法，而是要通过加快农业结构调整，推动农业从生产走向生态、生活的功能拓展，促进农业产业链延伸，建立现代农业和乡村旅游业的产业体系。因此，旅游业与农业的融合发展，形成第一产业与第三产业结合的新型国民经济增长点，也是继承和革新传统农业，发展生态农业、高效农业和创汇农业，提高农业的商品化和附加值，具有经济、社会、教育、环保、游憩、文化传承等多方面的功能，是当代实现农业现代化、产业化的一条创新性路径。

2. 农旅融合典型模式

近几年，随着农旅融合发展的深度推进，涌现出包括田园农庄、乡村自驾营地、国家农业公园、休闲度假牧场、乡村户外运动基地、郊野度假民宿、高科技农园、艺术村落等多种多样的形式。

1）田园农业旅游模式

以农村田园景观、农业生产活动和特色农产品为旅游吸引物，开发农业游、林果游、花卉游、渔业游、牧业游等不同特色的主题旅游活动，满足游客体验农业、回归自然的心理需求。

2）民俗风情旅游模式

以农村风土人情、民俗文化为旅游吸引物，充分突出农耕文化、乡土文化和民俗文化特色，开发农耕展示、民间技艺、时令民俗、节庆活动、民间歌舞等旅游活动，增加乡村旅游的文化内涵。

3）产业创新旅游模式

按照"一村一品"和"一户一特"的思路进行产业规划，建设各类农产品生产、销售、展览基地，通过各类专业合作社促进农特产品产业化发展，形成以农特产品种养、生产加工、电商物流、餐饮住宿、休闲旅游为主，三产融合发展的"产业深度融合"模式。

4）休闲度假旅游模式

依托自然优美的乡野风景、舒适宜人的清新气候、独特的地热温泉、环保生态的绿色空间，结合周围的田园景观和民俗文化，兴建一些休闲、娱乐设施，为游客提供休憩、度假、娱乐、餐饮、健身等服务。

5）科普教育旅游模式

利用农业科普教育基地、农业观光园、农业科技生态园、农业产品展览馆、农业博览园或博物馆，为游客提供了解农业历史、学习农业技术、增长农业知识的旅游活动。

3. 农旅融合发展策略

从农业和旅游业各自的发展需求和现状条件来看，农旅融合发展需要从四方面实施可操作性的规划策略，即农业旅游资源的特色化、旅游交通的可进入性、乡村旅游服务的标准化，以及市场推广的针对性。

1）突出农业旅游资源的特色化

显而易见，乡村之所以对城市居民具有较强的吸引力，就在于其不同于城市的乡村景观和特色农业。农旅融合开发的前提条件就是要有特色鲜明的农业旅游资源，突出"乡村和农业"味，农业特征是开展旅游活动的基础，如澳大利亚的葡萄种植业旅游、日本的绿色观光农场、杨凌现代农业科技园，都具有独特的农业资源优势。

2）提升农业旅游区的可进入性

农旅融合发展首先必须解决好旅游者的可进入问题，没有良好的内外部交通条件，无法引入资金投入和市场力量的参与，无法将农业资源兑现为旅游价值。一般乡村距离主要的城市客源市场较远；连接客源地的交通条件一般，道路建设较为落后；交通方式以公路为主；旅游交通设施状况处在初始发展阶段。因此，把游客引进来是旅游开发的重要条件，更是乡村旅游开发的基础条件。

3）旅游接待和配套设施的标准化

乡村地区的旅游接待设施硬件多是小规模、低档次，缺少必要的旅游商品、文化娱乐设施等；旅游基础设施配置也不甚完备，缺乏标准化的给水、排污管网等。这些都是农旅融合发展过程中亟须解决的短板问题，严重制约了农业旅游的快速有序发展。因此，进一步改善乡村旅游接待和配套设施，在保持乡村特色的前提下走向标准化的发展道路，逐步建立完善的、标准化的服务体系，是融合发展、提升发展的重点内容。

7.4　工业与旅游产业融合发展

旅游与工业的融合产生的工业旅游，是第二产业与第三产业结合形成"旅游 + 工业"的一种新型业态，既推动旅游业的发展，又促进工业自身的升级更新，成为拓宽新经济增长空间，加快工业转型和培育新增长动力的新道路。

1. 工业旅游

工业旅游作为一种旅游产品，产生于 20 世纪中期。它是指人们通过有组织地参观工厂，了解科学技术、生产工艺和产品知识等来掌握相关的产品与工业知识，从中得到旅游体验。工业旅游最早起源于法国，当时的雪铁龙汽车制造公司为宣传企业开放了其生产车间，允许客人参观生产流水线。这一行动在当时引起轰动，随后众多厂商纷纷效仿，一时间参观工业企业成为"时尚"，由此而产生了新的旅游类型。工业旅游在我国是一种新兴的旅游类型，具有观赏、研学、展示、休闲、康养、购物等功能，提供相应旅游设施与服务的场所，包括工业企业、工业园区、工业展示区域、工业历史遗迹，以及反映重大事件、体现工业技术成果和科技文明等载体。我国众多企业，如海尔集团、首钢集团、蒙牛乳业集团、青岛啤酒等都积极开展工业旅游项目，获得了较好的市场认可。工业和旅游业的融合发展，对旅游者、工业企业本身都具有积极的现实意义。它不仅为旅游者提供了一种可以了解产品和科技知识，感受工业文化，具有休闲、娱乐的文化型旅游产品，也使工业企业本身通过开展工业旅游在获得经济收益的同时，宣传了企业和产品，提升了企业的社会形象。

2. 工旅融合发展模式

《全国工业旅游发展纲要（2016—2025 年）》提出，全国创建 1000 个以企业为依托的国家工业旅游示范点、100 个以专业工业城镇和产业园区为依托的工业旅游基地、10 个以传统老工业基地为依托的工业旅游城市，初步构建协调发展的产品格局，成为我国城乡旅游业升级转型的重要战略支点。

目前，从我国现阶段的工业化程度、企业资源类型以及旅游业发展水平出发，将融合发展模式分为生产流程型、文化传承型、创意产业型、工艺展示型、工业景观型、工业园区型和商贸会展型等七种类型（表 7-1）。

工业旅游业融合发展模式　　　　　　　表 7-1

	资源内容	游览方式	适用范围
生产流程	研发机构、车间厂房、生产场景、工艺流程、高新技术、管理特色、企业文化和产品	在车间厂房里开辟游览通道，游客参观生产过程	食品、服装、汽车、电器等制造业企业普遍适用
文化传承	业内资深企业或龙头企业，拥有传统配方、驰名商标、历史渊源、独特企业文化或产业文化、民族情结	在纪念馆追溯企业历史、企业文化或产业文化，参观生产车间、生产流程、厂区，参与体验项目或购物	我国工业史上的里程碑式企业和中华老字号企业
创意产业	将废弃厂区等工业遗产改造成创意产业园；在原有产业基础上发展的技术研发、建筑设计、文化传媒、时尚消费创意产业，如景德镇陶瓷	在主题公园、影视动漫基地艺术园区、节庆演出地、新兴街区等创意区域，参观展览、艺术写生、聆听讲座、参加派对、观看表演、访问社会名流	广告、建筑、艺术、工艺品、时装设计、音乐、表演、出版、电视广播、电影、IT等行业
工艺展示	生产过程和产品本身具有较高艺术性、观赏性	观看工艺流程、参观工艺品展示厅、参与产品制作过程、购买产品	玻璃、陶瓷、雕刻、首饰等工艺制造
工业景观	矿产采掘加工、发电、港口物流的建筑、生产场景和机械设备等，与深山、峡谷、沙漠、戈壁和海湾等环境结合	由于地理位置独特与生产环境封闭，外界对其知之甚少；探访可满足游客好奇心，同时回归自然，欣赏美景	矿产、电力、港口物流类工业项目
工业园区	土地细分后进行开发，供一个或多个企业使用的园区；线路组织、配套服务、环境管理到位	参观区内科技中心、文化广场、商业街、会展设施、物流中心、科普教育和环境治理等设施	单体企业和企业群集的工业园
商贸会展	兴建展馆、批发市场、购物中心、物流配送中心、服务配套设施、举行博览会、展览会、出口商品交易会	吸引外地客商和观众前来参观、洽谈、购物、投资、带动餐饮、住宿、娱乐、商品零售、休闲旅游和房地产业发展	服装城、小商品市场

7.5　与其他产业融合发展

7.5.1　体育与旅游产业融合发展

我国《关于加快发展健身休闲产业的指导意见》中，对健身休闲产业发展提出了指导思想和一系列工作部署，大力发展体育旅游产业，使其成为新的亮点。从宏观层面，要求制定体育旅游发展纲要，实施体育旅游精品示范工程，编制国家体育旅游重点项目名录，发展一批体育旅游示范基地；从微观层面，要求支持和引导有条件的旅游景区拓展体育旅游项目，鼓励国内旅行社结合健身休闲项目和体育赛事活动设计开发旅游产品和路线。2016 年，国家旅游局联合国家体育总局印发《关于大力发展体育旅游的指导意见》指出："体育旅游是旅游产业和体育产业深度融合的新兴产业形态，是以体育运动为核心，以现场观赛、参与体验及参观游览为主要形式，以满足健康娱乐、旅游休闲为目的，向大众提供相关产品和服务的一系列经济活动，涉及健身休闲、竞赛表演、装备制造、设施建设等业态"。2019 年《关于促进全民健身和体育消费推动体育产业高质量发展的意见》要求在实施"体育 +"行动中，进一步促进体旅融合发展。

7.5.2　康养产业与旅游业融合发展

2016 年国家旅游局《国家康养旅游示范基地标准》（以下简称《标准》）将康养旅游定义为：通过养颜健体、修养身心、关爱环境等手段，使人在身体和心智精神上都达到与自然和谐的良好状态的不同旅游活动的总和。《标准》要求，康养旅游示范基地应包括康养旅游核心区和康养旅游依托区两个区域，康养旅游核心区具备独特的康养旅游资源优势，而康养旅游依托区能为核心区提供产业联动平台，并在公共休闲、信息咨询、旅游安全、休闲教育等公共服务体系上给予有力保障；通过丰富康养旅游内容，打造一批产业要素齐全、产业链条完备、公共服务完善的综合性康养旅游目的地，推动康养旅游示范基地建设。《"健康中国 2030"规划纲要》中提到：要发展健康服务新业态。积极促进健康与养老、旅游、互联网、健身休闲、食品融合，催生健康新产业、新业态、新模式。培育健康文化产业和体育医疗康复产业。制定健康医疗旅游行业标准、规范，打造具有国际竞争力的健康医疗旅游目的地。大力发展中医药健康旅游。打造一批知名品牌和良性循环的健康服务产业集群，扶持一大批中小微企业配套发展。

此外，国家林业和草原局、民政部、国家卫生健康委员会、国家中医药管理局联合印发《关于促进森林康养产业发展的意见》（以下简称《意见》）提出：到 2022 年，建设国家森林康养基地 300 处，到 2035 年建设 1200 处；《意见》规范了森林康养的定义——以森林生态环境为基础，以促进大众健康为目的，利用森林生态资源、景观资源、食药资源和文化资源，并与医学、养生学有机融合，开展保健养生、康复疗养、健康养老等服务活动；《意见》认为要健全森林康养基地建设标准，建设森林康复中心、森林疗养场所、森林浴、森林氧吧等服务设施。积极发展森林浴、森林食疗、药疗等服务项目，大力开发中医药与森林康养服务相结合的产品。创建一批国家级和省级森林康养基地，打造生态优良、功效明显的森林康养环境。国家旅游局《关于促进中医药健康旅游发展的指导意见》提出，培育打造一批具有国际知名度和市场竞争力的中医药健康旅游服务企业和知名品牌。中医药健康旅游作为旅游与中医药融合发展的新兴旅游业态，大力发展以健康理疗、康体健身、营养膳食、修身养性等为手段，以促进人的身体、心智和精神和谐健康为目标的康养旅游可谓正当其时。

7.5.3　教育与旅游业融合发展

　　旅游与教育之间有着深刻的渊源，教育旅游是一种旅游方式，是为教育而从事的旅游活动，它在当今以人为本的旅游发展思想下，成为众多旅游形式当中最具使命感的一种特殊旅游形式。广义教育旅游是指作为教育实施环节的户外游学活动；狭义教育旅游是指旅游者以提高自身修养为目的的旅行活动。

　　其中，研学旅行是旅游与教育融合的典型模式，是融合发展的成功践行，不仅为旅游业的发展提供更多机会，同时其影响深度融合于经济社会各领域之中，进而提升其他产业的创新力和生产力。2016 年，《关于推进中小学生研学旅行的意见》确定了研学旅行的定义：是由教育部门和学校有计划地组织安排，通过集体旅行、集中食宿方式开展的研究性学习和旅行体验相结合的校外教育活动。该意见要求各中小学将研学旅行纳入学校教育教学计划，积极促进研学旅行与学校课程的有机融合。

　　1）政府要协调一致，形成系统规划和机制，并给予研学旅行政策优惠。研学旅行体系建设需要教育、旅游、文化、财政、公安、交通、食品药品监管等部门的密切配合，要有各部门协调一致的系统化的发展规划，形成跨政府部门的统筹机制、组织实施机制、课程教学机制、引导宣传机制，建议建立研学旅行基地建设、经费统筹机制和安全责任机制，确保研学旅行的顺利开展。

　　2）建议将研学旅行纳入我国学校教育大纲和学校教育教学内容，纳入学校综合素质考评体系、学分管理体系。各地要把研学旅行实施情况和成效作为学校综合考评的重要内容，系统建立学校研学旅行教育体系。研学旅行应实施国内研学、出境研学、入境研学一体化运作，逐步建立小学阶段以乡土乡情为主，初中阶段以县情、市情为主，高中阶段以省情、国情为主，并能开阔国际视野的研学旅行活动课程体系，强化双向交流、中外交流，强调行中学、行中悟、实践中学、学以致用，谋求全面发展。

　　3）以教育部、文化和旅游部为主，健全研学旅行组织实施和管理体系。吸纳国家发展改革委、公安部、财政部、交通运输部、食品药品监管总局、保监会、共青团中央、中国铁路总公司等部门合作，联合成立"国家研学旅行专门指导委员会"，同时成立国家级专家智库支持产业发展。从百年树人、国家战略的高度联合出台政策，对有组织的研学团队实施门票优惠，对指定线路提供折扣机票、车票优惠，对研学的经营单位实施税收优惠，组织保险公司推出研学旅行的特惠保险等，加快研学旅行的健康发展。

　　4）积极探索教育部门和旅游部门研学旅行跨界产业化运作，努力培育研学旅行市场主体和带动性强的龙头企业。要明确政府与市场边界，探索研学机构、研学基地的资质认定，摸索研学旅行导师制，实施标准化服务体系和安全保障体系，进而出台和推行研学旅行国家标准；逐步推进研学旅行，通过试点摸索经验，总结经验分类推广、管理不断提升，做到活动品质持续提升，组织管理规范有序；要努力培育研学市场主体，从旅游企业、教育中介机构中选优用优，避免市场劣币驱逐良币现象，进而产生产业联动，以推动地方教育和旅游产业的协同发展。

5）高度重视并建立政府主导，学校、企业、机构、家庭各负其责安全保障体系。建立健全研学旅行安全预警和应急体系，建立包括旅行意外保险、研学专项保险在内的安全和应急综合保障体系。可以借鉴旅游行业经过几十年摸索形成的旅游安全立法、安全保障体系和保险等经验，逐步做到让研学旅行有法可依，建议采取强制性的意外保险制度，同时让研学旅行的安全警示、应急体系和应急预案等体系高效运转，形成基础条件保障有力、安全责任落实到位、让学校和家长放心的研学旅行发展体系。

第 3 篇

旅游景区建设规划

　　旅游景区一般指具有参观游览、休闲度假、康乐健身等功能，配套相应旅游服务设施并提供相应旅游服务的空间或地域。旅游景区主要特点是范围较小，旅游资源集中连片分布，无较大非旅游空间隔离，配套服务设施相对完整，是自然景观或人文景观或两者兼备所构成的完整、连续、相对独立的环境空间。

　　旅游景区建设规划是制定景区范围内一切开发建设与运营管理行为的蓝图，主要内容包括景区发展定位、空间布局、用地安排、设施建设、活动安排与运营管理等各个方面。旅游景区建设规划按照规划深度和要求，分为三种类型：旅游景区总体规划、旅游景区控制性详细规划和旅游景区修建性详细规划。

第8章 旅游景区总体规划

旅游景区总体规划的基本内容包括：综合评价景区发展的资源条件与基础条件；全面分析市场需求，科学测定市场规模；确定景区发展定位与目标；明确景区空间布局与功能组合，统筹安排资源开发与设施建设；提出保护景观资源与生态环境、人文环境的措施；确定景区开发建设时序安排，指导发展规模和速度，并提出保障规划实施的相关政策等。

8.1 旅游景区规划定位与发展目标

格迪斯（P.Geddes）是区域规划思想的倡导者，他提出的"先诊断后治疗"的名言，成为至今仍影响各类型规划的过程公式："调查—分析—规划"，即通过对现实状况的调查，分析未来发展的可能，预测各类要素发展间的相互关系，然后依据这些分析和预测，制定科学可行的规划方案。

8.1.1 现状分析

1. 发展环境分析

1）自然环境分析

旅游景区的自然环境是由当地的地质地貌、地形土壤、气候水文、动植物和景观资源等要素组成。良好的自然环境是旅游景区开发建设的基础条件，对旅游景区的特征、品质及开发建设、运营管理都有着较为直接的影响，如旅游吸引力、游客体验、季节波动性等。

2）社会环境分析

社会环境主要由旅游景区所在地的政治局势、社会治安、政策法令以及文化风俗等要素组成。国家或区域社会环境的稳定与否，对于旅游业的持续稳定发展非常重要，环境的稳定性和发展趋势将直接影响旅游者的出游决策和旅游景区长期的综合收益。

3）经济环境分析

经济环境是指能够满足旅游景区运营，保障顺利开展旅游活动的经济基础，包括经济发展水平、人力资源、物资和产品供应、基础设施等条件。旅游景区所在地的经济发展水平影响着游客规模与消费层次。通常经济越发达的地区在旅游景区开发上的投资实力越强，能够为游客提供更完善的服务保障。而欠发达地区，由于经济基础薄弱，相关服务设施不足，不利于旅游资源的开发利用，可进入性和服务质量滞后，阻碍了进一步提升旅游经济效益。

2. 区位状况分析

"区位"一方面是指该事物的位置，另一方面指该事物与其他事物的空间联系。区位分析是对旅游景区所在地的地域、文化、环境等因素的系统性认知与综合性评价，一般包括地理区位、市场区位、交通区位、文化区位、旅游区位等诸多方面的区位状况分析。

1）市场区位

市场区位决定了旅游景区的客源市场规模。一般而言，旅游者数量会随着距离的增加而不断减少，并且远距离旅游者通常只会选择知名度较大、与居住地差异较为明显的旅游景区。因此，旅游景区的选址距离主要的客源市场越近，旅游市场的空间就相应越大。

2）交通区位

指对旅游景区所涉及的陆路、水路、航空等交通因素的覆盖率和通达率进行综合分析，并在此基础上得出该景区交通区位状况的科学评价。良好的可进入性对于旅游景区的开发建设是十分关键的，景区选址最好能位于区域交通的主要通道附近，或有次级道路作为辅助与主要干道相连。此外，旅游景区的交通区位不仅表现在从客源地到景区的空间距离上，还表现在旅游者出行的时间距离方面。

3. 现状综合评价

对于旅游景区发展现状的系统性综合分析评价，常常采用 SWOT 分析方法。所谓 SWOT 分析，即基于内外部竞争环境和竞争条件下的态势分析，就是将与研究对象密切相关的各种主要内部优势和劣势、外部的机会和威胁等，通过调查列举出来，并依照矩阵形式排列，然后用系统分析的思想，把各种因素相互匹配起来加以分析，从中得出一系列相应的结论，做到科学决策，规避风险。

运用这种方法，可以对研究对象所处的情景进行全面、系统、准确的研究，从而根据研究结果制定相应的发展战略、计划以及对策等。其中 S（Strengths）是优势、W

（Weaknesses）是劣势，O（Opportunities）是机会、T（Threats）是挑战。旅游景区发展现状 SWOT 分析，主要内容是对一切可能作用于旅游景区发展目标和路径实施实现的众多因素进行影响评估，进一步明确旅游景区在内部条件上的优势和劣势，识别环境中影响旅游景区的因素及其变化趋势，从而把握发展过程中的积极因素，最大限度地避免消极因素。

旅游景区发展现状 SWOT 分析，包括内部环境分析和外部环境分析（表 8-1）：

旅游景区发展现状 SWOT 分析示意表

表 8-1

类型	特点	发展战略
OS 型	既面临众多的机会，又具有明显的优势	积极开发新产品，拓展经营领域，获得更大市场空间
OW 型	虽然面临众多机会，但存在明显的劣势	设法弥补不足，扬长避短
TS 型	虽面临强大的挑战，但具有明显的优势	利用自身已有优势，分析威胁的来源，变被动为主动
TW 型	面临强大的威胁，而又存在明显的劣势	采取业务调整策略，改善自身条件，寻找新市场机遇

1）内部环境分析是指对旅游景区本身的内在条件（包括资源、技术资金、人才管理等）进行分析，明确自身的优势和劣势，建立独特的核心竞争力，在旅游景区最具有优势的方面获得成功。

2）外部环境分析包括政治环境、经济环境、科技环境、社会文化环境。外部环境对旅游景区发展具有十分重要的意义。外部环境分析的目的是识别环境中影响景区的主要因素及其变化趋势，找出有利的机会和可能的威胁，制定应对策略以利用机遇，迎接挑战。

在规划中运用 SWOT 分析法时，需要注意以下两方面的问题：

一方面，发展中所谓的优劣势是相对的，而非绝对的。优劣和好坏都是相对于竞争对手而言的，优劣势分析主要着眼于区域自身的实力及其与竞争对手的比较，而机会和威胁这些外部条件可能是对所有旅游景区而言的，有利的机会可能对其他旅游景区也有益，威胁也不仅仅是针对该旅游景区。机会和威胁应在分析外部环境变化对区域可能影响的基础上，分析同样的外部环境对谁更有利或更不利。

另一方面，在分析中应用全面的、辩证的观点看待影响因素。旅游发展过程中的优势与劣势、机遇与挑战之间不断地相互转换，交织在一起。有些因素既是优势也是劣势。例如，欠发达地区或偏远山区中的旅游景区，由于自然景观资源丰富、历史文化资源保存较好，民族风情浓郁，这些特色突出的旅游资源具有较好的开发优势，但是由于经济发展落后、道路交通设施不足，将其转变为现实旅游产品的难度却较大，而成为发展劣势；有些条件既是机遇，也是挑战。例如，区域内新的高速铁路和公路的开通，一方面缩短了到达旅游景区的旅程，提高可进入性，扩大了游客规模和经济收益；但另一方面"时空收缩"效应也使旅游时间、平均过夜天数、消费水平等面临下降，而带来挑战。

8.1.2　竞合关系分析

区域旅游竞合关系是指位于同一区域内的不同旅游地，因为旅游资源的品级不同、旅游产品的品牌效应不同及在市场竞争中态势的不同，使旅游地相互之间可能出现以竞争为主的关系或以整合为主的关系。旅游景区发展如何在竞争与合作中取舍，如何在博弈过程中占据有利态势值得更深入地分析研究。

1. 竞争分析

随着近年来旅游产业的迅猛发展，各地旅游资源大规模开发，景点景区大量建设，使得区域内旅游景区之间的竞争日趋明显。尤其是同一区域内同质化较为严重的景区景点，其竞争态势更为激烈。

对于旅游景区而言，区域内的竞争是全方位的，涉及资源开发、旅游产品、旅游服务、管理运营等各个方面。规划应充分研究区域内同质化竞争的领域；各个景区竞争力的强弱分布；规划景区如何迎接挑战和竞争；选择持续强化竞争力，战胜对手，还是避其锋芒，寻求差异化的发展策略。竞争策略的制定必须建立在实事求是、客观分析的基础之上，形成更科学有效的应对策略。

2. 合作分析

在微观和局部进行竞争的同时，需要从宏观视角出发注重区域合作的开展。区域旅游合作实际上是在一个更广泛的大区域内将不同的旅游景区取长补短，谋求区域发展要素的合理配置和高效利用，形成共同发展的共赢格局。因此，良好的合作关系是对各自资源、产品、品牌、市场、文化的有效整合，共建共享完整的旅游发展环境，促进整个区域构建一个完整的产业发展链和完善的旅游管理服务体系。

3. 竞合策略

现代市场竞争，已不是无理性的竞争，而主要是在竞争中求合作，互惠互利，共同发展。对于旅游景区来说，为了实现自己的战略目标，必须与其他旅游景区在旅游产品、旅游线路、交通、营销等方面进行充分的竞争和密切的合作，形成良好的区域联动发展格局。在竞争中激发活力，积极创新，不断提升核心竞争力，保持在区域内的自身优势地位。同时，进一步加强同行业竞争对手之间的紧密合作，在合作中取长补短，实现"资源共享、客源共享、市场共建、效益共创"的双赢目标。

因此，要正确认识区域旅游联动的意义和作用，加强区域联合，建立区域旅游协调机构和旅游协作制度。通过对区域旅游产品的组合搭配，形成互补性的旅游产品群，有效地避免近距离内重复建设和资源浪费的现象。在区域旅游开拓方面，区域内部应加强联系，制定共同的整体促销计划，树立区域旅游整体形象，加强对区域旅游联合发展的宣传。此外，应建立联合发展机制，组建大型旅游企业集团。建立区域旅游信息网络，提供旅游供需信息，促进区域旅游网络经济的发展（表 8-2）。

区域旅游合作内容　　　　　　　　　　　　　　　　　　表 8-2

产品合作	旅游产品合作是指以产品开发、产品销售、产品互补合作为主要内容的合作，包括区域产品联动开发、区域产品联合营销等内容
市场合作	旅游客源市场合作是主要内容，包括区域之间共同开展市场调研、制定促销宣传方案；相互开放市场，培育共同市场，巩固老市场，开拓新市场等内容
管理合作	所谓管理合作是指一种追求更高层面的区域共同繁荣、相互促进为目的的合作，包括区域合作的管理协调机构、区域合作的规章制度、区域长效合作机制等内容

8.1.3　规划定位与发展目标

对任何事情而言都是先有定位后有目标，没有准确的定位就无法预设所要达到的目标。在旅游景区规划中，正确理解"规划定位"与"发展目标"是一对既紧密相关而又有区别的概念。规划定位是依据和方向，目标是目的和战略；发展目标是建立在规划定位基础之上的，没有明确的规划定位，即使制定再美好再细致的目标也是空中楼阁。因此，基于认识问题、解决问题的视角，厘清规划定位、规划目标、规划策略之间的相互关系则至关重要。规划方案的标准化生成，基于景区发展的愿景，从总体定位出发，进而将定位细化为多个具有指向和侧重的目标，并依据技术要求提出相应规划策略和实施手段。

1. 规划定位

旅游规划是为旅游的未来发展设计的一个相对长期的、稳定的运行框架，对于一个景区的规划框架而言，其核心即是主题定位，简单地说就是规划想要将目的地塑造成什么主题的文化精神场所。确定的主题定位是在景区开发建设和未来的运营管理过程中被不断地展示和体现出来的一种理念和理想，对于旅游者而言始终贯穿于整个旅游活动中。因此，旅游景区规划定位是首要和必要的内容。换言之，"定位"是旅游景区未来发展的方向引领，起到提纲挈领的作用。科学、合理、准确的规划定位可以充分发挥景区的资源优势，形成景区个性与特色，广泛吸引客源群体，促进景区良性发展；相反，不适宜或有偏差的规划定位不仅不能有效提升景区竞争力，反而会成为景区后续发展的障碍与制约。规划定位分解和衍生出市场定位、功能定位、形象定位等，其中功能定位是由发展定位决定的内在功能，形象定位是发展定位的外在表现，市场定位属于总体定位的组成部分。

2. 发展目标

所谓的发展目标指某项规划决策、研究工作等努力的方向和要求达到的目的，具有可达性、约束性、时效性与一致性等特征。从旅游规划基本内容上来看，景区规划与建设的发展目标具有多元化的特点，一般包括：景区建设目标、经济发展目标、社会效益目标、生态环境目标、文化传承与发展目标，以及按规划期划分的阶段目标等。其中，旅游景区的建设目标是规划更为关注的基础性内容。目前，我国旅游景区建设标准分为5 个等级，从高到低依次为 AAAAA 景区、AAAA 景区、AAA 景区、AA 景区、A 景区，并对应不同的建设要求和发展目标。其中，AAAAA 级为中国旅游景区最高等级，代表着中国世界级精品的旅游风景区等级。《旅游景区质量等级的划分与评定》对于旅游景区的景观资源质量、旅游产品开发、旅游交通服务、旅游形象推广、旅游基础设施、公共服务设施、旅游文化建设、资源保护和利用，以及服务质量、环境质量和运营管理质量等都有明确的技术标准要求。

8.2　功能分区与空间布局

空间布局是按照旅游景区开发和管理的要求将规划区范围内的各种物质要素，如景观景点、道路交通、服务设施等进行综合优化布置，组成一个互相联系、布局合理的有机整体，为旅游景区的发展创造良好的环境和条件。

其主要规划内容之一是功能分区，是指在规划区范围内，遵循一定的区划原则，将旅游景区空间划分为主题功能集中、景观特色鲜明、结构形态完整的多级多个功能区，并最大限度地发挥功能区的组合优势和整体优势。

8.2.1　功能分区基本原则

1. 资源集中整合的原则

根据旅游资源的自然分布状况与景观空间组合特征，结合自然地形特征和行政区域格局，将具有成因共同性和类型相似性的景点景区资源划分在同一区内，形成景观集中连片区域。

2. 主题功能突出的原则

旅游功能分区在使用功能上有明确的分工，在分区过程中必须突出每一功能区的旅游功能和主题形象，充分挖掘每个功能区的资源特色、文化内涵和服务功能，通过景观建设、设施配套和特色服务等多方面不断塑造和强化功能区鲜明的主题形象和旅游功能。

3. 方便旅游活动的原则

根据旅游资源的区位特征、交通条件，以及各类游客的不同旅游需求等综合因素，进行功能区划，以利于设计合理的旅游线路与游程，配置旅游接待设施，创造游览活动的节奏韵律，提升旅游美感和兴趣，尽可能使旅游者感到便捷、舒适。

4. 利于建设运营的原则

旅游功能区是将来景区开发建设和运营管理的基本区域单元，不同功能区有不同的开发建设时序、管理对策和运作方式。同时，各功能区在分工方面的专业化发展必须服从全局的需要，形成各区之间优势互补、功能耦合的区域分工协作体系，故在划分时，应充分考虑开发建设和经营管理上的科学性。

5. 弹性协调发展的原则

旅游功能分区不仅要立足现状，更要着眼未来，要以前瞻性和弹性的原则来适应未来的变化，为旅游景区中远期战略格局的形成奠定良好的发展基础。同时，分区不仅针对旅游景区，还要考虑旅游景区与相邻地域和周边景区的协调关系，共同构成大旅游网络格局，实现区域旅游的协同发展。

8.2.2　功能分区范式

1. 普通旅游景区

一个典型而完整的景区功能分区通常包括如下组成：

1）入口引导区

入口引导区主要包括旅游景区入口及附近地段，其主要功能是作为旅游景区的引景空间，同时为旅游者进行心理铺垫。

2）综合服务区

为了发挥集聚效应，减小对环境的负面影响，一些旅游景区中将各类服务设施进行集中设置，即综合服务区。综合服务区除了包括售票、检票、问询、代办、寄存、导游、停车场、旅游厕所外，还应视情况设置旅游购物、餐饮、住宿及其他相关设施。

3）观光览胜区

观光览胜区是旅游景区的重要功能区，是观光旅游产品的载体。根据吸引物的类型和性质，观光览胜区还可进一步细分，如高山草甸观光区、历史古迹览胜区等。该区主要供游人游览、休憩，其环境、景物、文物古迹都要严加保护，一般不允许建设大型服务性建筑。

4）文化体验区

文化体验区是依托景区内的文化旅游资源、向游客提供深层次的文化体验的功能区，可以细分为历史文化体验区、宗教文化体验区、民族文化体验区、农耕文化体验区等。文化体验区除了既定的旅游吸引物以外，还应注意参与性活动的设计与文化氛围的营造。

5）康体运动区

康体运动区一般指借助旅游资源赋存提供康体服务（如温泉），或作为游客运动空间（如山地）；另外一种情况就是，依托原有地形、气候等条件，修建康体场所或运动场馆，满足游客的康体运动需求。

6）休闲度假区

是指环境质量高的林地、湖畔、河旁、海滨、温泉等旅游资源分布区，要利用地形或绿化带把休闲区、疗养区同居民区、接待区隔离开。

7）其他功能区

各旅游景区的实际情况千差万别，因此功能分区也不尽相同，有些还根据实际设置其他功能区，如民族特色娱乐区、森林生态探险区等。

2. 森林公园

森林公园的功能分区可以客观反映森林公园不同区域的资源特点、分布特征以及在保护、管理、游览、服务等方面的地域空间关系和需求，有利于森林游憩活动的组织和开展，为森林公园的长远发展留有一定余地。因此，按照风景资源的保护强度进行划分，一般包括四个功能区：核心景观区、一般游憩区、管理服务区和生态保育区等。此外，可根据实际情况在公园规划范围外的周边区域划定一定面积的协调控制区。每类功能区可根据具体情况再划分为几个景区（或分区）。具体内容如下：

1）核心景观区

是指拥有特别珍贵的森林风景资源，必须进行严格保护的区域。在核心景观区，除了必要的保护、解说、游览、休憩、安全、环卫、景区管护站等设施以外，不得规划建设住宿、餐饮、购物、娱乐等设施，其主要功能为保护与游览。

2）一般游憩区

是指森林风景资源相对平常，且方便开展旅游活动的区域。一般游憩区内可以规划少量旅游公路、停车场、宣教设施、娱乐设施、景区管护站及小规模的餐饮点、购物亭等，其主要功能为游览与游憩。

3）管理服务区

是指为满足森林公园管理和旅游接待服务需要而划定的区域。管理服务区内应当规划入口管理区、游客中心、停车场和一定数量的住宿、餐饮、购物、娱乐等接待服务设施，以及必要的管理和职工生活用房，其主要功能为管理及旅游接待服务。

4）生态保育区

是指在本规划期内以生态保护修复为主，基本不进行开发建设、不对游客开放的区域，其主要功能为生态保护与恢复。

5）协调控制区

是指在森林公园规划范围外，有居民点，对森林公园的发展会有影响的区域。本区域可承接部分管理服务、科学调研、旅游接待等功能。但应编制社区发展规划，对人口发展规模与分布、用地方向与布局、产业和劳动力发展等提出控制指标，其主要功能为协调与控制。

3. 自然保护区

为把保护、科研、教育、生产、旅游等多方面结合起来，自然保护区的功能分区一般采取同心圆的分区模式，划分为三层区域。

1）核心区

核心区通常也被称为绝对保护区，主要是各种原生性生态系统类型保存最好的地方。该区严禁任何砍伐和狩猎的活动，保护其物种多样性，并可用作生态系统基本规律研究和作为对照区监测环境的场所。

2）缓冲区

一般位于核心区外围，也可包括一部分原生性生态系统类型和由演替类型所占据的半开发地段。这样一方面可防止核心区受到外界的影响和破坏，起到一定的缓冲作用；另一方面，可以用于某些试验性或生产性的科学试验研究，但不应破坏其群落环境，也可在其中划出一定地段作为采药、旅游、薪炭生产等功能的基地，以适应各方面的需要。

3）试验区

缓冲区的周围最好还要划出相当面积的保护区，可包括荒山荒地在内，最好能包括部分原生或次生生态系统类型。该区主要用作发展本地特有的生物资源生产，当然还可根据实际需要经营部分短期能有收益的农林牧业生产，建立人工生态系统，为当地或所属自然景观带的植被恢复或人工生态系统的建立起示范作用。

4. 文物保护区

我国的城乡基本建设、旅游发展必须遵守文物保护工作的方针，其活动不得对文物造成损害。文物保护对象包括具有历史价值、艺术价值、科学价值的古文化遗址、古墓葬、古建筑、石窟寺、石刻、壁画；与重大历史事件、革命运动或者著名人物有关的，以及具有重要纪念意义、教育意义或者史料价值的近代现代重要史迹、实物、代表性建筑；历史文化名村、名镇和历史文化街区、历史文化名城。

1）保护范围

是指对文物保护单位本体及周围一定范围实施重点保护的区域。文物保护单位的保护范围，应当根据文物保护单位的类别、规模、内容以及周围环境的历史和现实情况合理划定，并在文物保护单位本体之外保持一定的安全距离，确保文物保护单位的真实性和完整性。

2）建设控制地带

是指在文物保护单位的保护范围外，为保护文物保护单位的安全、环境、历史风貌对建设项目加以限制的区域。文物保护单位的建设控制地带，应当根据文物保护单位的类别、规模、内容以及周围环境的历史和现实情况合理划定。

5. 风景名胜区

风景名胜区是指具有观赏、文化或科学价值，自然景观、人文景观比较集中，环境优美，可供人们游览或者进行科学、文化活动的区域；是由中央和地方政府设立和管理的自然和文化遗产保护区域。功能分区划分为特别保存区、风景游览区、风景恢复区、发展控制区、旅游服务区等。

1）风景区内景观和生态价值突出，需要重点保护、涵养、维护的对象与地区，应划出一定的范围与空间作为特别保存区。

2）风景区的景物、景点、景群、景区等风景游赏对象集中的地区，应划出一定的范围与空间作为风景游览区。

3）风景区内需要重点恢复、修复、培育、抚育的对象与地区，应划出一定的范围与空间作为风景恢复区。

4）乡村和城镇建设集中分布的地区，宜划出一定的范围与空间作为发展控制区。

5）旅游服务设施集中的地区，宜划出一定的范围与空间作为旅游服务区。

6. 湿地公园

湿地公园是指常年或者季节性积水地带、水域和低潮时水深不超过 6m 的海域，包括沼泽湿地、湖泊湿地、河流湿地、滨海湿地等自然湿地，以及重点保护野生动物栖息地或者重点保护野生植物的原生地等人工湿地。国家对湿地实行保护优先、科学恢复、合理利用、持续发展的方针。根据功能不同，湿地公园可分为保育区、恢复重建区、宣教展示区、合理利用区和管理服务区等。

1）保育区可供开展保护、监测等必需的保护管理活动，不得进行任何与湿地生态系统保护和管理无关的其他活动。

2）恢复重建区可供开展退化湿地的恢复重建和培育活动。

3）宣教展示区可供开展湿地服务功能展示、宣传教育活动。

4）合理利用区可供开展生态旅游、生态养殖，以及其他不损害湿地生态系统的利用活动。

5）管理服务区可供湿地公园管理者开展管理和服务活动。

7. 国家公园

国家公园是由国家批准设立并主导管理，以保护具有国家代表性的大面积自然生态系统为主要目的，实现自然资源科学保护和合理利用的特定陆地或海洋区域。其首要功能是重要自然生态系统的原真性、完整性保护，兼具科研、教育、游憩等综合功能。国家公园可划分为严格保护区、生态保育区、传统利用区和科教游憩区。

1）严格保护区

该区域的主要功能是保护完整的自然生态地理单元、具有国家代表性的大面积自然生态系统、国家重点保护野生动植物的大范围生境、完整的生态过程和特殊的自然遗迹。该区域严禁人为干扰和破坏，以确保其自然原真性不受影响。

2）生态保育区

该区域的主要功能是对退化的自然生态系统进行恢复，维持国家重点保护野生动植物的生境，以及隔离或减缓外界对严格保护区的干扰。该区域以自然力恢复为主，必要时辅以人工措施。

3）传统利用区

该区域主要为原住居民保留，用于基本生活和开展传统农、林、牧、渔业生产活动的区域，以及较大的居民集中居住区域。

4）科教游憩区

该区域的主要功能是为公众提供亲近自然、认识自然和了解自然的场所，可开展科研监测、自然环境教育、生态旅游和休憩康养等活动。

8. 观光农业地

观光农业地是以农业观光、农业休闲功能为主，并有度假、文化娱乐、体育运动等多种功能的综合性旅游地。该类旅游景区内的各分区应以市场为导向，结合自身的具体情况确定其开发方向，在此基础上确定区内的项目。其功能分区一般有以下几种类型。

1）观赏区

由观赏型农田带、瓜果园、花卉苗圃、珍稀动植物饲养场构成，使游客身临其境，感受真切的田园风光和自然生机。

2）示范区

由农业科技示范、生态农业示范、科普示范构成以浓缩的典型农业模式，展示特色农业生产景观与经营模式，传授系统的农业知识，使游客增长教益。

3）休闲体验区

由当地乡村民居、乡村活动场所构成，营造游客能深入其中的乡村生活空间，使游客参与农耕活动，学习农作物的种植技术，农产品加工技术以及农业经营管理等，体验农村生活。

4）产品区

产品区由可采摘的直销果园、多村工艺作坊、乡村集市构成。让游客充分体验劳动过程，通过自采自制自买的方式亲身体验农产品制作过程，并购买乡村旅游产品，推动乡村经济发展。

8.2.3　空间布局要素·方法·模式

1. 组成要素

旅游景区空间结构中的基本要素包括节点、路径、功能区三种类型。其中节点要素包括景区出入口、景观景点、服务中心等功能节点；路径要素是指规划区内的游览道路、线性景观、功能性边界等线性要素；功能区要素是指由旅游线路与景观节点相联结而形成的面状地域。

2. 空间布局模式

从空间形态角度，旅游景区的布局模式可以归纳为链式、核式、双核式、组合式、层级式等。

1）链式布局模式

链式布局适用于景点资源和服务设施主要沿着交通廊道或景观带分布的情况，有时廊道本身也构成游览的主要内容（图 8-1）。沿河流、海滨、峡谷、风景道及线性文化遗产分布景观资源的旅游景区多采用此类布局方式。如漓江风景区、大运河旅游景区、长城风景区、茶马古道、国家风景道等。

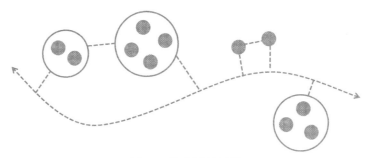

图8-1　链式布局示意图

2）核式布局模式

核式布局主要有两种情况：一种是旅游资源空间分布不均，选择一个相对集聚的景观景点区域，配套基础设施和服务设施，形成整个景区的核心区；另一种是以区域旅游服务基地为核心，周边景点资源围绕着服务中心展开布局（图 8-2）。大多数旅游景区采用该布局模式，功能集中，联系紧密，服务方便。如迪士尼主题公园、大明宫国家遗址公园、城市野生动植物园等。

3）双核式布局模式

当旅游景区范围较大，地形地貌复杂，且区域内具有两个较强的功能集聚体时，结合地貌特点和道路交通状况，适宜采取双核心的布局形式，为旅游活动提供便利服务（图 8-3）。例如，黄山旅游风景区，总面积约 160km²，基本形成两个旅游核心，一个

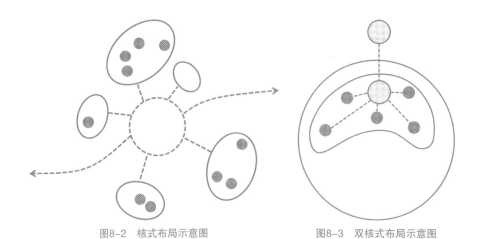

图8-2　核式布局示意图　　　　　　　　　图8-3　双核式布局示意图

以黄山景区为游览核心，另一个以汤口镇为旅游服务中心，两个核心功能明确，既保护了黄山文化自然遗产，又为游客提供更全面完善的旅游服务。

4）组合式布局模式

该模式是在双核式布局的基础上进一步延伸和扩展，也就是在出现了几个处于同等地位，但在地域范围和功能上不能相互重合时采取的布局方式（图 8-4）。例如，张家界—武陵源风景名胜区，总面积 369km²，包括多个旅游景区：黄石寨、金鞭溪、天子山、杨家界、鹞子寨、袁家界等。空间布局适宜采取组合式布局，各景区功能相对完整和独立，通过旅游道路链接组合为统一的整体。

5）层级式布局模式

该布局模式与组合式布局模式有着相似之处，都是由不同地域范围内的不同功能的区块组合而成，需要有多样化的分区才能体现出功能上的不同。但两者存在明显的差别，主要是在各功能区的等级地位不同。组合式是相互平等的，而层级式既有若干小规模、层级较低的功能区，又布局有少数更高层次的综合功能区（图 8-5）。

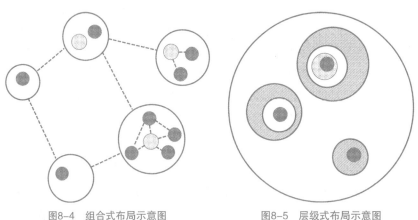

图8-4　组合式布局示意图　　　　　　　　图8-5　层级式布局示意图

3. 功能布局模式

从功能分配角度，旅游景区的布局模式分为社区—旅游吸引物综合体布局模式、游憩区—保护区布局模式、三区结构布局模式、功能空间组合布局模式。

1）社区—旅游吸引物综合体布局模式

1965 年，冈恩（Gunn）提出了"社区—旅游吸引物综合体"布局模式（图 8-6）。这种布局方式是在旅游景区中心布局一个社区服务中心，外围分散形成一批旅游吸引物综合体，在服务中心与吸引物综合体之间有交通连接。

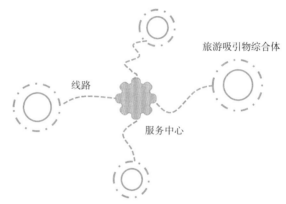

图8-6　社区—旅游吸引物综合体布局示意图

2）游憩区—保护区布局模式

该布局模式为冈恩在 1988 年提出，针对国家公园分成重点资源保护区、低利用荒野区、密集游憩区和服务社区等不同功能区进行布局（图 8-7）。该模式对于现代旅游景区布局影响深远，大多数的自然保护区、风景名胜区、文化遗址区等旅游景区都采用类似布局模式，以保障旅游地资源保护职能与游憩功能利用等多目标的实现。

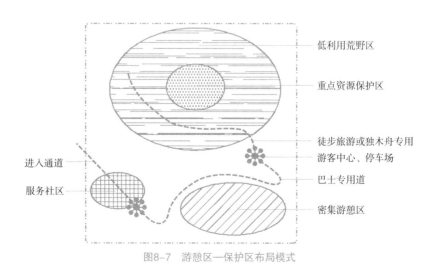

图8-7　游憩区—保护区布局模式

143

3）三区结构布局模式

1973 年，弗斯特（Forster）提出旅游景区空间开发的"三区结构布局模式"（图 8-8）。这种布局的核心区是受到严密保护的自然区，限制游客进入。围绕它的是娱乐区，配置野营、划船、越野、观景点等服务设施。最外层是服务区，有饭店、餐厅、商店或高密度的娱乐设施等。由此布局模式而后演化出核心保护区、缓冲区和开放区等类似的同心圆空间模式。

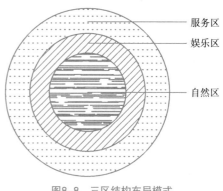

图8-8　三区结构布局模式

4）功能空间组合布局模式

此布局模式从旅游活动功能出发，结合旅游景区场地特点和道路交通情况，明晰功能分区进行有机组合，重点布局是娱乐区、住宿区和风景区（图 8-9）。

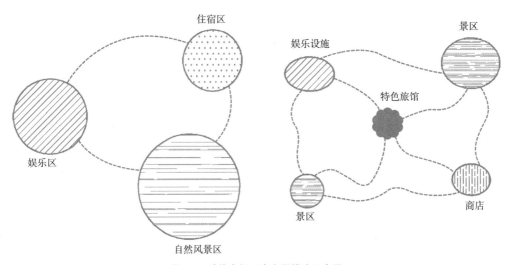

图8-9　功能空间组合布局模式示意图

8.3　景区游路设计

游路是指游客在旅游景区中的空间移动轨迹，是引导游客参观游览的道路径向。它决定了景观景点呈现在游客面前的顺序、结构、层次、角度、特征，直接影响游客的游赏情绪和体验。一个设计良好的游路，应达到以人为本、方便游览；步移景换、突出景观，注入文化、优化美化、保障安全、服务完善等基本要求。

游路设计一般包括三方面内容：时间设计、空间设计和要点设计（图 8-10）。此外，近年来在设计中也越来越重视体验设计的内容。

时间设计	
包含总游览时间、节点间隔时间、时间分配等。	

空间设计	
包含节点分布、吸引物及活动项目的空间组织等。	

要点设计	
包括运行图案、入口、视觉焦点、转换节点、过渡空间等。	

图8-10 游路设计的关键要素

8.3.1 时间设计

一般旅游者心情愉快的步行距离是 300~800m。依据景区游道长度的交通游览时间，按旅游活动理想状态，合理控制时间流：快与慢的节奏、游览的节奏、心理组合的节奏（表 8-3 ）。基于此对游路进行精心设计，对于长距离的游路最好以休憩节点、观赏节点等进行合理分段，以减轻游人的疲累感，提高整体满意度。

时间控制参考表　　　　　　　　　　　　　　　　表 8-3

	时间控制 + 时间分配		
时间分配原则	预热	15%	合理的游览时间为 1~1.5h
	发展	25%	心理适应性为主导：交通、体力等
	高潮	45%	时间控制：心理与生理的双重平衡
	结尾（转换）	15%	便于过渡与转换

8.3.2 空间设计（图 8-11 ）

1. 环形游路设计

适用于游览顺序比较循序渐进、引人入胜、情节完整的旅游景区，且重要景观景点主要沿线路分布。

2. 放射式游路设计

适用于占地规模不大，景点较为密集的旅游景区，以景区核心景点或服务基地为中心，设计放射式游路。

3. 网络式游路设计

适用于地形平坦，景观景点均匀分布的旅游景区，道路布局基本不受自然因素影响。同时内部各景点特色各异，在较少存在替代关系的情况下，设计为网络式游路利于活动开展。

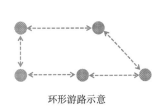
环形游路示意

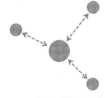
放射式游路示意

网络式游路示意

图8-11　三种基本游路设计示意图

8.3.3　要点设计

游路是常规意义上的连接两个景点之间的交通线，主要功能是引导游客参与景区景点体验的游赏通道，精心设计的游路和节点本身就是景观景点的重要组成部分，需要从景观营造的高度予以重视。

1. 线路图形

景区景点游线路网的抽象形态是路径，将一个景区的线路提取出来，即得到一个"运行图案"的游线节点设计抽象图形。如果善于识读，可以从中获得有关景区风格意向、组织层次等构园特征的诸多信息。

2. 出入口节点

出入口是景区游线系统内非常重要的组成部分。出入口处强调给人较为深刻的景区印象，可起到重要的识别效果，尤其景区门户的主要入口区更是景区的第一印象区。

3. 地标节点

作为景区的标志性地点，能够充分体现景区主题和风貌，通常是景区的象征性景观，也是游客视线的焦点区域，能够成为有效形成和引导游客的景区空间秩序。

4. 连接路径

连接景区内各个景点间的路径，一般应保持一定的路径长度（300~500m左右），如长度太短，无法起到空间转换的作用。但若路径长度过长（800~1000m以上），则易导致游客产生疲劳和单调的感觉，通常在路径沿线采取配置园林小品等方式来弥补游览线上的情景空缺，进一步丰富景观层次以取得更好的游览体验。

5. 转换节点

旅游转换枢纽是指旅游方式切换点或旅游功能区转换的区域。一般处于主干旅游线路或游线交汇点，同时尽可能避开核心游览区域，并在节点处预留集散广场等公共开敞空间，适当布局必要的服务设施等。

8.3.4　体验设计

与传统游路注重物质空间建设和基本功能配置不同，基于游客体验视角进行游路设计成为新的设计理念和方法，进一步丰富了景区规划与建设的维度。

1. 体验与感悟

1）游路由空间概念上升为时间概念，进而提升至体验概念。游路从合理贯穿景区景点空间到占据游客更多时间，兼具协调与流量、游客情绪控制的重要功能。游线即场景，步步皆情境、片刻皆体验。

2）体验设计解决的不是基本功能，而是超预期的想象。全方位的表现主题故事、创造情境，给顾客创造超越预期的体验。

3）"通感"是达到畅爽体验的必要前提。人类的感知之间不是孤立的，人们通过五感来理解周围的环境、产生印象，它们能够相互代替和互通，并将引起通感和共鸣，将多感景观融入设计之中，这样才能构建沉浸式的体验和感悟场所。

2. 五感体验设计方法

1）视觉体验设计

人类所获得的信息近80%来自视觉，色彩和图案是视觉的语言，会对人们产生不同的影响。通过不同的颜色、图案、灯光系统，结合不同景观层次，打造丰富的游览体验。① 颜色：不同鲜花、绿植的颜色搭配，形成错落的、丰富的景观层次。如银杏黄、枫叶红、樱花粉等主题。② 图案：游线两侧的建筑、指引、路面，都是可以形成图案丰富的场景，结合主题将会有意想不到的效果。③ 光线：游线中灯光的应用能够更好地利用空间，创造不同时间的美好体验，同时赋予游线更多的体验功能。如特色涂鸦、萤火虫之路、夜光步道、灯光艺术展等。④ 空间：通过特定游线空间的营造，强烈的心理暗示强化不同的仪式感和趣味体验。

2）听觉体验设计

声音是由无数不同的音调、音质和音量产生的共鸣。完美和谐的声音会令人感觉舒适，让各感官之间的共鸣更为愉悦。① 围绕游路布设音响系统，并不是要无时无刻地播放音乐，而是根据景区环境，想要突出的主题配合不同的音效，使之更有情景感，不易察觉的音效才是最和谐的音乐。② 自然环境较好的空间，有更多自然声音的收录，如鸟鸣、蝉鸣、水声等，可以通过多放养一些鸟类、小动物打造生态环境，更为真实自然。③ 结合空间特色创造人为音效，如风铃、水幕、钟鸣，亦可将游客的行为与音效关联，增加其游览过程中的趣味性，如踩踏不同的石板可发出不同的声音等。④ 结合游路沿线的景点特色及活动，配合不同的背景音乐，以形成先声夺人的效果，提升游人的好奇与期待。

3）嗅觉体验设计

普通人可以感受气味的细胞大约有500万个，从鼻子到大脑距离很短，气味也容易被储存于记忆当中。景区内遍布的花香果香、美食的香味，都可暗示不同的地域主题和特色。

4）味觉体验设计

人类大约有 10 000 个味蕾，每个味蕾包括了 50 个左右的味觉细胞。在游线的周边根据环境情况设计一些特色餐饮服务，如路边的小果树、糖果小店等，丰富游路周边商业业态。

5）触觉体验设计

触觉就是皮肤的感觉，无论这种感觉来源于手、脚或者脸部，人们都能从环境以及物件的可触部分得到很多的信息。例如，水花喷溅在皮肤清凉的感觉，脚下凹凸不平的石子路，都会营造不同的感官体验。景区游线路面选择木材、钢材、玻璃、土石等不同材质，都会使游客形成各不相同的特殊意境和体验。

8.4　公共服务设施规划

旅游设施配套是一个国家或地区旅游业接待能力和发展水平的重要参考指标。旅游服务设施是指为满足旅游活动而建立的各种配套服务系统，主要包括住宿设施、餐饮设施、康娱设施、解说服务设施及综合服务中心等。景区服务设施完善程度与服务质量直接影响游客旅游活动的体验和感受。因此，景区建设规划需要对一系列服务设施的规模、质量、布局及服务等提出明确的建设要求。

8.4.1　旅游服务中心设计

旅游服务中心是为旅游者提供信息咨询服务的核心区域，旅游者在此还可以获得购物、休闲、娱乐、商务等综合服务，其基本要求是：服务中心位置合理，规模适度，设施齐全，功能完备，咨询服务人员配备齐全，业务熟练，服务热情。

1. 旅游服务中心的功能

1）引导服务功能

旅游服务中心一般位于景区中心或入口处，起着窗口引导的作用，通过这个窗口，旅游者可以了解整个景区环境、景观景点和旅游活动各组成要素的分布、组合及特点。

2）信息咨询与宣传功能

为旅游者提供信息咨询和旅游景区的宣传服务，是旅游服务中心的主要功能之一。旅游服务中心还要为旅游者免费提供各种语言版本的对外宣传资料，适时更新旅游景区内举办各种活动的信息，帮助旅游者更好地参与景区的各项活动。

3）游客疏导与集散功能

旅游服务中心应对进出旅游景区的旅游车辆进行疏导、调节。一般还要为旅游服务中心配备专用停车场，为旅游景区运行车辆提供方便，为外地进入旅游景区的车辆提供停放位置，并为旅游景区发往周边城市、景区提供车辆和人员集散的便利条件。

4）游憩功能

旅游服务中心位于景区主要入口或核心位置，本身也具有特色的自然风光，或景观建筑，或民俗风情，或直接是景区吸引物的一部分，使旅游者在逗留时间内可安排部分时间进行游憩活动。

5）解说与教育功能

是旅游服务中心重要的功能之一，解说、阐释景区自然与文化资源的意义和价值，充分发挥社会教育的重要职能。

6）综合服务功能

游客服务中心可为旅游者提供住宿、休息、餐饮、交通、娱乐、购物等综合旅游服务，顺利完成景区的旅游活动。

7）其他辅助功能

包括失物招领、物品寄存、医疗服务、邮政服务、残疾人设施提供等。

2. 旅游服务中心设计

1）场地选址

旅游服务中心的选址与布局对旅游景区发展的重要性不言而喻，需要与旅游景区总体规划布局相一致，有利于实现对旅游者的引导和管理职能。一般而言，根据景区规模、资源分布与远期发展等情况，旅游服务中心可以单独设置，亦可进行分层级布置，大多选址在景区主入口、内外部交通换乘节点和重要景观节点。例如，四川省九寨沟旅游景区地处岷山南段，规模巨大，地形复杂，村寨景点丰富，因此，除在主入口设置主旅游服务中心外，还设置了次级旅游服务基地，即诺日朗游客服务中心，以及多个小型游客服务中心，共同构成完备的旅游服务体系。此外，选址还应充分考虑场地的交通情况、给水排水、电力电信、能源供给、环境卫生、避灾等基础工程条件，以及自然环境风貌特色等因素。

2）功能布局

旅游服务中心的建设应遵循以最小的环境影响为代价，功能性设施的建设规模符合景区发展需求即可，避免重复与多余建设。通常游客中心的主要功能设施分为服务设施、管理设施、交通设施及基础设施四部分，其中服务设施是中心的主体，职能最为重要和复杂，包括接待、信息、餐饮、住宿、购物、娱乐、医疗卫生和其他辅助设施。当然，对于小型旅游景区而言，部分功能设施可以合并组合，根据实际情况有所取舍，合理建设，提高效能，完善服务。

3）建筑设计

旅游服务中心建筑一般规模体量较大，属于景区内最为重要的大型公共建筑，具有旅游景区地标建筑和形象展示的功能，许多景区的游客中心由于自身的建筑艺术特色，甚至成为旅游景区的游览对象和形象代表。按照建筑设计基本原则，游客中心具有典型的边际特征，其建筑色彩、体量、风格等应巧妙地融入自然环境中，保持与自然景观的协调一致性。此外，建筑风貌尽可能要充分体现地域文化特色，成为彰显旅游景区特色与精神的地标建筑。

4）空间构成

依据《旅游景区游客中心设置与服务规范》GB/T 31383—2015 的要求，大型游客中心：建筑面积应大于 150m^2，适用于 AAAAA 景区；中型游客中心：建筑面积不应少于 100m^2，适用于 AAAA 和 AAA 景区；小型游客中心：建筑面积不应少于 60m^2，适用于 AA 和 A 景区。

旅游服务中心建筑中通常包括：旅行社，面积 60~100m^2；寄存处，面积 15~30m^2；票务中心及酒店预定，面积 10~20m^2；导服中心，面积 20~30m^2；邮政及租车服务，面积 10m^2；自助取款机，面积 5~10m^2；预留办公区域，50~70m^2。以上为基本功能使用空间的建筑面积指标。而对于休息区、展示区、解说区、儿童区、医疗区、购物区等其他附属功能空间应根据旅游服务中心功能的要求和游客规模进行合理布置。

8.4.2　旅游住宿设施规划

1. 住宿设施的类型

随着大众旅游的普及，游客对于住宿设施的要求更加多样化。旅游住宿设施根据不同的标准可以划分出多种类型：① 按设施品质等级分类：可分为一星级、二星级、三星级、四星级、五星级酒店；也可以分为高、中、低档三个类型，或豪华酒店、舒适型酒店、经济型酒店、快捷酒店。② 按设施形式分类：城市酒店、乡村民宿、汽车旅馆、家庭旅馆、青年旅社、公寓旅馆、野营帐篷、景区木屋、房车旅馆，以及多种多样、各具特色的集装箱旅馆、泡泡屋、民居客栈、自助旅馆等。

除了传统的星级酒店外，当前旅游景区内常见的住宿设施包括有：

1）经济酒店类

经济酒店类住宿接待设施，在旅游景区中所占规模较小，建设布局灵活，设施有限但价格便宜，主要为住客提供整洁而简单的入住环境，设施和环境质量以及服务标准虽较星级饭店弱，但设施、设备和服务仍具有标准化的特点。

2）家庭旅馆类

自助式或家庭旅馆类住宿接待设施和环境质量以及服务标准都较弱，价格便宜，旅游者在此获得住宿的空间、设施以及部分基本服务。此类接待设施可以帮助旅游者体验当地生活，还可以弥补旅游景区旺季酒店床位不足的缺陷。例如，厦门鼓浪屿景区内的单体独栋私家老别墅改建成家庭旅馆，这些特色的家庭旅馆与鼓浪屿风景完全融合，相比普通酒店，更具当地人文气息。

3）民居客栈类

民居客栈类住宿设施是根据旅游景区的自然环境和人文环境加以设计的住宿设施，能反映当地的风土人情、历史文化特色，能够满足游客对典雅古朴的休闲游憩体验的需要，如吊脚楼、蒙古包、小木屋、四合院等。该类住宿设施在为旅游者提供住宿服务的同时，也构成了景区中极具特色的风景，让旅游者感受景区内特有的自然和文化氛围。该类接待设施既有高级奢华的民宿，也有较为简单朴素的农家旅馆，各种类型和档次的设施满足不同旅游者的住宿需求。

2. 住宿设施规划

旅游住宿设施规划要点：一是从规划空间布局角度合理确定住宿设施位置；二是根据市场需求预测来确定住宿设施规模；三是根据规划主题和当地条件，因地制宜地确定设施风格、档次、类型等；四是住宿设施规划应预留一定的发展弹性空间，便于后期的改扩建。

1）现状分析

规划的基础是对旅游景区及其周边区域的旅游住宿设施建设现状和运营情况进行调查与分析，主要包括现有旅馆的数量、规模、档次、功能，以及平均客房出租率、经营管理等基本情况（表 8-4）。

旅游住宿设施现状一览表　　　　　　　表 8-4

指标 ＼ 类型	社会旅馆				星级宾馆			
	经济酒店	家庭旅馆	民居客栈	特色住宿	三星以下	四、五星	主题酒店	度假别墅
数量（家）								
房间数								
床位数								
客房平均出租率　淡季								
旺季								
全年								
平均住宿夜数								

2）选址要求

旅游住宿设施选址首先应该考虑交通条件。旅游住宿设施应选择交通便利的地点布局，一般都位于外部交通和内部交通的结点处，使其既有良好的外部通达性，又可以方便快捷地到达主要景点，便于游客住宿设施的使用及其他旅游活动；其次考虑环境条件。住宿体验是旅游活动的品质保证和重要组成。尤其对于自然风光型旅游度假区，住宿设施尽可能选择景观优美、安静舒适的环境较佳的区域；此外，旅游住宿设施的物质与能源消耗较大，产生的污染物和生活废弃物较多，选址还需要充分考虑能源供应问题和废弃物处理等问题，避免对生态环境产生污染和破坏。

3）规模确定

旅游住宿设施的规模是指设施接待量及占地规模，它直接决定了设施设备、服务管理人员的配置，影响到设施经营的经济效益与环境效应。因此，科学合理地确定设施规模不仅有利于节约建设投资和适应市场需求，还有助于保护生态环境和文化景观。确定住宿设施规模通常需要考虑两方面因素：一方面是住宿需求发展，包括旅游景区总游客量与季节性变化、游客的住宿偏好、平均过夜天数、游客家庭构成等；另一方面是设施的建设条件，包括场地的地形地貌、用地面积、景观特征、道路交通及其基础配套等。

因此，旅游市场需求预测将直接影响旅游住宿设施的建设规模和运营管理策略。通常，住宿设施规模按照床位数或客房数等指标来衡量。床位数主要受到游客总量和停留时间的影响，客房数与床位数紧密相关。计算床位的公式是：

$$BN = \left(\frac{TN \times NS}{NN \times R} \right) \qquad (8-1)$$

式中　BN——床位数；

　　　TN——特定时段游客总数；

　　　NS——平均过夜时间；

　　　NN——特定时段运营时间；

　　　R——客房平均出租率。

$$RN = \frac{BN}{NR} \qquad (8-2)$$

式中　RN——客房数；

　　　BN——床位数；

　　　NR——客房平均住宿人数。

从公式中可以看出，旅游景区游客规模是确定旅游住宿设施规模最重要的依据。其次，客房出租率也是影响经济效益的重要指标，不同地区、不同类型的住宿设施，其客房出租率差异较大，一般取值在55%~75%范围内，较低则难以达到盈亏平衡。特别在北方地区，旅游季节性波动非常明显，淡旺季差异很大，因此在客房规模估算中应充分考虑淡季客房闲置的问题，在旺季时适当增加其他方式进行灵活补充，如家庭旅馆、木屋帐篷等。此外，平均过夜时间可通过对特定景区过夜游客的统计调查获得指标；设施运营时间根据不同旅游景区气候条件、资源状况和相关统计数据确定；客房平均住宿人数的确定，一般城市宾馆取 1.5 人左右，中低档次宾馆取 1.7 人左右，高档度假酒店取 1.2 人左右，建议通过本地区统计调研数据获取。

4）类型与等级结构

旅游住宿设施的类型与等级结构规划的基本要求是高中低档次兼顾，类型多样，满足不同游客的住宿消费需求。在规划中需要充分考虑几个具体问题：第一，旅游住宿设施的类型结构取决于旅游目的地的特点。城市目的地其旅游住宿设施应以星级饭店为主，如北京、上海、广州等；度假型旅游目的地住宿设施应以星级饭店或小型特色旅馆为主；野外探险类旅游目的地，应修建汽车旅馆、青年旅馆或者露营式住宿接待设施；民族聚居区的住宿设施除星级饭店外，还应补充具有当地民族特色的家庭旅馆。第二，旅游住宿设施的等级结构则取决于游客住宿偏好和消费水平。观光休闲型旅游目的地的旅游住宿设施一般规模较小，等级相对较低；度假型旅游目的地的住宿设施等级较高；探险型旅游目的地的住宿设施较为简易。第三，对于旅游景区发展而言，旅游住宿设施的等级结构在规划初期可以采取中低档为主，高档为辅的特征，至规划中远期逐步调整为中高档为主，低档为辅的结构，规划中需要根据当地社会经济发展水平和旅游景区发展态势等具体情况确定。

5）建筑风格控制

鉴于旅游住宿设施的规模体量对景区风貌的影响较大（表 8-5），其建筑形式与风格需要格外重视，应该进行必要的引导和管控。进入新发展时期，对旅游景区建筑更加注重绿色、生态、环保、科技等方面的要求，以及建筑设计的人文化、特色化和智慧化，

各类旅馆各部分房间面积指标（单位：m²）　　　　表 8-5

类别	五星	四星	三星	二星
客房部分	46	41	39	34
公共部分	4	4	3	2
饮食部分	11	10	9	7
行政服务	9	9	8	6
工程机房	9	8	7	6
其他	2	1	0	0
备用面积	5	5	4	1
总面积	86	76~80	68~72	54~56

尤其在自然类型景区中尽可能减少对环境的干扰和影响。因此，旅游住宿设施应与当地的地域风貌和生态环境相协调，充分考虑气候、坡向、坡度、空气流通性及其采光度等因素，选择阳坡、通风性好、采光好、昼夜温差小的地段布局。在修建时，尽量选取当地的材料或者本地的建筑风格来建设，使旅游住宿设施无论是在材料选取还是建筑风格方面，都能最大程度地突出民族气息，彰显地方特色。

8.4.3　旅游餐饮设施规划

旅游景区餐饮服务是针对游客在参观游览过程中的餐饮需求而提供的基本服务。餐饮设施与服务的质量水平和风格特色在很大程度上反映了旅游景区的品质和特色。

1. 设施类型

旅游餐饮设施基本分为两种：独立餐饮设施和酒店附属餐饮设施。

1）独立餐饮设施

独立的餐饮设施是相对于酒店餐饮而言的，其特点：① 餐厅种类相对单一，多为单一类型的餐厅，如中餐厅、西餐厅、快餐厅或当地小吃；② 地方特色明显，多数独立餐饮设施能代表或者体现当地的饮食文化特色；③ 选址相对灵活，在旅游景区统筹安排的前提下，可选择合适的位置进行经营。

2）酒店附属餐饮设施

星级酒店多数都有配套的餐饮设施，餐饮收入占到酒店收入的30%左右，是酒店收入的重要组成部分。酒店附属餐饮设施的档次根据酒店星级标准的不同而有所差异。其特点：① 餐饮设施与环境其品质相对较高，高星级酒店的附属餐饮设施内部装修豪华，氛围温馨，环境舒适；② 酒店餐厅类型多样，餐厅种类完备，一般包括中西餐厅、咖啡厅、酒吧、特色餐厅及自助餐厅等，可为旅游者提供多样的餐饮服务；③ 位置固定，酒店附属餐饮设施只能根据酒店的选址和设计而定，不能灵活自由布局。

2. 规划要点

1）设施布局

旅游餐饮设施布局因其类型不同而有所差异，酒店附属餐饮设施选址基本固定，而独立餐饮设施的布局相对比较灵活。独立餐饮设施的布局和服务内容应依据游客需要而定，一般分为两种：① 布局在旅游综合服务区或景区门户区，一般餐厅规模较大；② 小规模餐饮点应分散布局在景观核心区内或游路途中，宜与景观建筑小品或者旅游售卖点结合设置，主要以提供地方小吃和方便餐为主。

2）设施设计

① 建筑外观新颖，风格独特。餐饮设施的建筑风格应与旅游景区协调一致，并结合当地文化特点，使其成为特色景观的一部分。② 设施容量应具有一定灵活性。旅游

活动具有季节性特点，旅游餐饮设施的使用也具有极为明显的淡旺季及用餐高峰时段。在餐饮设施规划中，合理确定规模，既要满足用餐需求，还要减少设施闲置，同时还要为将来发展留有空间。③建筑设计应因地制宜，与当地的经济和技术发展水平相结合，符合安全卫生、环境保护、节地、节能、节水、节材等有关规定。

3. 规模的确定

1）规模测算

餐饮设施的容量主要根据餐座数来衡量，旅游景区餐座数的估算，可以分为两种情况：一种是独立餐饮设施的餐座数估算；另一种是酒店附属餐厅的餐座数估算。分别采用不同的计算公式：

$$MN = \left(\frac{TN \times MR \times MO}{R \times T} \right) \tag{8-3}$$

式中　MN——餐座数量；

　　　TN——日游客总数；

　　　MR——用餐比例；

　　　MO——日均用餐次数；

　　　R——日均周转率；

　　　T——设施利用率。

$$MN = TN \times MR + NM \tag{8-4}$$

式中　MN——餐座数量；

　　　TN——客房入住人数；

　　　MR——用餐比例；

　　　NM——非住宿客人用餐人数。

2）建筑面积估算。

餐饮设施建筑面积计算公式：

$$FA = \left(\frac{TN \times MR \times PA}{CT} \right) \tag{8-5}$$

式中　FA——设施规划面积；

　　　TN——游客量；

　　　MR——用餐人数比例；

　　　PA——人均建筑面积；

　　　CT——餐饮周转率。

通常，餐饮设施总建筑面积包括餐厅、厨房、辅助、公用、交通、结构等部分，一般采用每座综合建筑面积进行计算：一级餐馆 4.5m^2/ 座；二级餐馆 3.6m^2/ 座；三级餐馆 2.8m^2/ 座。餐厨面积比一般取 1.1：1，可以根据实际情况调整。

餐饮建筑按建筑规模可分为特大型、大型、中型和小型（表 8-6）。

餐饮建筑规模　　　　　　　　　　　　　　　　　　　表 8-6

建筑规模	建筑面积（m^2）或用餐区域座位数（座）
特大型	面积＞ 3000 或座位数＞ 1000
大型	500 ＜面积≤ 3000 或 250 ＜座位数≤ 1000
中型	150 ＜面积≤ 500 或 75 ＜座位数≤ 250
小型	面积≤ 150 或座位数≤ 75

旅游商业、饮食业设施的类型与规模配置，主要依据旅游景区规模与发展规划确定，《旅游规划通则》GB/T 18971—2003 中提供了配套建议（表 8-7）。

商业、饮食业设施的分项配置指标　　　　　　　　　表 8-7

类别	1 千床	2 千床	4 千床	7 千床	12 千床	20 千床
百货、食品类	1	2	4	7	10	20
综合类 [a]	2	3	5	8	12	20
器材类 [b]	2	5	10	20	35	50
服务类 [c]	1	2	4	7	12	30
旅游咨询及车辆出租站		P	1	1~2	2	2~3
银行			1	1	2	2
房地产所			1	2	2~3	3
总计	6	12	26	46~47	75~76	127~128

注：①a 包括药品、书报、烟草、花木、工艺品、礼品；b 包括体育用品、摄像用品、本地产品、家具及时装；c 包括饮食、理发、洗衣、加油汽车维修、室内。
②假设旅馆最低出租率均为 50%。P 表示可以设置。旅游景区内商业、饮食业服务设施的建筑面积，建议采用在景区内接待总床位数的基础上，按 0.4~0.6m^2/ 床的指标作估算。

8.4.4　旅游康体娱乐设施规划

康体娱乐活动是旅游活动中的必要组成部分，旅游康体娱乐设施专指为丰富旅游活动的参与性项目，增强游客身心愉悦，提升景区品质而设置的健身、休闲与娱乐活动附属设施，是当代娱乐游憩文化发展的新型产品。

1. 康娱设施类型

旅游景区内的康体娱乐设施可以分为四类：室内康体娱乐设施、户外健身运动设施、休闲游憩设施、大型游艺设施。

1）室内康体娱乐设施

在旅游景区，特别是大型的综合性旅游度假区，由于天气条件的限制和夜间活动的需要，室内康体娱乐设施的配置必不可少。一般包括：游戏室、健身中心、按摩养生室、棋牌室、温泉沐浴 SPA、电影院、多功能厅、音乐剧场、青年活动中心、夜总会和歌舞厅、图书馆和阅览室等。

2）户外健身运动设施

对于占地规模较大的综合性旅游景区，因地制宜地修建运动场、羽毛球场、网球场、高尔夫球场、露天游泳场、水上活动中心、垂钓潜水区、骑术中心、射箭场等。

3）休闲游憩设施

休闲游憩设施主要包括野营度假活动设施、公园游憩区、绿道和步道，以及综合性的休闲娱乐中心，有选择性地设置如艺术、手工、瑜伽、舞蹈等多种多样的休闲游憩活动场所与空间。

4）大型游艺设施

城市大型主题公园中所设置的游艺设施设备，类似美国迪士尼主题公园、韩国乐天世界、华纳影视城等，包括云霄飞车、急速赛车、高空蹦极、激流勇进、高空缆车、摩天轮等刺激惊险的项目设施，以及欢快舒缓的文娱演出、夜间焰火表演、花车巡游等活动场地。

2. 规划布局

旅游康体娱乐设施一般占地规模较大，还需要进行专门的场馆建设、设施设备的购置和工程技术维护，投入资金量较大，规划建设时需要更为科学严谨的调研和决策。

旅游康体娱乐设施的类型与规模配置，主要依据旅游景区规模与发展规划确定，《旅游规划通则》GBT 18971—2016 中对于文娱设施和体育设施指标提供了配套建议（表 8-8 和表 8-9）。

文娱设施配置指标　　　　　　　　　　　　　　　　　　　　　表 8-8

类别	1 千床	2 千床	4 千床	7 千床	12 千床	20 千床
电影院 300~600 座			1	1	1	2
多功能厅 200~1000m²					1	1
露天影剧场 500m²	1		1	1	1	1
图书阅览 150~500m²			P	P	1	1
青年中心			P	1	1	1
夜总会、舞厅 150~200m²				1~2	2~3	3~4

注：1. 若旅游景区有扩大可能，则可以设置。
2. P 表示可以设置。
3. 文娱性建筑的总建筑面积，建议按 0.1~0.2m²/床的指标作估算。文娱设施的项目除了表中所列外，还可根据旅游景区的具体情况设置植物园、展览及游乐性建筑、动物园等。

体育设施配置指标　　　　　　　　　　表 8-9

类别	1 千床	2 千床	4 千床	7 千床	12 千床	20 千床
活动场 2000m²	1	2	4	6	10	16
篮、排球场 800m²			1	1	2	4
网球场	P	1~4	2~8	4~10	6~12	8~20
室内网球（25m×40m）						1
体育厅 250~1000m²		P	P	1	1	1
室内游泳池 500~2500m²		1	1	1	1	1~2
跑马中心			P	1	1	1
马数				10	15	25
小型高尔夫球场 5000m²		P	P	1	2	3

注：1. P 表示可以设置。
2. 户外体育活动场地的总面积可按 5~8m²/ 床的指标作估算，而游乐性建筑的面积可按 0.2m²/ 床的指标进行估算。旅游景区体育活动内容除了表中所列之外，还可根据本身的条件组织其他活动，如登山、野外考察、海底欣赏、冲浪等。

8.4.5　旅游购物设施规划

1. 旅游商品的概念·类型·特征

1）基本概念

旅游商品，也称为旅游购物品，特指旅游者为实现其旅游目的或在旅游过程中所购买的以物质形态存在的商品。此概念包含两个基本要素：① 必须是旅游者购买的，② 必须是有形的商品。可以看出，旅游商品与一般商品存在的最根本区别在于购买的对象不同，即消费者不同，旅游者是消费者，游客在旅游活动过程中所选购的物品都具有一定的实用性、艺术性和纪念性。

2）构成类型

种类繁多的旅游商品，大致可以分为三种类别，即旅游纪念品、旅游用品和旅游消耗品。① 旅游纪念品：多是以旅游景点的自然风光、文物古迹为题材，使用当地特殊材质，体现当地传统工艺、富有地域民族风格的商品，是整个旅游商品中最具有特色的一类商品。具体又可细分为文物古董、书画金石、工艺美术品、土特产和药产、珠宝首饰、服装等若干品种。② 旅游用品：是旅游者为实现旅游目的所购买的在旅行过程中使用的商品，主要有旅行车、游艇、旅行箱包、旅游鞋帽、登山器械、手杖、风雨衣、太阳镜、防寒暑用品、太阳雨伞、美容护肤品、常备急救药品、帐篷、野炊用具、摄像机等。随着旅游个性化的要求，以及各种新型旅游项目的兴起，这类旅游商品前景极为广阔，是应着力发展的一个方向。③旅游消耗品：主要是指当地的特色食品、饮料、盥洗用品、防晒护肤品等旅行过程中使用的日常生活用品。

3）主要特征

旅游商品是旅游者购买的满足其物质需求、精神需求，并可带走的有形商品。因此它既具有一般商品的属性，同时又具备一般商品所没有的一些特性，主要有以下几点：①纪念性：旅游者购物的一个重要动机，是为了让自己的旅游经历可以通过旅游商品进行物化，因此多数商品是特定地域、特定文化的反映，具有明显的纪念性。纪念性旅游商品可以显示旅游所在地的某种特点，在时过境迁之后能够引起游客美好的回忆。因此，纪念性是旅游商品一个最基本的特征，如中国的书画、瓷器、丝绸制品等，苏州的刺绣、云南的蜡染，都具有一定的文化纪念意义。②民族性：旅游者在异域旅游购物，总是想购买富有民族特色的商品，如在苏格兰的旅游者，首选苏格兰短裙、风笛、威士忌酒等；在墨西哥的旅游者，则首选宽边草帽、披风、仙人掌等；在南非的旅游者，则选择钻石首饰等；在马来西亚的旅游者，则大多购买锡制器皿等。③地方性：与民族性既有区别又较为相近的一种特性。旅游者选购具有民族风格商品的同时，也会选择可以反映地方文化特点的商品。例如，来华游客除了购买丝绸、茶叶、瓷器外，还购买云南的白药、苏州的扇子、酒泉的夜光杯、西安的兵马俑、张小泉的剪刀等地方性旅游纪念品。④艺术性：旅游购物的重要目的之一是为了获得美的感受和回忆。因此，具有艺术美感的商品自然成为购买的首选对象，旅游商品越是有艺术性，感染力就越强，游客越喜爱，销售量也越大。例如，景泰蓝、文房四宝、仿古青铜器等，富有深厚文化内涵和精湛工艺美术价值，而成为可欣赏的艺术珍品。⑤实用性：旅游商品所具有的基本使用价值，对于一般旅游者是十分重要的，既可使用，又可玩赏和馈赠，比较实用，如旅行箱包、服饰、玩具、器皿等。

2. 旅游商品开发设计原则

1）突出特色

深入挖掘地区或民族特色，特征越突出，纪念性越强，越能让游客产生消费动机和购买行为，独具特色的旅游商品可以代表一个地方、一个民族的文化品质，甚至成为其象征。例如，中国景德镇瓷器、加拿大枫叶纪念品、古巴雪茄等无不具有鲜明的地方特色，深受游客喜爱。

2）注入文化

人们希望购买的旅游商品能够真正反映和代表旅游目的地的优秀文化。具有较高文化品位的商品，可以使游客开阔视野、增长知识、陶冶情操、愉悦精神，满足人们对物质和精神的双重消费需求。商品中蕴含的悠久历史和浓厚的文化气息，会激发人们收藏和购买的欲望。

3）紧随时尚

开发创新符合当前旅游者真正需求的商品，准确跟随市场需求来进行，游客大多喜欢新奇、新颖的商品，追求新的花色、款式、情趣的商品，因此商品开发过程中的新颖性、创新性、时尚性，应成为开发中的一个重点。

4）系列开发

旅游商品开发要系列化、多样化才能满足不同层次旅游者的需要，这就要求在题材、式样、规格、原料、色彩、包装、价格、功能等各方面进行系列化设计。

5）注重实用

旅游商品设计应具有一定的实用功能或使用价值，且包装精美，便于携带。精美的包装从另一个侧面满足旅游者对商品美学的要求，好的商品没有好的包装，同样不会受到喜爱，在质量保证的情况下，加强对旅游商品外包装的设计十分重要，可以有效吸引游客购买、珍藏和馈赠亲友。同时，旅游商品必须要方便旅游者随身携带，否则再好的特色纪念品也会因为超重、超大而使游客放弃购买。

旅游商品开发设计遵循以上基本原则，才会彰显其纪念性、艺术性和实用性，才会具有较高的商业价值和长久的生命力。

3. 旅游购物设施规划

在旅游商品自身质量与特色等基本问题解决的基础上，购物设施规划的主要问题集中于空间布局和商业环境设计两个方面。

1）空间布局

旅游购物设施布局时，应按照合理布局、统一管理、方便使用的原则进行布设。充分考虑旅游景区出入口、旅游综合服务区、游览线路和休憩区等功能节点区位，以及旅游者的行为方式与购买偏好，通常采用三种布局模式：第一种是将购物设施规划布置在旅游景区的出入口处，便于旅游者在参观游览前、游览后购买旅游商品；第二种是将综合性购物设施设置在游客接待中心或住宿和餐饮设施周边，构成景区较为集中的商业功能区；第三种是将小型特色购物设施融入景区休憩场所周边，便于旅游者在游览途中欣赏或者购买旅游商品。此外，对于城市旅游景区或大型主题公园类景区，可以与旅游娱乐和休闲设施相结合，在景区适当位置规划休闲购物街区、商业步行街、主题购物体验区等，集中营造更浓厚的商业氛围环境。

2）商业环境设计

当前旅游景区购物场所需要解决的一个重要问题就是缺乏精心的专业化设计，导致大多数景区的购物区出现规模小、档次低、空间无序的现象。商业环境设计根据商品属性、营销理念、消费行为与心理、环境因素及美学形式加以综合考虑，进行整体空间环境营建的设计思维，以达到更高效的促销目的。具体设计强调商业空间形体、尺度、色彩、材质与品牌特征、功能性质及整体环境的统一协调，并应与声光环境结合，同时注重听觉、嗅觉、触觉等方面的识别设计。此外，现代商业环境不仅是旅游景区内联系商家和消费者的贸易空间，其功能内涵已经扩展为休闲娱乐体验、文化交流的场所。因此，现代商业环境设计不仅是物理环境、空间视觉环境的设计，更注重心理环境、文化环境的设计，创造人际交流的氛围和交流的乐趣是设计的核心与趋势，将旅游景区购物场所升级为文化消费体验空间。

8.4.6　旅游解说设施规划

旅游解说设施是旅游景区建设的诸多要素中十分重要的组成部分，是实现游览功能、教育功能、参与功能的重要服务设施。解说的含义就是运用某种媒体和表达方式，使特定信息传播并到达信息接受者中间，帮助信息接受者了解相关事物的性质和特点，达到服务和教育的目的。

1. 基本功能

1）为旅游者提供旅游活动基本信息和行动导向指南。

2）帮助旅游者了解并欣赏旅游景观资源及其含有的自然与文化价值。

3）引导旅游者的旅游资源保护和设施维护意识和行为。

4）提高旅游者参与相关游览和游憩活动的技能。

5）提供一种对话途径与平台，促进旅游者参与旅游景区发展管理。

2. 系统构成

旅游解说系统分为向导式解说系统和自导式解说系统两类。

1）向导式解说，即导游解说服务，以导游人员向游客进行主动的、动态的信息传导为主要表达方式。其职责包括：信息咨询、导游活动、团队演讲、现场解说，最大的特点是双向沟通，内容丰富，时间弹性，且可以因人而异提供个性化服务。其不足之处主要是解说内容的准确性、可靠性和稳定性较弱。

2）自导式解说，它是由书面材料、标准公共信息图形符号、语音等无生命设施、设备向游客提供静态、被动的信息服务，其中标志和牌示是最主要的表达方式。虽然自导式解说提供的信息量有限，但其内容一般都经过精心设计，具有较强的科学性和权威性。而且游客在获取信息的时间上没有限制，可以根据自己的爱好、兴趣、体力自由决定获取信息的时间长短和学习的深度。

3. 设施类型

1）传统图文解说设施

传统图文解说设施主要是通过文字和图片来向游客传递有关景区的信息，可以分为文字型解说系统和图片型解说系统。图文解说系统的设置地点要求既易于吸引游客的注意，又不破坏自然资源和景区环境的完整性；文字要求简洁、易读，需中英文对照，字体一般不超过两种；色彩色调既要考虑与周边环境的协调，又要考虑色彩对于游客的影响；材质选择可以考虑当地较有特色的材质，以强化地域特色。

2）现代多媒体解说设施

现代多媒体解说设施依托现代信息和多媒体技术，可以细分为语音解说设备、触摸屏互动解说设备、三维动画解说设备、影视动画解说设施等，主要配置在游客服务中心、自然教育中心、游客集散广场、主要旅游道路，以及重要的景观资源节点周边。

4. 标识牌设计

景区解说标识牌是指以图示、标示或文字等方式，解释或说明特定信息与内容，使其能够准确便利地向游客传递旅游信息，辅助游客完成旅游活动。解说标识牌的设计包括色彩、文字、内容、插图、版面、置放、材质等方面。

1）设计原则

① 系统化原则：对景区同一类型的标识牌在材质、规格、式样、颜色等方面应统一；不同类型的标识牌应整体风格相近，使同一区域内的不同标识牌和谐统一。② 规范化原则：随着入境游客的迅速增加，标识牌的设计应与国际接轨。文字和图件要规范化，文字一律采用中英文对照，且英文翻译要准确、恰当；公共信息通用符号要规范化，按国家规定的统一标准进行设计和制作；标识牌的摆放和安置要规范化。③ 人性化原则：标识牌的设计要体现以人为本的理念，结合实际情况，因地制宜设置；内容表达通俗易懂，以科普为目的；避免引起歧义和模棱两可；为游客的安全着想。④ 生态化原则：设计遵从自然，力求使标识牌系统成为整个自然景观的一部分。以自然风貌、自然资源为基础，把景观生态学原理导入设计中，提高标识牌系统与天然景观的共生程度。

2）标牌类型

依据解说对象和内容，旅游景区标识牌可分为四类：景观资源标识牌、服务设施标识牌、环境解说标识牌、旅游管理标识牌。① 景观资源标识牌：指对景区内具体景观进行解说的标牌，目的是向旅游者展示各类旅游景观。内容具有科学性，应通俗易懂；材料应就地取材；形态设计和装饰风格体现标牌所处位置的景观特点和文化内涵。具体包括景区、景观、景点名牌及介绍牌。② 服务设施标识牌：主要是对景区内的交通、住宿、餐饮、娱乐、购物、银行、医院及其他服务设施进行引导的标牌。在标牌上说明各种设施的位置、开放时间、价格、容量等具体内容。③ 环境解说标识牌：指对景区的自然环境和人文环境进行解说的标牌。自然环境着重介绍景观周围的地貌、植物、动物，以及自然景色、气候天象等内容；人文环境的内容主要包括景区所在地的历史沿革、社会经济状况等。④ 旅游管理标识牌：包括设施管理标牌、安全管理标牌、环境管理标牌。设施管理标牌主要指游客须知牌、功能指示牌、导示牌、友情提示牌；安全管理标牌主要用于告知游客各种安全注意事项，禁止游客不文明行为等；环境管理标牌主要提醒增进游客的环境保护意识。

3）外观设计

（1）标识牌造型设计

标识牌的造型体现了景区的特色和文化内涵，要根据景区的特点进行设计，不能随意凭空想象，更不能照搬照套。通常情况下景区标识牌采用构架造型、卧式造型，具体要求可根据景区的特点来选择，如地貌类的，就可以多用地貌造型；化石类的，就可以多用动物化石造型；湿地、河流类景区，则应该选择构架造型；山体或者原始森林，可以选择架构或者卧式造型的综合运用。

（2）标识牌材质选择

景区需要根据解说对象所在的自然环境特色以及标识牌的类型选择标识牌的制作材料。材质一般要求具有良好的稳定性、耐候性、较高的表面硬度和表面光泽，以及较好的耐高温性能和耐腐蚀性能，同时具有良好的适应性、喷涂性和可加工性能。常见的有石质、木质、有机材质、金属材质等，随着材料技术的不断发展，标识牌材质越来越多元，出现亚克力、PVC 材料、夜光材料、电子材料等。

（3）标识牌体量设计

景区解说标识牌的体量大小弹性比较大，具体尺寸要根据周围的环境特点和标识牌所要承载的内容来确定。景区外围可以考虑用大体量的标识牌，具体可以根据安放空间大小来确定。景区内部对于安放环境比较偏且内容较多的标识牌可以稍微大一点，这样可以吸引视线，且有足够面积书写内容又不会出现遮挡视线的情况。安放在开阔地的标识牌则要小一点，不能破坏环境的整体美感。另外，还要充分考虑游客观看标识时的视觉舒适度（表 8-10）。

8.5　基础设施工程规划

旅游基础设施是景区建设所必须具备的基础性工程系统，是景区正常运行和有序发展的物质基础。通常包括能源供给系统、给水排水系统、道路交通系统、电力电信系统、环境卫生系统，以及综合防灾系统等多个工程系统。

旅游景区基础设施基本按照城市规划相关规范进行设计和建设，但考虑到旅游景区与城市在特点和需求上的差异，且旅游景区基础设施建设环境也不同于城市区域。因此，旅游基础设施规划应充分考虑景区地理与资源条件，结合自身特点和需要，因地制

美国国家公园解说牌志系统规格表　　　　表 8-10

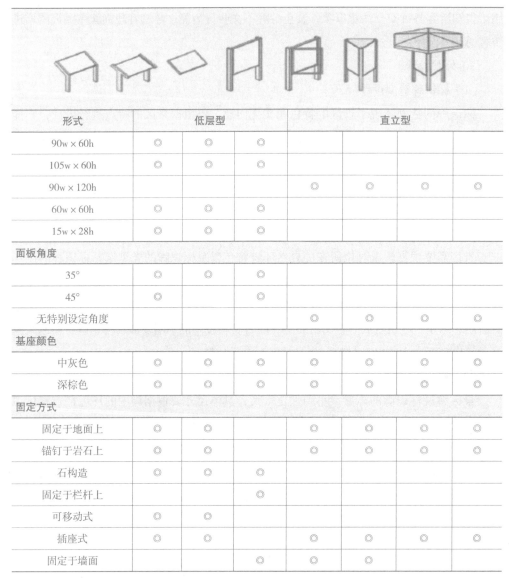

形式	低层型			直立型			
90w × 60h	◎	◎	◎				
105w × 60h	◎	◎	◎				
90w × 120h				◎	◎	◎	◎
60w × 60h	◎	◎	◎				
15w × 28h	◎	◎	◎				
面板角度							
35°	◎	◎	◎				
45°	◎		◎				
无特别设定角度				◎	◎	◎	◎
基座颜色							
中灰色	◎	◎	◎	◎	◎	◎	◎
深棕色	◎	◎	◎	◎	◎	◎	◎
固定方式							
固定于地面上	◎	◎		◎	◎	◎	◎
锚钉于岩石上	◎	◎		◎	◎	◎	◎
石构造	◎	◎	◎				
固定于栏杆上			◎				
可移动式	◎	◎					
插座式	◎	◎		◎	◎	◎	◎
固定于墙面			◎	◎	◎		

宜地将基础设施建设与景区自然环境相协调，科学合理规划布局，并注重设施工程的生态化、景观化和智能化。

8.5.1　道路交通工程规划

道路交通系统是基础设施的重要组成部分，对于旅游景区旅游活动的正常运行具有重要的基础性支撑作用。道路交通系统的完善程度不仅会影响景区的运行效率和经济效益，同时还会对景区空间结构和形态发展产生深远的影响。

旅游景区道路交通的主要功能是为旅游活动提供运输服务，分为外部道路交通系统和内部道路交通系统。其中，外部道路交通系统，主要是指出入旅游景区的区域交通网络体系；内部道路交通系统专指景区内部游览道路、水上专用线路、空中专用线路，一般不承担区域交通功能。

1. 道路交通规划原则

1）需求导向原则

旅游交通设施的规划应以旅游资源开发、旅游目的地建设、知名度提高、客流量增长为基础，建立与旅游景区现状和发展情况相适应的旅游交通体系。旅游交通设施的建设规模和时序与游客规模发展之间相互影响。因此，旅游交通规划必须依据旅游景区交通量需求的变化情况进行科学合理安排，并在规划交通工具和运输能力时，为未来增长留有发展余地。此外，针对不同季节中旅游者数量的变化，制定相应的交通弹性应变策略，使旅游交通供给与需求在数量和空间上达到平衡。

2）功能适用原则

规划设计中充分考虑旅游道路交通服务所要求的便捷高效、安全舒适等基本功能。因此，规划中应该注意解决空间距离和时间距离两个方面的问题，重视旅游交通的时效性。同时，规划应关注旅游交通安全性和舒适度的提高，进一步提升旅游交通服务体验。

3）因地制宜原则

规划时应根据旅游景区所在的自然环境、经济状况，在现有道路交通设施的基础上，通过改建、扩建、优化、提升等工程技术方式，因地制宜地完善旅游景区交通体系。既节省了资金投入，又减少了对自然环境的影响和破坏。此外，道路交通设施由于建设工程量巨大，在建设施工过程中应尽量减少对景观环境的负面影响，注重道路设施的生态化和景观化，更好地融入旅游景区环境风貌中。

2. 外部道路交通规划

通常旅游客源地到旅游景区所在地的交通多数属于中长距离的交通，包括公路运输、铁路运输、水上运输和航空运输等方式，属于区域交通网络的重要组成部分，交通网络体系基本保持稳定，调整弹性较小。因此，对于外部道路交通规划的重点在于旅游景区与区域交通线路和枢纽的通畅衔接。常见的旅游交通枢纽设施包括机场、火车站、汽车站、码头及其运输辅助设施等，规划应根据景区发展需要及当地实际情况，进一步改善区域交通工具的到达时刻，优化景区与区域交通网络的衔接关系，并强化旅游景区自身旅游交通枢纽设施的建设。

3. 内部道路交通规划

旅游景区内部交通系统构成了景区的空间格局骨架，是旅游道路交通规划设计的重点内容。旅游景区内部道路是联系功能区、景观景点、服务设施的主要空间通道，是旅游景区提供交通运输服务和游览活动服务的基础工程设施。

通常，旅游景区内部道路交通具有以下基本功能：① 组织空间，引导游览：旅游道路可以将旅游景区的不同功能区进行空间分隔和范围界定；同时，又通过道路交通系统将不同功能区，以及游览景点和旅游服务点联系为一个整体；通过旅游道路的布局组织景区空间序列，引导游客按照设计意图、路线和角度游览景观景点。② 组织交通游览线路：旅游交通是包括地面道路、地下通道、水上航路和空中航线的立体交通体系，游览交通工具多样，速度各不相同，需要进行科学合理的交通衔接，完善交通运输功能。③ 美化景区，构成景观：景区内部道路一般结合地形地貌和景观特点进行设计，沿路布置绿化带、环境艺术品和游憩设施，形成优美的游览道路景观。④ 铺设管线，避灾疏散：景区道路为满足基础工程管线敷设提供必要的空间和通道；此外，旅游道路也为避灾疏散、工程施工、物资运输等提供交通服务。

1）交通量研究

旅游景区内部道路系统规划的首要工作，是进行景区旅游交通量研究，为合理规划道路交通设施的总体规模、类型结构、空间布局及交通策略奠定设计依据，以确保科学构建旅游景区完善的道路交通体系。主要内容包括：现状交通情况调查、用地利用调查、游客规模与分布调查、交通量生成预测、交通量分布、交通方式划分、交通分配等。

2）道路网布局形式

遵循各行其道的通行原则，旅游景区道路通常分为三级：主干道、次干道、支路，各自担负不同旅游交通职能。不同等级的道路红线宽度根据景区规模和交通量合理设计，一般主干道 30m，次干道 20m，支路 10m 左右。旅游景区三级道路体系将在空间上形成不同形态的道路网格局。

（1）网格式布局

该路网布局的特点是道路规整，方位感较强，交通组织灵活，可以形成多样化的游览线路。但是仅适用于均质的平坦地形，且建设工程量较大，投资较多，因此多用于城市旅游景区、景区主要出入口和游客服务中心的局部地段。

（2）环状布局

环状路网主要结合景区的地形特点和资源分布进行布局，往往以核心景点或服务中心为端点，将景区内重要景点和服务设施串结为环状，构成景区主要游线，特点是简单明确，投资较少，游程合理有序。多适用于环湖型旅游景区、环山型旅游景区，或者规模较小、景点分散的旅游景区。

（3）放射式布局

放射式布局主要是由旅游服务中心引出多条放射性道路，形成四射形态的道路网骨架。为了强化不同区域的交通联系，多数在该路网的基础上附设圈层式环线，共同组成高效的道路网体系。适用于规模较大，景点丰富且广泛分布的旅游景区。该布局有利于减少重复行程，组织合理的游线。

（4）自由式布局

自由式路网在自然旅游景区中较为常见。当旅游景区地形地貌较为复杂多变，景观资源和服务设施分布较为分散时，交通路网必须因地制宜地进行自由式布局。

3）道路工程设计

旅游景区内部道路按照使用功能可分为如下类型：一是车行道，指供旅游景区内机动车及非机动车辆行驶的道路；二是步行道，仅供旅游者步行的道路，机动车辆禁止进入或限时进入；三是特殊通道，指特殊交通工具所使用的交通线路，包括索道、滑道、水上交通、航空通道等，以及旅游专用停车场。

（1）车行道设计

① 机动车游览道路平面线性应该直截、连续、顺畅，与地形地物相适应，与周围环境相协调。除了满足机动车行驶的基本要求外，还应该满足驾驶者和旅游者在视觉和心理上的要求，做到线性连续、指标均衡、视觉良好、安全舒适。为满足道路排水要求，车行道的最小纵坡度一般应大于或者等于0.5%，困难时可大于或者等于0.3%。如遇特殊困难纵坡度小于0.3%时，应设置锯齿形偏沟或采用其他排水措施。在山地景区，机动车游览道路应控制平均纵坡度。越岭路段的相对高差为200~500m时，平均纵坡度宜采用5.5%；相对高度大于500m时，宜采用5%的平均纵坡度，任意连续3000m长度范围内的平均纵坡度不宜大于5.5%（表8-11）。② 机动车游览道路横断面形式分为单幅路和双幅路。单幅路适用于交通量相对较小的路段和道路用地扩展困难的盘山路段。双幅路适用于机动车双向交通量较大的路段，或由于特殊地面而双向车道不在同一高程上的路段，以及需要利用中央分隔带绿化的路段。③ 机动车游览道必须建设平整，符合行程安全要求。结构上必须能适应车辆的荷载以及风、雨、寒和暑等气候的影响，面层坚固、平稳、耐磨，有一定的粗糙度，并且少灰土、便于清扫，一般采用沥青混凝土、黑色碎石加沥青砂封面，水泥混凝土铺筑或者预制混凝土块等。④ 目前大多数旅游景区都设置了自行车专用游览道路，逐渐成为具有较强吸引力的重要风景道。自行车游览道路应尽量沿着地形等高线选定。长斜坡道路需在适当地点设置休憩平台或水平车道，以提供必要的休息游憩空间。自行车游览道路坡度以小于5°为宜，不建议超过8°。其中坡度超过2°的路径不宜超过4km，坡度超过4°的路径不宜超过2km，若有特殊高差且必须通过，则坡度也尽量不超过12°。自行车游览道路的每条车道宽度一般为1m，靠路边的和靠分隔带的车道侧向净空宽度应增加0.25m。自行车道路双向行驶的最小宽度为3.5m，混有其他非机动车时，单向行驶的最小宽度应为4.5m（表8-12）。自行车道路面材质优先选择透水性铺设材料，在透水不佳的地方，为避免车轮打滑，于

一条机动车道最小宽度　　　　　　　表 8-11

车型及车道类型	设计速度（km/h）	
	> 60	≤ 60
大型车或混行车道（m）	3.75	3.50
小客车专用车道（m）	3.50	3.25

一条非机动车道宽度　　　　　　　表 8-12

车辆种类	自行车	三轮车
非机动车道宽度（m）	1.0	2.0

碎石层下增铺过滤砂层，并增加碎石配给厚度在 15cm 以上。此外，为保证安全，自行车游览路与机动车道分离，宜单独设置，并在和步行游览路混行的路段设置必要的分隔标识线。

（2）步行道设计

步行道是旅游景区中线路规模最长、线性多样、景观优美的游览道路，适用于任何旅游景区，尤其在景点分布较为集中的地段是最重要的游赏通道和游憩空间。① 步行道线性宜曲不宜直：突出环山绕水，步移景换，曲径通幽的景观设计艺术；② 在缓坡地形，设计斜坡和台阶：坡度超过 12% 时，需要做防滑处理；坡度超过 18% 时，需设计适合游人步履的台阶；台阶级数一般不少于 3 级，多级则控制在 8~11 级左右设置平坡段；台阶过长或转向时应设置休息平台进行过渡；③ 步行道的设计宽度取决于客流密度、景观绿化及管线敷设等要求：通常单人行道路宽度为 0.8~1.0m，双人行道路宽度为 1.2~1.8m，三人行道路宽度为 1.8~2.2m；④ 步行道宜采用生态环保的材料进行艺术化的铺装，充分体现地方及民族特色。常用铺装材料包括石块、方砖、卵石、木材、石板和砖石碎块；⑤ 对于旅游景区主次步行道的要求：主路应串联主要景点、景物与观赏点，形成主要游览线，宽度应大于 2.0m；次路串联其他景点、景物与观赏点，形成一般游览线，路宽宜为 0.8~2.0m；⑥ 在旅游景区内设置康体运动型步行路应避开主要游览路线，宜利用原有山路、土路等建设，其道路宜设置成环路，组织单向交通；路宽宜为 0.8~2.0m，以自然土石道为主要路面类型；不同路线的长度与坡度可按不同等级分设，适合不同运动强度的需要。

（3）特殊通道设计

观光型的高空缆车、小火车、玻璃栈桥、垂直电梯、漂流游船等是目前旅游景区中比较常见的特殊交通游览工具。由于建设施工及后期运营都对旅游景区景观风貌带来较大影响，因此需要经过科学严谨的论证，确有必要设置特殊通道和设施设备时，其线路选择时应尽量避免破坏旅游景区主要景观的完整性，避开景点和观赏面，远离步行道，隐蔽设置，其色彩应与自然环境相协调，避免对景观环境和游览欣赏产生不利影响。针对滨水旅游景区，需要组织水上游览线路，则设置的航线与选择的游船不得对旅游景区游览环境产生不利影响，其游船码头的设置应与陆地交通合理衔接，并应设置集散场地，同时应避开景点、景物等游览地段。

4. 停车场设计

随着自驾游、房车营地、野营区的蓬勃发展，旅游专用停车场已经成为旅游景区越来越重要的组成部分。目前旅游停车场主要分为路侧停车点和专用停车场两种形式。路侧停车点是指在道路的一侧边缘或者两侧边缘划出一定的范围作为车辆停放的场所，虽然能够满足部分停车需求，但是仍会影响其他车辆和游客的通行。因此，一般在交通流量大的区域，路侧停车点仅作为高峰期临时车位布置，而专用停车场是旅游景区的主要静态交通设施。专用停车场根据空间利用方式，分为平面式、立体式、地下式，以及建筑附设式等类型。大多数旅游景区都采用平面式生态停车场，而城市旅游景区中多采用其他类型，节约用地并提高停车效率。

1）停车场位置选择

按照停车场与旅游景区空间位置关系可分为 4 种类型，分别为景区外部集中布局、景区外部分散布局、景区内部集中布局、景区内部分散布局。

（1）景区外部集中布局：旅游景区规模较小，内部空间资源有限而不宜设置停车场地，或停车场对于景观环境造成一定影响时，选择在景区外围布置专用停车场，所有的旅游者外来车辆均停泊于景区外部停车场，并通过景区内部车辆进行转换接驳。

（2）景区外部分散布局：专用停车场设置于景区外部时，若建设条件不允许大规模建设或环境不适宜作为集中停车场，则可以采取分散布置停车场的方式，即在旅游景区周边灵活分散地解决停车问题，但会增加旅游者停车后进入景区的步行距离。

（3）景区内部集中布局：旅游景区内有足够的空间或环境允许将部分空间开辟作为专用停车场，通常设置于景区主次出入口区域，需要注意合理安排停车场交通组织，并及时疏导人车交通流量，避免交通秩序混乱。

（4）景区内部分散布局：旅游景区内部面积较大且景点之间距离较远，不便徒步行走游览，则停车场可以采取内部分散布局的模式。将停车场设立在景区内部主要景点附近，以方便旅游者游览时的停车之需。但该布局会增加旅游景区内部道路交通的负荷，并对游客安全造成一定影响。由于分设多个停车场必然会对景区整体风貌环境有一定的影响，需要将停车场与周边环境通过植被或景观建筑进行视线隔离，降低影响和干扰。

2）停车场工程设计

（1）停车交通安全：停车场设计的首要问题是保障车辆和行人的安全，所以在规划时要重点考虑行人和车辆的动线分离、车辆的保全与安全、车辆间的相互负面影响等，通常在停车场内应设计与车行道分离的游客步行道，供停车场内下车的游客安全进入旅游景区。

（2）停车场主要由出入口、车道和停放区等组成：其中，停车场的出入口不应少于2个，其净距宜大于10m，出入口应有良好的通视条件，并要设置明显的交通标志。车道一般应尽量布置出单行道，避免形成死胡同；停放场地一般应分为大车停车区和小车停车区，其场地形态与车辆停放方式有关，有平行式、斜角式（与通道成30°、45°、60°）、垂直式三种（图8-12）。

（3）车位规模配置：停车场的面积应根据旅游景区的规模、性质、游客流量及对外交通方式、景区内部交通方式等因素综合确定。同时，不同类型的车辆拥有不同的体量和空间占用量，停车场设计时应预先对旅游者使用的车辆类型和体量进行估算，并据此对出入口、停车位、停车方式等进行设计。停车场单位停车面积一般平均按照 $40\sim45m^2$ 计算，具体按照大客车 $50\sim60m^2$/辆，中型车 $30\sim40m^2$/辆，小轿车 $25m^2$/辆的标准进行设计。

（4）停车场内坡度：停车场内坡度最大不得超过20%，匝道最小平面投影长度为20.3m，且坡度为坡道的一半。如果坡道顶端是步行道，则匝道水平投影最短为40.6m，坡度约为5%。

（5）排水设计：停车场内一般都使用不透水材料铺面，故需要考虑排水的问题。较常用方法包括明式排水，即公路和游览道路采用明沟排水，在设施出入口、广场等人行横道处增设盖板、涵管等构造物；暗式排水一般设置在旅游景区服务设施和游客较为集中的区域；混合式排水，即明沟和暗管相结合的方式。

3）停车场停车方式（图8-12，表8-13）

（1）垂直式停车：可以从两个方向进出车辆，停放较方便，在三种停车方式中所占面积最小，但转弯半径要求较大，行车通道较宽，地块充裕的情况下，一般中间车道设置为7m（图8-13）。

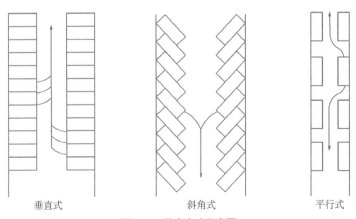

<table>
<tr><td>垂直式</td><td>斜角式</td><td>平行式</td></tr>
</table>

图8-12 停车方式示意图

机动车停车场设计参数　　　　　　　　　　　　表 8-13

停车方式 \ 车型分类	项目	垂直通道方向的停车宽度（m）					平行通道方向的停车带长（m）					通道宽（m）					单位停车面积（m²）				
		I	II	III	IV	V	I	II	III	IV	V	I	II	III	IV	V	I	II	III	IV	V
平行式	前进停车	2.6	2.8	3.5	3.5	3.5	5.2	7	12.7	16.0	22	3	4	4.5	4.5	5	21.3	33.6	73	92	132
倾斜式	前进停车	3.2	4.2	6.4	8	11	5.2	5.6	7	7	7	3	4	5	5.8	7	24.4	34.7	62.3	76.1	78
	前进停车	3.9	5.2	8.1	10.4	14.7	3.7	4	4.9	4.9	4.9	3	4	6	6.8	7	20	28.8	54.4	67.5	89.2
	前进停车	4.3	5.9	9.3	12.1	17.3	3	3.2	4	4	4	4	5	8	9.5	10	18.9	26.9	53.2	67.4	89.2
	后退停车	4.3	5.9	9.3	12.1	17.3	3	3.2	4	4	4	4.5	6	6.5	7	7.3	18.2	26.1	50.2	62.9	85.2
垂直式	前进停车	4.2	6	9.7	13	19	2.6	2.8	3.5	3.5	3.5	6	9.5	10	13	19	18.7	30.1	51.5	68.3	99.8
	后退停车	4.2	6	9.7	13	19	2.6	2.8	3.5	3.5	3.5	4.2	6	9.7	13	19	16.4	25.2	50.8	68.3	99.8

注：表中 I 类指微型汽车，II 类指小型汽车，III 类指中型汽车，IV 类指大型汽车，V 类指铰接车。

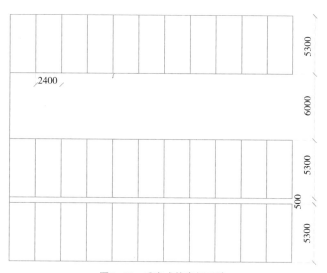

图8-13　垂直式停车场设计

（2）斜角式停车：斜角停车时进出车较方便，所需转弯半径较小，相应通道宽度面积较小，但进出车只能沿一个固定方向，且停车位前后出现三角形面积，因而每辆车占用的面积较大（图8-14）。

（3）平行式停车：平行停车方式的车辆进出车位方便和安全，但每辆车因进出需要而占用的面积较大（图8-15）。

（4）无障碍停车：旅游景区应设置部分无障碍停车位，满足残障人士的停车需求。在正常停车位一侧增加大于 1.2m 的轮椅停放空间。无障碍车位应布置在离建筑出入口最近的位置（图8-16）。

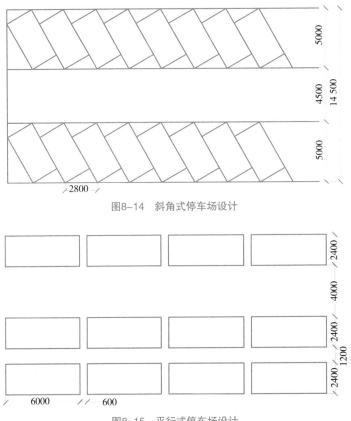

图8-14　斜角式停车场设计

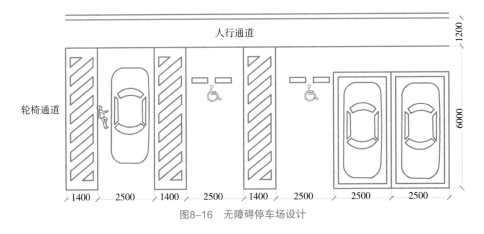

图8-15　平行式停车场设计

图8-16　无障碍停车场设计

5. 交通配套设施规划

1）加油（气）站、充电站

大型旅游景区需要规划加油（气）站、充电站，站址选择在交通便利的地方设置，同时还应符合城镇规划、环境保护规划和防火安全要求，尤其应注意加油（气）站、充电站与站外周边建筑物、构筑物等保持相应的安全间距。

2）洗车场规划

一般规划在旅游景区出入口附近，也可以与旅游专用停车场布设在一起。

3）维修站规划

通常布局在旅游景区外围区域，为自驾车旅游者提供必要的车辆维修服务。为了减少维修对周边环境的污染，站址内必须配置有良好的排水、排污系统。

8.5.2　电力电信工程规划

1. 电力工程规划

旅游景区对电力系统的要求较高，大量的旅游活动和餐饮住宿服务需要可靠的电力能源保障，特别是在旅游旺季。因此，要求旅游景区供电系统必须具有平稳性、充足性、可持续性的特点。旅游景区电力工程规划应掌握以下资料：地区电力网资料、电源资料、电力负荷情况、输电线路、旅游景区各用电区域旅游者规模，以及现有电力系统的事故及原因、未来发展设想等。

供电设施规划的基本任务是：确定旅游景区供电电源的种类和布局；合理布置景区内部电力网；明确电压等级及层次；选择区域电源、户外箱式变电站、配电所的位置、容量、数量；确定电力网的走向，包括确定高压走向、高压走廊位置、低压接线方式、架空线距游览线的最小平行距离、地下电缆的位置。在游览道路和游人活动区域，供电线路应沿道路埋地敷设，在其他区域不影响景观的情况下可架空明设；明确分区分期负荷与电力平衡和供电系统方案。科学合理的电力系统方案，应注重考虑几个关键问题：① 适当的动力供给；② 动力供给的持续性；③ 作出准确的高峰负荷预测，设计的电力系统要能满足中高峰负荷的需要；④ 供电容量应该有发展的弹性空间等，以满足用户对于供电可靠性和电能质量的需求。

1）电力负荷等级与电量预测

（1）电力负荷等级：电力负荷根据供电可靠性及中断供电在政治、经济上所造成的损失或影响的程度，分为一级负荷、二级负荷及三级负荷。其中一级负荷，是指突然中断供电将会造成人身伤亡或会引起周围环境严重污染的；将会造成经济上的巨大损失的；将会造成社会秩序严重混乱或在政治上产生严重影响的。一级负荷中特别重要的负荷，除由两个电源供电外，尚应增设应急电源，并严禁将其他负荷接入应急供电系统。二级负荷，是指突然中断供电会造成经济上较大损失的；将会造成社会秩序混乱或政治上产生较大影响的。三级负荷是指不属于上述一类和二类负荷的其他负荷。用电负荷的这种分类方法，其主要目的是为确定供电工程设计和建设标准，保证使建成投入运行的供电工程的供电可靠性能满足生产或安全、社会安定的需要。通常情况下，旅游景区采用二级负荷或三级负荷，对于综合性旅游度假区或大型主题乐园等电力要求较高的景区可以配置备用电源来提高供电的可靠性。

（2）电力负荷总量预测：电力负荷是指电力系统中，在某一时刻所承担的各类用电设备消费电功率的总和（单位：kW）。旅游景区电力负荷的预测指标主要包括单项建设用地供电负荷密度参考指标、分类综合用电参考指标和单位建筑面积用电负荷参考指标三大类。采用负荷密度法预测电力负荷时，预测指标主要参考单项建设用地的供电负荷密度指标（表8-14）和分类综合用电指标（表8-15）。采用综合用电水平法预测电力负荷时，预测指标主要参考单位建筑面积用电负荷指标（表8-16）。

规划单项建设用地供电负荷密度指标参考表　　　　　　表8-14

类别名称	单项建设用地负荷密度（kW/hm^2）	类别名称	单项建设用地负荷密度（kW/hm^2）
度假用地	1.5~2.5	工业用地	2~5
商业用地	4~7	旅游度假用地	2~6
行政管理用地	2~4	道路广场用地	0.2~0.5
绿地	0.1~0.5	其他用地	0.5~2

分类综合用电指标参考表　　　　　　表8-15

用地分类		综合用电指标	备注
度假用地	高级度假别墅	$30~60W/m^2$	全电气化
	度假宾馆/度假公寓	$15~30W/m^2$	有空调、电热水器、无电灶、基本电气化
	一般度假设施	$10~15W/m^2$	安装有一般家用电器
公共设施用地（C）	行政办公用地（C_1）	$15~26W/m^2$	行政、党派和团体等机构用地
	商业金融用地（C_2）	$22~44W/m^2$	商业、金融业、服务业和市场等用地
	文化娱乐用地（C_3）	$20~35W/m^2$	新闻出版、文艺团体、广播电视、图书展览、游乐等设施用地
	体育用地（C_4）	$14~30W/m^2$	体育场馆和体育训练基地
	医疗卫生用地（C_5）	$18~25W/m^2$	医疗、保健、卫生、防疫、康复和急救设施等用地
	教育科研设计用地（C_6）	$15~30W/m^2$	高校、中专、科研和勘测设计机构用地
	文物古迹用地（C_7）	$15~18W/m^2$	
	其他公共设施用地（C_8）	$8~10W/m^2$	宗教活动场地、社会福利院等
道路广场用地（S）	道路用地（S_1）	$17~20kW/km^2$	
	广场用地（S_2）		
	社会停车场库用地（S_3）		
市政公用设施用地（U）	供应（水、电、燃气、热）设施用地（U_1）	$830~850kW/km^2$	
	交通设施用地（U_2）		
	邮电设施用地（U_3）		
	环卫设施用地（U_4）		
	施工与维修设施用地（U_5）		
	其他（如消防）（U_6）		

规划单位建筑面积用电指标参考表　　　表 8-16

建筑类型	用电指标（W/m²）	建筑类型	用电指标（W/m²）
高级宾馆饭店	120~160	剧院、陈列室等大型公建	60~100
中级宾馆饭店	100~140	商场	50~100
普通宾馆饭店	70~100	行政办公建筑	40~60
度假别墅	7~10（W/户）	停车场	15~40

2）电源与电网布局

（1）电源选择：旅游景区一般主供电电源主要引自区域变电所（站）等电源设施。旅游景区内部用电设施分散且规模较小，设置供电线路不经济时，可根据当地自然条件利用太阳能、风能、地热、水能、沼气生物能等能源，但以上电源设施的布局和建设，须选择地质稳定安全的场地，不受积水或洪水淹没的威胁；并临近旅游用电负荷中心，减少输电距离；同时场地便于电力线路的接入和引出，且不得破坏景观环境质量和自然生态系统。

（2）电网布局模式：一般有两种，放射状电网布局和环状电网布局。放射状电网布局以变电站为核心，供电线路由中心变电站向四周发散。这种供电模式将用电单位与变电站直接相连，优点是供电线路较短，便于管理；缺点在于容易发生短路事故。双回路环状电网布局是按照不同等级的电压布局。这种供电模式有利于保证供电的安全性和稳定性，不过由于采用环线设计，建设投资成本较高。

（3）线路敷设：电力线路的敷设分为架空线路和地下电缆线路两种。架空线路一般采用绝缘线，通过电线杆悬挂架设。该线路敷设方式对于旅游景区的景观效果影响较大，并且容易受外界侵蚀或者磨损从而导致事故发生。地下电缆线路是将线路集中后通过管道埋于地下。埋地对于景观的保护十分有利，也较为安全，但是成本相对较高。旅游景区内的电力线路布局尤其应该注意以下问题：电力线路架设既要保证不破坏旅游景观和植物，尽量隐蔽，又要保证供电安全经济；在景区重要地段可视范围内，建议铺设地下电缆。

3）防雷设施

对于地处空旷地区或者山区的旅游景区，区内的游乐设施、制高点的护栏、缆车、索道等活动设施，以及建筑物、供电设施等应装备防雷设施，以防止发生雷击损伤游人的事件。

2. 电信工程规划

旅游景区的主要信息服务内容包括邮件、电话、电报、传真等，特别是无线通信、可视电话、网络等先进技术的应用。旅游者对电信设施的要求较高，要求服务迅速、方便、安全、准确，因此要求旅游景区的电信系统达到顺畅先进、质量优良、灵活性强、业务齐全、体系完整。

电信工程规划的内容主要包括：各项通信设施的标准和发展规模（包括移动电话、长途电话、市内电话、电报、电视台、电视接收、无线电台、微波通信、光缆等）；邮政设施标准、服务范围、主要局所的网点布置；通信设施布局、通信线路布置、敷设方式；微波通道的保护范围；智慧景区监控系统设置等。通过规划建设，进一步优化旅游景区电信服务和邮政服务，实现旅游景区信息化、数字化、智能化（表8-17）。

每对电话主线所服务的建筑面积　　　　　　　　　　　　　表8-17

建筑类别	每对电话主线所服务的建筑面积（m^2）
宾馆	20~30
服务中心	40~50
商业	30~40
办公	25~30
休闲娱乐场所	100~120

8.5.3　给水排水设施工程规划

1. 给水工程规划

1）规划任务

估算旅游景区的用水总量；选择水源地；确定供水点；布置供水管道；不仅满足游客和当地居民用水需求，还要满足旅游景区内消防用水和其他用水需求，如苗木灌溉、水景用水等。

2）规划内容

用水量标准及生活、生产、市政用水总量估算；水资源供需平衡；水源地选择、供水能力、取水方式、净水方案及制水能力；输水管网及配水干管布置，加压站位置和数量；水源地防护措施。

3）用水量估算

旅游景区用水规划首先要对用水量进行测算。旅游景区用水量是指用水高峰时段的总用水量，一般结合相关规范的用水标准进行测算（表8-18、表8-19）。

在实际规划中，应根据旅游景区高峰游客量与日常游客量规模，结合地区气候、区域水资源及供水设施等因素综合分析确定。

旅游景区年用水量可按以下公式计算：

旅游景区用水标准　　　　　　　　　　　　　　　表 8-18

类型	用水标准
住宿游客	$0.5m^3/$ 人次
一日游客	$0.02m^3/$ 人次
常住游客	$0.35m^3/$ 人次
服务人员	$0.35m^3/$ 人次
绿地喷洒	$20m^3/hm^2$
道路喷洒	$10m^3/hm^2$
消防用水	$36m^3/hm^2$

旅游景区生活用水标准　　　　　　　　　　　　　　　表 8-19

类别	简易旅馆	一般旅馆	中级旅馆	高级旅馆	景区散客	景区散客
供水（L/床·日）	80~130	120~200	200~300	250~400	60~150	10~30

资料来源：《风景名胜区总体规划标准》GB 50298—2018。

$$T=D \times (L+F+E) \times K \qquad (8-6)$$

式中　T——旅游景区年用水量；

　　　D——旅游景区适游天数；

　　　L——旅游景区生活用水量；

　　　F——旅游景区消防用水量；

　　　E——旅游景区其他用水量；

　　　K——日变化系数，通常为 1.1~2.0。

4）水源选择与保护

旅游景区供水水源类型可分为地下水源及地表水源两大类。通常旅游景区距离城市较远，管道设施建设不经济，城市市政给水设施无法到达。因此，需要景区根据实际情况，选择合适的水源。若距离水源较远，则应在旅游景区内或者旅游景区附近设置蓄水池，降低输水成本；针对旅游景区范围较大、旅游用水分散的特点，则可以考虑多水源分区供水，按照就近取水的原则，布置供水设施；对于水资源匮乏的景区，尽量避免设置用水量大的旅游活动与项目，节约用水；若地形起伏度较高时，可修建高位水库、高位蓄水池和拦河坝，利用重力供水来降低成本。此外，特殊情况下还可以选择地下水作为景区供水水源。

需要注意的是，旅游景区水源，需要严格按照《地面水环境质量标准》GB 3838—2002 划分的水体功能区，实施不同的水污染控制标准和保护目标（表 8-20）。水源要求水质良好，没有受到污染且净化方便。取水点一般选择在流速快、河道平直处，避开死水区和回水区。禁止在取水点周围半径 100m 以内停船、游泳及其他污染水源的活动；

地表水域功能分类与水污染防治控制区及污水综合排放标准分级之间关系　　表 8-20

	地表水环境质量标准中水域功能分类	水污染防治控制区	污水综合排放标准的分级
Ⅰ类	源头水、国家自然保护区	特殊控制区	禁止排放污水区
Ⅱ类	集中式生活饮用水水源地一级保护区、珍贵鱼类保护区、鱼虾产卵场等	特殊控制区	禁止排放污水区
Ⅲ类	集中式生活饮用水水源地二级保护区、一级鱼类保护区、游泳区	重点控制区	执行一类标准
Ⅳ类	工业用水区、人体非直接接触的娱乐用水区	一般控制区	执行二级或三级标准（排入生物处理污水处理厂）

不得在水源周围 1000m 和下游 100m 内排入生活污水；不能在蓄水、给水的上游区布置接待、生活设施；禁止在水源地（蓄水库）及上游或者汇水区内采伐林木、放牧、垦殖，注意营造水源涵养林。

5）管网布置

水源的输送首先经过输水主干网从水厂输送到景区，再由支干网连接到旅游景区各分区，然后通过支管向各用水单位输送，最后通过用户管供给各类人员使用。管网的布置一般有树枝状和环状两种形式（图 8-17、图 8-18）。① 树枝状管网的管道总长度较短，一旦管道某一处发生故障，旅游景区容易断水；② 环状管网的利弊恰恰相反，配水管网一般敷设成环状，在允许间断供水的地方，可敷设树枝状管网。在规划实践中，可根据景区地形环境等情况结合布置，即整体管网为环状布置方式，局部区域则采取树枝状管网布置方式。

此外，旅游景区供水管网应该尽量均衡布置在整个供水区域，以保证供水的连续性；建议供水干管、蓄水池、水塔、水泵等工程设施位置隐蔽或进行景观化处理，宜与旅游景区环境协调。

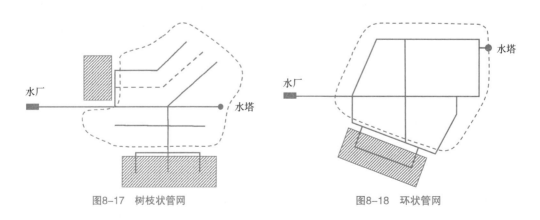

图8-17　树枝状管网　　　　　　　　　图8-18　环状管网

2. 排水工程规划

旅游景区完善的排水工程设施能够保证旅游景区的环境卫生，保护旅游资源及其生态平衡，保护游客和当地居民的身体健康，对旅游景区和当地的可持续发展具有重要的意义。

1）规划内容

确定排水制度；估算各规划期雨水、污水排放量，研究雨水排放方法、污水性质与处理方法、污水处理等级，以及分散或者集中的污水处理设施位置，排污管、渠系统规划布局，确定污水站及位置；污水处理设施布局、规模、处理等级以及综合利用的措施；研究污水、污物综合利用的可能性。

2）雨水径流量及污、废水生成量估算

根据排水设施系统设计的经济性原则，旅游景区排水设施的规模需要视旅游景区雨水径流量，及其居民生活及旅游业经营所产出的污废水生产量来考虑。

（1）旅游景区雨水径流量估算：根据自然地理学的相关内容，旅游景区雨水径流量大小受到三个方面因素的制约，即旅游景区所在区域的气候、气象状况；地形地貌情况；植被、土壤情况等。其中，气象气候决定了旅游景区降水的时间、范围和强度；地形地貌决定了地表水流通畅或者渍积程度；植被可对降水产生截流作用，而土壤的质地和结构则决定了地表雨水的下渗程度（表 8-21）。旅游景区雨水排放量通过当地降雨强度、排水面积，以及径流系数等指标来估算。

$$Q=\Psi Fq$$

式中　Q——管段的设计流量，L/s；

　　　F——管段的设计排水面积（hm^2）；

　　　q——管段的设计降雨强度，L/（$s \cdot hm^2$）；

　　　Ψ——径流系数。径流系数一般凭多年的实践经验采用。《室外排水设计标准》GB 50014—2021 建议参照表 8-21，排水面积的平均径流系数按加权平均法计算。

<table>
<tr><td colspan="4" align="center">旅游景区各类用地径流量系数</td><td align="right">表 8-21</td></tr>
<tr><td align="center">地面覆盖种类</td><td align="center">径流系数</td><td align="center">地膜覆盖种类</td><td colspan="2" align="center">径流系数</td></tr>
<tr><td align="center">各种屋面　混凝土和沥青路面</td><td align="center">0.90</td><td align="center">干砌砖石和碎石路面</td><td colspan="2" align="center">0.40</td></tr>
<tr><td align="center">石砌路面　沥青表面处理的碎石路面</td><td align="center">0.60</td><td align="center">非铺砌土路面</td><td colspan="2" align="center">0.30</td></tr>
<tr><td align="center">碎石路面</td><td align="center">0.45</td><td align="center">绿地和草地</td><td colspan="2" align="center">0.15</td></tr>
</table>

（2）污水、废水生成量估算：旅游景区污水、废水的生成量估算，需要结合旅游景区的污、废水来源和类型以及旅游景区给水系统设计的规模来考虑。

其中，旅游景区管理者及社会居民的生活污水量按照下列公式计算：

$$Q_1 = K_z \sum \frac{nN}{24 \times 3600} \qquad (8-7)$$

式中　Q_1——旅游景区管理者及居民生活污水预计生产量；

　　　n——生活污水定额；

　　　N——规划人口数；

　　　K_z——生活污水量总变化系数。

其中，旅游景区旅游经营污水量估算按照下列公式计算：

$$Q_2 = \sum \frac{SN'K'_h}{24 \times 3600} \qquad (8-8)$$

式中　Q_2——旅游景区旅游经营的污水预计生产量；

　　　S——各旅游经营设施最高日生活污水定额；

　　　N'——各旅游经营设施在设计使用年限终期所服务的用水量单位数；

　　　K'_h——各旅游经营设施污水量时变化系数。

（3）地下水渗入量估算：在地下水水位较高的旅游景区，由于多种因素的影响，地下水常会出现渗入现象。这时，需要估算地下水渗入量以设计污水排放系统。地下水的渗入量可参考国内外的相关经验数据，按照污水估算量的 10%~20% 估算。

在求得上述类别的污废水生成量外，将它们相加，即可估算出旅游景区的污废水生产量。由于各类污废水一般不可能在同一时间达到排放的最大量，所以算出的估算量会偏大。

3）排水体制

对生活污水和雨水采用不同的排放方式所形成的排水系统，称为排水体制，又称排水制度。可分为合流制和分流制两类。

（1）合流制排水系统：合流制排水系统是将生活污水和雨水混合在一个管渠内排除的系统。细分为：① 直排式合流制。管渠系统的布置就近坡向水体，分若干个排水口，混合的污水经处理和利用直接就近排入水体（图 8-19）。② 截留式合流制。通过设置截留干管和溢流井，将污水输送到污水处理厂，经过处理后排入水体。当雨量增加时，污水的流量超过截留干管的输水能力后，将有部分混合污水经溢流井溢出直接排入水体（图 8-20）。

（2）分流制排水系统：分流制排水系统是将生活污水和雨水分别在两个或者两个以上各自独立的管渠内排除的系统。为保证旅游景区环境质量，排水体制应采取雨污分流。细分为：① 完全分流制。分设污水和雨水两个管渠系统，前者送至污水处理厂，经处理后排放和利用，后者就近排入水体（图 8-21）。② 不完全分流制。只有污水管道系统而没有完整的雨水管渠排水系统。污水经由管道系统流至污水处理厂，经处理后排入水体；雨水通过地面漫流进入不成系统的明沟或暗渠排入水体（图 8-22）。

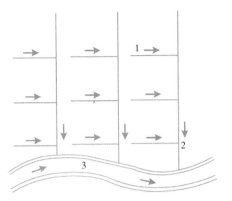

图8-19　直排式合流制排水系统
1—合流支管；2—合流干管；3—河流主干管

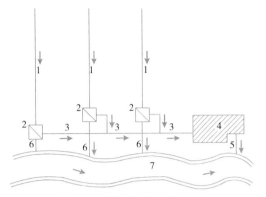

图8-20　截留式合流制排水系统
1—合流支管；2—合流干管；3—河流主干管；
4—污水处理厂；5—出水口；6—溢流管；7—河流

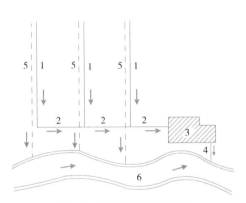

图8-21　完全分流制排水系统

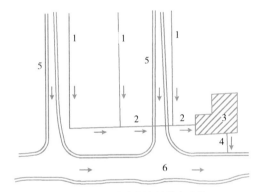

图8-22　不完全分流制排水系统

1—污水干管；2—污水主干管；3—污水处理厂；4—出水口；5—明渠；6—河流或小河

4）排水管网要求

管线布置应简捷顺直，一般沿道路布置，雨水尽量利用道路两侧边沟来排除；排水管网布置应尽可能在管线较短和埋深较小的情况下，让雨污水自流排出；污水主干管的走向与数量取决于污水处理厂和出水口的位置与数量，并且结合接待服务设施的布局来进行。

5）污水处理设施要求

污水处理厂是旅游景区污水处理的主要设施，因规模较大，且具有一定的污染性，因此其选址需要进行科学布置。其技术要求为：在景点和景区范围内，不得布置暴露于地表的大体量污水处理厂；污水处理厂应设在地势较低处，便于旅游景区污水自流入厂内；污水处理厂宜设在水体附近，便于处理后的污水就近排入水体；污水处理厂不宜设在雨季易受水淹没的低洼处；靠近水体的污水处理厂应不受洪水的威胁。

8.5.4　供热燃气工程规划

1. 供热工程规划

1）规划内容

测算供热负荷，确定供热方式；划分供热区域范围，布置热电厂；热力网系统、敷设方式；联片集中供热规划。

2）供暖热负荷预测

采用综合热指标进行估算（表8-22）。

$$Q_n = q \cdot A \qquad （8-9）$$

式中　Q_n——供暖热负荷，kW；

$\quad q$——供暖热指标，W/m^2；

$\quad A$——供暖建筑物的建筑面积，m^2。

供暖热指标推荐值

表8-22

建筑物类型	住宅	居住区综合	学校办公	医院托幼	旅馆	商店	食堂餐厅	影剧院	大礼堂体育馆
热指标（W/m^2）	58~64	60~67	60~80	65~80	60~70	65~80	115~140	95~115	115~165

注：热指标中包括约5%的管网损失在内。

3）管网布置

旅游景区热力网的布置应考虑热负荷分布、热源位置、与各种地上和地下管道及构筑物，以及园林绿地的关系，结合水文、地质条件等多种因素，进行技术经济比较确定。热力网管道的位置应符合下列要求：道路上的热力网管道一般平行于管路中心线，并应尽量敷设在车行道以外的地方，一般情况下同一条管道应只沿道的一侧敷设；通过非建筑区的热力网管道应沿道路敷设；热力网管道选线时应尽量避开土质松软地区、地震裂带、滑坡危险地带以及地下水位高等不利地段。

2. 燃气工程规划

1）规划内容

估算燃气消耗水平，选址气源，确定气源结构；确定燃气供应规模；确定输配系统、供气方式、管网压力等级、管网系统；确定调压站、灌瓶站、储存站等工程设施布局。

2）燃气消耗水平预测

旅游景区燃气消耗总量的估算可以通过以下公式进行计算：

$$Q = Q_1 + Q_2 + Q_3 \qquad （8-10）$$

式中　Q_1——居民生活用气量；

Q_2——公共建筑用气量；

Q_3——未预见用气量。

其中，Q_1、Q_2 应分别按提供的指标进行计算（表 8-23、表 8-24）；未预见用气量按总用气量的 5% 计算。

居民生活用气量指标（MJ/人·年）　　　　　　　　　表 8-23

城市所属地区	有集中供暖的用户	无集中供暖的用户
东北地区	2303~2721	1884~2303
华东、中南地区		2093~2305
北京	2721~3140	2512~2931
成都		2512~2931

公共建筑用气量指标　　　　　　　　　表 8-24

类别		单位	用气量指标
商业建筑		kJ/m²·天	335~502
宾馆	有餐厅	MJ/（床位·年）	8372~29 302
	无餐厅	MJ/（床位·年）	3350
餐饮业		MJ/（座·年）	7955~9211
医疗机构		MJ/（床·年）	1931
科研院校		MJ/（人·年）	2512
幼儿园		MJ/（人·年）	1260~2300

3）气源选择

遵照国家的能源政策和本地燃料的资源状况，按照技术上可靠、经济上合理的原则，合理选择旅游景区燃气的气源；尽可能就近利用周边城镇气源，做到物尽其用，如充分利用附近钢铁厂、炼油厂、化工厂等的可燃气体副产品。

4）燃气输配管网布置

燃气管网布置应靠近景区的主要燃气用户；燃气主干线逐步连成环状，保证供给的稳定性和可靠性；尽量避开主要交通干线和游客集散区域，禁止在建筑物下、堆场、高压电力线走廊、电缆沟道、易燃易爆和腐蚀性液体堆场下及与其他管道平行重叠敷设；管道敷设应尽量少穿公路、铁路、沟道和其他大型构筑物，并应有一定的防护措施；尽量避免穿越大型河流、湖泊、水库和水网地区；与高压输电线路保持一定的安全防护距离。

8.5.5　环境卫生设施工程规划

旅游景区作为自然环境优美的游憩场所，对于景区环境卫生的要求较高，整洁、卫生、优美的景区环境对旅游形象的塑造至关重要。景区环卫设施规划必须从整体上满足旅游景区生活垃圾收集、运输、处理和处置等功能要求，贯彻垃圾处理无害化、减量化和资源化原则，实现景区生活垃圾的科学处理。

规划的主要任务：预测景区生活垃圾产量和成分，确定生活垃圾收集、转运、处理和处置方式，给出旅游公共厕所布局原则及数量，并选择相应的环境卫生设施，提出其设置原则、类型、标准、数量、规模、布局和防护要求，同时对于设置数量较多的设施，需要提出工艺、技术和建设要求，注重设施生态化、景观化，以与旅游景观环境相协调。

1.垃圾箱

1）布局要求

景区垃圾箱是日常频繁使用的垃圾收集设施，其总体布局按照服务半径要求均衡分布于旅游景区，符合方便、实用、美观、协调的原则，合理安排数量和布点。其中，对于旅游者聚集和停留时间长的区域，可重点予以关注，布设更多的垃圾收集设施。① 景区出入的广场、停车场，旅游综合服务区的宾馆、商店、餐厅、娱乐等场所；② 游客数量多，游览频次高、停留时间长，活动类型丰富的度假休息区和游憩活动区；③ 根据游览道路级别和类型，按照一定的间距进行设置，主要游览道路100m 左右，一般游览道路200~400m 设置垃圾收集箱。

2）垃圾产量估算

旅游景区生活垃圾日产量可采用公式计算：

$$Q = \frac{RC}{1000} \quad (8-11)$$

式中　Q——生活垃圾日产量，t/d；

　　　R——规划游客规模，人次；

　　　C——人均生活垃圾日产生量，kg/（人·d），可取 0.8~1.4kg/（人·d）。

餐饮垃圾应根据景区餐饮和宾馆实际产生量确定，也可按公式计算：

$$M_c = \frac{R'm}{1000} \quad (8-12)$$

式中　M_c——餐饮垃圾日产量，t/d；

　　　R'——规划游客规模，人次；

　　　m——人均餐饮垃圾日产生量，kg/（人·d），可取 0.1kg/（人·d）。

3）造型设计

垃圾箱的造型应该根据旅游景区的环境特点以及不同造型垃圾箱的功能进行设置。作为景区中数量较多的小型公共设施，垃圾箱的造型应该与周围环境协调一致。垃圾箱的类型较多，根据开口方式，可分为有盖式和无盖式；按照清理类型，可以分为内胆式、无内胆式、混合式和分离式等。同时，垃圾箱的制作材料较为多样，有金属、塑料、木质、水泥等多种类型。因此，景区垃圾箱的体量、造型、风格、材质多种多样，必须依据游客数量、服务类型，以及根据不同主题功能区，周边景观环境等因素，精心进行垃圾收集设施的功能设计和美学设计。

2. 旅游厕所

1）选址与建设要求

旅游景区厕所的选址一方面要考虑游客需求与行为特征，另一方面要注重厕所对景观环境的影响。通常情况，旅游厕所优先布置于游客数量较多的场所，如景区交通枢纽、公共停车场、旅游服务区、主要景观景点、游憩活动场所，以及人流较多的道路沿线，大型公共建筑附近等。旅游厕所的建筑面积需要根据服务人数确定；旅游厕所应以附属式公共厕所为主，独立式公共厕所为辅，移动公共厕所为补充；在满足环境和景观要求的条件下，公共厕所宜与其他环境卫生设施合建。独立式旅游厕所占地面积应根据实际用地情况、人流量和区域重要性确定，一般为 60~170m^2，且与相邻建筑物间距设置不小于 3m 宽绿化隔离带，并远离景区水源地。此外，旅游厕所需要足够的水源进行支撑，在给水管道不能到达区域应设置环保生态的免水冲厕所。

根据《旅游厕所质量等级的划分与评定》GB/T 18973—2016 对旅游厕所的等级划分由低到高分别是 A 级、AA 级、AAA 级。提倡简约、卫生、实用、环保，最终实现旅游景区、旅游线路沿线、交通集散点、旅游餐馆、旅游娱乐场所、休闲步行区等区域的旅游厕所全部达到标准，实现保护自然生态、优化旅游环境、提升旅游形象，更好地为旅游者提供服务的目标。

2）造型和材质设计

旅游厕所外观应该与周边环境和建筑协调一致，不能让游客感觉过于突兀；厕所的材质应该选择具有当地特色、经久耐用、便于维修的材料。作为辅助性建筑，还应具有一定的隐蔽性。另外，公共厕所标识的文字、图案不宜夸张突兀，应采用标准图案，中英文对照，材质防腐，防眩光，安装位置醒目。

3. 垃圾收集站、转运站和处理站

1）垃圾收集站

采用人力收集，服务半径宜为 0.4km，最大不宜超过 1km；采用小型机动车收集，服务半径不宜超过 2km；规模较大的旅游服务中心可单独设置垃圾收集站。若规模较小则宜采用密闭方式的垃圾容器或建造垃圾容器间，建造面积不宜小于 10m²（表 8-25）。景区中的水系可按需设置清除水生植物、漂浮垃圾和收集船舶垃圾的水域保洁管理站，以及相应岸线和陆上用地。

垃圾收集站用地指标表　　　　　　　　　　　　　表 8-25

规模（t/d）	用地面积（m²）	与相邻建筑间距（m）
20~30	300~400	≥ 10
10~20	200~300	≥ 8
< 10	120~200	≥ 8

注：① 带有分类收集功能或环卫工人休息室功能的垃圾收集站，应适当增加占地面积；
② 与相邻建筑间隔自收集站外墙起计算。

2）垃圾转运站

环境卫生转运设施宜布局在景区垃圾产生量多且交通运输方便的场所，但不宜设置在公共服务设施集中区域、旅游集散区域和游赏景观区域。同时转运设施选址和建设要求隐蔽化，并与周边环境协调（表 8-26）。

垃圾转运站用地标准　　　　　　　　　　　　　表 8-26

类型		设计转运量（t/d）	用地面积（m²）	与站外相邻建筑间距（m）
大型	I	1000~3000	≤ 20 000	≥ 30
	II	450~1000	10 000~15 000	≥ 20
中型	III	150~450	4000~10 000	≥ 15
小型	IV	50~150	1000~4000	≥ 10
	V	≤ 50	500~1000	≥ 8

注：① 表内用地面积不包括垃圾分类和堆放作业用地；
② 与站外相邻建筑间距自转运站用地边界起计算；
③ II、III、IV 类含下限值，不含上限值，I 类含上、下限值。

3）垃圾处理设施

旅游景区一般采用中、小型垃圾运输车将分散的垃圾收集起来，然后转运至景区外部的城镇垃圾处理厂进行处理，处理方式主要有垃圾填埋和焚烧处理。通常旅游景区不设置垃圾处理站，若为大规模综合性旅游度假区，则根据实际情况进行规划设计。垃圾填埋场和垃圾焚烧厂的选址和建设都应符合相关技术规范的要求。此外，旅游景区环境卫生设施中还涉及环境卫生车辆，如洒水车、清雪车、除草车辆及专用停车场和环卫管理设施等。

8.5.6　安全设施工程规划

旅游者对于旅游安全极为关注，使旅游业对于安全的敏感程度远大于其他产业。旅游景区发生的安全事故和自然灾害将会严重影响旅游业的正常发展。游客的人身安全和财产安全是旅游活动开展的基本前提，旅游景区必须确保为广大游客营造一个安全、安心、舒畅的游览环境。

旅游安全设施是指为了保障旅游景区旅游资源、游憩设施和游客（人身与财产）不受危险因素威胁而建立的建筑工程、场地工程和设备设施的总称。旅游安全设施工程规划的任务是对旅游景区内存在的各种不安全因素进行有效管理，降低和消除旅游景区安全事故的发生，为游客提供一个安全的游览游憩环境。

旅游景区安全事故表现形态分为 7 类：交通安全事故、景区治安事件、景区火灾事故、景区自然灾害事故、餐饮食物中毒事故、游览设备安全事故、其他意外事故。旅游景区安全防灾措施可以分为两种，一种为工程性措施（硬措施），另一种为管理性措施（软措施），二者相互依赖，相辅相成。

1. 人为事故预防

1）防火设施

旅游景区通常不设置消防站，可以依托周边城镇消防站的消防力量保障景区安全。一般自然旅游景区远离城镇，因此必须加强旅游景区建筑自身的消防设施配置，严格按照《建筑设计防火规范》GB 50016—2014（2018 版），遵循"预防为主，防消结合"指导方针，要求景区建筑密集区预留消防通道，消防车道可利用交通道路，但应满足消防车通行与停靠的要求，消防车道的净宽度和净空高度均不应小于 4.0m；尽端式消防车道应设置回车道或回车场，回车场的面积不应小于 12.0m×12.0m；供大型消防车使用时，不宜小于 18.0m×18.0m；当建筑的沿街长度超过 150m 或总长度超过 220m 时，应在适合位置设置穿过建筑的消防车道；室外消火栓应沿道路设置，道路宽度超过 60m 时，宜在道路两边设置消火栓，布置间距不应超过 120m；建筑物必须安装自动报警系统，并配置必要的室内消火栓和灭火器，增强自身消防能力建设。此外，森林景区的防火设施还包括防火观测塔、防火线、防火沟和防火林带。其中，防火观测塔是景区中发现林火、观测火情、确定火点的重要设施，一般选址在旅游景区开阔的制高点上，要求能最大限度覆盖潜在林火威胁区，瞭望半径为 15~25km 为宜。防火林带是阻止火灾蔓延的重要设置，应根据"适地适树"的原则，选择生长迅速，枝叶茂密，郁闭快，常绿或落叶较齐而分解较快，不易燃（含水分较多），抗火性强，燃烧缓慢，萌芽能力较强的树种。

2）安全防护设施

旅游景区复杂的地形地势和多变气候，使旅游景区内存在一些危险地段，必须设置相应的安全护栏。景区内最为常见的是游览栈道、山岩景观和水系岸线设置的防护栏。安全护栏通常设置在危险地段，如：坡度大于 25% 的步行道两旁，悬崖、陡坡、桥梁、湍急河流边等特殊地段。安全护栏必须有较深的地基，立柱间距不宜过大，一般为 2~3m，危险地段控制在 1.5m 以内，受力的横杆应有足够的强度要求，衔接处牢固。

3）娱乐设备安全

随着旅游市场的繁荣，休闲娱乐方式也开始朝着多元化的方向发展，如自驾游、骑行、潜水、登山、滑雪、高空热气球、滑翔伞、蹦极等活动具有一定危险性，对这类娱乐和游艺设备的安全需要制定严格的运行管理措施和制度，降低意外风险的发生。

4）监控安全设施

旅游景区应设置完备的视频监控设施和防盗预警设施，如监视器、红外线感应器等，并配备专门巡视人员。既可以保护景区重要资源，如文物古迹、珍稀动植物、水源湿地等，同时杜绝景区内治安事件的发生。

2. 自然灾害预防

1）防洪设施

旅游景区防洪设施一般包括堤防工程、河道整治工程、水库、分蓄洪工程等。一般而言，全年都宜于旅游的景区，防洪设施要求是百年一遇的防洪标准；属季节性旅游的景区，防洪设施则以 20~50 年一遇为标准进行建设。

2）泥石流治理

旅游景区泥石流防治工程除了一般的泥石流防治措施，还要考虑治理灾害的土木工程措施是否与景观协调，是否影响景观的质量和美感。旅游景区泥石流治理设施主要有蓄水工程、引水工程、拦挡工程、排导工程、停淤工程等。

3）滑坡治理

滑坡是指在一定自然条件下，斜坡部分岩土在重力作用下，由于受到自然和人为等因素的影响，沿一定的软弱面或软弱带，整体缓慢以水平位移为主的变化现象。治理措施为：消除或减轻水对于滑坡的影响；改变滑坡地形，增加滑坡的滑抗力；改变滑带土石性质，阻滞滑坡体的滑动。

4）抗震防灾

抗震防灾规划应贯穿"预防为主，防、抗、避、救相结合"的方针，加强建筑物、构筑物等抗震强度，设计标准应符合《建筑抗震设计规范》GB 50011—2010，同时合理设置避灾疏散场地和疏散通道，以及配置医疗救护设施。

5）防雷设施

雷电灾害是一种严重的气象灾害，它能造成人员的伤亡和建筑物损毁。旅游景区雷电灾害的防范，主要是对直击雷、雷电感应和雷电波侵入建筑物的防范。对于建筑物外部防雷设施主要有接闪器和引下线；建筑物内部防雷设施主要由屏蔽、防雷器和等电位连接器三部分组成。

3. 紧急救援设施

1）搜索定位设施

GPS 主要用于各种安全事故的救援中，可以迅速确定救援对象的位置和救援最佳线路，从而节省救援时间，提高救援效果；生命探测仪，有声波和热成像两种，都是通过特殊设计的传感器，或是探测生命存在的极为微小的振动信号，或是将人体高于背景环境的体温区分出来。

2）场地救援设施

一般常规的场地救援设施包括三类：一是举升设施，目的在于利用机械的力量将重物提升到一定高度，如千斤顶、绞车等；二是切割设施，用于切断设施救援过程中的障碍物；三是扩张器，它可以将事故现场的狭窄缝隙扩大。此外，为了便于在黑暗中开展救援活动，旅游景区应配备一定的救援照明设备，如便携式灯塔和发光绳等。

3）医疗救护设施

旅游安全事故多涉及人的生命安全，医疗救护器械的配备是非常必要的。旅游景区应该根据旅游活动特点，合理布局和建设医疗急救点，配备急救箱、日常药品和特定药品等。

4. 安全管理制度

1）防护设施规范化

在车行道路危险点段必须设置防撞墙、警示桩、反视镜等；在行人游道危险点段必须设置防护栏杆，防护栏杆的制作、材料和高度等要规范。

2）游览设施标准化

索道、观光天梯、无轨电车、环保客车、游船、游艇等游览设施必须符合国家安全标准，景区要定期对游览设施进行检测、检修和维护。职能部门要按有关技术和安全要求，对游览设施准确核定载客人数、承载重量、运行速度等，并要求旅游接待单位严格遵照执行，确保安全运营。

3）监控设施信息化

加强对景区游览设施及部分景点危险点监控系统的设置，力争实现对景区及游览设施全方位、全天候的信息化监控，对于可能出现的安全隐患要达到自动监控、自动识别、自动报警的信息化要求。

4）救援设施现代化

根据景区的资源类型和旅游产品项目的特点，合理设置旅游救援设施，尽量保证设施在使用上符合高效的原则。

5）科学制定应急预案

政府部门、景区管理部门要针对旅游景区可能发生的安全事故，按照"以人为本、救援第一""属地救护、就近处置"的原则，科学合理地制定事故应急预案及疏散避难预案。

8.5.7　竖向设计与管线综合

1. 竖向设计

竖向设计是规划设计中的一个重要内容，它与总平面布置和建设施工密切联系。对于地域范围大、地形起伏较大的场地，功能分区、路网及其设施位置的总体布局安排上，除平面布局外，必须兼顾总体平面和竖向的使用功能要求，对竖向高程进行科学合理的设计。所以，在考虑规划场地的地形利用和改造时，做好场地的竖向设计，对于降低工程成本、加快建设进度具有重要意义。

1）设计内容

场地竖向设计与用地选择、用地布局同时进行，结合规划范围内外的自然地形地貌、道路系统、用地功能和布局确定场地内的道路标高、地面标高、排水分区以及相应的护坡、挡土墙等工程设施，具体包括下列主要内容：① 制定利用与改造地形的方案；② 确定用地坡度、控制点高程、规划地面形式及场地高程；③ 合理组织用地的土石方工程和防护工程；④ 提出有利于保护和改善环境景观的规划要求。

通常情况下，遵循"安全、适用、经济、美观"的基本原则，在旅游景区用地选择和道路系统规划时，应充分研究自然地貌特征，尽量做到利用和配合地形高差，科学筹划土方平衡方案，合理解决地面排水，并考虑自然环境的美观和生态保护要求，尽可能减少填挖土方的工程规模。

2）设计方法

通常采用等高线法和高程箭头法进行竖向设计。

（1）等高线法：① 根据已确定的旅游景区干道交叉口标高、变坡点标高等竖向条件，计算出规划道路与旅游景区干道交叉点的设计标高。对规划范围内每一条道路做纵断面设计，从而求出道路中心线设计标高。道路两侧可以通过绿坡与建设地块衔接，不必强求平齐，以免土方工程量过大。与旅游景区道路相接的内部通路，在出入口段应保持坡向外侧。② 坡地地块内布置建筑物时，在照顾朝向，通风等前提下，应采用多种布置方式尽量匹配原地形，与等高线走势平行，尽量不要做过大的地形调整。如建筑物的长边与较密的等高线垂直，可以错层布置或只改变建筑基底周边的自然等高线，场地设计中有平整室外场所需求的，可以通过低挡土墙形成连续台地。③ 场地设计中，步行通道不一定设计成连续的坡面，在某些坡度大的路段可以增设台阶，台阶一侧做坡道以便推自行车上下。地面排水根据不同的地形条件采用不同方式。通过地形分析，划分排水区域，并分别向邻近的道路排水，坡度大时要用石砌以免冲刷，部分也可采用明沟或桥涵。④ 将已初步确定了的规划区四周的红线标高、内部车行道路标高、建筑四角设计标高和场地设计标高，按递增或递减高程连接成线，就可以绘制大片地形的设计等高线。连接时要尽可能与同样高程的自然等高线相重复，以维持该部分用地的原地形；亦可以采用简化的局部等高线法或设计标高加纵横断面法来表达。⑤ 检查竖向设计的经济合理性。通过网格法等或专业辅助软件计算，如土方量过大（指绝对数量大、差额大、运距远），要适当地调整或修改设计等高线（或设计标高），有时会推演多次，尽量做到土方量基本就地平衡。

（2）高程箭头法：高程箭头法是根据竖向规划设计原则，确定规划范围内各种建筑物、构筑物的地面标高，道路交叉点、变坡点的标高，以箭头表示规划区内各种类用地的排水方向。高程箭头法的规划设计工作量较小，图纸制作较快且易于变动修改，确定标高数值时要有充分的经验，是竖向设计中一般使用的方法。有些部位的标高不明确、准确性差，因此在实际工作中，也常采用高程箭头法和局部剖面相结合的方法进行旅游景区竖向规划设计。

3）技术规定

（1）场地平面竖向规划：根据旅游景区用地的性质、功能，结合自然地形，规划地面形式可分为平坡式、台阶式和混合式。用地自然坡度小于 5% 时，宜规划为平坡式；用地自然坡度大于 8% 时，宜规划为台阶式。公共设施用地分台布置时，台地间高差宜与建筑层高成倍数关系；居地用地分台布置时，宜采用小台地形式。台地的长边应平行于等高线布置，台地的高度一般为 1.5~3.0m。防护工程宜与专用绿地结合设置。公共活动区内挡土墙高于 1.5m；生活生产区内挡土墙高于 2m 时，宜作艺术处理或以绿化遮蔽。高度大于 2m 的挡土墙、护坡的上缘与建筑间水平距离不应小于 3m，其下缘与建筑间的水平距离不应小于 2m。

（2）道路广场竖向设计：道路规划纵坡和横坡的确定详见景区内部道路系统规划中关于纵断面设计的内容。广场竖向规划除满足自身功能要求外，尚应与相邻道路和建筑物相衔接。广场的最小坡度为 0.3%；最大坡度平原地区应为 1%，丘陵和山区应为 3%。道路跨越江河、明渠、暗沟等过水设施时，路高应与过水设施的净空高度要求相协调；有通航条件的江河应保证通航河道的桥下净空高度要求（表 8-27）。

（3）人行梯道竖向规划

人行梯道按其功能和规模可分为三级：一级梯道为交通枢纽地段梯道和旅游景区景观性梯道；二级梯道为连接小区间步行交通的梯道；三级梯道为连接组团间步行交通或连接入户台阶的梯道。梯道每升高 1.2~1.5m 宜设置休息平台；二、三级梯道连续

天然和渠化河流通航净空尺度（单位：m）　　　　　　　　　表 8-27

航道等级	I	II	III	IV	V	VI	VII
净空尺度	24 或 18	18 或 10	*18 或 10	8	8 或 **5	4.5（6.0）	3.5（4.5）

注：* 的尺度仅适用于长江。** 后的尺度仅适用于通航拖带船队的河流，( ) 内的尺度适用于要求通航货船的河流。

升高超过 5.0m 时，除应设置休息平台外，还应设置转折平台，且转折平台的宽度不宜小于梯道宽度。各级梯道的规划指标宜符合表 8-28 的规定。

梯道的规划指标　　　　　　　　　　　　　表 8-28

人行梯道级别	宽度（m）	坡比值	休息平台宽度（m）
一	≥ 10.0	≤ 0.25	≥ 2.0
二	4.0~10.0	≤ 0.30	≥ 1.5
三	1.4~4.0	≤ 0.35	≥ 1.2

2. 管线综合

作为旅游景区基础设施的重要组成部分，地下工程管线是指埋设于景区内地下的多种给水管道、排水管道、电力线路、电信线路、供热力管道及燃气管道等。多种工程管线一般均沿景区道路空间埋设或架设，为避免工程管线之间以及与邻近建筑物、构筑物相互产生干扰，解决管线网络在平面走向和立体交叉时的相互协调问题。因此，处理景区工程管线综合是一项重要的规划设计内容。

1）设计内容

工程管线综合规划的主要内容如下（图 8-23）。

（1）确定各种工程管线在地下敷设时的排列顺序和工程管线间的最小水平净距、最小垂直净距。

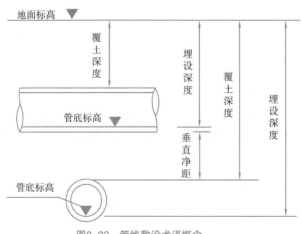

图8-23　管线敷设术语概念

（2）确定工程管线在地下敷设时的最小覆土深度。

（3）确定工程管线在架空敷设时管线及杆线的平面位置及周围建（构）筑物、道路、相邻工程管线间的最小水平净距和最小垂直净距。

2）设计原则

工程管线综合涉及管线种类众多，特性不一，既有压力管线和重力自流管线，又有架空线路和地下埋设管线，还有可弯曲和不宜弯曲的管线，而且各种管线采用材质不同，物理性能各异。在处理相互之间关系时一般遵循以下原则。

（1）采用统一坐标和标高系统，确保各种管线敷设的准确空间位置。

（2）管线综合布置应与总平面、竖向设计、绿化布置统一进行，使管网系统之间及与建筑物、构筑物之间在平面和竖向上保持协调。

（3）满足各种管线相互间在平面位置上、竖向交叉上的最小间距。① 平面上从道路红线向道路中心线方向平行布置的次序，布置次序宜为：电力电缆、电信电缆、燃气配气、给水配水、热力干线、燃气输气、给水输水、雨水排水、污水排水。② 工程管线在庭院内建筑线向外方向平行布置的次序，布置次序宜为：电力电缆、电信电缆、污水排水、燃气、给水、热力。③ 当工程管线交叉敷设时，自地表面向下的排列顺序宜为：电力电缆、热力、燃气、给水、雨水排水、污水排水。④ 当工程管线竖向位置发生矛盾时，按以下避让规定处理：压力管线让重力自流管线，可弯曲管线让不易弯曲管线，分支管线让主干管线，小管径管线让大管径管线，临时性管线让永久性管线，新建管线让现有管线。⑤ 工程管线综合敷设时，综合考虑地段的地形、道路交通、工程造价及检修维修等因素，选择合适的敷设方式。⑥ 尽可能减少景区工程管线与铁路、道路、光缆、管道等区域基础设施的交叉，交叉时尽量采取正交形式。

3）技术规定

《城市工程管线综合规划规范》GB 50289—2016 对各类工程管线敷设做出了具体的技术规定（表 8-29、表 8-30）。

工程管线的最小覆土深度（单位：m）　　　　　　　　表 8-29

管线名称		给水管线	排水管线	再生水管线	电力管线		通信管线		直埋热力管线	燃气管线	管沟
					直埋	保护管	直埋及塑料、混凝土保护管	钢保护管			
最小覆土深度	非机动车道（含人行道）	0.60	0.60	0.60	0.70	0.50	0.60	0.50	0.70	0.60	—
	机动车道	0.70	0.70	0.70	1.00	0.50	0.90	0.60	1.00	0.90	0.50

注：聚乙烯给水管线机动车道下的覆土深度不宜小于1.00m。

工程管线之间及其与建（构）筑物之间的最小水平净距（单位：m）

表 8-30

序号	管线及建（构）筑物名称		1 建（构）筑物	2 给水管线 d≤200mm	2 给水管线 d>200mm	3 污水、雨水管线	4 再生水管线	5 燃气管线 低压	5 燃气管线 中压 B	5 燃气管线 中压 A	5 燃气管线 次高压 B	5 燃气管线 次高压 A	6 直埋热力管线	7 电力管线 直埋	7 电力管线 保护管	8 通信管线 直埋	8 通信管线 管道、通道	9 管沟	10 乔木	11 灌木	12 地上杆柱 通信照明及<10kV	12 地上杆柱 ≤35kV	12 地上杆柱 >35kV	13 道路侧石边缘	14 有轨电车钢轨	15 铁路钢轨（或坡脚）
1	建（构）筑物		—	1.0	3.0	2.5	1.0	0.7	1.0	1.5	5.0	13.5	3.0	0.6		1.0	1.5	0.5	—		—			—	—	—
2	给水管线	$d≤200\text{mm}$	1.0	—		1.0	0.5	0.5					1.5	0.5	0.5	1.0	1.0	1.5	1.5	1.0	0.5	3.0		1.5	2.0	5.0
		$d>200\text{mm}$	3.0		—	1.5																				
3	污水、雨水管线		2.5	1.0	1.5	—	0.5	1.0	1.2		1.5	2.0	1.5	0.5	0.5	1.0	1.0	1.5	1.5	1.0	0.5	1.5		1.5	2.0	5.0
4	再生水管线		1.0	0.5	0.5	0.5	—	0.5					1.0	1.0		0.5	1.0	1.0	1.0		0.5	3.0		1.5	2.0	5.0
5	燃气	低压 $P<0.01\text{MPa}$	0.7	0.5		1.0	0.5						1.0	1.0	0.5	0.5	1.0	1.0	0.75		1.0	1.0	2.0	1.5	2.0	5.0
		中压 B $0.01\text{MPa}≤P≤0.2\text{MPa}$	1.0			1.2			$DN≤300\text{mm}\ 0.4$	$DN>300\text{mm}\ 0.5$			1.5	1.0				1.5	1.2							
		中压 A $0.2\text{MPa}<P≤0.4\text{MPa}$	1.5																			5.0				
		次高压 B $0.4\text{MPa}<P≤0.8\text{MPa}$	5.0			1.5							2.0	1.0		1.0	1.0	2.0						2.5		
		次高压 A $0.8\text{MPa}<P≤1.6\text{MPa}$	13.5			2.0							2.0	1.5		1.5	1.5	4.0								

续表

序号	管线及建(构)筑物名称		1 建(构)筑物	2 给水管线 d≤200mm	2 给水管线 d>200mm	3 污水、雨水管线	4 再生水管线	5 燃气 低压	5 燃气 中压B	5 燃气 中压A	5 燃气 次高压B	5 燃气 次高压A	6 直埋热力管线	7 电力 直埋	7 电力 保护管	8 通信 直埋	8 通信 管道、通道	9 管沟	10 乔木	11 灌木	12 通信照明及<10kV	12 ≤35kV	12 >35kV	13 道路侧石边缘	14 有轨电车钢轨	15 铁路钢轨(或坡脚)
6	直埋热力管线		3.0	1.5	1.5	1.5	1.0	1.0	1.5	1.5	2.0	2.0	—	2.0	2.0	1.0	1.0	1.5	1.5	1.5	1.0	1.5	3.0(>330kV 5.0)	1.5	2.0	5.0
7	电力管线	直埋	0.6	0.5	0.5	0.5	0.5	0.5	0.5	1.0	1.0	1.5	2.0	0.25	0.1	<35kV 0.5；≥35kV 2.0	<35kV 0.5；≥35kV 2.0	1.0	1.0	0.7	1.0	2.0	2.0	1.5	2.0	10.0(非电气化 3.0)
		保护管	1.0											0.1	0.1											
8	通信管线	直埋	1.0	1.0	1.0	1.0	1.0	0.5	1.0	1.0	1.5	1.5	1.0	<35kV 0.5；≥35kV 2.0	<35kV 0.5；≥35kV 2.0	0.5	2.5	1.0	1.5	1.0	0.5	0.5	2.5	1.5	2.0	2.0
		管道、通道	1.5																							
9	管沟		0.5	1.5	1.5	1.5	1.5	1.0	1.5	1.5	2.0	4.0	1.5	1.0	1.0	1.0	1.0	—	1.5	1.0	—	3.0	3.0	1.5	2.0	2.0
10	乔木		—	1.5	1.5	1.5	1.5	1.5	1.5	1.5	1.5	1.5	1.5	1.0	1.0	1.5	1.5	1.5	—	—	—	3.0	3.0	1.5	2.0	5.0
11	灌木		—	1.0	1.0	1.0	1.0	—	0.75	0.75	1.2	1.2	1.5	0.7	0.7	1.5	1.5	1.0	—	—	—	—	—	0.5	—	5.0
12	地上杆柱	通信照明及<10kV	—	0.5	0.5	0.5	0.5	1.0	1.0	1.0	1.0	1.0	0.5	0.5	0.5	0.5	0.5	1.5	—	—	—	—	—	0.5	—	—
		高压塔基础边 ≤35kV	—	3.0	3.0	3.0	3.0	2.0	2.0	2.0	5.0	5.0	3.0(>330kV 5.0)	2.0	2.0	2.5	2.5	3.0	—	—	—	—	—	0.5	—	—
		高压塔基础边 >35kV	—																							
13	道路侧石边缘		—	1.5	1.5	1.5	1.5	1.5	1.5	2.0	2.5	2.5	1.5	1.5	2.0	1.5	2.5	1.5	0.5	0.5	0.5	—	—	—	—	—
14	有轨电车钢轨		—	2.0	2.0	2.0	2.0	—	—	—	—	—	2.0	2.0	2.0	2.0	2.0	3.0	—	—	—	—	—	—	—	—
15	铁路钢轨(或坡脚)		—	5.0	5.0	5.0	5.0	5.0	5.0	5.0	5.0	5.0	5.0	10.0(非电气化 3.0)		2.0	2.0	3.0	5.0	5.0	—	—	—	—	—	—

注：
① 地上杆柱与建（构）筑物最小水平净距应符合《城市工程管线综合规划规范》GB 50289—2016 表 5.0.8 的规定；
② 管线距建筑物距离，除次高压燃气管道为其至外墙面外均为其至建筑物基础，当次高压燃气管道采取有效的安全防护措施或增加管壁厚度时，管道距建筑物外墙面不应小于 3.0m；
③ 地下燃气管线与铁塔基础边的水平净距，还应符合现行国家标准《城镇燃气设计规范》GB 50028—2006 地下燃气管线和交流电力线接地体水平净距的规定；
④ 燃气管线采用聚乙烯燃气管材时，燃气管线与热力管线的最小水平净距按现行行业标准《聚乙烯燃气管道工程技术规程》CJJ 63 执行；
⑤ 直埋蒸汽管道与乔木最小水平净距为 2.0m。

第 9 章　旅游景区控制性详细规划

旅游景区控制性详细规划是为了满足旅游景区近期开发和保护的需要，以旅游景区总体规划为依据，以土地使用控制和资源环境保护为重点，详细规定景区内各类建设用地的控制指标和其他规划管理要求，并对下一步旅游景区修建性详细规划的编制提供指导的规划编制层次。

9.1　基本概念·目标·指标·内容

9.1.1　控制性详细规划概念与目标

控制性详细规划主要以对地块的用地使用控制和环境容量控制、建筑建造控制和景观设计引导、市政工程设施和公共服务设施的配套，以及交通活动控制和环境保护规定为主要内容。作为一种切实有效的、强有力的规划技术手段，控制性详细规划已经成为协调规划设计与建设管理的桥梁。

旅游景区控制性详细规划编制的目标是指在旅游景区总体规划的指导下，制定所涉及的旅游景区局部地区、地块的具体建设目标，并提出各项规划管理控制指标，直接指导各项建设活动。具体表现在：① 明确所涉及的旅游景区的发展定位，与上位总体规划中的相应内容衔接，使之能够进一步分解和落实，确定该地块在整个旅游景区中的分工；② 依据上述发展定位，综合考虑现状问题、已有规划、周边关系、未来挑战等因素，制定所涉及景区建设的各项开发控制体系的总体目标，并将用地和公共服务设施、市政公用设施、环境质量等方面的配置落实到各地块，为实现所涉及景区的发展定位提供保障；③ 为各地块制定相关的规划指标，作为法定的技术管理工具，直接引导和控制地块内的各项开发建设活动。

9.1.2　控制性详细规划指标体系

控制性详细规划的管理是通过指标的制定来实现的，其核心内容是各项控制指标，分为规定性指标和引导性控制指标两类（表 9-1）。

控制性详细规划控制指标一览表　　　　　　　　　　　表 9-1

编号	指标	分类	注解
1	用地性质	规定性	
2	用地面积	规定性	
3	建筑密度	规定性	
4	容积率	规定性	
5	建筑高度 / 层数	规定性	用于一般建筑
6	绿地率	规定性	
7	公建配套项目	规定性	
8	建筑后退道路红线	规定性	用于沿道路的地块
9	建筑后退用地边界	规定性	用于地块之间
10	社会停车场库	规定性	
11	配建停车场库	规定性	景区建筑配建
12	地块出入口方位、数量和允许开口路段	规定性	
13	建筑形体、色彩、风格等景区设计内容	引导性	

9.2　控制性详细规划内容

旅游景区控制性详细规划的成果应当包括规划成本、图件和说明书（表 9-2~表 9-4）。

控制性详细规划文本一览表　　　　　　　　　　　　表 9-2

编号	标题	内容
1	总则	说明规划编制的目的、依据、原则及适用范围、主管部门和管理权限
2	规划目标、功能定位、规划结构	确定人口和建设用地规模，提出发展目标，确定景区用地结构与功能布局
3	土地使用	确定各地块的规划控制指标，附加《用地分类一览表》和《规划用地一览表》
4	道路交通	道路性质、红线宽度、断面形式、交叉口形式、路网密度、停车场和出入口等

续表

编号	标题	内容
5	绿化和水系	确定各级绿地范围、界限、规模和建设要求，标明河流水域来源，提出景区河道"蓝线"控制原则
6	公共服务设施规划	明确公共服务设施等级结构、布局、用地规模、服务半径
7	五线规划	对景区五线，即市政设施用地及点位控制线（黄线）、绿化控制线（绿线）、水域用地控制线（蓝线）、文物用地控制线（紫线）、景区道路用地控制线（红线）提出控制原则
8	市政工程管线	包括给水规划、排水规划、供电规划等
9	环卫、环保、防灾等控制要求	提出环境控制的基本要求、安排相关设施、确定防灾设施的安排、划定防灾通道
10	地下空间利用规划	明确地下空间的使用性质，地下通道的布置
11	景观设计引导	对景区广场、绿地、水体、标志性建筑、景观等提出控制、引导原则
12	土地使用、建筑建造通则	包括土地使用规划、建筑容量规划、建筑建造规划

控制性详细规划图纸一览表　　　　　表 9-3

编号	图纸名称	表现内容	图纸比例
1	位置图	标明规划用地在景区中的地理位置，与周边主要功能区的关系，以及规划用地周边重要的道路交通设施、线路及景区可达性情况	不限
2	用地现状图	标明土地利用现状、建筑物现状、人口分布现状、公共服务设施现状、市政公用设施现状	1：2000~1：1000
3	土地利用规划图	规划各类用地界线、性质和分类、道路网布局和公共设施位置	1：2000~1：1000
4	道路交通及竖向规划图	道路走向、线型、横断面、交叉口坐标、标高、停车场和其他交通设施位置及用地界线、各地块室外地坪规划标高	1：2000~1：1000
5	地块划分编号图	标明地块划分具体界线和地块编号	1：5000~1：2000
6	地块控制图则	表示规划道路的红线位置、地块划分界线、地块面积、用地性质、建筑密度、建筑高度、容积率等控制指标（总图图则和分图图则）	1：2000~1：1000

控制性详细规划说明书一览表　　　　　表 9-4

编号	标题	内容
1	前言	阐明规划编制社会、经济、环境等背景条件及主要法律、法规依据和技术依据
2	上位及相关规划要求	根据景区、区域总体规划及相关规划要求进行规划
3	概况	阐明景区自然地理环境、人口、道路、旅游资源和设施等，对建设条件进行分析
4	定位、规划理念、规划定位、规划结构	提出景区规划目标和定位，阐明规划理念，根据不同方案提出景区规划结构与布局

编号	标题	内容
5	土地使用规划	确定不同性质用地规划控制指标和布局
6	公共服务设施规划	阐明各类服务设施的等级、布局、用地规模、服务半径
7	道路交通规划	包括对外交通和景区内部交通规划，阐明道路红线、断面、出入口方位及交通设施的分布与用地面积等
8	绿地、水系规划	说明各级绿地的范围、界限、规模和建设要求，确定河流水域系统分布、提出景区水系"蓝线"控制原则
9	市政工程规划	明确各项市政设施安排的各项要求，如设施用地规模、市政管网的布置标准
10	环保、环卫、防灾等	选择适当预测方法、确定处理方式，提出环境卫生控制要求，确定各种防灾通道、提出布局要求
11	地下空间	明确地下空间使用方式、提出使用范围、划定地下通道的路线和界线
12	景区五线控制规划	明确对景区五线的控制规定
13	地块开发	对开发地区资金投入与产出进行客观分析评价，附上规划区各地块土地使用强度控制表

9.3　规定性控制要素

9.3.1　土地使用控制

土地使用控制是指对景区建设用地的建设内容、位置、面积和边界范围等方面做出规定，其具体控制内容包括土地使用性质、土地使用兼容性、用地边界和用地面积等。

控制性详细规划是实施性的法定规划，衔接总体规划和修建性详细规划，对上落实总体规划的战略部署，对下指导修建性详细规划编制。土地使用控制是控制性详细规划中规定性控制要素的核心部分，具有重要作用。控制性详细规划土地使用控制中对地块面积、边界、用地性质和兼容性提供了明确的要求，即将总规中有关土地利用的信息转译给修建性详细规划，使总体规划与修建性详细规划之间在土地利用方面不产生脱节和背离现象。

用地边界反映了用地的区位和用地面积的大小，用地性质和兼容性决定了土地及其附属建筑使用的用途。

1. 用地面积

即建设用地面积，是指建设用地边界线所围合成的用地水平投影面积。用地面积通常与用地边界的四至范围有关，通常由道路、河流、行政边界、各种规划控制线围合而成。用地面积应当根据用地的使用性质，结合实际使用情况具体确定，不应盲目划定，避免土地资源浪费或用地不足的情况出现。

2. 用地边界

是规划用地与道路或其他规划用地之间的分界线，是用来划分用地的范围边界。地块用地边界的划分一般有如下原则：① 严格根据总体规划和其他专业规划，根据用地部门、单位划分地块；② 尽量保持以单一性质划定地块，即一般一个地块只有一种使用性质；③ 结合自然边界、行政界线划分地块；④ 地块大小应和土地开发的性质规模相协调，以利于统一开发；⑤ 有利于保护文物古迹和历史街区，对于文物古迹风貌保护建筑及现状质量较好，规划给予保留的地段，可单独划块，不再给定指标；⑥ 规划地块划分必须满足"专业规划控制线"的要求（表 9-5）；⑦ 地块划分可根据开发模式和管理要求，在规划实施中进一步重组（小地块合并成大地块，或大地块细分为小地块）。

规划控制线一览表

表 9-5

线形名称	线形作用
红线	道路用地和地块用地边界线
绿线	生态、环境保护区域边界线
蓝线	河流、水域用地边界线
紫线	历史保护区域边界线
黄线	基础设施用地边界线
禁止机动车开口线	保证主要道路上的交通安全和通畅
机动车出入口方位线	建议地块出入口方位、利于疏导交通
建筑控制线	控制建筑体量、立面
广场控制线	控制各种类型广场的用地范围、完善景区空间体系
公共空间控制线	控制公共空间用地范围

9.3.2　环境容量控制

环境容量控制是为了保证良好的景区环境质量，对建设用地能够容纳的建设量和人口聚集量做出合理规定，其控制内容为容积率、建筑密度、人口密度、绿地率等。容积率是反映建设强度的综合性指标，反映一定用地范围内的建筑物的总量；建筑密度作为平面控制指标，反映一定用地范围内建筑物的覆盖程度；人口密度规定建设用地上的人口集聚的密集程度；绿地率表示在建设用地里绿地所占的比例，反映用地内的环境质量。

1. 容积率

容积率（Plot Ratio/Floor Area Ratio/Volume Fraction）是指一个地块的地上总建筑面积与净用地面积的比率，又称建筑面积毛密度，是衡量土地使用强度的一项指标，英文缩写为 FAR。容积率存在客观上的最合理值。在一般情况下，提高容积率可以提高土地的利用效益，但建筑容量的增大，会带来建筑环境的劣化，降低使用的舒适度。为做到经济效益、社会效益与环境效益相协调，规划中的容积率存在客观上的最合理值。

$$R=\frac{Ar}{Al} \tag{9-1}$$

式中　R——容积率；

　　　Ar——总建筑面积；

　　　Al——用地面积。

2. 建筑密度

建筑密度（Building Density/Building Coverage Ratio），指在一定范围内，建筑物的基底面积总和与用地面积的比例（%）。其是指建筑物的覆盖率，具体指项目用地范围内所有建筑的基底总面积与规划建设用地面积之比（%），它可以反映出一定用地范围内的空地率和建筑密集程度。建筑密度一般以控制其上限为准，着重于平面二维的环境需求，保证场地内一定的空地率、绿地率。建筑密度与建筑容积率考量的对象不同，相对于同一建筑地块，建筑密度的考量对象是建筑物的面积占用率，建筑容积率的考量对象是建筑物的使用空间。

$$C=（Ac/Al）\times 100\% \tag{9-2}$$

式中　C——建筑密度；

　　　Ac——建筑占地面积；

　　　Al——用地面积。

3. 绿地率

绿地率（Ratio of Green Space）指规划地块内各类绿化用地总和占该用地面积的比例，是衡量地块环境质量的重要指标。绿地率指标是以控制其下限为准。这里的绿地包括公共绿地、中心绿地、组团绿地、公共服务设施所属绿地和道路绿地。通过绿地率的控制可以保证景区的绿化和开放空间，为人们提供休憩和交流的场所。

$$Gs=（Gc/Al）\times 100\% \tag{9-3}$$

式中　Gs——绿地率；

　　　Gc——绿地面积；

　　　Al——用地面积。

4. 绿化覆盖率

绿化覆盖率（Green Ratio），是地块全部绿化覆盖面积与用地面积之比，是反映景区生态环境保护状况的重要指标。绿化覆盖面积指用地中的乔木、灌木、草坪等所有植被的垂直投影面积，包括公共绿地、服务区绿地、附属绿地、防护绿地、生产绿地、道路绿地、风景林地的绿化种植覆盖面积、屋顶绿化覆盖面积以及零散树木的覆盖面积。

$$Gr=（Gt/AI）\times 100\% \tag{9-4}$$

式中　Gr——绿化覆盖率；

　　　Gt——绿化植物垂直投影面积；

　　　AI——用地面积。

5. 相互关系

容积率表达的是单位土地面积上允许的建筑容量。容积率（R）、建筑密度（C）与层数（H）之间有一定关系。建筑密度是指在具体"宗地"内建筑物基底面积与宗地面积之比。当宗地内各房屋的层数相同，且对单个房屋来说各层建筑面积相等时，三者之间的关系可表示为：$R=C\cdot H$，此种情况下，建筑层数与容积率呈正比例关系。

9.3.3　建筑建造控制

建筑建造控制是为了满足生产、生活所需的良好环境条件，对建设用地上的建筑物布置和建筑物之间的群体关系做出必要的技术规定，其主要控制内容有建筑高度、建筑间距、建筑后退、沿街建筑高度、相邻地段的建筑规定等。

建筑高度一般指建筑物室外地面到其檐口（平屋顶）或屋面面层（坡屋顶）的高度。建筑限高是对建筑建造提出的最大限制高度许可，目的是降低因建筑物所处不同区位对景区整体空间环境的影响程度。建筑高度控制主要是针对景区中最有标志性的、相对高程较高，对景区整体景观格局具有重要影响的自然景点或建筑物。常用的控制方法有眺望控制方法，其内容包括控制眺望点、眺望视角、眺望视野，目的在于保护景区的整体风貌，建立景区环境和自然环境的协调。

建筑后退是指在景区建设中，建筑物相对于规划地块边界和各种规划控制线的后退距离，通常以后退距离的下限进行控制。建筑后退主要包括退线距离和退界距离两种。退线距离是指建筑物后退各种规划控制线的距离；退界距离是指建筑物后退相邻单位建设用地边界线的距离。必要的建筑后退距离，可以避免景区建设过程中产生混乱，保证必要的安全距离和景区公共空间，营造良好的景区景观。

建筑间距是指两栋建筑物或构筑物外墙之间的水平距离。建筑间距的控制使建筑物之间保持必要的距离，以满足防火、防震、日照、通风、采光、视线干扰、防噪、绿化、卫生、管线敷设、建筑布局形式，以及节约用地等方面的基本要求。

9.3.4　行为活动控制

行为活动控制是从外部环境要求出发，对建设项目就交通活动和环境保护两方面提出控制规定。交通活动控制内容主要有交通出入口方位和配建停车位。环境保护的控制通过制定污染物排放标准，防止在生产建设或其他活动中产生的废气、废水、废渣、粉尘、有毒有害气体、放射性物质以及噪声、振动、电磁波辐射等对环境的污染和危害，达到保护环境的目的。

规划地块内允许设置出入口的方向、位置和数量。具体分为：机动车出入口方位、禁止机动车开口路段和主要人流出入口方位。景区地块出入口方位要考虑周围道路等级及该地块的用地性质。一般规定在快速路不宜设置出入口，主干道出入口数量要求尽量少，相邻地块可合用一个出入口。步行出入口主要根据用地的具体人流流向确定，避免将大量行人引入快速干道上，与交通产生冲突。通常步行出入口的设置需要考虑与公交站、轨道站点、公共服务设施等相互衔接。

停车场是景区交通基础设施的重要组成部分，主要指社会公共停车场。规划地块内规定的停车车位数量，包括机动车位数和非机动车位数。对社会停车场进行定位、数量、定界控制。停车场车位数的确定：机动车停车位控制指标，是以小型汽车为标准当量表示，其他各型车辆的停车位，应按表 9-6 中相应的换算系数折算。

当量小汽车换算系数 表 9-6

车种	换算系数	车种	换算系数
自行车	0.2	旅行车	1.2
大客车或小于 9t 的货车	2.0	小客车或小于 3t 的货车	1.0

9.4 引导性控制要素

9.4.1 景区设计引导

景区设计是对景区空间形态和环境的整体构思和安排，贯穿于景区规划的全过程。在控制性详细规划阶段，景区设计对景区空间形态的指导作用，主要在于要比较准确地把握规划场地与周边空间环境的关系和特色。依据空间艺术处理和美学原则，从景区空间环境与建筑单体和建筑群体之间的空间关系提出指导性设计要求和建议。

9.4.2 建筑高度、体量、形式与色彩控制

1. 建筑高度

建筑高度所能达到的视觉高度极易被人感知，是景区建筑形态的主要构成因素之一。控制性详细规划中从景区设计的角度实施建筑高度控制，应从两方面入手：一方面，从街道空间尺度控制建筑高度，重点控制临街建筑高度；另一方面，运用街道空间宽高

比与建筑最佳高度协同控制的方法，对建筑高度进行控制。

日本著名建筑师芦原义信在《外部空间设计》中对街道尺度与建筑高度的关系进行了研究和探讨。芦原义信认为：如果以 D 代表建筑之间的距离，而 H 代表建筑高度的话，$\frac{D}{H}=1$ 的状态是空间质的转折点。随着 $\frac{D}{H}$ 的值比 1 增大时，建筑产生远离之感；随着 $\frac{D}{H}$ 的值比 1 减小时，则产生压迫感；当 $\frac{D}{H}=1$ 时，空间的间距与高度之间有一种均匀存在。当 $\frac{D}{H}>4$ 时，相互之间的影响已经变得薄弱；而当 $\frac{D}{H}<1$ 时，两幢建筑开始相互干扰，再近就会产生一种封闭现象。在关于空间的尺度上，一般而言 $1 \leqslant \frac{D}{H} \leqslant 2$ 是空间的最佳比例。

2. 建筑体量

建筑体量控制是对建筑竖向尺度和横向尺度的综合限定，但这种限定并不仅仅局限于对建筑高度和建筑面宽的二维控制，应该从二维平面扩展到立体空间，将建筑体量控制要求分解为对建筑主要要素的控制，为建筑设计提供明确而条理化的限制条件。

低层、多层建筑体量的控制首先需要明确与建筑体量相关的控制要素，主要包括建筑的体积大小、凹凸、外墙面宽、高度等内容。通常情况下，低层、多层建筑的绝对体积比较小，高度也不会太高，对建筑体积、高度和凹凸要素的控制，并非控制重点。低层、多层建筑体量控制要素中，建筑外墙面宽这一控制要素却相对更为重要，因为它直接关系到人对建筑形成的空间界面的感受。建筑体量应当与景区尺度一致，并且可以通过建筑选址协调不同建筑体量和景区环境的关系，根据周边环境的具体情况，小体量建筑点缀在景观之中，大体量建筑可以利用地势减弱建筑的体量感，与周边环境达到平衡，使建筑巧妙地融合到自然景观之中。

3. 建筑形式和色彩

为保证景区的整体性和景观的协调性，首要的工作是要确定参照物。参照物的选择，遵循以下基本原则：① 艺术性原则，它应是一件艺术品，能丰富空间环境；② 代表性原则，它应是某一时期特定风格的代表作；③ 历史性原则，它应在景区建设发展史上具有一定的历史地位或与重大人物、事件相联系；④ 延续性原则，它的存在应使周围环境具有一种历史沿革上的延续感。

建筑色彩和自然环境、建筑、景观小品、道路等有关，其中以自然环境的色彩占主导地位。江南一带气候温润，风景区内的主色调即是植被的绿色、水天一色的蓝色、土的黄色、石的灰色，其建筑色彩宜淡雅，不宜用抢眼鲜明的颜色破坏这些天然形成的和谐，宜以青、白、黑、灰为主。建筑的色彩受中国传统建筑用色的影响，颜色多以中性色为主，以青色砖瓦、土坯、木材和石材作为当地的建筑材料。

9.4.3　其他引导性控制要素

1. 建筑空间组合控制

建筑群体环境的控制引导，即是对由建筑实体围合成的景区空间环境及其周边其他环境要求提出控制引导原则，一般通过规定建筑组群空间组合形式、开敞空间的长宽比、街道空间的高宽比和建筑轮廓线示意等达到控制景区空间环境的空间特征。

2. 建筑小品

控制性详细规划中对绿化小品、商业广告、指示标牌等建筑小品的引导控制，一般是规定其布置的内容、位置、形式和净空限界。

3. 环境保护规定

根据景区总体规划阶段环境保护的要求及当地环境保护部门制定的环境保护要求，提出景区的环境保护规定，其内容主要包括对噪声、水污染和固体废弃物的控制。

9.5　法定图则基本内容

法定图则的内容包括文本和图表两部分。文本是指经法定程序批准具有法律效力的规划控制条文，主要内容见表 9-7。图表是指经法定程序批准的具有法律效力的规划控制总图及其附表，主要内容见表 9-8，图 9-1。相对于控制性详细规划，法定图则具有以下特征：① 本身具有法律效力；② 突出了规划的控制作用；③ 简化了道路交通、市政工程规划的内容；④ 将土地权属作为明示内容。法定图则在制度上推进了景区规划的法制化，在技术上较为成功地将区划技术本土化，促进了土地资源的合理配置，在景区规划发展中具有重要意义。

法定图则内容　　　　　　　　　　　　　　　　　　　表 9-7

内容	说明
总则	包括规划依据、适用范围、生效日期、特别说明、解释权所属部门
土地利用性质	土地利用相容性及各类性质土地的用途规定，地块控制指标必须包含用地性质、用地面积、容积率、绿地率、配套设施项目及其规模以及土地利用相容性
土地开发强度	以容积率作为基本控制指标
配套设施	包括公共设施和市政设施，明确其分布、用地规模、建设方式、大型市政设施需占用的地下、地面与上空的控制范围
道路交通	包括地区对外交通联系的主要出入口、道路系统的等级、交叉口形式，以及对社会停车场、公交场站、商业步行系统的控制原则

法定图则图表　　　　　　　　　　　　　　　　　　表 9-8

内容	说明
用地性质	以用地性质代码及标准底色表示各地块的用地性质
区域位置	
地块编号	
地块划分	
地块边界	以粗实线表明地块，重点地块标注边界各点坐标
配套设施	按照标注图例标注在地块的相应位置上
交通控制	标明地块周围道路的边界控制范围及商业步行街的起始控制点位置
市政控制	市政设施站点用地和大型市政设施通道地下及地上空间的控制宽度和高度

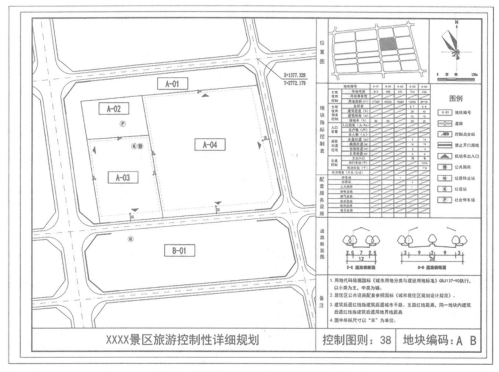

图9-1　旅游景区控制性详细规划图则示意

206

第10章 旅游景区修建性详细规划

修建性详细规划以旅游景区总体规划和控制性详细规划为依据，研究和确定建筑、道路以及环境之间的相互关系，用直观、具体、形象的表达方式来落实和反映各建设项目所包含内容的落地安排，从实施建设的层面对规划区内当前或近期需要实施开发的各类用地、建筑空间、绿化配置、公共服务设施以及市政、道路等工程设计等做出具体安排和指导。

旅游景区修建性详细规划的主要内容：综合现状与建设条件分析，用地布局，景观系统规划设计，道路交通系统规划设计，绿地系统规划设计，旅游服务设施及附属设施系统规划设计，工程管线系统规划设计，竖向规划设计，环境保护和环境卫生系统规划设计。

10.1 场地建设条件分析

10.1.1 环境条件分析

明确规划场地在不同空间尺度中的位置，掌握其与重要的地理和社会要素间的空间关系，如城镇中心、河流水系、公园绿地、历史空间、交通设施等。通过实地勘察，把握场地的感觉、场地与周围区域的关系，全面领会场地状况。根据考察计划有目的地收集并分析评估与该场地有关的物理数据和相关历史资料，以确定对该场地开发建设的影响。物理数据包括：① 所处地区的气候条件，如气温、光照、季风风向、水文、地质土壤（酸碱性、地下水位）；② 周围环境，主要道路，车流人流方向；③ 场地内环境，湖泊、河流、水渠分布状况，各处地形标高、走向等。在规划设计中，针对不利因素加以克服和避让，有利因素充分地合理利用。

10.1.2　历史文化分析

历史文化分析目的在于认识规划场地物质形态发展的脉络及其背后的历史文化信息，可以分为两个层面。

1. 物质层面

分析规划场地内物质要素的历史属性，包括建筑物、构筑物、河流水系、古树名木等的历史年代、保留程度和状态等。

2. 非物质层面

在较为宏观的层面，分析规划场地发展的历史背景和历史脉络。在相对微观的层面，分析曾经存在的重要历史要素，以及现存历史要素的历史文化特征，如建筑风格、结构特点等。

10.1.3　空间形态分析

空间形态分析包括景区空间肌理、景观视线和功能结构三方面。

1. 空间肌理分析

由建筑物的尺度、形状、排列、疏密等共同形成的总体特征的描述。可以在总平面中将所有建筑涂黑来发现其肌理特征，并判断其与规划片区的关系（图 10-1）。

2. 景观视觉分析

从视觉体验的艺术质量来对景区空间进行分析是常用的空间认知和分析方法。在规划设计的实际操作中，序列视景分析方法最为常见。在景区空间中选择一条有意义的运动路径，沿着这一路径在关键点记录空间的视觉形象，并连续排列，以反映空间的形态特征和人的视觉体验（图 10-2）。

3. 功能结构分析

对一系列相关景区空间的体系进行分析，判断重要的空间结构要素，如空间轴线、节点、标志等（图 10-3）。

10.2　类型与风格确定

常见的旅游景区详细规划中，对于场地景观风格与风貌的构思，主要参考风景园林的基本类型与风格进行设计。

图10-1　空间肌理分析

图10-2　景观视线分析

图10-3　功能结构分析

1. 空间类型

1）规则式

规则式又称几何式、整形式，在园林平面构图上，有一定的轴线关系或者数比关系，其主要特点是：建筑中轴对称，或对称布局，布局严谨。地形处理均采用平面、台地或倾斜平面。广场、水体基本采用几何形体，水体驳岸严整，并以整形水池、喷泉、瀑布、壁泉为主。道路系统由直线或有轨迹可循的曲线构成。植物多呈行列对称栽植，采用人工整形，运用树墙树篱组织空间，并将其修剪成绿墙、绿柱、绿门、绿亭等，花卉布置以图案式花坛、花坛群、花台、花境为主。在园林轴线的端部、起点或交点多布置雕塑、喷泉、花台等。

2）自然式

自然式又称风景式园林。布局以模仿自然山水和植物群落为主，其主要特点是：建筑的造型和布局不强调对称，善于与地形结合。地形起伏，富于变化。道路、广场、水体的轮廓线自由曲折，没有轨迹可循。植物配置没有固定的株行距，充分发挥自然植物生长的形态，不同种类的乔木、灌木、花卉以自然植物生态群落为蓝本，构成生动活泼的自然景观。

3）混合式

混合式园林是综合规则与自然两种类型的特点，把它们有机地结合起来。混合式有两种形式，一是在规则式园林中加入自然式布局，另一种是在自然式园林中加入规则式布局。在现代园林布局形式中，常用的手法是在现代园林建筑周围或构图中心，采用规则式布局，在远离主要建筑物的部分，采用自然式布局。这种形式应用于现代园林中既可发挥自然式园林丰富多彩，变化无穷的自然特点，又能吸取规则式布局的优点，创造出整齐明朗、色彩鲜艳、自由活泼的园林景观。

2. 风格类型

风格，指某特定的成系统的特征。园林风格指反映国家民族文化传统、地方特点和风俗民情的园林艺术形象特征和时代特征。在漫长的历史长河中，园林作为世界性文化，经过 2000 多年的发展至今天，由于民族、地域、文化等各方面的差异，形成了不同类型的园林风格。归结起来，曾经在世界上引起较大影响的风格有以下几种。

1）以中国为代表的自然式园林风格：典雅且精致

中国园林长期以来受儒家、佛教和道教的影响，崇尚自然，中国园林充分体现着天人合一的理念，体现着人们顺应自然，以求生存与发展的思想。中国园林以自然山水为蓝本，源于自然，高于自然。寄诗情画意于自然园林之中，寓景于情，赋情于景，创造出深入人心的意境。从园林艺术的角度看，中国园林以自由、曲折、变化为特点，把自然美和人工美巧妙结合，达到了"虽由人作，宛自天开"的艺术境界，形成了独特的自然式山水园林风格，堪称世界上最精美的人工环境之一。

2）以法国为代表的规则式园林风格：规整而有序

长期以来西方园林受欧洲哲学和科学的影响，把人作为世界的主宰，将人从自然中分离出来。以古希腊哲学家毕达哥拉斯的"数为万物之本"为依据，并以黄金分割率来分析建筑、雕塑的比例关系和美学原则。建筑了以几何图形为外貌的西方园林。法国宫廷式花园，其园林的形式从整体上讲是平面化的几何图形，也就是以宫殿建筑为主体，向外辐射为中轴对称，并按轴线布置喷泉、雕塑。树木采用行列式栽植，大多整形修剪为圆锥体、四面体、矩形等，形成中心区的大花园。茂密的林地中同样以笔直的道路通向四处，以方便到较远的地方骑马、射猎、泛舟、野游。著名的凡尔赛宫可谓经典之作。而意大利台地园的造园模式是在高耸的欧洲杉林的背景下，自上而下，借势建园，房屋建在顶部，向下形成多层台地；中轴对称，设置多级瀑布、叠水、壁泉、水池；两侧对称布置整形的树木、植篱及花卉，以及大理石神像、花钵、动物等雕塑。

3）以英国为代表的风致式园林风格：浪漫又自然

在17世纪以前，英国没有本民族风格的园林，只是效仿欧洲的规则式园林。然而英国文化与中国文化有极其相同的地方，即对大自然强烈的向往。所以在18世纪初，中国的自然山水园林传入英国，很快盛行于英国，并由此影响到整个欧洲的造园思想。英国结合地形地貌，创造出了英国的自然风致式园林。它的特点是辽阔的草地，微起伏的地形，多变的树姿和美丽的色彩。以植物造景为主，建筑比例很小。曲折的小径环绕在丘陵间，木屋陋舍点缀其中，没有更多的人工雕琢之气。此外，作为园林的特色组成部分，擅长建设专类园和专题园，例如"岩石园""玫瑰园""水园""墙园"等；以色彩命名的种植园，例如"兰色园""黄色园"等。

4）以西班牙为代表的伊斯兰园林风格：植物和水法

伊斯兰园林主要是指巴比伦、埃及、古波斯的园林，它们采取方直的规划、齐整的栽植和规则的水渠，园林风貌较为严整，后来这一手法为阿拉伯人所继承，成为伊斯兰园林的主要传统。阿拉伯人是生活在大沙漠中的游牧民族，对绿洲和水怀有特殊的感情，这一点深刻地反映在园林建设中。《古兰经》中对水、乳、蜜、酒四条河流有精彩的描述，这四条河对阿拉伯世界而言，就是一切理想之源。因此从西班牙到印度，所有典型的伊斯兰园林中，布局都是"十"字形水渠划分园林为四等份，中央围绕一个喷泉，水从这里沿水渠流向四方，园中遍植树木。所以伊斯兰园林形式大多比较简单明了，基本是一个绿化庭园，这恰恰是按照阿拉伯人描绘的"天园"的蓝本建造的园林。

5）现代风景园林风格：自由多变

（1）后现代主义园林（Post-Modernism）：源于 20 世纪 60 年代的美国，这种思潮认为现代主义建筑单调乏味、缺乏艺术感染力。后现代主义派注重对传统经典、历史文脉的关注，从传统化、地方化、民间化元素中激发创作灵感。设计师反对和谐统一等传统审美原则，采用冲突、无序以体现超现实主义的意境空间。色彩使用浓烈刺目等夸张的色彩相互对比，力求呈现反传统美感的设计效果。

（2）解构主义园林（Deconstructivism）：解构主义 20 世纪 60 年代缘起于法国，它大胆向古典主义、现代主义、后现代主义质疑，认为应当将一切既定的规律加以颠倒，提倡分解、片段、不完整、无中心，产生一种特殊的不安感。宣扬思想比形式重要，错置比秩序重要，差异比同质重要，过程比结局重要。例如，屈米设计的法国拉·维莱特公园。

（3）生态主义园林（Ecological Marxism）：生态主义主张遵循生态学原理，模拟自然生态群落。强调利用生态系统的循环和再生功能。以保持生态平衡、美化环境、减少能源消耗为设计目标。例如，德国杜伊斯堡景观公园，它原是一处集采煤、炼焦、钢铁于一体的大型工业基地，现在被改造为以煤—铁工业背景为主的大型工业旅游主题公园。

（4）极简主义园林（Minimalism）：以最原初的物自身或形式展示于观者面前为表现方式。讲究概括的线条、单纯的色块和简洁的形式，感官上简约整洁，品味和思想上更为优雅。简洁的形式中往往包含了更深刻的意义。例如，彼得·沃克设计的哈佛大学唐纳喷泉、柏林索尼中心、波奈特公园。

10.3　建筑布局与设施配置

1. 景区建筑

景区建筑的基本功能包括：使用功能、造景功能、观景功能和组织游线。因此，景区修建性详细规划中对建筑物进行布局的目的不是对建筑物本身进行设计，而是通过对建筑位置、体量、尺度、比例、功能、造型、材料、色彩等设计进行空间和功能安排（表 10-1）。修建性详细规划中的建筑布局，应当重点考虑以下几方面的问题。

1）物理环境

建筑物布局与气候、日照、风向、地形地貌等之间的关系。

2）功能

建筑物应当支持地块所承担的景区功能。

园林建筑的分类　　　　　　　　　　　表 10-1

编号	园林建筑类型	典型建筑
1	点景游憩类	亭、廊、榭、舫、楼阁、厅堂、塔
2	文教展示类	展览馆、博物馆、纪念馆、文物保护点、动植物展览建筑、剧场
3	文娱体育类	体育馆、俱乐部
4	服务类	餐厅、茶室、码头、小卖部、摄影服务部、厕所、旅馆、电话亭
5	管理类	大门、办公室、广播站、医疗卫生、温室荫棚、变电室、垃圾污水处理场、供电及照明、供水与排水

3）文脉

建筑物应当与现有的景区空间形成完整的整体，并表达特定的场地环境和历史文脉特征。

4）生活

建筑物应当满足游客游览、集散和休憩等要求。

5）美学

建筑物应当具有视觉体验上的愉悦感，为创造优美的景区环境服务。

建筑布局与规划设计的总体原则大致有以下几点：① 不仅应当成就建筑群体自身的完整性，而且应当能对所在地段产生积极的环境影响。② 注重与相邻建筑之间的关系，均应与地段环境文脉相协调。③ 建筑设计还应关注周边的环境，共同形成整体的环境特色。

2. 景区设施

景区设施既要满足使用的要求，还需同环境相协调，并成为景观的组成部分，共同服务于游客的游憩活动和需求（表 10-2）。

园林设施分类　　　　　　　　　　　表 10-2

编号	园林设施类型	典型设施
1	交通设施	台阶、园桥、路缘石、阻隔物
2	休息设施	园椅、园凳、园桌、花架
3	照明设施	园灯
4	信息类设施	展览牌、解说牌、指示牌、路标、广告
5	管理设施	大门、围墙、栏杆、篱
6	卫生设施	垃圾箱、饮水池、洗手池
7	装饰性设施	雕塑、景墙、景窗门洞、水景、石景、标志物或纪念物、花坛
8	体育运动设施	儿童游乐设施、运动场（网球场、篮球场、田径场、足球场）、游泳池

10.4 景区园路系统设计

10.4.1 景区园路

旅游景区或公园的道路也称为园路，是一条带状的三维空间实体，由路基、路面、桥梁、涵洞、隧道和沿线辅助设施组成，是贯穿旅游景区的交通网络，也是组成景区景观的要素，起着组织空间、构建园景、引导游览、联系交通、工程敷设，以及提供散步休息场地的作用。它像脉络一样，把景区的各个景观连成整体。按园路的使用功能可以划分为主路、支路和小路三个等级，各级园路设计不同的路宽、平曲率和竖曲率的线型以及路面结构（表 10-3~ 表 10-6）。

1）主路

联系景区主要出入口、各功能分区、主要建筑物、广场和景点及活动设施的主干路，多呈环状布局。道路宽度根据旅游景区的性质和游人车辆流量而定，一般为 3.5~6.0m。

2）支路

支路作为主路的分支路，起到辅助分流的作用。规模较大的景区，支路宽度一般为 3~4m，规模较小的景区，其宽度为 2.0~3.5m。

3）小路

小路又称步道，是连接各个景观景点，深入各个角落，供人们漫步游赏的步道。宽度一般为 0.6~2.0m。

景区园路宽度规定 表 10-3

道路级别	陆地规模（hm²）			
	< 2	2~10	10~50	> 50
主路（m）	2.0~3.5	2.5~4.5	3.5~5.0	5.0~7.0
支路（m）	1.2~2.0	2.0~3.5	2.0~3.5	3.5~5.0
小路（m）	0.9~1.2	0.9~2.0	1.2~2.0	1.2~3.0

游人及各种车辆的最小运动宽度 表 10-4

交通种类	最小宽度（m）	交通种类（m）	最小宽度（m）
单人	≥ 0.7	小轿车	2.00
自行车	0.6	消防车	2.06
三轮车	1.24	卡车	2.05

各种类型路面纵横坡度表　表 10-5

路面类型	纵坡（%）				横坡（%）	
	最小	最大		特殊	最小	最大
		主路	支路			
水泥混凝土路面	0.3	6	7	10	1.5	2.5
沥青混凝土路面	0.3	5	6	10	1.5	2.5
块石、砾石路面	0.4	6	8	11	2	3
拳石、卵石路面	0.5	7	8	7	3	4
颗粒路面	0.5	6	8	8	2.5	3.5
改善土路面	0.5	6	6	8	2.5	4
游览小路	0.3		8			1.5
自行车道	0.3	3			1.5	2
广场、停车场	0.3	6	7	10	1.5	2.5
特别停车场	0.3	6	7	10	0.5	1

各种设施的适宜坡度　表 10-6

编号	各种设施	理想坡度	
		最高	最低
1	道路（混凝土）	8%	0.50%
2	停车场（混凝土）	5%	0.50%
3	服务区（混凝土）	5%	0.50
4	进入建筑的主要通路	4%	1%
5	建筑物的门廊或入口	2%	1%
6	服务步道	8%	1%
7	斜坡	10%	1%
8	轮椅斜坡	8.33%	1%
9	阳台及坐憩区	2%	1%
10	游憩用草皮区	3%	2%
11	低湿地	10%	2%
12	已整草地	3：1	—
13	未整草地	2：1	—

10.4.2　慢行绿道

　　近年来，为了满足游客和居民越来越多的散步、慢跑、骑行、游憩等健身活动，旅游景区在原有园路的基础上进行拓宽、改造，或者新建慢行绿道。绿道（Greenway）是一种线形绿色开敞空间，供行人和骑单车者进入的游憩线路，通常沿着河滨、溪谷、山脊、风景带等自然道路和人工廊道建立。

1. 概念内涵

查理斯·莱托（Charles Little）对绿道的定义为：绿道就是沿着诸如河滨、溪谷、山脊线等自然走廊，或是沿着诸如用作游憩活动的废弃铁路线、沟渠、风景道路等人工走廊所建立的线性开敞空间，包括所有可供行人和骑车者进入的自然景观线路和人工景观线路。它是连接公园、自然保护地、名胜区、历史古迹，以及其他与高密度聚居区之间进行连接的开敞空间纽带。从地方层次上讲，就是指某些被认为是公园路（Parkway）或绿带（Greenbelt）的条状或线性的公园。

随后，埃亨（Ahern）将绿道的含义扩展为是由那些为了多种用途（包括与可持续土地利用相一致的生态、休闲、文化、美学和其他用途）而规划、设计和管理的由线性要素组成的土地网络。该定义强调了五点：① 绿道的空间结构是线性的；② 连接是绿道的最主要特征；③ 绿道是多功能的，包括生态、文化、社会和审美功能；④ 绿道是可持续的，是自然保护和经济发展的平衡；⑤ 绿道是一个完整线性系统的特定空间战略。

简言之，"绿道"具有景观设计学、社会学、交通学三方面内涵。

1）设计学方面

绿道是指一种"绿色"景观线路。一般地，沿着河滨、溪谷、山脊、风景道路、沟渠等自然和人工廊道建设，可供游人和骑车者徜徉其间，形成与自然生态环境密切结合的带状景观斑块走廊，承担信息、能量和物质的流动作用，促进景观生态系统内部的有效循环，同时加强各密近斑块之间的联系。

2）社会学方面

人们不仅在大自然中建设"绿道"，还要在大众心中铺设政府与民众顺畅沟通的"绿道"，让民众无障碍地表达自己的利益诉求，提高民众在精神生活上的"宜居水平"。

3）交通学方面

绿道是指以自然要素为基础，以自然人文景观和休闲设施为串联节点，由慢行系统、服务设施等组成的绿色开敞空间廊道系统。绿道由绿廊、慢行道、驿站和标识系统组成。其中绿廊起到保障绿道基本生态功能、营造良好景观环境的作用；慢行道按照使用方式的不同分为步行道、自行车道和综合慢行道三种类型；驿站是绿道服务设施的主要载体；标识系统一般包括信息、指示、规章、安全警示标识四种类型，具有解说、引导、禁止、警示、科普、宣传教育等多种功能。

2. 绿道类型

1）通常按绿道服务区域将其分成三类：郊野绿道、城市绿道和社区绿道。社区绿道主要连接居住区绿地，城市绿道主要连接城市里的公园、广场、游憩空间和风景名胜，郊野绿道在城市的郊野区域。

2）根据形成条件与功能的不同，绿道也可以分为下列五种类型。

（1）城市河流型：这种绿道极为常见，通常是作为城市滨水区复兴开发项目中的一部分而建立起来的。

（2）特色游憩型：通常建立在各类有一定长度的特色游步道上，主要以自然走廊为主，但也包括河渠、废弃铁路沿线及景观通道等人工走廊。

（3）自然生态型：通常都是沿着河流、小溪及山脊线建立的廊道。这类走廊为野生动物的迁移和物种的交流、自然科考及野外徒步旅行提供了良好的条件。

（4）风景名胜型：一般沿着道路、水路等路径而建，往往对各大风景名胜区起着相互联系的纽带作用。其最重要的作用就是使步行者能沿着通道方便地进入风景名胜地，或是为车游者提供一个便于下车进入风景名胜区的场所。

（5）综合型：通常是建立在诸如河谷、山脊类的自然地形中，很多时候是上述各类绿道和开敞空间的随机组合。它创造了一种有选择性的都市和地区的绿色框架，其功能具有综合性。

3. 景区慢行绿道

景区慢行绿道设计应以旅游景区总体规划和详细规划为依据，符合绿道功能要求，因地制宜，发挥景区绿道生态、景观、游憩等作用，达到功能完善、布局合理、植物多样、景观优美的效果。慢行绿道规划设计一般应遵循生态性、特色化、人性化、共享性、便捷性、可操作性、经济性、系统性、协调性的原则。

在景区慢行道系统中，按照使用者的不同将慢行道分为步行道、自行车道、无障碍道和综合慢行道。在满足使用强度的基础上，鼓励采用环保生态型的自然材料进行慢行道路面铺设，优先采用柔性铺装。自行车道路面宜用沥青、混凝土、砖材、石材、砂石、裸土等，路面应平坦。步行道应优先使用透水砖、石屑、石块、木材、塑胶等材料。慢行道路在色彩、质感、图案等方面，应优先采用有别于其他道路系统的路面颜色，增强其可识别性（图 10-4）。

1）宽度控制（表 10-7）

2）坡度控制（表 10-8）

3）设施配置（表 10-9~ 表 10-12）

慢行道设计宽度表　　　　　　　　　　　　　　　表 10-7

类型	慢行道宽度设计值
步行道	1.2~2.5m
自行车道	1.5~3.5m
综合慢行道	2.0~6.0m

慢行道坡度设计范围表　　　　　　　　　　　　　　表 10-8

慢行道类型	纵坡坡度参照标准	横坡坡度参照标准
自行车道	小于 2.5% 为宜，最大不宜超过 8%	2% 为宜，最大不宜超过 4%
步行道	大于 8% 时，应辅以踏步解决竖向交通	2% 为宜，最大不宜超过 4%
无障碍道	小于 2% 为宜，最大不宜超过 8%	2% 为宜，最大不宜超过 4%

慢行道各类型设施配置表　　　　　　　　　　　　　表 10-9

系统类型	设施类型	允许建设项目	禁止建设项目和活动
服务系统	管理设施	管理中心、游客服务中心	1. 房地产开发、大型商业设施、宾馆、工厂、仓储等开发经营类项目 2. 不符合环境保护要求的餐饮服务设施、油库及堆场等污染绿道环境的项目 3. 砍伐树木、伤害动物、捕猎、拦河截溪、采石、采矿、取土等破坏绿道环境的活动 4. 危险品储存运输、垃圾填埋处理等对环境、人的休闲休憩活动造成安全隐患的各类活动 5. 对不可移动文物和历史建筑保护，造成安全隐患或破坏的各类活动 6. 与绿道管理和使用无关的临时建（构）筑物
	商业服务设施	售卖点、户外用品租赁点、餐饮店	
	休憩设施	儿童游憩场地、群众健身场地、篮球场、公园、露营点、垂钓点、水上活动点、攀岩、蹦极、定向越野等文体活动场地，休憩点	
	科普教育设施	宣传栏、纪念馆、展览馆、鸟类及野生动物观测点、天文气象观测点、特殊地质地貌考察点、生态景观观赏点、古树名木及珍稀植物观赏点等科普宣教设施，解说设施、展示设施	
交通衔接系统	衔接设施	交通衔接设施、停车设施	
	停车设施	公共停车场、出租车停车点、公交站点等	
基础保障系统	安全保障设施	治安消防点、医疗急救点、水上救援站、安全防护设施	
	环境卫生设施	公厕、垃圾站、污水收集设施	
	其他市政基础设施	保障城市绿道使用的给水、排水、供电、通信设施等市政基础设施	

商业、游憩和科普教育设施设置表　　　　　　　　　表 10-10

设施类型	主要设施	建议设施			备注
		道路型 公园型 防护绿地型	滨水型	山林型	
商业服务设施	售卖点、户外用品租赁点、餐饮店	结合沿线城市商业设施	滨水茶座、水上运动用品租赁点、水上运动培训点	流动售卖点、自行车租赁及维修点	1. 表中设施为建议类型，各类绿道应根据自身景观特点，具体设置配套服务设施 2. 各类型的配套服务设施都应满足环保要求，严格禁止对绿道环境的破坏
游憩设施	文体活动场地、休憩点	结合沿线文体活动场所、公园、开放空间	亲水平台、垂钓点、水上竞速、漂流	露营点	
科普教育设施	科普宣教设施、解说设施、展示设施	结合沿线科普教育设施	鸟类及野生动物观测点、湿地景观观赏点、天文气象观测点	特殊地质地貌考察点、古树名木及珍稀植物观赏点	

慢行道环境卫生设施配置表　　　　　　　　　　　　　　　表 10-11

类型	道路型 公园型绿道	滨水型绿道	山林型 防护绿地型 绿道	备注
公厕间隔距离 要求（km）	2~3	3~5	5~8	可根据需要设置流动性厕所，滨水型、山林型城市绿道宜选用生态环保厕所
垃圾箱间隔距 离要求（m）	100~200	200~500	1000~2000	垃圾箱应设垃圾分类指示标识，滨水型、山林型城市绿道宜选用生态环保材料

各类标识设置要求和用途表　　　　　　　　　　　　　　　表 10-12

类型	位置	用途
设施标识	入口、交叉口、停车场、公共集聚的地方	提供绿道相关设施项目、服务和时间的总体信息
指向标识	邻近的公交站点、入口、主要交叉口处	标明游览方向和路线信息，引导人群进入绿道
规章标识	按实际需要	标明绿道法律法规方面的信息、政府有关绿道网的政策
警示标识	在危险路段前 50m 设置	标明可能存在的危险及其程度
活动标识	按实际需要	标明绿道提供的相关活动信息
安全标识	各级绿道必须设置，且间距不大于 800m	明确标注使用者所处位置，以便为应急救助提供指导
教育标识	按实际需要	标明绿道所在地的独特品质或自然文化特征，向青少年和公众，普及自然科学、历史文化、生态环保、野外生存等知识

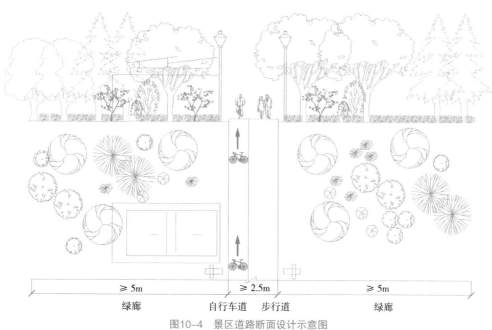

≥ 5m	≥ 2.5m	≥ 5m
绿廊	自行车道　步行道	绿廊

图10-4　景区道路断面设计示意图

219

10.5　绿地系统与种植设计

绿地系统规划是对景区内各类型绿地进行统一规划，系统考量，做出合理安排，形成一定的布局形式，实现绿地所具有的生态保护、景观立意、休闲游憩、文化教育等功能。

种植设计是指以植物为介质进行空间设计。种植设计需要考虑两个方面问题：一方面是各种植物之间的搭配，考虑植物种类的选择与组合，包括林缘线、林冠线、色彩搭配、季相变化及空间意境；另一方面是植物与地形、水体、山石、建筑、园路等其他景观要素之间的搭配。

10.5.1　设计原则

1）尊重自然、保护利用的原则

尊重自然、保护自然生态环境的目的只有一个，就是使人类拥有良好的生存和发展空间。人类只有在保护自然生态环境的基础上，合理地开发、利用土地和自然资源，才能真正改善生存与生活环境。设计也只有在保护和利用自然植被与地形生境条件下，才能创造出自然、优美、和谐的景区空间。

2）尊重科学、符合规律的原则

设计必须尊重科学、符合生态规律，科学处理植物个体与个体、个体与群体、群体与群体之间，以及个体、群体与环境之间的关系，充分发挥每种植物在园林环境中的作用，维持或创造各种持久、稳定的植物群落景观，造就和谐优美、平衡发展的园林生态系统。

3）因地制宜、适地适树的原则

设计要因地制宜，根据不同的现状和资源条件设计相应的生境类型，并认真考虑植物的生态习性和生长规律，选择合适的植物种类，使各种园林植物都能适应环境，各得其所，各自能够正常生长发育，充分发挥植物个体、种群和群落的景观与生态效益，并为其他生物的正常生活提供适宜的生态环境。

4）合理布局、满足功能的原则

设计要从绿地的性质和功能出发，对不同类型的植物景观进行合理布局，满足相应的功能要求，如综合性公园因观赏、活动和安静休息等功能的不同，而设置相应的花坛或花境、草坪、山水丛林或疏林草地等植物景观。

5）种类多样、季相变化的原则

大多数园林植物其景观随季节更替而变化，植物造景应考虑四季景色，应用较多的植物种类，使景区环境在每个季节都有代表性的或具有特色的景观。这样，随着时间的推移、季节的交替，呈现出变化丰富的优美景色，展现出大自然赋予绿地空间的无穷魅力。

6）密度适宜、远近结合的原则

植物种植密度的大小，直接影响植物生长发育、景观效果和绿地功能的发挥。无论是树木还是花草，都有适宜的间距和密度。密度过大，加剧竞争，影响个体生长发育，同时也会降低经济性；密度过小，则可能影响景观效果和降低生态与使用功能。为了合理利用植物与土地资源、节约成本，种植设计也常结合近期功能与远期目标，进行动态设计，分步实施。

10.5.2　基本形式

绿地与种植设计的基本形式有三种：规则式、自然式和抽象图案式。

1）规则式设计

规则式又称"几何式""图案式"等，是指园林植物成行成列等距离排列种植，或做有规律的简单重复，或具整规形状，多使用绿篱、整型树、模纹花坛及整型草坪等。花卉布置以图案式为主，花坛多为几何形或组成大规模的花坛群；草坪平整而具有直线或几何曲线边缘等。通常运用于规则式或混合式布局的园林环境中，具有整齐、严谨、庄重和人工美的艺术特色。

2）自然式设计

自然式设计是指反映自然界植物群落自然之美的种植形式。花卉布置以花丛、花群为主，少用花坛。树木配植以孤植树、树丛、树林为主，不用规则修剪的绿篱，以自然的树丛、树群、树带来区划和组织园林空间。树木整型不做建筑鸟兽等体形模拟，而以模拟自然界苍老的大树为主。主要展现植物的姿态美、色彩美、形态美、气味美等。

3）抽象图案式设计

现代景观设计中，常将植物作为构图要素进行艺术加工，形成具有特殊视觉效果的抽象图案，如模纹设计。

10.5.3　植物类型及特性

在旅游景区中常见的植物类型及特性（表 10–13）。

<table>
<tr><td colspan="5">植物类型及特性一览表　　　　　　　　　　　表 10–13</td></tr>
<tr><th>类型</th><th>高度</th><th colspan="2">景观特性</th><th>实例</th></tr>
<tr><td>乔木</td><td>大乔木＞20m
中乔木8~20m
小乔木＜8m</td><td colspan="2">形体高大、主干明显、分枝点高、寿命长，是显著的观赏因素，是构成室外空间的基本结构和骨架；可作为"骨干树种"或"基调树种"，也可孤植形成视线焦点；可从顶平面与垂直立面上封闭空间，形成覆盖空间</td><td>香樟、银杏、榉树、女贞、鸡爪槭</td></tr>
<tr><td>灌木</td><td>大灌木＞2m
中灌木1~2m
小灌木＜1m</td><td colspan="2">没有明显的主干，多呈丛生状态，可阻隔视线，形成垂直空间、半开敞空间；可障景，控制私密性；还可作为特殊景观的背景</td><td>桂花、石楠、小叶黄杨、栀子花</td></tr>
</table>

续表

类型	高度	景观特性	实例
草坪地被		具有独特的色彩、质地，似地毯，可形成植物模纹或缀花草坪；通过暗示形成虚空间；在不宜种草坪处，如楼房阴影、常绿阔叶林下可栽植地被植物，丰富景观层次	高羊茅草、红花酢浆草
藤本		也称攀缘植物，常用于垂直绿化，如花架、篱栅、岩石和墙壁上的攀缘物	常春藤、爬山虎
花卉		具有姿态优美、花色艳丽、香气馥郁的特点，通常多为草本植物。可形成自然的花丛、花带和缀花草坪，也可结合硬质景观配置花坛、花台、花境、花箱和花钵等	金盏花、一串红、矮牵牛
竹类		竹类形态优美，叶片潇洒，干直浑圆，具有很高的观赏价值和文化价值	刚竹、毛竹、佛肚竹

10.6　图件成果要求

1. 规划地段位置图

标明规划地段的位置以及和周围地区的关系。

2. 规划地段现状图

图纸比例为 1：2000~1：500，标明自然地形地貌、道路、绿化、工程管线及各类用地和建筑的范围、性质、层数、质量等。

3. 规划总平面图

比例尺同规划地段现状图，图上应标明规划建筑、绿地、道路、广场、停车场、河湖水面的位置和范围。

4. 道路交通规划图

比例尺同规划地段现状图，图上应标明道路的红线位置、横断面，道路交叉点坐标、标高、停车场用地界线。

5. 竖向规划图

比例尺同规划地段现状图，图上标明道路交叉点、变坡点控制高程，室外地坪规划标高。

6. 单项或综合工程管网规划图

比例尺同规划地段现状图，图上应标明各类市政公用设施管线的平面位置、管径、主要控制点标高，以及有关设施和构筑物位置。

7. 表达规划设计意图的模型或鸟瞰图

第 4 篇

景观与游憩设施设计

　　旅游景观环境与游憩设施，逐渐成为现代旅游景区开发建设和实施运营过程中不可或缺的重要组成部分，优良且特色化的空间环境品质和以人为本、功能新颖的游憩设施，为旅游者提供了丰富多样的休闲娱乐和游憩场所，满足了大众追求环境艺术、旅游审美、休闲娱乐、疗养康体等身心愉悦目标的高层次游憩体验。

　　景观与游憩设施设计，是详细制定旅游景区范围内园林空间环境建设与游憩设施配置及场地建设的引导指南，运用基本设计法则和程序，通过地形设计、建筑布局、植物栽植、设施配置、场地建设、运营规范等设计内容，创造一个美好、安全、舒适、宜人、特色的旅游境域。

第 11 章　旅游景观环境设计

"景观"广义层面是指具有审美感的风景，在规划设计层面是指旅游景区的空间景观环境，即旅游景区中一定地段范围内自然环境和人工环境所呈现的景观属性及人们对它们的感知。其中自然环境包括山体、水系、绿地、各种植被等；人工环境包括建筑和建筑群体组成的建筑空间景观、道路景观等；此外，还包括园林景观小品和游憩休息设施等景观。

11.1　景观环境设计目的·原则

11.1.1　设计目的

景观环境是指可以引起某种视觉和心理感受的景象和环境，是对自然景观的利用与再创造，是构成旅游景区的重要组成要素。良好的旅游景观环境对增强旅游景区吸引力，提升旅游景区环境品质具有重要的作用。

现代旅游景观环境不仅仅是由大自然所塑造的，同时也是人工精心规划设计的结果。旅游景观环境设计的目的是，从环境感知和旅游审美的角度，通过利用、改造自然地形地貌，结合建筑布局、植物栽植、设施配置等方法，充分展现设计立意和构思，并对景观环境加以控制、维护和管理，从而构建一个供人们观赏、游憩的优美旅游境域。

11.1.2　基本原则

"适用、经济、美观"是景观环境设计应遵循的基本原则。规划设计要求做到适用、经济、美观三者关系的辩证统一。本质上，三者之间的关系是相互依存、不可分割的。

当然，同任何事物发展规划一样，三者之间的关系在不同情况下，根据不同性质、不同类型、不同环境的差异，彼此之间有所侧重。

1. 适用原则

一般情况下，首先要考虑"适用"的问题。所谓"适用"，一层意思是"因地制宜"，具有一定的科学性；另一层意思是景观的功能适合于服务对象。"适用"的观点带有一定的永恒性和长久性。

2. 经济原则

在"适用"的前提下，其次考虑"经济"问题。实际上，正确的选址，因地制宜，巧于因借，本身就可以减少大量投资，也解决了部分经济问题。经济问题的实质，就是如何做到"事半功倍"，尽量在投资较少的情况下办好事。当然，景观环境的建设要根据客观需求确定科学合理的投资。

3. 美观原则

在"适用""经济"的基础上，尽可能地做到"美观"，即满足景观环境布局、造景的艺术要求。在某些特定条件下，美观要求也可以提到较为重要的地位。实质上，美和美感，本身就是"适用"，也就是它的观赏价值。景观中的假山、水系、建筑、小品等起到装饰、美化环境的作用，创造出感人的精神文化氛围，这就是一种独特的"适用"价值，即美的价值。

最后，在景观环境设计过程中，"适用、经济、美观"三者之间不是孤立的，而是紧密联系不可分割的整体。单纯地追求"适用、经济"，不考虑景观艺术的美感，就会降低环境的艺术水准，失去吸引力，不受广大群众的喜欢；如果单纯地追求"美观"，不是全面考虑到"适用"问题或"经济"问题，就可能产生某种偏差或缺乏经济基础而导致设计方案成为一纸空文。所以，景观环境设计必须在适用和经济的前提下，尽可能地做到"美观"，美观必须与适用经济协调起来，统一考虑，最终创造出理想的景观环境艺术作品。

11.2　景观环境设计基本法则

11.2.1　人的尺度

人体工程学在旅游景观设计中的有效应用，是研究人体活动与景观空间环境之间正确合理的关系，以达到空间环境安全、实用、方便、舒适、美观的目的，主要体现在以下方面（图 11-1）。

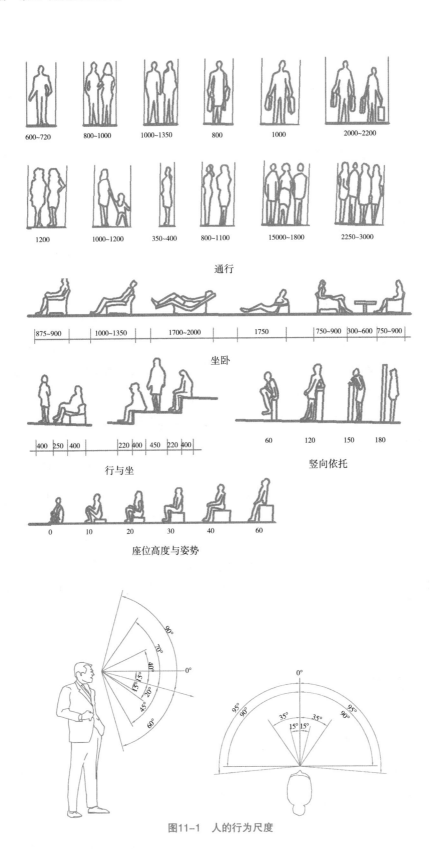

600~720	800~1000	1000~1350	800	1000	2000~2200

1200	1000~1200	350~400	800~1100	15000~1800	2250~3000

通行

875~900	1000~1350	1700~2000	1750	750~900	300~600	750~900

坐卧

400 250 400	220 400 450 220 400	60 120 150 180

行与坐　　　　　　　　　　竖向依托

0	10	20	30	40	60

座位高度与姿势

图11-1　人的行为尺度

1. 确定人和人际在各种景观活动中所需空间的主要依据。主要依据人体工程学中有关计测数据，从人体尺度、动作域、心理空间，以及人际交往的空间等，确定景观环境的空间范围。

2. 确定各种景观设施的形体、尺度及其使用范围的主要依据。景观设施为人所使用，因此其形体、尺度必须以人体尺度、动作域等为主要依据。要使这些景观设施得到有效的利用，其周围必须留有活动和使用的最小空间，这些要求都由人体工程学予以解决。

3. 视觉要素的计测为景观视觉设计提供科学依据。人眼的视力、视野、光觉、色觉是视觉的要素，人体工程学通过计测得到的数据，为照明设计、色彩设计、视觉最佳区域等提供科学依据。

11.2.2　空间感知

空间感知是指景物的形状、大小、方位、距离，以及景物之间的组合关系等空间特性在人脑的反映，亦即人通过知觉器官对周围环境和空间关系的综合了解、判断的心理过程。旅游活动是随着时间在空间中发生的，因此人们对空间的感知，直接影响人们的旅游体验与行为态度。

1. 图底关系

图与底是心理学中的一对概念。当两种不同质的领域在人的视野内同时出现时，所得到的体验总有一方占主导的地位，称为图，另一方为底。城市和区域、场地和建筑物、景观小品和绿地广场的这种"图形与背景"的关系，不仅可以是尺度上的图底关系，还有颜色上的"图底关系"、秩序层面的"图底关系"，以及功能层面的"图底关系"，这些图底关系组合在一起共同构成了空间的图底关系（图11-2）。

2. 空间限定

类型一般包括七种：围合、设立、覆盖、凸起、下沉、架起和质地。复杂的空间涉及多种限定的组合，创造出多样化的空间形态，以形成更富有层次的景观环境，满足人们的功能需要（图11-3）。

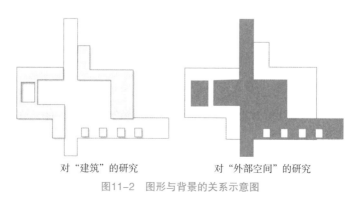

对"建筑"的研究　　　　　对"外部空间"的研究

图11-2　图形与背景的关系示意图

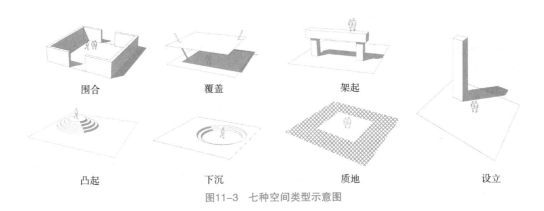

围合　　　　　覆盖　　　　　架起

凸起　　　　　下沉　　　　　质地　　　　　设立

图11-3　七种空间类型示意图

3. 心理空间

在景观环境设计过程中，无论是一座雕塑或是一个植物空间的布局，都存在诸多心理因素需要考虑，不仅要考虑它们的空间位置关系，还要考虑与它有关的人的关系，因此，设计的景观与人的联系往往比景观本身更加重要。通常将心理空间的距离分为四个范围，即亲密距离、个人距离、社交距离、公共距离，见表11-1。

心理空间的距离

表 11-1

名称	范围	内容	对象
亲密距离	0~35cm	能清楚地看到对方的头和脸，并能辨认出对方面部的细微变化，还能感觉到对方的体温及身上的气味	夫妻 / 情侣 / 双亲和子女
个人距离	35~120cm	对方面部细微的变化不易看清，对方的气味几乎感觉不到	亲密朋友 / 亲属 / 同事等
社交距离	120~300cm	对方面部细微的变化不能看清，对方的气味完全感觉不到	邻居 / 朋友 / 同事或公务交往等
公共距离	300~900cm	这是非常开放的距离，是一种社会距离	不熟悉的 / 陌生人

4. 场地尺度

场地的尺度处理关键是场地与周边围合物的尺度匹配关系，场地与人的使用尺度的配合关系。以人的感受为标尺看空间尺度，没有合适的尺度就没有舒适的场地（图11-4）。

H——周边围合物界面高度；

D——人与界面的距离

1）当 $\dfrac{D}{H}$ =1∶1垂直视角为45°，封闭感强，可看清实体细部，有一种内聚和安定感。

2）当 $\dfrac{D}{H}$ =2∶1垂直视角为27°，半封闭感，可看清实体整体，内聚向心而不至于产生离散感。

3）当 $\dfrac{D}{H}$ =3：1 垂直视角为 18°，封闭感小，可看清实体与背景的关系，空间离散，围合感差。

4）当 $\dfrac{D}{H}$ =4：1 封闭感消失，场地开阔。

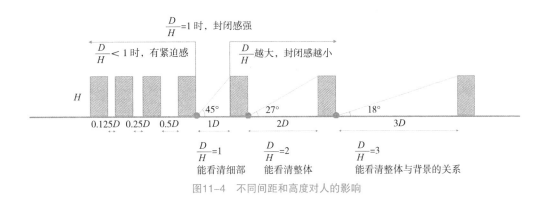

图11-4　不同间距和高度对人的影响

5. 感知领域

人有领域感知的意识，人的感官与心理所构建的一个领域性的"空间泡"，其控制范围为：① 触觉：0~0.35m，亲昵距离；0.35~1.2m，个人距离；② 嗅觉：2~3m 发生作用；③ 听觉：7m 以内相当灵敏，聊天距离。④3~3.75m，社会距离；3.75~8m，公共距离；35m 以内，演讲距离；35m 以外，隔绝距离。

11.2.3　艺术法则

旅游景观环境的设计需要采用一定的手段来组织特定的空间，使该空间在形式与内容、审美与功能、科学与技术、自然美、艺术美及生活美取得高度统一。设计的形成除一部分自然因素外，更多地体现了设计观念。这种观念的形成也具有一定的社会性。因而景观设计具有一定的规律性，即景观设计所要遵循的基本艺术法则，包括以下几个方面。

1. 统一和多样

美就是和谐，和谐就是美。众多元素组合通过某种关系联系在一起，获得和谐的效果，就是多样统一，它包含两层含义：① 秩序——相对于杂乱而言，体现要素之间的相互制约性；② 变化——相对于单调而言，要素丰富而不杂乱。景观环境设计关于秩序的建立和变化的产生，可以运用多种设计手法，如轴线对位、格网控制、对称均衡，以及通过大小、多少、明暗、虚实、远近等处理方法达到目的。具体应用到景观环境的形体和空间上，即形状、颜色、肌理、位置、方位等。

2. 主从与重点

在一个有机统一的整体中，不同组成部分应加以区别对待，形成主从有序的关系，若平均分布，同样对待，则易出现单调和呆板的景象。景观环境设计中应有明确的主从关系，在景观绿地中能起到控制作用的景称"主景"，它是整个绿地的核心、重点，往往呈现主要的使用功能或主题，是全景视线控制的焦点。配景起衬托作用，可使主景突出，在同一空间范围内，许多位置、角度都可以欣赏主景，而处在主景空间范围内的一切配景，又成为观赏的主要对景。配景对主景起陪衬作用，不能喧宾夺主，在景观中是主景的延伸和补充，二者相得益彰形成一个艺术整体。

3. 均衡与稳定

均衡主要指景观前后左右各部分之间的组合关系，以平衡的状态存在，不平衡的状态会使人产生躁动和不稳定感。景观环境一般要求赏心悦目，给人安定、平衡和完整的感觉。均衡有对称和非对称均衡两种类型：① 对称均衡，具有明显的轴线，形体在轴线两侧对称布置；对称均衡在人们心理上产生理性的严谨性、条理性和稳定感。② 非对称均衡，是指景物不对称构图时，综合衡量物质要素的情况下呈现出的均衡态势，这种均衡会带给人轻松、自然、随性的感觉。在景观设计时可以综合运用形体、虚实、色彩、质感、疏密、线条、光影等视觉要素组合搭配，使人产生千变万化的均衡感觉。

4. 对比和调和

对比强调"差异性"，相反或相对的事物组合产生对比。这种对比可以是体量上的对比，也可以是空间对比、虚实对比、疏密对比、方向对比、色彩对比、形体对比、质感对比等。设计中常借用两种或多种性状有差异的景物之间进行对照，使彼此不同的特色更加明显，例如，运用高低乔木配置以增强景物空间感。调和，也可称为协调，突出"相似性"，是强调不同事物中的共同性因素，表现为类似事物的渐变、保持连续性变化，调和也可以看成是极弱的对比。

对比与调和的使用比例因具体景观空间的性质和要求不同而异。通常，出入口空间和娱乐空间的营造主要采用对比的手法，以形成视觉冲击力、营造出入口意象，引起感官刺激；休息空间则主要采用调和的手法，以营造安静、平和、稳定的空间感受；儿童游戏空间主要采用对比手法，老人活动空间则多采用调和手法，以形成符合不同使用者生理和心理特点的空间与景观。

5. 韵律与节奏

所谓韵律与节奏，在设计上是指同一视觉要素有规律地连续重复时所产生的律动感，条理性、重复性、连续性是其突出特点。韵律与节奏能赋予景观以生气活跃感，表现出一种动态和速度感。韵律是节奏的深化，不同的节奏变化会产生不同的韵律。

常见的韵律形式有五种。

1）简单韵律。由同一因素做有规律地重复出现的连续构图，如等距栽植的同一品种的行道树等。

2）交替韵律。由两种以上组成要素有规律地交替重复出现的连续构图，如"桃红柳绿"，两个品种相间种植的行道树或几段梯级与一段平台交替布置等。

3）渐变韵律。由同一组成因素有规律地增加或有规律地减少出现的逐渐变化的连续构图，如层云式的树桩盆景。

4）起伏韵律。由某一组成因素有规律增加和有规律减少同时出现的起伏增减变化的连续构图，如山脊地形线、林冠线的有起有伏，水岸线、林缘线的有进有退。

5）拟态韵律。由某一组成因素有规律纵横交错或多个方向出现重复变化的连续构图，空间的开合、明暗变化，平面上有曲折断续，竖向上有起伏高低，都能产生良好的韵律节奏感。

6. 比例与尺度

比例是指整体与局部、局部与局部之间的大小关系。和谐的比例是完美构图的条件之一，可以使人产生美感。圆、正方形、正三角形、黄金分割比等常用来分析形体的比例关系，恰当的比例具有一种和谐的美感。尺度是指景物的大小与人体大小之间的相对关系。景观构图的尺度是以人的体形标准和使用活动所需空间为视觉感知的量度标准。景物在不同的环境中应有不同的尺度，在特定的环境中应有特定的尺度。比例与尺度紧密联系，比例基于良好的尺度之中，景物恰当的尺度也需要有良好的比例来体现。

在景观环境设计中，需遵循基本的艺术法则，综合运用各种设计手法，因地制宜、因情制宜地安排主从关系，灵活运用调和、对比、韵律、均衡、比例、尺度等方法，创造美好、安全、舒适、宜人的旅游景观环境。

11.3　景观环境设计要素·数据

11.3.1　景观环境构成要素

1. 地形水系

地形水系包括依据上位规划和规划地段的自然条件所确定保留的山体和水系、重要自然景观廊道和自然景观标志，如重要的山峰等。在进行空间环境设计时，应当结合自然山水特色，保护自然景观廊道，显山露水，叠山理水，创造自然山水与建筑空间共生的和谐景观环境。

场所地形设计的目的是创造景观优美，适于建筑布局和人们活动的合理地形，控制总体的地形起伏或平坡特征，并根据排水和景观要求依照相关规范进行竖向设计（表 11-2）。

各类地表排水坡度　　　　　　　　　　　　　　　　表 11-2

地表类型		最大坡度	最小坡度	最适坡度
草地		33%	1%	1.5%~10%
运动草地		2%	0.5%	1%
栽植地表		视土质而定	0.5%	3%~5%
铺装场地	平原地区	1%	0.3%	
	丘陵地区	3%	0.3%	

（资料来源：《公园设计规范》GB 51192—2016）

2. 绿化景观

依据上位规划所确定的由景观轴线、绿化节点、绿地庭院、林荫道等构成的绿地系统结构，结合建筑空间布局以及开敞游憩空间，精心处理绿化的类型、规模、边界及布局形态，种植适合的乔木、灌木和草本植物，从而形成优美宜人的绿色生态环境景观。

对地块内的种植进行配置规划，明确乔木、灌木、草坪的位置，提出列植、对植、孤植、群植、丛植五种，其中丛植又有多种类型：三株丛植、四株丛植、五株丛植、六株丛植，以及散植、环植、林植、篱植、绿墙、花境等不同的配置形式，并提出建议性的树种配置。其中，孤植作为空间视觉的焦点适合配置于庭院、路口等位置；群植可以形成空间层次丰富，生态关系复杂的树群，适合于较大的绿地空间；列植具有明确的方向感和空间限定效果，适合配置于道路两侧、广场、水滨等空间界面；散植形态随意自然，适合配置于庭院、草坪、建筑侧边等处（图 11-5，表 11-3）。

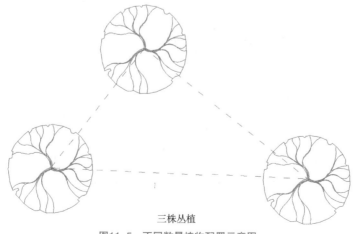

三株丛植

图11-5　不同数量植物配置示意图

功能要求	高度（m）
隔离绿化植物	0.4
限制车辆进出	0.5~0.7
标明分界区域	1.2~1.5
限制人员进出	1.8~2.0
供植物攀缘	2.0 左右
隔噪声实栏	3.0~4.5

不同功能植物高度控制　　　　　　　表 11-3

3. 建筑空间景观

旅游景区中的视觉核心，通常是人们所感知的建筑物及开放空间所形成的景观，包括广场、道路、标志性建筑、景观天际线等。广场是旅游景区开放空间系统中的重要节点，既是景观的重要组成部分，也是人们观景的主要空间。平面形态大致分为规则型和不规则型。规则型广场常常具有明确的轴线、对称或较规整的布局，如矩形广场、圆形广场等。规则型广场由于其形态的完整特征往往具有鲜明的统一性和纪念性，使人印象深刻，适合于具有历史纪念意义、政治意义和宗教意义的广场。不规则广场形态自由，往往根据用地条件和地形灵活布置。由于形态的不规则特征，易于形成丰富多变的景观和场所感。同时，需要对广场及其周边建筑界面、景观整体风貌，以及附设的景观小品和服务设施，包括雕塑、柱、碑、水景小品，电话亭、垃圾桶、座椅、饮水器等进行精心设计，以形成统一、完整、连续的景观界面。

4. 道路景观

旅游景区的道路景观包括了步行道空间、沿道路两侧立面、园路铺装、沿路景观小品和服务设施等所有相关景观要素。在确定合理的道路线型和道路断面形式的基础上，需要对沿路景观界面进行控制，精心安排种植绿化、地面铺装、户外家具、广告标志、出入口景观等，营造安全、便利、舒适、优美的道路景观环境。

此外，换一种设计视角，可以充分了解构成景观环境的构成要素：地形、水体、植物、建筑、铺装、构筑物和设施。景观空间基本构成要素，是指限定空间的建筑物、构筑物、乔灌木、墙体和柱廊，以及高低起伏的地形，它们共同限定和塑造了特定的景观空间。从形态学角度来看，这些构成要素主要由水平地面和垂直方向构件两种情形构成，如游憩广场由铺装地面与周边建筑和绿化围合来划定内外部空间；步行街多由两侧建筑相对排列形成廊道空间；庭院空间是由矮墙或栏杆等实体进行围合限定，并形成多种多样的尺度和风格。在自然类景区空间，景观空间多受到山石、地形、溪流、植被等因素的影响；而人文类景区空间则更多受到建筑街巷、古木古桥、商业设施，以及充满人文内涵的非物质形态因素的直接或间接影响。杨·盖尔（Jan Gehl）认为"如果空间荒寂而空旷，没有座凳、柱廊、植物、树木之类的东西；如果立面缺乏有趣的细部，如凹处、门洞、出入口、台阶等，就很难找地方停下来"。可以这样说，景观环境中多样的构成元素及其细节对于旅游景区公共游憩空间的创造起着至关重要的作用。

11.3.2　要素基本数据

通常对旅游景区内基地进行景观环境设计，需要收集以下基础资料（表11-4）。

基地分析基础资料一览表 表 11-4

自然环境资料		分析内容	互动关系
气候	降雨：年（月）平均降水量；各频率降水强度；降水冲蚀指数	适应性：水资源可利用性、户外休憩；暴雨管理、洪水来源；估计潜在土壤流失量	地球自转、周期、台风；干燥器、雨期、树干蒸发、灌溉的必要度、辐射、传导、对流、不适指数、寒期、暖期；集中暴雨、霜害地区等、大气的停滞与扩散等
	气温：月平均、月平均最高、月平均最低	游憩适应性、作物生长与灌溉需求、干旱期分布能源使用需求	
	风：风速、风向	游憩适应性、空气污染扩散	
	相对湿度	游憩适应性	
	蒸发量	水资源可利用性、作物灌溉需求	
	台风路径	灾害防治	
地质	岩石：种类、软硬度、空隙度；地层：年代、断层、褶皱、走向、倾斜	山坡地地质灾害、矿物景观资源分布、地层下陷、地质与地形演变历史、抗剪作用与工程承受力、特殊地形、地下水分布与补注区	地震灾害、地质下沉、水平运动、海岸侵蚀、与沉积物放射能等、地块断层、地块运动等
	环境地质：崩塌、侵蚀、风化程度、崩积土等	灾害防治	
地形	等高线图	研判坡度、坡向、集水区范围、顺逆向坡、地质灾害、潜在土壤流失量、景观分析	倾斜、景观价值等
水文	地表水分布：河流、湖泊、湿地、河川等级、集水区；河川流量：水位、水质、断面	水资源保育、生态保护、洪水平原、水源涵养	水域分布、水位图、低水流、洪水频度、蓄水量等；水质、同系水、水源污染等地下水；利用度；深度、水量、水质（地下水）还原的必要性等
	地下水补注区；地下水的水量、水位、流速	地下水涵养	
土壤	质地、母质、pH值、厚度、阳离子；交换能力、排水性、有机含量、渗水性、季节性地下水位	作物生产力、暴雨管理、地下补注、作物施肥需要、土壤冲蚀防治、地下水污染防治	营养保养、农业生产性、基础稳定度、伸缩膨胀度、渗透力、侵蚀等
	土壤冲蚀指数	估算潜在土壤流失量	
	工程承载力	建筑物、开发建设适宜性	
生物	植物：组群种类、演替、稀有及特殊品种分布	生态保护、游憩价值、演替趋势、坡度稳定度、土壤流失估算	稀有价值、濒临灭绝的种类、益鸟、益虫、有经济价值的种类发生灾害地区等
	动物：种类与分布、数量、栖息地、稀有与特殊品种分布、迁移路径	生态保护、观赏价值	
土地使用	现状：种类、分布、形态、管理方式	从人类生态学的角度探讨人与环境的关系	农、林、矿、工业、城市街区、准城市街区

11.4　景观环境设计程序·内容

11.4.1　分析程序

卡尔·斯坦尼兹（Carl Steinitz）基于生态景观观点提出了景观设计研究框架（图 11-6），将所涉及的景观问题组织起来，并系统化进行回应，初步确定前三个阶段侧重于认识问题、分析问题（即认识世界），而后三个阶段注重如何解决问题（即改造世界）。前者与后者对于景观设计具有同等重要的作用和意义，进而逐渐形成了景观设计工作的基本程序：明确任务与工作准备、景观资源评价与现状背景分析、目标制定、提出解决办法和初步解决方案，选择一个经优化调整的可行的解决方案，并制定实施计划。

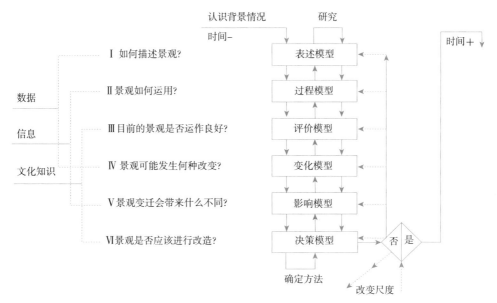

图11-6　景观设计研究框架

11.4.2　设计内容

1. 设计任务书

1）明确设计用地范围、性质和设计的依据及原则。

2）明确景观景点在旅游景区系统中的地位和作用，以及场地特征、四周环境、面积规模和游客容量。

3）拟订功能分区和游憩活动项目及设施配置要求。

4）确定建筑物的性质、规模、面积、高度、建筑结构和材料的要求。

5）拟定布局的艺术形式、风格特点和环境要求。

6）拟定近期、远期投资，以及单位面积造价的定额。

7）制定地形地貌图表及基础工程设施方案。

8）拟订分期实施的计划。

2. 总体设计阶段

1）立意，是指确立设计的总意图，是设计想要表达的最基本的设计理念。

2）概念构思，是指对预设目标，概念性地分析通过何种途径、采取什么方法，以达到这个目标的一系列构思过程，是对立意的具体化设想。

3）布局组合，是指在立意和构思的基础上，将景观资源组织成不同类型结构单元的空间组合布局过程。其主要目的在于围绕主题思想，提取和归纳各类景观元素，建构空间秩序、功能分区和动线分布等。

4）草案设计，是将所有景观元素抽象地加以落实的设计过程，初步草案为确定可选方案提供研究基础，通常可形成多个可比草案，并对可选性草案的优缺点以及可能存在的问题作比较分析，遴选最优方案进行修正，转化成为初步设计。

5）总体设计，应依据设计任务书的要求，根据以上研究分析内容，围绕景观环境对象，并结合现状条件，对场地主题和功能、景观景点构想、游憩活动设置、出入口位置、竖向及地貌、园路交通、河湖水系、植物布局，以及建筑物和构筑物的位置、规模、造型及各专业工程管线系统等做出综合设计（表 11-5）。

3. 详细设计阶段

详细设计的主要任务是以总体设计为依据，详细落实各项控制指标和其他设计管理要求，或者直接对景观环境作出具体的修建安排和对每个局部进行技术设计，是整个

总体设计阶段技术成果内容　　　　　　　　　　　　表 11-5

序号	设计成果	主要内容
1	区位分析图	
2	现状分析图	
3	分区示意图	
4	总平面图	
5	竖向设计图	
6	道路交通体系图	
7	建筑设计示意图	
8	种植设计图	
9	管线综合图	
10	设计表现图	
11	总体设计说明书	
12	总体匡算	

详细设计技术成果内容　　　　　　　　　　表 11-6

序号	设计成果	主要内容
1	分区平面图	
2	基地断剖面图	
3	种植设计图	
4	竖向设计图	
5	建筑设计图	
6	管线图	
7	设计概算	

设计程序中承上启下的重要设计环节。对于规模较小的旅游景观景点，其设计深度可以直接穿插部分施工图设计阶段（表 11-6）。

4. 施工图设计阶段

施工图设计是景观规划设计程序中最后一个步骤，这一阶段所涉及的设计元素主要应考虑细部处理和材料利用等细节问题。设计成果必须使用设计图进行准确表达，设计图纸是设计者与建设方和使用方之间最有效的具体化的沟通交流工具。一般基地面积较小者，设计图通常以 1∶10 或 1∶50 比例绘制，并用图例在设计图上表现。完整的施工图文件应包括：图纸目录、设计说明、主要技术经济指标表、城市坐标网、场地建筑坐标网、坐标值、施工总图、竖向设计图、土方工程图、道路广场设计、种植设计、水系设计、建筑设计、管线设计、电气管线设计、假山设计、雕塑小品设计、栏杆设计、标牌设计等的平面配置图、断面图、立面图、剖面图、节点大样图、鸟瞰图或透视图，以及苗木规格和数量表，并编制工程预算书及施工规范（表 11-7）。

施工图设计技术成果内容　　　　　　　　　　表 11-7

序号	设计成果	主要内容
1	施工总平面布置图	
2	竖向设计图	
3	土方工程图	
4	管道综合图	
5	种植设计图	
6	详图	
7	水系设计图	
8	道路广场设计图	
9	建筑设计图	
10	照明设计图	
11	景观小品设施设计图	
12	苗木表及工程量统计表	
13	工程预算	

第12章 游憩设施及场地设计

游憩设施是旅游景区为提高游客兴致、增进游客身心健康而配置的休闲、消遣活动的附属设施，它是当代文化娱乐产业发展的产物。最初的游憩设施只是景区宾馆、饭店内的一种附属设施，但随着游客对景区游憩活动需求的增加，游憩设施不再是单纯地依托于宾馆、酒店，而是逐步成长为景区的独立经营部门，成为景区内相对独立的设施。在欧美、亚洲等地区的一些发达国家，景区游憩设施已经出现较长时间，其设计和管理都已经比较成熟，而在我国，出现时间虽然比较短，但发展速度却相当快，设施规模不断扩大，经营内容不断多样化。

12.1 游憩设施类型

游憩设施的涵盖面相当广泛，类型比较多样，在不同国家和地区、不同历史时期，其表现形式有所差异。景区规划者只有在正确了解游憩设施类型构成的基础上，才能因地制宜地布局游憩项目，满足游客的休闲、娱乐需求。一般将旅游景区内常见的游憩设施分为四种主要类型：运动设施、游乐设施、休憩设施和康养设施。

1. 运动设施

运动设施是指以增强体质为目的的体育活动场所及附属设备，活动场地一般包括以下内容（表12-1）。

2. 游乐设施

游乐设施是以参与娱乐、游戏为主要活动形式的场所及附属设备，它是目前旅游景区的重要设施之一，迎合了当前户外拓展旅游发展的需要。景区内的游乐设施根据不同的活动人群一般会有所区分。例如，专为少年儿童嬉戏，玩耍的健身，游戏场所和

运动设施分类　　　　　　　　　表 12-1

运动类别	对应运动设施分类
田径类	体育场、运动场、健身房
球类	高尔夫球场、网球场、篮球场、棒球场
水上运动类	游泳场、帆船运动场、冲浪
冰雪运动类	旱冰场、滑雪场、滑冰馆
驾驶操控类	摩托车场、越野赛车场、滑翔伞
其他	射击场、射箭场、蹦极塔、跑马场、滑草场等

设备；考虑到老年人或特殊人群使用的无障碍活动区；为全年龄阶段聚会，游憩服务的野餐区，游乐园，狩猎垂钓区，海滩浴场和游船码头等。

3. 休憩设施

休憩设施是满足游客参与低成本、长时间停留、亲近自然等需求的场所及附属设备，主要以露营地的形式呈现，既属于游憩设施又与接待设施有交叉。相比于旅游宾馆、酒店等常规接待设施，露营地极具特色。此外，该类设施还包括野餐区、观景台、野生动植物栖息地、自然教育中心等。

4. 康养设施

康养设施是指以美容美体、休养身心、健康疗养等为目的的疗养保健活动的场所及设备，这种设施是提供度假、康养服务的旅游景区必备设施。按提供的产品形式，康养设施可细分为不同的设施类型，如温泉浴池、美容美体室、桑拿 SPA 室、瑜伽场地，以及氧吧设施、沙疗设施等。

12.2　运动设施及场地设计

1. 室外运动场分为三类

室外运动场适合进行各种球类运动以及团体活动，根据地面材料可大致分为三类。

1）硬质场地

硬质场地适用于高强度使用，应当具有良好的排水性、渗透性和泛光照明，以延长使用时间。室外篮球、排球、网球、羽毛球、乒乓球等活动一般适用于此类场地，建设面积和费用较少，布局灵活，具体的空间尺寸要求如图 12-1 所示。此外还需考虑：①室外场地一般要求长轴为南北向；②地面宜采用混凝土或人造合成材料；③一定范围内，场地上空及周围不得有障碍物。

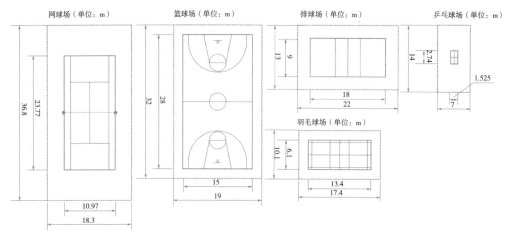

图12-1　各类球场尺寸平面示意图

2）绿荫草地

绿荫草地包括人工草地和天然草地，建设和维护费用较高，适用于足球、曲棍球、橄榄球等运动项目,也可作为户外团体活动开展的场地,常见的场地规格如图 12-2 所示。另外还需考虑：①场地的方位基本为长轴南北向，可适当偏置，以避免长轴与主导风向平行和运动员正对太阳产生眩光，应根据当地地理位置、风向和使用时间等因素确定

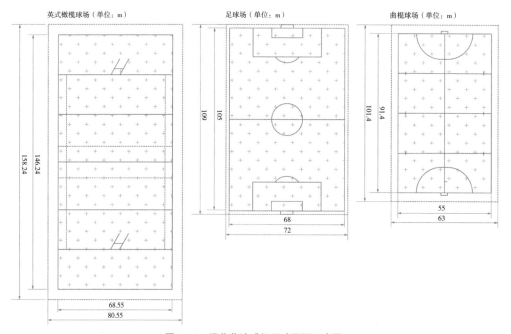

图12-2　绿荫草地球场尺寸平面示意图

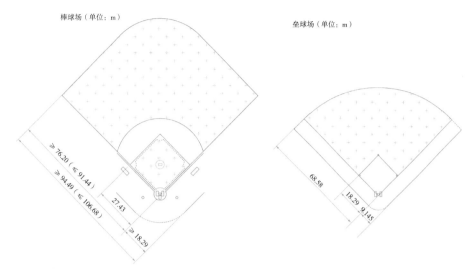

图12-3 棒球、垒球球场尺寸平面示意图

最佳方位；② 场地应具有良好的排水和渗水性能，地面坡度应小于等于0.5%，在黏性土地区，应设置地下排水暗管；③ 场地应配有洒水设施或自动喷洒装置。

3）混合土地

混合土地是指用沙或细煤渣与土的混合料铺面，适用于简易的足球场、网球场，以及垒球场、棒球场的部分区域。棒球场、垒球场常见规格如图 12-3 所示，最佳方位应使投手和击球员处于不面对太阳处，需要特殊考虑的事项是在本垒后面设挡网。

2. 高尔夫球场

高尔夫球场及其配套设施会占用大量的空间，其建设与维护也需要花费昂贵的成本。在建高尔夫球场时，必须对土地的经济价值、球场的经济收益、土地的多元利用、带动旅游业和当地经济开发的能力，进行成本的综合分析而后决策。

1）选址及用地准备

高尔夫球场普遍包含一些附属场地，如网球、游泳、练习场、推杆练习场、餐厅、酒吧等，占地面积较大，共需 $100hm^2$ 左右。理想情况下的场地应该是一片较平坦的开放区域；其次，良好的土壤条件和灌溉水源以保障优质草坪的生长和维持；此外，需要考虑道路设施、电力通信，以及污水处理等附属设施的建设。

2）场地要求

正式球场面积一般占地 70~100hm²，主要分 18 洞和 36 洞（36 洞占地面积要大一倍左右），目前国际流行的标准球场是 18 洞 72 杆，也就是一般所称的标准比赛场地。

标准高尔夫球场由 4 个主要的场区组成，分别是：发球区、球道、球盘（也称果岭）以及障碍区，如图 12-4 所示。规划 18 个球穴总长度控制在 6002~6400m，面

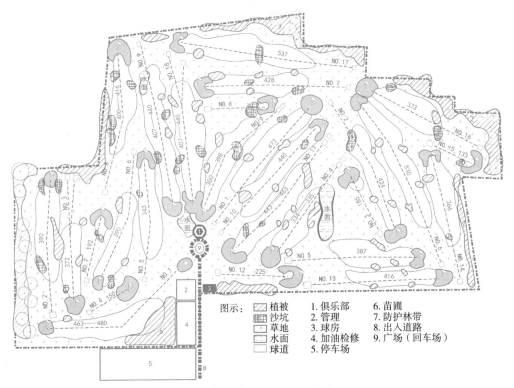

图12-4　高尔夫球场规划示例图

积 50~75hm²；若地形起伏变化较大或河流、池塘水面较多的基地，则需乘以地形系数 1.3~1.7。球穴可根据实际地形顺序往返，首尾相接，循环布置，或环境穿插，趣味布局，但是要注意安排击球的方向、朝向，避免对光眩目。

（1）发球区：是打球者集中使用的区域，为开球之需而设计，面积（250~300）m ×（100~125）m。一般分为男发球区、女发球区（比男发球区接近球盘 20%）及比赛用发球区等。

（2）球道：是球场中面积最大的部分。标准球道一般长 137~492m，宽 33~109m，总面积约 12~24hm²。球道首尾分别相连于发球区和球盘，球道纵坡平均宜 2%，横向坡度 0.5%~0.6%。球道、球盘与发球区可设计成直线，也可设计成曲尺形。球道两旁多植树木，作为空间界限。

（3）球盘：是经过精心修整的球道终端，具有圆形轮廓的地毯状的短草坪，由球道的终点扩展而来。球盘形状为圆或近似圆形，面积多在 465~745m²，一般控制在 279~1115m² 范围内。在球盘上近中央位置设置球洞。整个球场草坪养护管理水平就是以球盘的养护水平作为衡量标准的。

（4）障碍区：位于球道两侧，是为增加运动难度和趣味性而设置的一些障碍，有三种基本障碍类型：植被，水塘和沙坑。每个障碍的数量、大小、位置和类型都是依据现有植被、地表水供应和技术的可操作性来决定的，如图 12-5 所示。

3）附属设施

（1）练习场：一般布置在接近俱乐部会所及出入口附近。练习场面积为 930~1400m²，宜南北向布局，如图 12-6 所示。

（2）俱乐部会所/专卖店/运动员室：高尔夫俱乐部会时常用来举行招待会、聚会和会议，并提供许多的高尔夫用品、设备和维修服务，以及高尔夫课程，如图 12-7 所示。

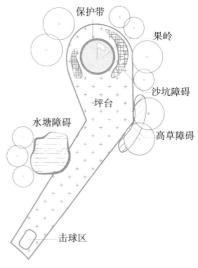

图12-5　洞穴的组成及障碍区设置示意图

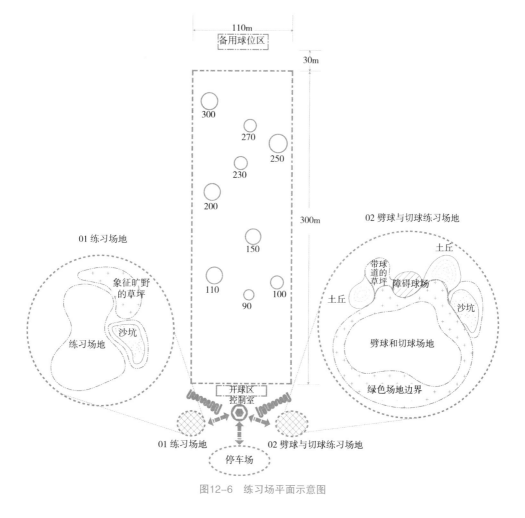

图12-6　练习场平面示意图

243

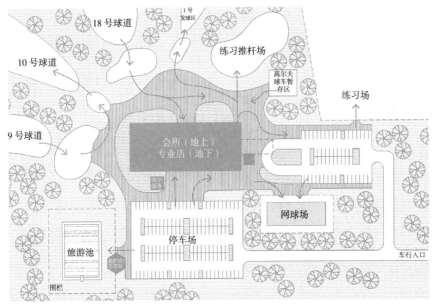

图12-7　会所场地平面示意图

（3）高尔夫球车/停车场/维修区：大多数高尔夫球场提供高尔夫球车租赁服务，这是一个主要的收入来源。俱乐部必须有一个高尔夫球车暂存区域，需要大约80~90个车位，同时还应配备能满足员工需求量的停车场，以及室内或至少有屋顶的空间来安置割草机、前端装载机、修剪机、维修车等设备。另外，球场的其他材料同样也需要该类室内或有顶空间，如图12-8所示。

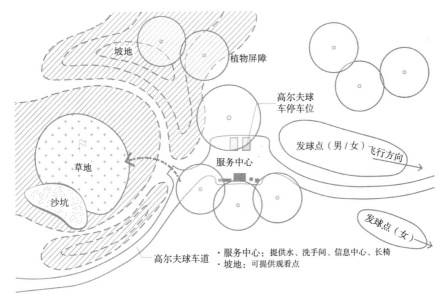

图12-8　高尔夫球车道平面示意图

3. 滑雪场

按照旅游行业标准《旅游滑雪场质量等级划分》LB/T 037—2014，将滑雪场分为SSSSS级、SSSS级、SSS级、SS级和S级五个等级，并从设备设施、综合管理与服务、气候和环境及全年接待规模等方面对不同等级进行相应规定。其中，设备设施是主要的评级指标，包括雪道长度、宽度、坡度、雪具、索道、滑雪教练人数等细分标准，如图12-9所示。

图12-9 冬季使用的综合设施平面示意图

1）开发因素

用来确定冬季使用设施开发场地的因素包括（表12-2）：

2）设计要求

（1）滑雪场选址：需考虑滑雪使用者的使用偏好，一般具有良好质量的山坡、滑雪场地靠近住所、拥有良好的滑雪设施和服务接待能力等。

（2）5S级别滑雪道：总长度应大于2000m（不含越野雪道）；应有2条长度达到2500m以上的高级滑雪道，平均坡度不应低于20°；应有2条长度达到2000m以上的中

冬季游憩设施建设影响因素一览表　　　　　　　　表 12-2

考虑因素	内容	要求
区域因素	交通	通达的道路和停车场系统
	规范	符合当地环境保护、农业、牧业、林业的规定
气候因素	雪季	在没有使用造雪设备情况下的可用雪的天数
	冰冻季	冰可用的天数，需要 1.2m 以上的厚度
	人工造雪	需要确定该地区可以人工造雪的天数。如果人工造雪被包括在项目中，那么需要供应充足的水量，比如非冻结流水、储藏水或者地下水。在多数情况下，人工造雪决定了商业冬季项目的成败
场地因素	山坡	开展滑雪、滑板和平底雪橇滑雪的合适山坡。为了安全、更好地活动且易于维护，应将山坡进行分级
	坡向	北向、西北方向要有树木覆盖（最好是乔木）来提供树荫。如果原始情况没有植物覆盖，那么应该进行栽种（最好是常青树）
设施因素	停车场	需要有清理积雪空间的平地
	维护通道	冬季用于维修、搬运积雪和煤渣的通道，尽可能没有陡坡
	建筑	包括有温暖的小屋、热食服务、租赁设备、有暖气或空调的卫生设施、售票处、滑雪指导、滑雪巡逻、住屋等。所有的东西都要被充分加热来保持所用公用设施远离冰冻
	公共设施	必须有防冻装置
其他因素	夏季使用	冬季运动区域可在夏季使用，这可以扩大使用时间以进行最大化的利用，比如在夏天安装一个长的水滑道以利用爬坡电梯，或在越野雪道上修建步行道，在过冬湖泊上钓鱼等

级滑雪道，平均坡度不应低于 15°；初级雪道宽度不应小于 60m，平均坡度不应低于 6°，最陡坡度不应超过 10°；应设有儿童、单板区以及 U 形槽、猫跳道、蘑菇道、波浪道；初级滑雪道停止区长度不应小于 60m；滑雪道雪量厚度不应小于 30cm；滑雪道雪面平整无障碍物。

（3）索道：至少应有 2 条脱挂式厢式索道；至少应有 2 条座椅索道；至少应有 2 条魔毯。

（4）场地：在索道输送设施的始发站和滑道的交汇点开辟一片平坦开阔的地带（人均 2~5m²），被称为雪池广场，是滑雪者到达和相遇的地点，也是滑雪学校的课堂。由于它是滑雪者的聚集地，也是不滑雪者和各种活动集中的地区（咨询、茶室、餐饮、商店等），这个地带将成为绝大多数滑雪场真正的中心。

此外，滑雪场还应配备一定数量的滑雪具、造雪机、压雪机、滑雪道照明设备、滑雪场救护，以及滑雪学校和教练员等。作为 5S 级别标准滑雪场，一个滑雪季接待旅游滑雪人次应在 8 万以上，相应的交通、停车、餐饮、住宿和购物等设施与服务应进行相应配置。其中，住宿设施的选址应布置在平缓坡地或高原上环境宜人的地段，需要避风、阳光充足、无雪崩之忧，且其位置与各滑道的交汇点联系方便。

3）其他可开发的项目

（1）滑冰：10cm 深的平滑积雪厚度是必需的。

（2）冰船运动：这并不是冰上主要的活动类型，但若是场地内有约 100hm² 的大片水体且拥有良好平滑的冰面覆盖，则可用来进行冰上帆船运动，冰面深度至少 10cm。

（3）平底雪橇滑雪：没有障碍物的山坡，特别是没有岩石；坡度为 30% 左右。

（4）越野滑雪：利用景观多样且幽静的游径开展，一般设置为循环游径，并配置标识系统，包括指引、长度、难度、时长等；初级游径 5km，坡度低于 8°，净宽度 2.5~4.1m；中级游径 5~10km，坡度 8°~10°；高级游径 10~15km，坡度 17°~20°，净宽度 1.8~4.1m。

（5）速降滑雪和滑板滑雪：距市中心 1h 车程内的滑雪场地，需要考虑夜晚的滑雪设施；为初学者和无经验的滑雪者提供一个简单的办法来从坡顶滑向坡底；垂直降落高度至少 55m，合适高度的最小值为 110m；山坡坡度对于初学者 5°~20°，中级 20°~35°，专业 35° 及以上；所有区域都应该在垂直高度 60m 或以上的山坡设置升降椅。

（6）雪鞋健行：利用普通人行步道，宜为山的北面和东面，植被良好的区域，长度 1~3km，如图 12-10~ 图 12-12 所示。

4. 游泳区

1）自然游泳区

在"自然"环境中的游泳可以在小溪、池塘、小湖中进行，这些活动可以独立进行，也可以和其他活动相结合，如划船、戏水等。开辟自然游泳区，首先，应对滨水堤岸加

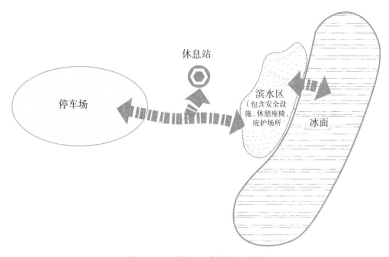

图12-10 滑冰场地布局示意图

247

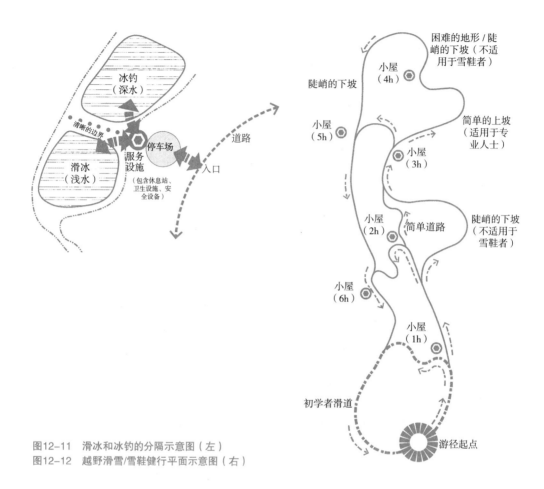

图12-11　滑冰和冰钓的分隔示意图（左）
图12-12　越野滑雪/雪鞋健行平面示意图（右）

以修整和加固，以减少来自自然和人为波浪的破坏和冲刷，同时还应该为游泳者、船只的启动和着陆提供码头；其次，景观设计和树木栽培应有不同的形式，使其既能起到美化景观、遮挡相关工程设施的作用，又能加强人和自然的接触体验；最后，对于河岸或湖岸，每个游泳者占用的水面面积为 5~15m²，整个游泳区（岸上和水中）的游客人数应该是同时游泳者数量的 4~5 倍（表 12-3）。此外，配套设施与服务通常包括：附近有可供野餐和游憩的草坪；浮动平台，保障安全的漂浮线或是分界浮标；停车场、卫生间、沐浴室、更衣室、救生服务等。

游泳区规模容量控制　　　　　　　　　　　　　　　　表 12-3

设施	游客人数 / 公顷（瞬时容量）	游客人数 / 公顷（日容量）
室外游泳区	1000~2000	2000~5000
湖滨	650~2000	1300~5000
池塘岸	500~1000	1000~2500

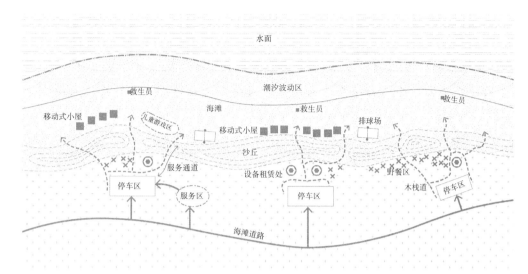

图12-13　海岸设施布局示意图

2）海滩游泳区

在进行海滩游泳区开发建设前，有必要清楚地了解海岸的作用过程，包括季风、波浪、沙砾，以及侵蚀作用、沿岸物质流、洪水、腐蚀、侵入淡水含水层、海滨植被等海滨生态资源特征。为了沿海资源利用的可持续，海滩设施必须可移动且易更换。大多数海岸开发是线性的，它们的设计方式不同于大多数泳池及湖畔的集群型开发。有效的场地利用要求海滩沿岸每隔一段距离需设有相对较小的入口，用来分散使用的人群及他们需要的配套设施（图 12-13）。

（1）设计要求

① 海滩上的游客中只有 30%~40% 是在水里的。每人所需最小空间为 $1.8m^2$；对大多数游客而言，$3.6m^2$ 为最佳面积。最低水温应为零上 20℃。② 每人最小海滩面积为 $4m^2$，对大多数海滩游客而言，$8m^2$ 人均海滩面积更加适宜。③ 度假胜地及都市型海滩的多数使用者基本上选择步行前去海滩，且沿海的海滩活动模式明显不同于淡水游泳，拾贝壳、沙雕、沿海岸线散步都是非常受欢迎的活动。④ 海滩前 3~12m 为频繁使用区，不适于晒太阳，为主要步行道及漫步场所，这段区域同样也是咸水海滩、拾贝壳等活动区域。大多数海滩为游泳区周边 60m 内。⑤ 草坪区到海滩的坡度应为 10% 或以下。⑥ 游泳区需要特殊安全防范措施，如救生设施、急救箱、应急车辆。

（2）设施要求

① 维护设施：大多数经常使用的海滩需要清理和维护，维护设施布局（如救生员、休息室、船只租赁等）应该设置在海滩边。② 卫生设施：海滩必须有洗脚设施，应位于海滩后面通向停车场的步行道上，最好位于公共厕所 / 公共浴室前面，可使用淡水或

海水，必须设置自闭阀门来控制停水。此外，水边距公共厕所距离至少60m，以免妨碍各类海滩相关设施；最大距离150m（图12-14）。③更衣室：更衣室应邻近海滩，应结合卫生设施及淋浴设备，淋浴设备不可使用海水。④安全设施：所有游泳区必须设有足够的安全设施，这点没有标准可言。根据责任法，安全装置包括张贴此处无保护措施且风险自负的告示及救生和急救护理设施。建议间距120m设置救生看台；配备救生室和海滩巡逻队；利用安全漂浮划分游泳区，使游泳的人位于漂浮线内，乘船与钓鱼的人位于游泳区外距离海岸线45m位置。⑤活动区：游泳区均需指定或留出诸如儿童游戏场、沙滩排球及草坪等娱乐活动场地，并应提供诸如自行车、轮船、划桨船、更衣室、阳伞等租赁设施。但在设计时必须考虑沿海的不利条件或暴风时的移动性。在野餐与海滩结合的场地，活动区应位于野餐区与海滩之间（图12-15）。

3）露天游泳池

人工游泳池是一个很重要的游憩设施，在夏季，露天人工游泳池对于许多城市游憩者来说是很有吸引力的场所，露天游泳池水温不得低于22℃。游泳池一般经过景观设计，泳池周围铺设了硬质地面和草坪，草坪周围由灌木或是树木组成的树篱作为遮掩。露天游泳池的基本设计要求包括：① 水池本身面积2000m²（适合游泳者、游泳生手、跳水者、儿童使用），不包括停车场；② 供休息和游戏的草坪面积1600m²；

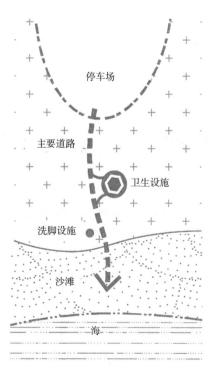

图12-14　卫生设施位置示意图

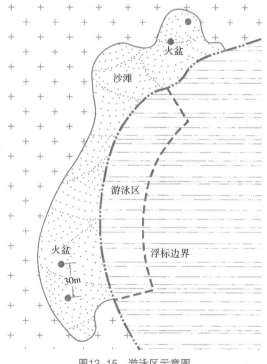

图12-15　游泳区示意图

③建筑面积 2000m² （存衣柜、小吃店 / 咖啡吧、厕所、更衣室等）；上述泳池在高峰期每天可供 4000 人同时使用（平均每人 0.5m² 水域），每年可供 14~20 万人次使用。

此外，旅游度假区和城市游泳场馆内设置的各类型游泳池的规格（表 12-4）：

游泳池类型与要求　　　　　　　　　　　　　　表 12-4

游泳池类型	游泳池要求
标准游泳池	作竞赛用的设有观众席，作练习用的则不设观众席。池的尺寸规格和设备应符合比赛标准，一般池的平面尺寸为 21m×50m，水深 1.8m
标准跳水池	带和不带观众席的两种，水池的规格和设备要求都符合比赛标准。平面尺寸 21.5m×15m，水深 3.5~5m，有跳水高台和跳板
普通游泳池	平面形状尺寸不限、水深不限，一般水深 1.6m 左右
花样游泳池	平面尺寸 30m×20m，有 12m×12m 的，水深保证大于等于 3m。其他部位大于等于 2.5m
水球池	平面尺寸 33m×21m，水深大于等于 1.8m
潜水池	平面尺寸 3.6m×5m，水深 1.5~5m
制浪池	平面尺寸长 ≥ 25m，宽 ≥ 5m，水深 1.5m 左右
戏水池 / 儿童池 / 水滑梯	平面形状尺寸不限，水深 1m 左右

5. 滑翔伞 / 悬挂式滑翔营地

滑翔伞起源于 20 世纪 70 年代初的欧洲，当时，一些登山者从山上乘降落伞滑翔而下，体验到了一种美好的感觉和乐趣，从而创立了一个新兴的航空体育游憩项目。悬挂式滑翔运动是一个使用无动力固定翼飞行的新兴游憩活动，不仅对于滑翔运动爱好者具有吸引力，同时吸引众多游客观赏。标准的悬挂式滑翔运动要求通过相关部门审批及飞行评估后才可开展。按照《航空飞行营地及设施标准》（航管字〔2014〕395 号），航空飞行营地的布局应满足 4 个方面的需求：地方经济建设需求、体育产业发展需求、旅游产业发展需求、青少年航空知识普及需求。

1）场地设计要求

（1）悬挂式滑翔基地分为两个组成部分，即起飞区和降落区，二者在物理空间上通常不相连接。

（2）起飞区选址要求一个迎着盛行风向的高位场地，通过快速下降获得充分的起飞速度。

（3）最小的独立起飞场需要 20%~30% 坡度，高差最小 30m，理想为 90m 或更高。

（4）降落区最小面积 80m×150m，平坦且没有障碍物干扰的空地，包括缆线、建筑和大树等。

（5）起飞场和降落场有风速、风向测定设备，以及无线电通信设备，还应具有相应的消防、救护、救生设备和能力。

（6）基地内充分考虑设置停车场地、公共卫生间，以及观众眺望观察空间及设施（图 12-16、图 12-17）。

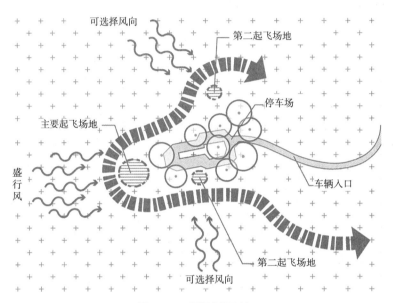

图12-16　滑翔伞起飞地

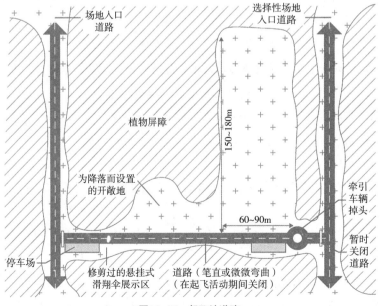

图12-17　起飞地道路

2）其他类型航空活动场地要求

所有类型航空运动必须有经空中交通管制部门批准的飞行空域。开展滑翔机项目应具备长度 800m 以上、宽度 15m 以上的机场跑道，或具备硬化的具有足够长度和宽度的草坪场地；特技飞行需要具备长度 600m 以上、宽度 20m 以上的机场跑道；动力悬挂滑翔机、初级飞机、直升机和自转旋翼机等项目要求硬化跑道长度不低于 600m，宽度不低于 15m；气球与飞艇项目气球要求系留场地的长度和宽度不低于球体自身高度的 2 倍，且在场地周边设安全警戒线。

此外，根据不同的目的和飞行员的技术水平，滑翔伞运动分为训练（SCHOOL）；中级（IMTERMEDIATE）；运动（SPORTS）；表演（PERFORMANCE）和竞赛（COMPETITION）五个级别。同时，国际上对各类型滑翔伞均要进行适航鉴定试验认证，公认的评价标准是法国的"ACPUL"，德国的"DHV"和瑞士的"SHV"等。开展活动时必须遵守相关航空防碰技术规则。例如，速度快的飞行器要让速度慢的飞行器（各种飞行器在空中优先程度依次序为：热气球（Ballon）、滑翔伞（Paraglider）、悬挂滑翔机（Hangglider）、滑翔机（Glider）、动力伞（Paramotoring）、动力悬挂机（Motor-Hangglider）、超轻型飞机、一般飞机）。

12.3　游乐设施及场地设计

1. 儿童游戏场

对于普遍的游憩活动来说，不同年龄的人群都可参与其中，但由于不同年龄群体的活跃程度与运动能力有所差异，儿童游戏区设计应当考虑不同年龄层次，同时要满足他们的行动能力以及使用目的。首先要保证对于不同年龄层次的使用者而言都是安全的，其次要保持环境友好的性质。

在为这些儿童设计游乐场地时，应尽量将不同兴趣与能力的活动区分开。

1）学龄前游乐园

布置在主要交通道路之外，但是要靠近成年人活动区域，如果可能最好能毗邻草地；与所有的机动车环线区域隔开，间距 60m 或更多，通常以 1m 高的链状栅栏隔开；大部分游戏设备为不可移动的设施；为监护者提供可以休息的长椅（图 12-18）。

2）学龄儿童游戏场

布置在成年人活动区的视野范围内；设计能够让充满好奇心的儿童开展探索活动的场地，让他们能够在挑战中获得成就感。同时为较大的孩子们提供更富有挑战和充满乐趣的活动，以此吸引他们前来玩耍；在周边布置有限的座椅，以方便儿童监护人的看护；注意设置荫蔽区域，尤其是南向场地（图 12-19）。

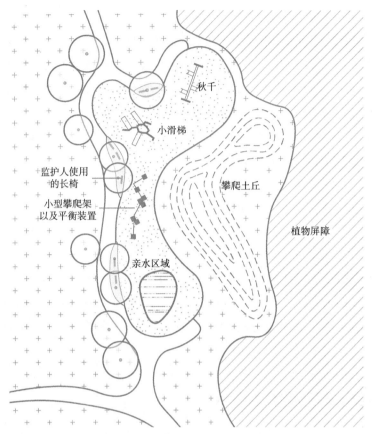

图12-18　学龄前儿童游戏区平面示意图

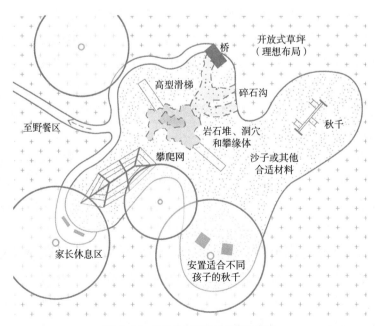

图12-19　学龄儿童游戏区平面示意图

2. 游乐园、主题园与水上乐园

1）游乐园和主题园

游乐园和主题园一般都需要巨额商业投资。所以，最关键的要求是区位、可进入性和规模。一个有吸引力的自然环境并不是选址必须考虑的条件，因为相对而言平坦的地面更容易开发，而且最终这个场地将会因建筑和园林景观的覆盖得以改观。园区规模的确定则取决于一系列因素及相关分析。

除常规设计内容外，需要特别关注的点：① 入口区：车辆停放、公共汽车入口（包括出入高峰期的拥挤控制）、售票处、检票口、配有信息中心和商店的人行林荫道；② 公共运输系统（如观光火车）：停放在园内主要吸引物附近；③ 地标：一座高大的塔或者一个大标识，为游客指明方向；一座多条游径汇集的中心湖泊也能起到同样的作用；④ 人造景观：仔细设计各种人工景物，其目的在于强化园内的项目与吸引物的魅力，在各吸引物之间形成良好过渡，遮挡后台服务区，并引导拥挤的游客移动；⑤ 娱乐表演：在园内主要吸引物前，会不可避免地出现排长队现象，这时请乐师、小丑和其他临时表演来分散游客注意力；⑥ 后勤通道：每一个景点、商店、餐厅都应尽可能设有独立的后勤保障通道，这些通道不能穿过游客的游径，在一些地方还应尽可能不被看到，在一些主要流通线路上，工程及后勤服务供给可安排于地下结构中。

2）水上乐园

水上乐园通常建在城市、海滨、营地和度假区内，水上乐园的造价和经营非常昂贵，高额投资主要在水、能源和维护等方面。建设一般为开放的露天地，往往被设计为人工气候舒适（空气和水温在 20~29℃）的热带风情，并且配以具有异国情调的景观。设计基本要素包括：① 有造型的水池，通常 5000m^2 或更大，为游戏而不是游泳而设计；② 各种各样的水上运动：有沙滩和波浪，模拟海水、河流和瀑布，大型折曲的水槽、跌水和喷泉；③ 水池周围的景观有旋涡池、充气水池、海员酒吧、沙滩，并以"热带"植物环绕，有些水池可能延伸到室外，与自然沟渠和岛屿相连。此外，水上乐园还应配置其他场所及设施，如岸上观赏区、餐饮区、桑拿、蒸汽浴、日光浴、按摩及健身中心等。

3. 旅游港口 / 游船码头

港口和游船码头的位置和设计取决于它的规模大小和运营所处的水体类型、水深、风向、通道，以及使用者的需求。由于投资成本巨大，必须综合考虑各种可能停泊的船只对港口的需要，对港口建设的自然条件进行评价，估计合理可行的成本。

1）港口类型（表 12-5）

根据当地的建设条件（港口和海岸的类型、滨岸的坡度、防浪堤、护坡、疏浚、土地利用等），港口可以修建成岸外港、岸内港或半岸内港（图 12-20）。

港口类型与设施条件　　　　　　　　表 12-5

类型	设施条件
紧急避风港	躲避风暴、航行援助、最基本的系泊设施
便利港	具备有限条件的系泊停靠点，便于补充船只给养
系泊港	为外来船只提供系泊服务，选择自然条件合适地段
旅游港	作为旅游度假区或游憩目的地的主要致趣点
游艇中心	供帆航游船、游艇等使用，修建有独立的游艇码头

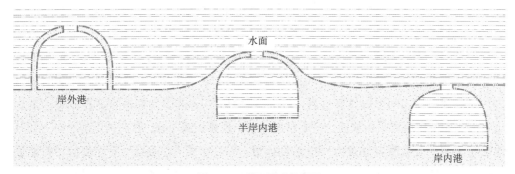

图12-20　港口形式示意图

2）旅游港设计的基本要求：① 防护：天然防护条件或人工修建的防浪堤、防波堤、海防大堤等减少波浪和风的影响；② 航海指示：浮标、航道标志、灯塔等；③ 系泊桩：在固定码头或浮动码头（有时被水淹没）；④ 硬面区域：在码头、游船装备点、船用拖车停车场、船只维护修理设备点、船只停放海湾之间修建的硬质地面；⑤ 岸上泊船场：供停放轻型龙骨帆船、摩托艇、船用拖车、拖车架、支船架之用；⑥ 入水坡道：坡度不超过 12%，修建在轻帆船港入口附近（以免在码头内无动力航行），或在更靠近码头内部，供从船用拖车上卸下的备用舷外发动机的船只使用；⑦ 俱乐部：有酒廊、餐厅、厕所与淋浴设施、岸上与水上比赛的看台；⑧ 航海商店、小卖部、销售办公室：根据港口规模和市场需要设立，包括食品、杂货、运动装备和渔具等，通常布局在入口附近，如图 12-21 所示。

3）可开展的活动及设施

（1）水上游弋：航海，需要在深水中，低水位需要超过 1.5m；观光，需要为下一组准备阴凉等候区；海钓，包含两种类型，一是派对型渔船，10~20 人左右，通常开展时间在 8h 左右，二是游钓型渔船，通常为 2~6 人的小团体。

（2）潜水：潜水包括浮潜和深潜，广受各年龄层欢迎。活动可以在任何拥有水下景色的地方进行，无论是自然的还是人工的。该类活动需要两个部分设施，其一为水下设施包括天然景观，如石头、暗礁、珊瑚树、沿海植物、珊瑚礁等，或者人工设施，如

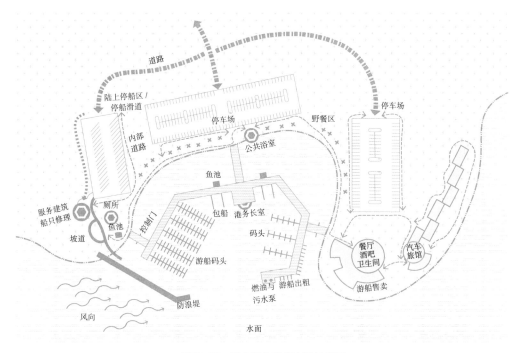

图12-21　码头综合设施布局示意图

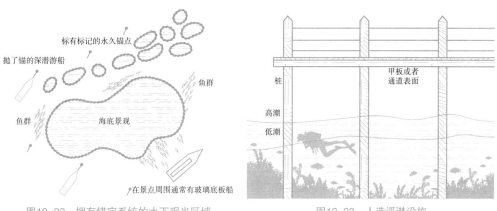

图12-22　拥有锚定系统的水下观光区域　　　　　　图12-23　人造浮潜设施

旧沉船、海底村落、遗迹等。设施规模越大，形成更加自然、有趣的生态系统，更能吸引浮潜和深潜游客。其二为岸上支持设施，主要是码头设施，许多观赏区仅可以通过船只到达，这就需要有船坞停泊区供潜水和浮潜者的相关潜水设备及船只停靠，船只数量取决于水下景色的人气。这些设施设置在一处或者分开设置在几个地方（图12-22、图 12-23）。

（3）帆船：帆船驾驶通常具有排他性，且常常聚集成组并能够在比赛中获得满足感。帆船设施需要考虑的因素有以下几点：帆船设备需要特别注意风向；不同种类的帆船

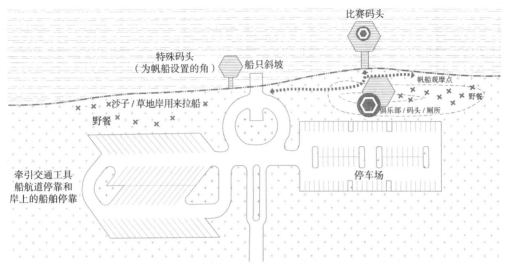

图12-24　帆船设施布局示意图

有完全不同的空间和控制要求；设置带有监管设施的大片草地或沙滩；在入水斜坡上提供传送装置供帆船者使用；建设帆船俱乐部会所供聚会和观摩比赛使用（图12-24）。

（4）冲浪：提供专为冲浪运动使用的有着最佳浪花的沙滩段，至少有0.6~0.9m高的浪，最好为1.8~2.4m。对于那些经验丰富的冲浪者，3m以上则最为合适。规划布置观众观摩区，最好是在沙滩上的一个有利位置，通常是沿着冲浪区前的海岸线设置。小型冲浪板区，一个可供小型冲浪板使用的海域长度约100m，需要浅缓的、倾斜度为1.8~3.6m的水流。冲浪区同样也是并不适合游泳的区域。此外，冲浪本身具有挑战性和危险性，危险在于随时都有可能出现强劲的激流或者鲨鱼。因此，需要设置一个警示系统以在这些情况出现时立刻告知冲浪者，如图12-25所示。

（5）激流泛舟：分为充气筏、皮划艇和硬质船（独木舟、竹排等）。需要注意的是，大多数河流都有最大的船舶承载力，如果超出该承载力范围，就会导致使用者体验度降低，一般按适宜密度大约每公顷2.5艘船控制。一个典型的全天漂流河道水深0.3m左右，河面净高2m，河道宽度4m，总长度约15~20km，在河面上行驶的时间为5~6h。一般在漂流出发的控制点处规划出航区，设置开阔空间（20个筏和20个硬质船需要200m^{2}的空间）；在航道中间上岸或下水点提供交通巴士服务；到达区设置巴士接送（到起点地接驳服务），并且需要给筏和硬质船留有空间，在距离河岸100m以内的平坦场地设置机动车停车场；沿途河面上配置信息标志或指示，明确水域的分级、危险点等信息（图12-26、图12-27）。

4.垂钓码头

在未受污染的水域可以提供某些类型的垂钓活动且该类活动常为全年性活动。在

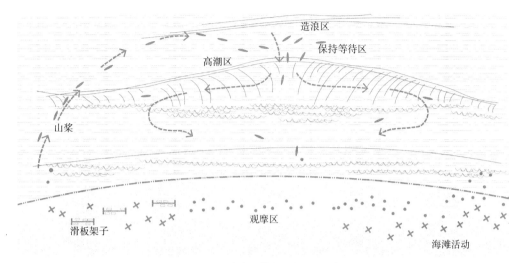

图12-25　冲浪区基本设施配置示意图

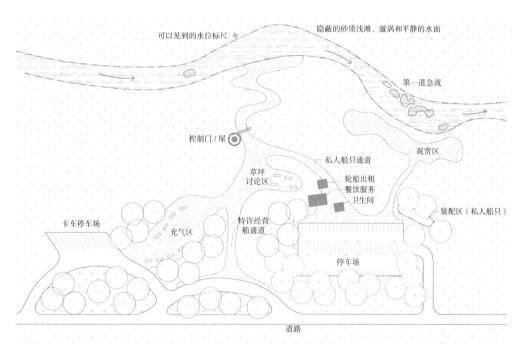

图12-26　船舶出航区平面示意图

大型溪流、河流中，垂钓是相当流行的。通常露营设施、饮食区等可以沿着航道在岸边设置。垂钓的方式取决于水体的类型、目前鱼群的类型、季节，以及垂钓强度。常见的方式有以下几种：在堤旁、海岸线或者码头的传统型垂钓；沿着河畔移动；涉水捕鱼；定点锚固渔船；移动中的渔船；冰层垂钓等（图 12-28、图 12-29）。

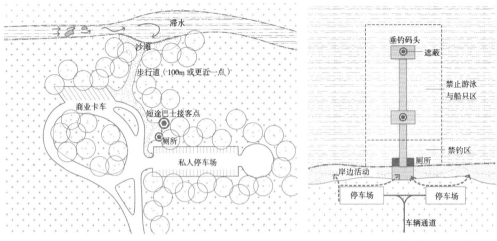

图12-27　激流泛舟的到达点平面示意图　　　　图12-28　垂钓码头的限制区示意图

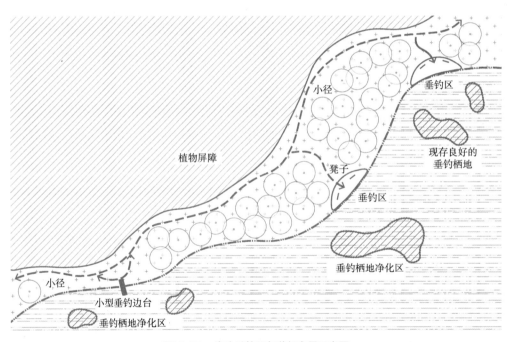

图12-29　海边垂钓区与游径布局示意图

5. 射箭／射击／狩猎场

1）射箭场设计要求

对于 10 个射箭位置的场地，需要设置约 1hm² 的缓冲区；对于 25 个射箭位置的场地，则需要约 2hm² 的缓冲区，且周边需要设置明显标记与防护围栏，以保证开展射箭活动的安全。靶场为长约 250m 的扇形射箭区，每个靶道长约 120m，以南北方向为轴线，并设置露天遮阳的观众区、射击练习场、会所俱乐部、维修仓储室、医疗救护室，以

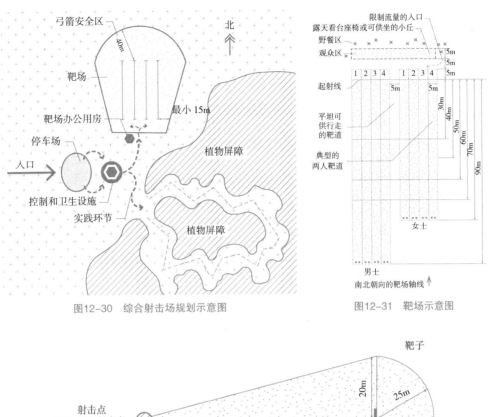

图12-30　综合射击场规划示意图

图12-31　靶场示意图

图12-32　单靶安全范围示意图

及野餐区、停车区等，并配置相应的风向指示器、夜间照明、比赛器具等（图 12-30、图 12-31）。

若设计综合性的射箭场，参与者移动至连续变化的不同长度和难度的靶子进行射击，一般实践环节包括 14 个射击靶。场地通常采取自然式布局，需要大约 16hm² 的场地（图 12-32、图 12-33）。

2）射击场设计要求

射击场可包括多种利用不同装备进行的各类射击活动，例如，利用弓弩、手枪、猎枪、来复枪、步枪、霰弹枪、机枪等枪械开展标靶射击、抛靶和双向飞碟射击、实战射击等。

（1）选址：基于安全需要和枪械噪声的考虑，射击场必须与其他户外活动分离。

（2）面积：步枪的安全区为 5km，手枪 2.2km，霰弹猎枪为 600m。因此，步枪和

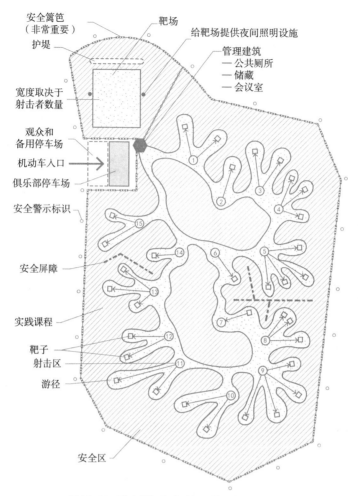

安全篱笆
（非常重要）

护堤

靶场

给靶场提供夜间照明设施

管理建筑
— 公共厕所
— 储藏
— 会议室

宽度取决于
射击者数量

观众和
备用停车场

机动车入口

俱乐部停车场

安全警示标识

安全屏障

实践课程

靶子

射击区

游径

安全区

图12-33　联合靶场和实践课程的弓箭设施场地

手枪的射击场面积约270~510hm²，霰弹枪射击场面积150hm²，也可以通过设置护堤和隔声板减少用地面积（图12-34、图12-35）。

3）狩猎场

狩猎活动通常在160hm²以上未开发的自然地区开展。由于狩猎活动具有一定的争议性，在开发建设前，需要与环保人士、动物保护组织、当地居民与政府进行充分商议。按照《狩猎场总体设计规范》LY/T 1562—2010，狩猎场是在适于狩猎动物生活栖息的地域中划出一定范围，并在该范围内采取一系列经营措施，以利于进行狩猎活动（表12-6）。

狩猎场设计要求：① 通常划分为狩猎动物繁殖区、缓冲区、狩猎区和多种经营区，并设置明显的分界标志；② 规定参与者数量控制、狩猎活动类型、使用武器管控、限制狩猎动物种类；③ 布置专门的教育培训基地、狩猎练习区、动物栖息喂食区、野生

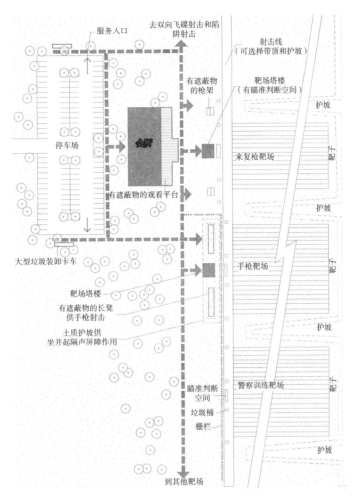

图12-34 射击场平面布局示意图

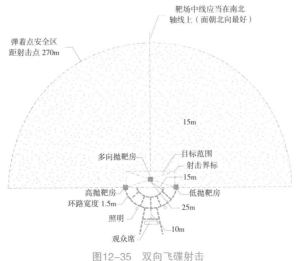

图12-35 双向飞碟射击

狩猎场分级评定表　　　　　　　　　　　　　　　　表 12-6

指标	分级		
	Ⅰ级	Ⅱ级	Ⅲ级
狩猎动物密度	高	中	低
狩猎动物价格	高	中	低
狩猎面积 /hm²	≥ 5000	2000~5000	< 2000
猎场管理水平	好	中	差

动物观测区、医疗救护室、活动清理区用以处理动物尸体，以及公共卫生设施、餐饮、野营露宿设施等；④ 配备相关导猎人员、卫生检疫人员、动物繁殖培育人员、安全管理人员等。

12.4　休憩设施及场地设计

1. 露营地

露营地在国外旅游发达地区非常普遍，并已经实现了产业化，成为休闲度假旅游中一种不可或缺的重要场所。无论是外地游客，还是本地居民，都可以在露营地进行露营野炊。

1）选址与场地准备

露营地选址通常考虑露营地距客源地的距离以及市场需求的最低门槛数、交通、周围吸引物、自然环境、气候、土地利用等因素，因而露营地大多选择在人口众多的地区，要有开阔的自然环境、有绿树、河流、海边或湖畔、河畔等，建在可以洗海水浴，钓鱼，游泳，日照充沛，有名胜古迹等观光资源的地区，以及平坦，通风良好及排水良好的土地或者起伏平坦的地区；同时要布局在主要交通沿线附近，露营地选址主要集中在自然环境条件优美的山地、地理条件优越的滩涂，以及辽阔宽广且具海洋娱乐条件的海岸线等区域。其场地的一般要求：① 平缓起伏、有良好排水且坡度在 1%~5% 的地形为宜；② 有上层植被做遮篷，下层植被做挡风是最佳的种植方式；③ 区域土壤应该能使水很快下渗以防止出现积水或泥泞的状况，应能承受重复运输的压力和各类侵蚀，且高地下水位不应影响到建设与场地使用。

2）场地建设要求

露营地的设计需要由场地自然环境特征来决定。地形是最引人注目的特征，随后是植被覆盖、土壤条件、排水和地貌。露营活动的魅力之一就是回归大自然，自然环境是露营地吸引露营者的一大主要因素，露营地环境的可持续发展尤为重要。在营地场地建设时，最大程度减少对自然环境的破坏，与自然环境相融合，不能过度追求使用上的便利而大量建设人工设施，要与自然环境相协调。

3）场地设计要求

参考《自驾车旅居车营地质量等级划分》LB/T 078—2019、《汽车旅游营地建设与服务规范》DB46/T 331—2015，野营地通常划分为生活区、活动区、缓冲区、停车区、服务区等。

（1）生活区：包括自驾车营位（最小占地 54m²）、旅居车营位（最小占地 80~100m²）、木屋、帐篷（帐篷搭设区地面应高于周围地面 30cm，最小占地面积 36m²，帐篷间距不宜小于 2m）等不同类型区域。

（2）活动区：在营地内设置体育运动场（网球场、篮球场、排球场等）、户外体验场（卡丁车、攀岩、骑马、烧烤等）、娱乐活动场（儿童活动、篝火广场、游船、垂钓等）等，布置符合安全规范的游憩设施，设施多采用环保材质，就地取材，营造突显当地风情风貌的游憩环境。规划理念上露营地不再只是露营住宿场所，而是把它作为一个露营地生态公园，丰富的游憩活动更增添了露营地的吸引力。

（3）缓冲区：营地与任何设施，如水体、观景点、活动场所、基础设施等之间应距离 30~45m，作为卫生和安全防护空间。

（4）停车区：露营区车辆类型多样，有拖挂式房车、皮卡式房车及普通越野车和轿车，因此露营停车场地至少长 12m，宽 3.6m。

（5）服务区：在入口设置小型服务站，提供露营地信息解说、露营形式说明、发放露营许可证、露营收费管理等服务。除了控制露营者人数和管理露营地的运作外，各功能区设置小型服务站，兼顾管理、商业等功能，并配有服务管理人员。在营地的中心位置可规划餐馆、酒吧、治安办公室、紧急医疗救护站、紧急避难所、生态厕所等服务设施。

4）设施布局

（1）供水和卫生设施：露营地需要更多的现代露营设施，如洗浴室、公共厕所、洗衣房，距离最远的露营点 120m 左右。

（2）垃圾站：垃圾站对于露营地是必需的设施，它提供了指定位置的倾倒和清洁。垃圾站应尽可能设置在主要出入口，每 3~5 个露营点配置一个垃圾收集站。

（3）道路设施：露营地主要入口道路应该是双车道，同时保证进入与外出，道路宽度取决于露营单元设计、交通流量、地形和交通运行路线。

此外，一般来说，露营者偏好有私密空间的场地，露营单元每公顷 15~25 个是最佳布局。单元的数量取决于期望的结果、地形、现存植被和主要土地特征（图 12-36~图 12-39）。

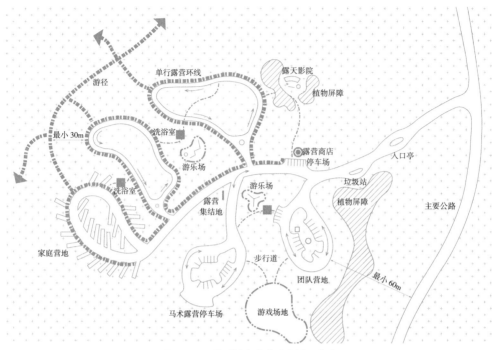

图12-36　典型的家庭营地布局示意图

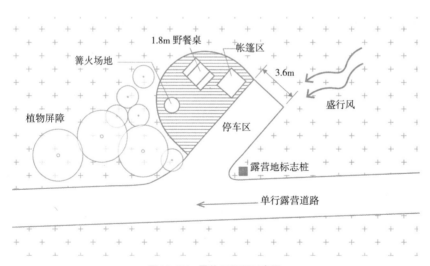

图12-37　居住区平面示意图

2. 野餐区

野餐是一种常见的户外休闲活动，作为一种健康、自然的生活方式，在国外发达国家较为普遍，近年来在国内也日渐普及。

1）野餐地选址大多位于风景秀丽的郊外、海边、公园、果园等。具体设施周边如果能有一个不错的视野（尤其是能看到水体）则会被更多的人选用。多数野餐场地有部

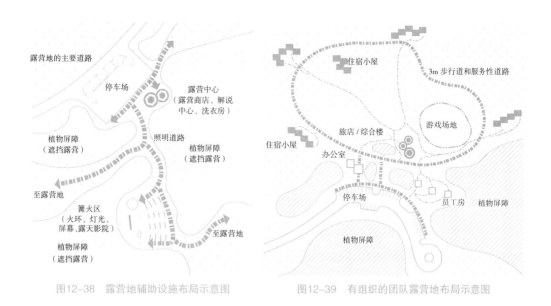

图12-38　露营地辅助设施布局示意图　　　图12-39　有组织的团队露营地布局示意图

图12-40　野餐区平面示意图

分荫蔽下的草坪区域，这样的场地会吸引相当多的使用者前来在草地上进行野餐，而放弃使用桌子。场地一般较为平坦，缓坡和台地则更有特色，其坡度为2%~15%，在5%以上的坡度地区需要设置台阶（图12-40）。

267

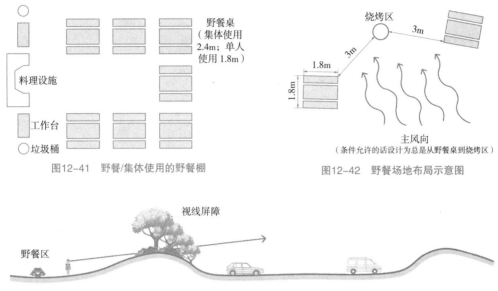

图12-41　野餐/集体使用的野餐棚

图12-42　野餐场地布局示意图

图12-43　使用区域的停车场

2）设施布局

（1）就餐设施：主要包括野餐棚、野餐桌、垃圾箱以及烧烤架，并设置小型服务站提供必要的食材和燃料等商品。餐饮设施的规模和类型取决于客户的数量及类型。对于家庭活动单元，按照典型的家庭群体（3~8 人）设计，设置林下硬质场地或草坪野餐区，场地最小长度 12m，区域面积为 20m²，每公顷最适单元数量为 25~35 个。户外餐桌桌面设置为 1.8~2.4m，高强度使用区的野餐桌必须是固定的，不可移动。对于集体活动单元，主要针对 25~50 人的集体活动而设置的野餐区域，场地最小面积约 1hm²。此外，烧烤区的位置选择主要受风向影响，避免干扰其他野餐区的使用。在距离每个木炭烹饪点附近 30m 的距离都应设置炭处理设施（图 12-41、图 12-42）。

（2）卫生设施：公共卫生设施应当布置在靠近使用区域的位置，每个活动单元与饮用水提供处的距离为 50m；盥洗室与野餐区域之间的距离最远为 120m；在 45m 范围内，每四个野餐桌共享一个垃圾箱，并集中设置一个隔离的垃圾处理区域。

（3）停车场：选址要注意尽量降低进入野餐区视线的可能性，采用植物进行围合屏障，位置与野餐活动区的距离宜为 120m 左右，如图 12-43 所示。

（4）活动场地：规划一处与使用率高的野餐场地相邻的活动场所。该类设施或场地可以用来进行多种不同类型的活动，例如，儿童游乐场、足球、排球、棒球、垒球，以及掷马蹄铁游戏等（图 12-44）。

3. 观景台 / 露天剧场

观景台一般位于较高的地理位置，人们可以聚集在此处欣赏风景、拍摄照片等。

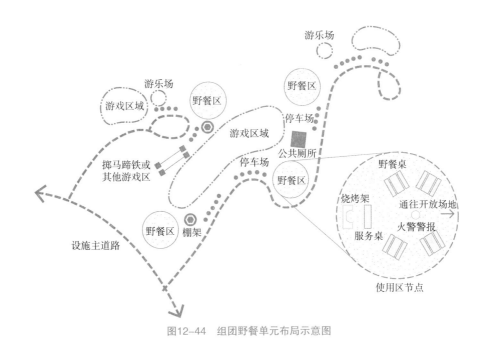

图12-44 组团野餐单元布局示意图

观景台很多时候作为一种避车空间被安置在山路沿途的位置，也常常作为一种供人们休憩的设施。那些既能够提供开阔的视野，又与自然地形、文化特色、特色景观、野生生物栖息结合得比较和谐、融洽的观景台更容易吸引游客前来。观景台附属设施主要包括观景平台、长椅、望远镜、野餐桌、遮阳棚、解说设备、夜间照明，以及停车场、公共卫生间等。

1）观景台设计要求

一个优质的观景台一定经过深思熟虑的规划后才可供游客愉悦地使用，同时兼具吸引力、教育性和环境上的可持续性。① 场地选址尽量避免在有陡坡、高地下水位、天然排水廊道、重要的林段或野生动物走廊等地区安置观景台；② 场地设计应当反映出场地特别的配置设施、布局和每个特殊区域的情况，适应周边环境的同时，又保证美观；③ 需要建立一种能够适应生态系统和文化环境的景观建筑风格，采用能够适应并帮助塑造游客对景区感知的设计元素，同时尽量使用当地特色材料和本土景观，以形成鲜明的地域特色。

2）露天剧场设计要求

① 露天剧场是聚集大量游客的开敞空间，其选址必须避让不安全区域、大型设施和线路区域，其场地规模取决于表演类型和游客规模；② 露天剧场周边 150m 需设置充足的停车场地；③ 景区入口或服务中心至露天剧场步行距离宜控制在 300~500m 之内；④ 必须有适宜的视觉景观区和与其他功能区的声音隔离区；⑤ 需要考虑残障人士的无

障碍通行；⑥ 观看观影斜坡是露天剧场取得合适视觉效果的重要土方工程，⑦ 配置必要的夜间照明、放映设施设备、表演准备后台、公共卫生间等。

4. 徒步道 / 自行车道 / 骑马道

游径和通道除了具有最基本的交通功能外，还是开展游憩活动的重要场所，为游客提供一种令人享受的、安全的、与环境紧密接触的线型空间，开展徒步、骑单车、骑马，以及登山、越野等丰富多样的休闲活动。在通路设计时需要考虑以下几个重要因素：地形地势、植被水系、季相变化、景观节点、休息站点、线型走向、断面宽度、转换枢纽、标识标志等（图 12-45）。

1）总体要求

① 游道选线时应充分利用远景或近景视角，穿越山脊或峡谷、开敞空间或森林覆盖区，以及河流水系等，产生多样化的游憩体验；② 游道布局应适应场地，尽可能减少对自然地形的改造；③ 出于安全考虑，徒步道与骑马道等不同类型园路尽可能分开设置；④ 选线尽可能避让公共设施管线，如相交尽量垂直穿越设施管线，并利用植物和地形进行视线掩蔽；⑤ 道路排水设计是游道建设中的重要内容，避免由于雨水和积水损毁道路设施，尤其要保证雨季的道路与交通安全。一般多在游道两侧设置止水槽、截洪沟和排水渠等，跨越溪涧等水体亦可采用桥梁和栈道形式通过。

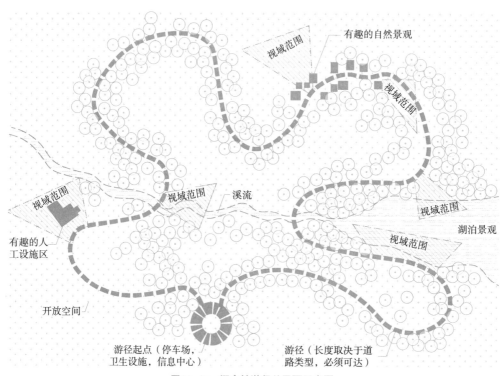

图12-45　概念性游径总平面示意图

2）分类设计

不同类型的游道设计要求是完全不同的。① 登山道 / 徒步道：多数情况下不与机动车和骑马活动混合，一般需要设置一些障碍来阻止非步行者使用，如铺设原木、设置台阶、缩减通道宽度等；② 游道通常分为短途道（1~5km）、运动健身道（3~5km）、长途步道（10~20km，一天时间）、越野道（30km 以上，每 15km 设置过夜休息点），除越野道外，一般游道基本设计为环路，以提高效率、方便使用；③ 游道坡度一般不宜超过 10%，沿山坡不同等高线设计，尽可能避免 180° 急转弯；徒步道宽度根据使用功能和游人数量，一般采用 1~3m，林间小路 0.5~1m，且保持林下净空最低 2m；④ 游道路面铺装建设成本较高，充分考虑耐磨、防滑和美观等要求，尽可能使用当地自然材料敷设；⑤ 自行车道：一般自行车骑行者的时速为 15~30km/ 小时，车道长度设计为 30~80km 为宜，若更长可以沿途嵌入青年旅舍和野营地以提供基本食宿服务；⑥ 自行车道双向车道的宽度为 1.5~3m，在曲线道路和坡面道路可以适当加宽，且转弯半径控制在 2~5m，以保证行驶安全；⑦ 沿途设置休息驿站，提供自行车租赁、餐饮服务，配置机动车停车场和公共卫生间等基本设施；⑧ 骑马道的路面宽度 2.4m 以上，坡度在 15% 以内，长度 10~15km（半天）或 15~30km（全天），以环形道路为宜；⑨ 骑马道出发和结束点，需要设置汽车和拖车停车场，以及必要的马场马厩、马术中心等相关设施。

12.5　康养设施及场地设计

1. 温泉疗养地

参考《温泉泡池设计规范》《温泉旅游企业星级划分与评定》LB/T 016—2017、《温泉旅游泉质等级划分》LB/T 070—2017，温泉旅游地是以温泉（含地热蒸气、矿物泥或冷泉）为载体，以沐浴、泡汤和健康理疗为主，提供参与、体验和感悟温泉养生文化等相关产品的休闲度假场所。根据总体要求，温泉水区、房务、餐饮、其他服务项目、公共及后勤区域等评价内容，将温泉旅游地划分为 5 个等级，五星级为最高。

温泉疗养地的选址一般要求区域温泉资源丰富；气候适宜且自然环境优美；距离大中城市 30~50km，交通可进入性较好。场地设计原则：① 温泉度假对生态的要求较高，生态景观突出的是温泉景区的自然性，为温泉资源可持续化利用留有足够的余地；② 温泉水资源是整个温泉项目中的核心所在，多数天然温泉水体都是露天的户外开放空间，依托自然地形环境，创造特色汤池空间，让人体验到丰富多样的沐浴文化，体现美丽而自然的温泉美景；③ 场地功能包括游客中心、温泉泡池区、温泉戏水区、温泉疗养区，以及附设的酒店、餐厅、购物商店、公共停车场等基本服务设施；④ 露天汤池一般水深 0.6~1m，以蹲坐下去，水不漫过心脏的深度为最合适。池体多采用圆形池和方形池（直径或边长 5~10m），人均占据 0.5~1m 边长；⑤ 住宿设施与温泉疗养设施需要与有顶棚的道路（拱廊等）联系起来；⑥ 尽量减少机动车和其他污染源，同时确保足够的无障碍通道；⑦ 为了增强度假区的吸引力，现代温泉度假区增加非专门设施，常见的包括网球、保龄球、高尔夫球等休闲设施，以及电影、剧院、音乐厅、欢宴、娱乐场和特殊吸引物，高档购物街、商业设施也可以被引入。

2. 森林康养区

参考《国家康养旅游示范基地》LB/T 051—2016 是指以森林景观、森林空气环境、森林食材、森林文化等为主要资源和载体，配备相应的养生休闲及医疗、康体服务设施，开展以森林体验、修身养性、调适人体机能、延缓衰老为目的的森林游憩、度假、疗养、保健、养老和教育等活动的综合性基地。场地要求：① 基地面积 ≥ 100hm^2，海拔 < 2000m，基地距离交通枢纽和干线 ≤ 2h 车程；② 基地森林覆盖率 ≥ 65%，森林郁闭度介于 0.5~0.7，空气负离子含量平均值 > 1200 个 /cm^3，空气细菌含量平均值 < 500 个 /m^3，生活污水集中处理率 ≥ 80%，生活垃圾无害化处理率应 ≥ 85%。此外，基地的水质、噪声、PM2.5 浓度、土壤质量、环境辐射等都要符合相应国家标准；③ 基地功能区一般包括接待服务区、康养区、游憩区等，建设旅游咨询接待中心、保健医疗中心、森林浴场、森林木屋、森林教室、康养步道、自然教育中心、森林多功能活动中心，以及餐饮住宿设施、购物设施、停车场地等基本服务设施（表 12-7、表 12-8）。

森林康养基地康养服务设施种类　　　　　　　表 12-7

类别	设施种类
住宿设施	休养所*、森林木屋*、休憩厅*、露营地*、树屋森林酒店、生态山庄、野外休息场所等
餐饮设施	绿色餐厅*、休闲餐厅、餐饮服务点等
购物设施	康养类有机绿色产品销售点*、工艺品销售点、中草药销售点等
管理服务设施	接待中心*、停车场*、生态厕所*、垃圾站*、管理用房*、员工住宿等
康养健身设施	森林浴场*、冥想空间*、康养步道*、康养服务站*、休闲座椅*、坐观场所*、康体俱乐部、药草花园、阳光浴场、越野行走、山地自行车、攀岩、丛林穿越等
休闲娱乐设施	森林多功能活动平台*、观景台*、休闲健身活动中心、儿童游乐设施、吊桥、森林小火车等
科普教育设施	森林体验馆*、森林文化创意坊*、森林教室*、自然观察径*、动物观察台、探访道路、森林博物馆、标本馆、图书资料馆、森林作业体验场、特色植物收集场、登山路等
医疗设施	医疗保健中心*、康养所、急救中心、康复中心等
安全设施	围栏*、护坡*、监控摄像头*、火险报警器*、安全警示灯等

注：* 为必建设施，可根据功能需要，新建或对现有设施进行升级改造，设施规模根据需要确定

森林康养基地主要建设技术要点　　　　　　　　　　　　表 12-8

设施分类	建设技术要点
自然观察径	选择在生物多样性丰富，林分人为干扰少，天然更新旺盛的森林中，树种结构以乡土树种为主；通过解说的方式为游客介绍森林中的动植物及其习性、森林结构和功能、森林演替过程等
康养步道	优先选择在林木高大、植物精气浓郁的林分和有水景资源的瀑布、山泉、溪流、湖泊；修建步道的材料以本地等自然材料为主，坡度较缓
森林教室	选择在林木高大且树冠浓荫的林分中，每间森林教室容纳 30~50 名学生为宜，座椅和讲台用森林经营后的剩余物制作
森林文化创意坊	选择在交通方便，容易获取森林剩余物的林分中，需配桌椅和制作工具
森林多功能平台	选择在地势相对凹陷，周边有一定坡度的森林中，坡度在 10°~20°
森林浴场	选择在负离子含量高的针叶林中为最佳，如柏木林、松林、杉林等，要求林内空气流通；森林冥想场所选择在安静、位置相对独立且浓荫的林分中，林木高大，地面灌木少，以铺设碎石为宜；设置舒服的木质躺椅

3. SPA 疗养中心

国际 SPA 协会对 SPA 的定义是：SPA 致力于通过提供鼓励更新观念，身体和精神的各种专业服务，提高人们的整体健康水平。从狭义上讲 SPA 指的就是水疗美容与养生。形式各异的 SPA，包括冷水浴、热水浴、冷热水交替浴、海水浴、温泉浴、自来水浴、冰雪浴等。依照 SPA 的不同用途来区分可分为：都会型 SPA（Day SPA）、美容 SPA（Beauty SPA）、俱乐部 SPA（Club SPA）、饭店 / 度假村 SPA（Hotel/Restort SPA）、温泉型 SPA（Mineral Spring SPA）。目前，SPA 疗养中心主要目的为健身、运动，并提供各类 SPA 的基本使用方式，并逐渐发展成为结合按摩、瑜伽、美容、水疗、沙疗、泥浴、理疗、桑拿等复合式休闲中心，健身房也纳入其中，成为涵盖更广的休闲疗养中心。

SPA 疗养中心通常位于城市或旅游度假区，并附设于星级宾馆，中心占地约 500~1500m²，规模适合拥有 3000~4000 个床位的度假区。其设施主要包括：接待中心、VIP 会所、水疗设施（室内水池、水流按摩浴池、水下按摩、理疗、电离辐射浴等）；健美室、健身房、桑拿浴室、减肥咨询服务室、美容护理室（按摩、修脚、紫外疗法、美甲、美容等），以及娱乐休闲设施等。

第 5 篇

旅游目的地管理规划

　　旅游目的地是一个开放的、复杂的有机系统，它与社会有着广泛的、密切的联系，一方面它要向社会、游客提供特定的旅游产品及服务，同时面对来自同行业的激烈竞争和挑战，还必须担负社会某些方面的责任和义务；另一方面，旅游目的地自身包括众多的部门机构、从业人员，类型多样的产品和设施设备，以及综合的旅游环境和发展政策等。因此，为了保障旅游目的地系统的良性和高效运转，科学的旅游目的地管理规划必不可少。

　　旅游目的地管理是基于清晰的旅游发展战略目标和规划实施路径，运用行政、经济和法律等手段，对目的地区域内包括旅游资源和产品、服务设施及质量、公共事务与营销、投资运营与政策等构成要素进行科学管理，推进旅游目的地创造多元效益的过程。

　　旅游目的地管理的主要目的包括：① 为游客提供高质量的旅游体验，提高资源的利用效率、促进目的地的可持续发展；② 提升目的地的整体质量，增强其面对其他目的地的竞争力；③ 提高市场的运营效率，提高目的地收益，达到一定的经营目标；④ 为目的地创造经济效益、社会效益和文化效益。

第 13 章　旅游形象策划

21 世纪是形象时代（Age of Image），"形象力"的竞争将成为市场竞争的主导形式之一。随着旅游业的不断发展，在旅游市场竞争中，旅游开发者和管理者更加注重旅游形象建设。旅游形象对地区旅游发展起着至关重要的作用。因此，在旅游规划运营管理过程中，旅游形象的塑造具有举足轻重的作用。如果一个旅游目的地的形象模糊混乱，则很难对潜在的旅游客源群体产生吸引效应，而一个良好的旅游形象与宣传设计是旅游目的地可持续发展的重要保证。

旅游形象策划是指在旅游目的地知名度、美誉度和旅游形象信息来源调查的基础上，根据游客对旅游目的地形象的认知程度与信息来源，对旅游目的地形象进行调整、完善、强化或重塑，并形成统一的旅游形象系统的策划与设计过程。

13.1　旅游形象概念·来源·特性

13.1.1　基本概念

"形象"的概念包括形象客体，即客观外部形态状貌、结构内涵等因素；形象主体，即人；形象本体，即主客体之间的相互关系（感知关系）。所以说形象是主体对客体的感知印象。

因此，旅游目的地形象一般是指旅游目的地的旅游资源、旅游活动、旅游产品及旅游服务等，在人们心目中形成的总体印象，是旅游者和潜在旅游者对旅游目的地社会、政治、经济、文化、生活以及旅游等各方面的认识和观念的综合。

13.1.2　来源与过程

1. 形象的来源

1）自然天赋所形成的旅游形象

自然形成的旅游形象，山水是其旅游形象的核心元素。例如，桂林将"天绘山水，仙境桂林"作为旅游形象，为"桂林山水甲天下"这一名句，赋予了更加丰富的内涵，向旅游者展现了大自然的神奇造化，造就了人间仙境般的桂林旅游胜地。

2）历史积淀所形成的旅游形象

在漫长的人类发展史进程中，所有的地理空间、无数的人类活动场所被赋予了丰富多彩的文化印记，极具特色的地方逐渐形成了鲜明的历史文化形象。例如，西安古称长安，与罗马、雅典和开罗并称世界四大古都，拥有 3100 多年的建城史。作为中国历史上建都朝代最多、历史最久的城市，曾是古代中国政治、文化、经济的中心，历史文化遗迹遍布全城。西安旅游规划中针对国内旅游市场提出"西安：周秦汉唐，为你收藏"的旅游形象；而针对国际旅游市场的旅游形象为"古都西安，中华文明源脉"。

3）人为设计所形成的旅游形象

随着新时代的发展，众多地方被赋予了更加丰富的旅游元素和文化内涵，重塑形成了更具现代特色的旅游形象。例如，深圳是随着改革开放发展起来的城市，从边陲小城快速成长为我国重要的经济特区城市、国际化大都市和著名的旅游城市，它所拥有的现代化旅游娱乐资源独具特色，携"锦绣中华""世界之窗""欢乐谷"等旅游景区，共同塑造出崭新的"精彩深圳，欢乐之都"的旅游形象。

2. 形成的过程

旅游形象的形成贯穿整个旅游活动过程中，分为原生形象、次生形象和复合形象（图 13-1）。

1）原生形象：原生形象是基于人们的经历或教育，在人们心目中最早形成的旅游目的地的形象。这些旅游目的地的形象也常常是较为长期的历史积淀，历经打磨所形成的旅游区域形象。

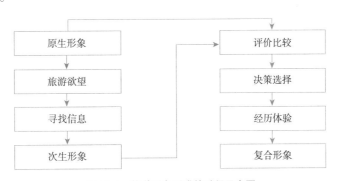

图13-1　旅游形象形成的过程示意图

2）次生形象：人们有意识地通过旅游刊物、报纸、电视、网络及旅游机构的宣传手册等途径，针对性地搜寻特定旅游目的地的各类信息，从中提炼和加工出旅游目的地的信息，称为次生形象。

3）复合形象：人们对各种形象信息进行二次处理后，选择赴旅游目的地实地进行旅游体验，最后通过自己的经历和结合以往的认识，形成一个更为真实和综合的旅游形象，称为复合形象。

13.1.3 旅游形象的主要特性

1.旅游形象的综合性

1）内容的多层次性

区域旅游形象可分为物质表征和社会表征。景观设计、环境氛围、设施质量、园林绿化、地理位置等构成物质表征的主要内容；社会表征包括人才储备、技术力量、工作效率、福利待遇、公共关系、管理水平和方针政策等。在社会表征中，旅游目的地与公众的关系是一个重要影响因素，协调二者关系是塑造良好形象的有效途径。

2）心理感受的多面性

受每个游客文化背景、旅游信息的获取方式与充分程度、旅游经历与旅游偏好等众多因素的影响，不同游客会对同一旅游目的地产生不同的感知认识，形成自己心中的形象。但对旅游目的地而言，大量的个体形象形成的类型化的公共或公众形象更具价值和意义，因此，如何提炼公众对旅游目的地的认识共性，使人们对旅游形象有一个趋同的看法是值得重视的。

2.旅游形象的稳定性

旅游形象一旦形成，便会在旅游者心目中产生印象，一般来说这种印象所积累成的形象具有相对的稳定性。其实质是旅游目的地的独特性文化内涵受到某类市场上共同稳定的认可，使旅游形象深入人心，长久稳定。例如，杭州的旅游形象"上有天堂，下有苏杭"，昆明的旅游形象"春城"与"花都"。

3.旅游形象的可塑性

一般认为，除了亲身的旅游经历外，还可通过长期的人的社会化过程形成关于某地的"原生形象"，通过旅游地的促销、广告、公关活动等有助于旅游者形成该地的"诱导形象"。事实上旅游的预先销售性质决定了通过旅游地信息筛选传递能对旅游者实施诱导，对新兴旅游目的地更是如此。旅游形象的可塑性表明，必须高度重视和科学塑造旅游形象，重视正面和积极形象的树立，同时对于旧有的过时的形象，以及负面形象必须重新塑造。例如，近年来，杭州提出的新旅游形象"爱情之都""休闲之都"，昆明提出的"万象昆明""中国健康之城"的新旅游形象。

13.2　旅游形象现状·分析·要素

13.2.1　形象现状调查

1. 目标市场形象调查

形象是主体对客体的认知，为了更准确认识与定位旅游目的地的形象，就应该对形象主体进行调查，了解旅游目的地在旅游者心中的形象（良好形象与不良形象）与整体期望，以便有目的、有方向的修正和塑造旅游形象。旅游目的地形象调查是通过一定的信息手段收集人们对于目的地形象的心理定位。这项工作有利于帮助目的地识别市场中有利的市场机会，准确地把握目标市场的特征与规律，为旅游目的地的科学决策提供客观依据。

旅游目的地形象调查的重点在于掌握旅游者对目的地的了解和喜欢程度，即旅游目的地知名度和美誉度。知名度即旅游者对目的地的识别、记忆的情况，其本身并无好坏之分；美誉度则是指旅游者对旅游目的地的褒奖、赞赏程度。

形象调查的内容主要包括：

① 旅游者对旅游目的地知道或者不知道；

② 旅游者对旅游目的地有好或不好的一般感知印象；

③ 旅游目的地在旅游者心中究竟具有怎样的形象和内容，为什么形成；

④ 旅游目的地本身有哪些要素促使旅游者形成这样的印象。

2. 形象要素调查

从旅游者的感知角度出发，将旅游形象要素划分为核心性形象要素、配套性形象要素和辅助性形象要素三种类型。

1）核心性形象要素主要指旅游资源和旅游产品，决定着对旅游者的吸引力，是旅游产业能够顺利进行的基础。其中，前者的价值与品质在很大程度上决定着旅游目的地的品位、吸引力等；而后者的合理开发关系着其能否调动广大游客的出游动机，关系着当地旅游业的长期健康发展。在核心形象要素提取方面，若目的地有其独树一帜的地貌特征，就有可能成为旅游者乐于接受的旅游吸引点，设计者可以将该特征作为切入点，设计旅游目的地形象。例如，西藏有世界第一高峰"珠穆朗玛峰"，就可以用"世界屋脊"打造西藏的旅游形象。同样，珍稀或特有的历史遗迹、历史人物、历史事件和古代文化背景也可以成为目的地特色形象。例如，根据洛阳的发展历史，规划者将其形象设计为"中华鼎城，华夏古都"。

2）配套性形象要素指公共服务功能、基础设施条件、交通与区位以及经济发展状况等，属于确保旅游业健康持续发展的支撑要素。对于配套性要素的提取应遵循以下几个原则：① 展示目的地良好形象特征；② 凸显核心要素形象；③ 为顾客提供优质便捷的服务。

3）辅助性形象要素包含地方发展政策、市场推广营销与社会经济环境等诸多方面内容，对于辅助性形象性要素的提取应遵循符合时代特征和迎合市场需求的原则。

13.2.2　分析评价

1. 象限图法

象限图法是评价要素形象效果的常用方法。评价要素形象有两个最基本的指标，即形象本体的知名度和美誉度。知名度是形象本体被公众认识的程度，美誉度是社会公众对形象本体的信任和赞许程度，它表明的是形象本体在公众心目中的地位和信誉。扩大形象本体的知名度只是扩大其影响的第一步，更为重要的是提高其美誉度。对知名度和美誉度的评价可按如下方式进行。

1）知名度

知名度由调查对象中知晓形象本体的人数占调查总人数的百分比来确定，即：

$$知名度 = 知晓公众 / 调查公众 \times 100\%$$

2）美誉度

美誉度由对形象本体持赞许态度人数占知晓形象本体总人数的百分比来确定，即：

$$美誉度 = 赞许公众 / 知晓公众 \times 100\%$$

3）形象地位四象限图

以知名度和美誉度为指标构成坐标分析图，即"知名度和美誉度形象地位图"，亦称"形象地位四象限图"（图 13-2）。采用知名度和美誉度相结合分析来反映社会公众对形象本体的总体态度和评价。

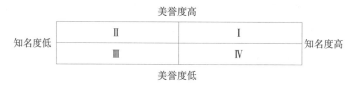

图13-2　旅游形象地位四象限图

此外，除了知名度和美誉度，还可考虑认可度指标：

$$认可度 = 行为人数 / 知晓人数 \times 100\%$$

现实生活中可能会出现另一种状态，即知名度和美誉度都高，但认可度低的情况，所谓认可度是指旅游者把旅游地的产品和服务纳为自己消费对象的程度。出现此种情况，往往是因为时间或经济条件所限，或产生心理形象偏差，旅游者并不愿将其列入实际购买计划。例如，我国的出境游市场，众所周知欧洲之旅，知名度和美誉度都较高，但实际上游客却更多地选择距离较近些、费用较低的新加坡、泰国和越南等旅游目的地国家，认可度实际上较前者更高。

又如某些高尔夫球场度假地，游艇或极地旅游，普通游客认为那多是较高消费的奢华旅游产品，这种认知具有一定的合理性，但也使得大众游客较少关注和了解详细的情况，而简单地放弃购买这种高知名度、美誉度的旅游产品，造成此类旅游产品的形象认可度较低。

综合知名度、美誉度、认可度，形成如下多种状况（表 13-1）。

旅游形象分析表（＋表示高；－表示低）　　　　　　　　　　　表 13-1

知名度	美誉度	认可度	旅游地形象状态	旅游者选择可能性
＋	＋	＋	知名热点景区，游客规模较大	＋＋最大
＋	＋	－	美名远扬，但游客规模有限	－ 小
＋	－	－	负面形象根深蒂固，短时间难以转变	－－最小
－	＋	＋	藏在深闺人未识，具有提高潜力	＋ 大
－	－	－	全无名气，形象感知较弱	－ 小

此外，还可能出现其他几种状态：① 混合复杂的旅游形象，如现代化城市旅游地，好坏形象混杂。例如，电影《北京人在纽约》中"如果你爱他，就把他送到纽约，因为那里是天堂；如果你恨他，就把他送到纽约，因为那里是地狱"，好像已经没有比这句话更合适来形容纽约形象的复杂性了；② 互相矛盾的旅游形象，人迹罕至的非洲部落、罗布泊沙漠、南北极地、喜马拉雅山区等旅游目的地，具有鲜明强烈的旅游形象，包含有原始神秘、充满艰险和挑战的形象元素，既强烈激发游人的出行欲望，但又会产生令人却步的形象；③ 吸引力过度的旅游形象，如著名景点因其形象魅力而游人如织，每遇旅游旺季，反而使经验丰富的旅游者放弃出游计划，出现"旅游损害旅游"的特殊现象。

2. 要素评估法

评估旅游目的地的实际形象，不仅要测量旅游目的地的形象地位，了解公众对旅游目的地的态度和总评价，还需要具体评价构成形象的各要素，分析社会公众对旅游目的地形象不同看法、态度和评价的原因。

旅游目的地形象的内容是多元的，不同的旅游目的地，其具体的形象要素也是不一样的。因此，旅游目的地应根据自己的具体情况，确定需要重点评估的形象要素，可以采用旅游目的地形象要素评估表来调查公众对不同要素的评价。例如，某一旅游目的地把旅游资源、旅游目的地设施、旅游目的地服务、行业管理、社区参与作为构成旅游目的地形象的要素，运用"语言差别分析法"设计旅游目的地形象要素评估表（表 13-2）。

某旅游目的地形象要素评估表　　　　　　　　　　表 13-2

评估项目	非常（正）	相当（正）	稍微（正）	中性	稍微（负）	相当（负）	非常（负）
旅游资源		65	25	10			
旅游目的地设施			25	65	10		
旅游目的地服务				15	20	65	
行业管理					20	70	10
社区参与				10	20	60	10

具体操作方法如下：首先，评估人员将调查评估的要素分别以其语意的两极为两端，在各要素的两端之间再设置若干中间程度的档次，以表示这些属性的程度差别。其次，让被调查者在代表自己看法的各要素的语意档次中进行选择并做出评价。最后，对所有答案进行统计，计算各个档次中持某种意见的人数占调查总人数的百分比，并将百分比数字填入评估汇总表内，这样就能比较直观地获知旅游目的地的公众态度的总体状况，即旅游目的地形象各要素的具体情形。如：表 13-2 说明该旅游目的地形象要素在相关公众中的形象状态是：旅游资源较好，旅游目的地设施一般，服务不理想，行业管理水平低，社区参与较少。

3. 效用度法

随着社会消费的发展变更，或者旅游目的地要素资源系统的改变，原有的旅游目的地形象可能会失去其传播功效，甚至产生负面影响。旅游目的地的产品供给结构与目标市场需求产生较大的差距，造成原有形象的主导目标客源突然大幅下降。因此，旅游目的地的形象策划需要有一个效用测度机制，不断对旅游目的地形象进行监测，防止旅游目的地形象危机的发生。在旅游发展环境较为稳定、没有突发事件影响的情况下，旅游目的地形象的实际效果及其危机程度可以通过旅游目的地形象的效用度来衡量。

效用度测算法如下：确定一个较近的时间点作为测算的时间节点，对从形象宣传开始实施直至测算节点的目标客人数和游客总数分别进行统计，可得到形象目标客人总数和旅游目的地游客总数两个指标；对测算节点之前 6 个月或 1 年内（具体的时间长度可根据需要进行调整）的旅游目的地形象的目标客人数和游客总数进行统计，可分别得到近期形象目标客人数和近期游客总数两个指标。利用此 4 个指标，对旅游目的地形象的效用度进行测算，用公式表示如下：

$$效用度 = \frac{近期形象目标客人数 / 近期旅游目的地游客总数}{形象目标客人数 / 旅游目的地游客总数} \quad （13-2）$$

$$= \frac{Ir/Tr}{It/T}$$

式中　Ir——近期形象目标客人数；

　　　Tr——近期旅游目的地客人总数；

　　　It——形象目标客人数；

　　　T——旅游目的地游客总数

为了便于判断，可以确定形象效用度的几个基本级点指标。考虑到旅游目的地的游客数量在淡旺季的差别较大，可将近期形象目标客人数和近期旅游目的地游客总数之间的比率（Ir / Tr）提高 50%、保持不变和下降 40% 三个状态所对应的形象效用度值即 1.5、1 和 0.6 作为级点指标，并可得出如表 13-3 所示的旅游目的地形象效用对策表。

旅游目的地形象效用对策表　　　　　　　　　表 13-3

形象效用度	效用度 ≥ 1.5	1.5 ＞效用度 ≥ 1	1 ＞效用度 ≥ 0.6	效用度 ＜ 0.6
形象目的地目标形象客源状态	显著增加	基本持平	缓慢减少	急剧减少
形象修正对策	强化	维持	修正	重组

当处于效用度 ≥ 1.5、1.5 ＞效用度 ≥ 1、1 ＞效用度 ≥ 0.6 和效用度 ＜ 0.6 四种状态时（表 13-3），分别代表旅游目的地目标形象客源的显著增加、基本持平、缓慢减少和急剧减少四种特征，因此应针对性地采用形象强化、维持、修正和重组等不同的对策。

4. 经济功能评估

经济功能评估的重点是对旅游目的地形象的多重经济功能进行综合评估，优质的旅游形象设计是确保目的地拥有多重经济功能。例如，法国巴黎的形象标志埃菲尔铁塔，每年接待游客约 600 万人次，能带来餐饮、购物、影剧院、博物馆、广播电视中心等收入。

此外，要对旅游目的地形象策划进行投入与产出分析，主要包括机会成本分析、宏观经济成本分析、成本费用利润率分析、资本金利润分析、投资回收期分析等。其目的是实现形象策划的经济价值，实现旅游目的地可持续发展目标。

13.2.3　形象要素研究

1. 资源分析

地方性资源是旅游目的地形象的重要组成部分。掌握地方资源的特性，对整体旅游形象的提取与策划具有重要意义。形象设计之前的重要基础工作是对当地资源进行深入调查。例如，提取最能代表旅游目的地地方特征的自然资源与人文资源。

旅游资源调查的客体主要分为自然资源、人文资源两大类，其中自然资源包括了地质地貌、水体、气候气象、动植物等；人文资源包括历史古迹、古建筑、陵墓、园林、宗教文化等内容。在调查过程中，调查者也应该注意目的地的社会文化环境、自然环境与市场环境等方面（表 13-4）。

资源调查表　　　　　　　　　　　　　　表 13-4

旅游资源名称	类型	分布	数量	开发状况	其他

2. 地脉文脉分析

地方地脉和文脉彰显出旅游目的地的地方性特征，因此地脉分析、文脉分析成为把握目的地形象主题的重要环节。地脉是一个地域（国家、城市、风景区）的地理背景，即自然地理脉络；文脉是指一个地域的社会文化氛围和社会文化脉承，即社会人文脉络。

地脉与文脉主要表现在自然地理特征、历史文化特征与地域民俗特征三方面，需要从自然资源、人文资源、特色符号、历史故事等方面获取与提炼（表 13-5）。在分析旅游目的地地脉与文脉时，可以通过规划小组座谈讨论，进行综合打分评定后确定最能代表本地区自然与历史特征的要素。

地脉与文脉分析内容　　　　　　　　　　表 13-5

地脉	文脉	
自然地理特征	历史文化特征	民俗文化特征
山岳、丘陵、峡谷、沙漠等地貌地质构造、地质形态； 江、河、湖、海、潮汐、冰川水文形态； 野生、特异动植物、古树古木、观赏类动物、花卉等； 日月云雨、佛光、晨景等天文天象	古人类文化遗址、古建筑、古城遗址；帝王陵墓、古代伟大工程、古代园林；城墙、堡垒、楼阁、殿堂、碑刻、古城；名人活动、重大历史事件、神话传说；佛教石窟、佛寺、佛塔	各地民俗服饰文化、色彩；传统节事、节庆活动氛围和用品；图腾、剪纸、皮影戏、菜系、酒、茶、刺绣；织锦、雕刻品、陶瓷、工艺品、笔墨纸砚

13.3　形象设计的作用·定位·策略

13.3.1　旅游形象设计的作用

旅游形象设计在旅游市场竞争、旅游规划与管理中发挥越来越重要的作用，是对区域内在和外在精神价值进行提升的有效手段，其作用体现在三方面。

1）旅游形象的设计使地方旅游决策部门和公众对地方性有较深的理解，帮助决策者在众多的旅游资源中识别出最核心的部分，在此基础上，把握未来旅游产品开发和市场开拓的方向；使地方公众了解本地开发旅游的潜力和前景，增强旅游意识，积极参与地方旅游的开发和建设。

2）旅游形象的设计为众多旅游者的出游决策提供信息，面对众多不熟悉的旅游地及旅游产品，使其成为最易识别的目标，引起游人注意，诱发出行欲望。研究表明，在出行决策中，影响出行的因素不一定总是距离、时间、费用等一般因素，旅游目的地的知名度、美誉度等一些因素可能更为重要。

3）旅游形象的设计为旅游企业，特别是旅行批发商和旅行零售商提供产品组织及销售方面的技术支持，对于旅行社来讲，其线路的组织和产品包装，与目的地形象的建立与推广有着千丝万缕的联系。

总之，为使地方旅游业能可持续发展，并保持旺盛的生命力，树立与维持旅游地在旅游者心目中的良好形象极为重要。在当今激烈的旅游市场竞争中，形象塑造已成为旅游地占领市场制高点的关键。旅游产品的不可移动性，决定了旅游产品要靠形象的传播，使其为潜在旅游者所认知，从而产生旅游动机，并最终实现出游计划。大量的旅游研究表明，"形象"越来越成为吸引旅游者最关键的因素之一，"形象"使旅游者产生一种追求感，进而驱动旅游者前往。

13.3.2　旅游形象定位

旅游形象定位是指在分析旅游者心中已经存在的对旅游目的地的认知的基础上，从形象评价的角度，对旅游目的地的旅游资源、旅游环境等长期、稳定、起根本作用的因素进行综合分析研究，提炼出本地区鲜明而强烈的感知形象。

旅游形象定位旨在提高旅游目的地的知名度和辨识度，在激烈的竞争中赢得客源市场，如"桂林山水甲天下"的形象定位让桂林成为世界闻名的旅游胜地。形象定位应源于现实又有所升华，既要以旅游目的地的实际情况为依据，又能反映旅游目的地未来的发展方向。形象定位通常被表述为一句宣传口号，通过朗朗上口、言简意赅的文字体现旅游形象。形象定位还应能反映出目的地的自然地理、历史文化、社会氛围等方面的独特性，能够打动和吸引游客，同时读起来朗朗上口、便于记忆，然后选择适当的传播手段影响受众，达到推广宣传的目的。

13.3.3　形象定位的策略

1. 领先定位法

对旅游目的地众多的形象要素调查分析后，选择那些国内乃至世界上独一无二、不可替代的要素进行定位，突出地方特色、强调其独特之处，如"天下第一瀑"的定位。该定位法适用于具有某种独一无二属性，且该属性在较大范围内有相当大的知名度和影响力的旅游目的地。例如，埃及金字塔、法国卢浮宫、希腊雅典卫城、中国西安秦始皇兵马俑、中国万里长城等。

2. 比附定位法

在形象定位过程中，有意地比照占绝对优势、知名度极高的同类产品，努力突出自己的形象。即不去进行旅游形象第一位的定位，而是甘居其次，抢占第二位，其实质是借冕增誉，借助首位旅游目的地的知名度来扬名，将自己同其他竞争者区别开来，以尽可能地争取剩余的市场份额。该定位法适用于规模小、自身特色不明显，并不占据原有形象阶梯的最高地位。许多旅游目的地成功抢占第二位的比附定位，反而会给旅游者留下更深刻的印象，如三亚提出"东方夏威夷"，南泥湾提出"陕北的好江南"等。

3. 逆向定位法

逆向定位的思路在于标新立异、突破常规。强调并宣传的形象是消费者心目中习惯形象的对立面或相反面，开辟出一个全新的易于接受的心理形象，从而抢先占据另一片广阔的市场空间。例如，国内众多野生动物园都是在白天开放的情况下，广州市番禺区却极力打造"夜晚野生动物园"。树立逆向形象是否能够成功主要取决于两个条件：一个条件是旅游目的地是否存在超出常规但尚未被开发的新特质；另一个条件是旅游市场对这一潜在的特质是否具有相当大的需求。

4. 空隙定位法

比附定位和逆向定位都要与游客心目中原有的旅游形象有关联，而空隙定位全然开辟一个新的形象空间，从新角度出发进行立意，创造鲜明的形象，树立一个与众不同，从未有过的旅游新形象。这种定位方法实际上是在原有类型基础上建立一个新的类型，或者是在原有类型中以旅游地的某个属性建立参照标准来进行对比，具有标新立异的效果，是具有创新性和开放性的一种定位方法。适用于同一区域同类型旅游地较多的情况。

5. 重新定位法

重新定位严格地说不属于一种特别的定位方法，而是对传统旅游目的地采取的再定位策略。原旅游目的地一般存在的现状问题包括：① 原旅游目的地形象模糊不清；② 原旅游目的地形象产生了危机；③ 由于市场竞争，市场需求发生了很大变化，原有形象已不符合发展需要；④ 旅游目的地内发现了新的更高品位、更具吸引力的旅游资源，需要更新原有旅游形象。这种方法需要根据旅游地发展阶段特征或旅游市场变化对旅游形象进行重新定位。

13.4　形象识别系统设计内容

从传播学的角度出发，旅游形象是人们对某个旅游地的形象信息处理的过程及其结果，也是一种外化形态的、人为设计创造的、可传播的符号系统。旅游形象的构成要素包括景观形象、设施形象、行为形象、环境形象和文化形象等内容。基于 CI 理论，一般旅游形象系统由三个子系统构成，即理念识别系统（Mind Identity System，MIS）、视觉识别系统（Visual Identity System，VIS）、行为识别系统（Behavior Identity System，BIS）。这三个子系统既独立发挥作用，又相辅相成并最终融合为一个有机的整体，即旅游形象系统（Tourist Destination Image，TDI）（表 13-6）。

旅游形象识别系统设计内容示意　　　　　　　　　　　表 13-6

理念识别系统（MIS）	地方特征
	行业特征
	时代特征
	广告效果
视觉识别系统（VIS）	旅游地名称
	旅游地徽标
	标准字体
	象征吉祥物
	象征人物
视觉识别系统（VIS）	户外广告
	旅游纪念品
	旅游交通工具
	人员视觉形象
	企业视觉形象

续表

	政府行为
行为识别系统（BIS）	企业行为
	民众行为

13.4.1　理念识别系统设计（MIS）

理念识别是 CI 系统的基本精神所在，它处于最高决策层次，是系统运行的原动力和实施的基础。旅游目的地理念识别系统（MIS），是指一个旅游目的地独特的文化个性、精神内涵、发展目标、形象口号、价值观、伦理道德水平等，是旅游目的地形象设计的灵魂和核心。

旅游目的地理念形象的最终表达，往往是运用形象口号加以高度凝练和概括。形象宣传口号是人们易于接受的、直观了解旅游地内涵与特色的最有效的方式之一，类似广告宣传语，优秀的形象口号往往产生神奇的传播效果。

旅游目的地形象口号设计一般应遵循以下几个原则：

1）地方特征——内容源自文脉

要求口号的实质内容必须来源于地方独特性，唯有充分挖掘旅游地的地域背景，提取地方元素融入口号中，才能避免过于空泛，如西安："华夏源脉，秦俑故乡"；苏州："东方园林，江南水城"；西藏："世界屋脊，神奇西藏"。

2）行业特征——表达针对游客

旅游形象宣传口号的制定必须充分了解游客的心理需求和偏好，要充分体现旅游行业特征，而非城市宣传口号和经济发展口号，旅游形象口号注重强调"和平、友谊、交流、欢乐"等主题。例如，"游中国，交朋友"；锦绣中华："一步跨进历史，一日畅游世界"；世界之窗："你给我一天，我给你一个世界"。

3）时代特征——语言紧扣时代

旅游形象主题口号在表述方面要与时俱进，反映时代特征，具有现代气息，反映当前旅游需求的主流和趋势。如中国香港："动感之都"；美国加利福尼亚："寻找自我"，迪士尼公园："给人类提供最好的娱乐方式"。

4）广告效果——形式借鉴广告

旅游口号必须首先要打动旅游者的心，激发出游欲望，最好成为旅游者永久而深刻的记忆，并能够广泛迅速地加以传播。因此口号必须具备广告词的凝练、生动、传神，直至成为超越本身的一种艺术。如加拿大："越往北，越使你感到温暖"；中国杭州："最忆是杭州"；中国云南："彩云之南，万绿之宗"；中国宁夏："千年等一'回'"。

13.4.2 视觉识别系统设计（VIS）

对于旅游者而言，旅游地是一块充满视觉感性的地方，长期以来，旅游基本内涵多是以风景观赏为主，视觉景观的美和吸引力显然是旅游发展的永恒因素。因此，视觉形象设计是整体旅游形象设计的重要组成部分。旅游目的地视觉识别系统（VIS），是最直观有形的形象识别系统，包括旅游地的建筑造型、公共标志牌、交通工具、员工制服、标准字体、标准色、象征图案及宣传口号等内容。

视觉识别系统实质是一种符号解释系统，完全是人工设计的产物，最终形成品牌印象，成为旅游者对旅游目的地的直接感知形象。其主要作用是引导和帮助旅游者进行旅游活动，一方面消除旅游者进入陌生环境时由于不确定性带来的紧张心理，实现旅游地形象力求的清晰、易懂、友好的特征；另一方面，通过统一性的识别系统设计，使旅游目的地内众多分散的人工符号形成同一形象特征，强化旅游地主题，带给游人更为深刻的感知与印象。

一般包括以下要素：旅游目的地名称、旅游目的地徽标、旅游目的地标准字体、旅游目的地纪念品、旅游目的地交通工具、旅游目的地户外广告、旅游目的地人员视觉形象、旅游目的地象征吉祥物、旅游目的地象征人物、旅游企业视觉形象等。

1）旅游目的地名称

旅游景区名称如同人名般浩如烟海，为获得高知名度，最简单的方法是抛弃原来默默无闻的名称，使用其他高知名度的名称。旅游区和景点的特殊名称比一般性名称具有更高的对外影响力。如，某某森林公园，改名为"神木园"；七里峡景区，改名为"金丝峡谷"。

2）旅游目的地徽标

人们往往会通过某国的国旗或国徽来形成对该国的认知形象。旅游地的徽标随着旅游业的发展，已渐渐为人们所重视，发展为旅游地形象的标志，例如，中国旅游标志"马超龙雀"（马踏飞燕）。旅游地徽标的设计图案可考虑采用特征性地理风景、特征性实物图案、专门设计的图案。设计的基本原则：体现地方特色、构图简洁典雅、具有艺术冲击力、环境识别度高。徽标中的文字、图形、图像、标志、颜色等要素必须依据整个标识形象统一设计。其中任何元素必须在契合整体风格的基础上细化美化，徽标的品质有赖于各组成元素间的搭配与衔接。

3）旅游目的地标准字体

旅游地文字符号，是最为常见和广泛采用的符号形式，包括文字标识、游览指示牌、导游图和旅游指南手册等。在进行旅游目的地名称的标准字体设计时，可利用标准字体传达独特的旅游形象，也可直接采用名人题字。一般来说，在不影响旅游者文字理解功能的前提下，尽量使用本地域和本民族的字，是建立旅游地文字符号形象的基本原则。

4）旅游目的地象征吉祥物

以象征物（符号）来指代事物，是人类普遍采用的面对复杂事物的认识策略。吉祥物生动、有趣、形象，容易取得公众喜爱，达到广泛的传播效果，人们也倾向于以吉祥物指代企业、地区等的形象，例如，中国的大熊猫可传达中国的形象。

5）旅游目的地象征人物

将真实的人物主要是名人与旅游目的地联系起来，使其成为旅游目的地象征性和符号化的事物，可增强旅游地的形象感召力，使旅游者在识别知名人物的同时想起旅游地。

6）旅游目的地户外广告

户外广告因其分布于旅游地各处而构成旅游地视觉景观的一部分，户外广告的普及成为地区形象塑造的重要元素。旅游地的户外广告包括招牌、旗帜、标识牌、广告牌、方向牌、灯柱广告、模型广告、气球广告、气模广告、条幅等。它们不仅构成旅游地形象的一部分，还具有为旅游者提供实地旅游向导和信息解释的功能。

7）旅游目的地纪念品

旅游目的地纪念品，是旅游者在目的地可购买的一种有形商品，能反映和帮助旅游者记住目的地的形象。传统的旅游纪念品通常包括纪念章（币）、明信片、导游地图、旅游画册、景点门票、地方手工制品等，这些旅游纪念品的地方性越浓厚、越独特，形象传播力也就越大。旅游纪念品是目的地形象的具体体现、延伸和传播的实物载体，在某种程度上，积极销售当地独具特色的旅游纪念品，就是在建立和传播旅游目的地形象。

8）旅游目的地交通工具

某些以特色交通工具为吸引要素的旅游目的地，往往因其所提供的独特交通服务方式而给游客留下深刻印象，如北京胡同游黄包车、东北的狗拉雪橇、城市叮当车和移动啤酒车。此外，景区内传统的交通工具，如观光车、高架缆车、观光电梯、豪华海轮，都可以成为塑造特色旅游地形象的要素。

9）旅游目的地人员视觉形象

身处旅游地个体和群体的人成为被旅游者观察的对象时，人与风景共同形成旅游地综合形象，也需要得到必要的关注。例如，深圳华侨城主题公园开展了"我是一个景点"的活动，将公园内所有员工，包括演员、服务员、保洁员、安全员等都进行基本形象设计，与物质景观共同塑造统一规范的旅游形象。此外，在少数民族聚集的旅游地，旅游者很难将身穿民族服饰的当地居民排除在外，而去认知当地的旅游形象。

10）旅游企业视觉形象

旅游是一项涉及吃、住、行、游、购、娱等多个部门和多种服务的活动，旅游目的地的整体形象与众多提供各种服务产品的旅游企业形象分不开，正是因为旅游的综合性，往往会发生由于个别旅游企业的个体形象而给目的地整体形象带来积极的或者负面的影响。例如，世界著名的国际饭店如果新建于某一名不见经传的地方，将会极大地提升该地旅游形象的知名度。因此，旅游企业的形象设计对目的地的整体形象建设非常重要。

此外，除了视觉设计以外，旅游目的地还可以展开其他感官识别的形象设计方法和内容，包括如下几个方面。

（1）听觉形象设计：听觉形象一般包括旅游目的地的语言、民歌、地方戏曲、背景音乐、旅游主题曲和宗教音乐等。旅游者往往对地方语言很有兴趣，甚至以学会当地的一两句口语为有趣味的谈资。当地的音乐具有营造旅游气氛的特殊功能，如云南省旅游宣传推介活动中一首《远方的客人请你留下来》，生动传神地塑造了良好的旅游形象。

（2）味觉形象设计：味觉最普遍的是对食品美味的感受。"吃"是旅游活动六要素中非常重要的一个要素，游客满意度的重要来源之一就是对食物性价比的评价。地方民族风味食品也是一种旅游形象塑造物，当地的特色食品和美味佳肴总会令游客终生难忘。新疆的葡萄和哈密瓜、海滨城市的海鲜食物、潮汕地区的潮州菜等，这些旅游目的地都成功借助特色美食打造其味觉形象。

（3）嗅觉形象设计：一个强调美好气味的旅游目的地，如充满森林气息、花香的自然风景区、森林公园，或者佛香缭绕的庙宇，也能给予游客较深的印象；反之，污染水体的异味则会严重损坏旅游目的地的形象。

13.4.3　行为识别系统设计（BIS）

旅游目的地行为识别系统（BIS），是行为层面塑造形象的具体化表现形式，主要包括旅游地的政府行为、民众行为和企业行为。

1）政府行为形象设计

政府行为形象是旅游目的地旅游形象的代表，主要体现在旅游景区的规划与发展方向、旅游节事活动的组织与策划、旅游市场的发展动态、旅游活动的开展、旅游政策的制定和实施、服务于游客和旅游企业的效率及是否公正等方面。

2）旅游企业行为形象设计

旅游服务行为形象是旅游目的地企业行为形象的核心部分，它包括旅游目的地的旅游接待服务质量和景区服务质量。旅游服务行为形象设计的关键是提高服务质量，其重点在于提高从业人员素质，使他们的服务行为尽可能给游客留下良好的形象。地方特色的服务行为往往是建立在地方文脉的基础上的，会让游客产生新鲜的形象感知。因此，旅游企业行为形象设计，首先要加强对旅游从业人员的培训，培养他们的创新意识和服务意识，提高他们的文化修养和业务素质；其次，推进旅游目的地旅游企业的服务质量标准化管理。

3）旅游目的地民众行为形象设计

旅游目的地民众的日常行为、生活方式、语言、服饰等都是旅游目的地形象的内容。旅游目的地民众行为形象设计要树立"全域旅游"和"文明旅游"的理念，提升全体民众的内在文明素养，不断加强旅游目的地民众的好客精神，树立友好热情的主人翁形象。

13.5　核心地段形象塑造

13.5.1　旅游活动序列空间

对于一个旅游目的地而言，其核心地段是游客集中的区域，也是体现旅游形象最具影响力的空间场所，往往核心区段的形象代表了整个旅游目的地的形象。因此核心地段是旅游形象塑造的关键区域，需要尤为注重和对待。根据旅游者对旅游目的地形象感知的空间活动序列，第一印象区、光环效应区、地标区最后印象区、往往最能展示旅游目的地的地段，它们是形象推广效果最佳的场所。

1）第一印象区

是指旅游者首先到达旅游目的地的地段，最先接触到的如旅游交通集散地、旅游景区门户区、旅游服务中心等区域。对旅游地形象具有决定性意义的地方。

2）光环效应区

对旅游地整体形象具有重要意义的地方。如果这些地点具备良好的形象，旅游者对整体旅游地形象的感知都会是满意的；反之，旅游者在这些地点得到不良的印象，会扩散到对旅游地整体形象的偏颇认知。

3）地标区

是旅游地独具特色的标志性景物所在的区域，与第一印象区有着同等重要的地位。

4）最后印象区

游客离开旅游地或某处旅游景点时与其最后接触的边界地点，在通常情况下与第一印象区重合。

一般来说，第一印象区良好形象的意义比最后印象区大，最后印象区较差形象的影响比第一印象区大。此外，对于首次旅游的人，第一印象区的形象意义比最后印象区大，而对于重游者，最后印象区的形象意义比第一印象区大。

13.5.2　旅游意象形成空间

凯文·林奇（Kevin Lynch）认为，对于任何一个特定的城市，都存在着一个公共印象，那是许多个体印象中共同的部分；或者是存在着一系列的公共印象，每一种都代表着一大批城市居民。而城市设计就应该用来强化这些印象，而不是弱化它们。这些印象内容总结为五类元素：道路（Path）、边界（Edge）、区域（District）、节点（Node）、地标（Landmark）。按照旅游者空间感知和意象形成的过程和规律，旅游目的地的重要形象空间同样包括这五种要素，需要着重塑造良好和特色的旅游形象（图 13-3）。

1）道路（Path）

道路是旅游目的地游客参观游赏的运动轨迹，可以是游步道、风景廊道、河道或海岸线、特色旅游交通线等。人们沿着道路运动，同时观赏旅游景物，并靠这些道路把周边环境因素组织、联系起来。道路具有方向性、延续性、交叉性等特征，大多数人认为，道路是区域中最为突出的识别元素之一。旅游景区在主次道路两侧重点进行绿化美化、景观设计、户外家具、灯光照明等一系列形象塑造过程。

2）边界（Edge）

边界也是一种线性元素。但它不同于道路被人们使用，而属于易被感知的两个区

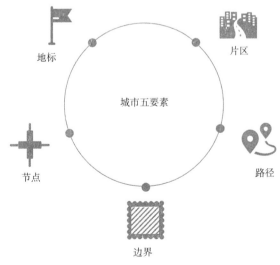

图13-3　城市意象五要素示意图

域之间的界线，例如，海滨湖滨、不同游憩功能区的边缘、墙体、绿化分隔、不同地貌
地形单元分界等。这些边界对于游客而言，它们是一种组织元素，尤其是在把不同特性
的区块联系在一起时，形成非常重要的特色景观意象。

3）区域（District）

区域是尺度相对较大的面状地段，通常都有某些共同的特征。区域中决定性的物
质特征是一些连续的主题风格和功能设定，界定区域的可以是各种变化无穷的元素——
空间形式、铺地色彩、建筑风貌、活动功能等。

4）节点（Node）

节点就是标识点，是旅游目的地中人们所能进入的重要功能性节点和景观节点，
是道路中抵达与出发的集散点，如景区入口广场、交通汇聚点、游客服务中心、特色空
间等。

5）地标（Landmark）

地标是最为核心的节点，人们身处它们外部，而并不一定进入其中。它们通常是
一些简单定义的实物：建筑物、构筑物、标识牌、瀑布或山峰。这些标识物被反反复复
地用于识辨，最后用来构建人们的景区印象。这些富有特色的地标，不仅给区域中的人
们提供方向感，还易于成为景区的特色景观。

总之，若要形成鲜明的旅游目的地印象，就应该突出以上这些特别的元素和线索。
这些意象元素类型，没有一个在现实中是独立存在的。区域靠节点形成构架，靠边界限
定空间，区域中纵横穿越的是道路，星罗棋布的是地标，各种元素有序地布局、排列、
重叠、互补。在这些重要的空间建设过程中，需要细心谋划、考虑周全、突出特质，才
能够塑造出符合发展要求的特色旅游形象。

13.6　形象传播目的·要素·策略

13.6.1　旅游形象传播目的

旅游形象传播是指旅游目的地利用各种手段、媒介与旅游市场对现实的和潜在的
游客（受众）进行旅游形象信息传递、接受和反馈活动的过程。

形象传播的目的是促使现实的和潜在的游客了解和信赖本区域旅游产品，提高区
域旅游产品形象的知名度、美誉度和认可度；帮助旅游目的地旅行商识别当地旅游资源
的优势和劣势，扩大客源市场和旅游产品的销售。

13.6.2　旅游形象传播要素

根据传播学理论，传播是指利用各种媒体把信息从信源传递到信宿的过程，形成完整的传播有一些必要条件，这就是传播要素。

旅游形象传播要素主要有旅游形象传播者（信源）、旅游形象接受者（信宿）、旅游形象（信息）、传播媒介等。

1）旅游形象传播者即信源，旅游形象传播者是信息的采集、发布者，在传播过程中,传播者处于主动、积极的地位。一般旅游形象的传播者主要是旅游地政府、旅游企业，也可以是来过旅游目的地的旅游者。

2）旅游形象信息的接收者即信宿，是传播的目标对象。他们在传播活动中没有主动权，但在对所传信息的接收上有着决定权。旅游形象的接受者主要是旅游市场中现实和潜在的游客，也包括旅游地内部公众。

3）旅游形象信息是指传播的内容和事实（包括消息、资料、知识、数据等）。但内容和事实是不能被直接传递的，实际传递的是信息的符号。旅游形象符号包括语言符号和非语言符号两大类，旅游形象的语言符号主要指旅游宣传口号、旅游广告、旅游风光片的介绍，以及旅游解说等。旅游形象的非语言符号包括视觉符号、行为符号、听觉符号、嗅觉符号等（表 13-7）。

旅游形象信息符号要素的内容　　　　　　　　　　表 13-7

类型		内容
语言符号		旅游宣传口号、旅游广告、旅游风光片的介绍以及旅游解说等
非语言符号	视觉符号	旅游景点、景区、旅游标识、标徽、标准字、标准色、吉祥物等内容
	行为符号	政府行为、旅游从业人员行为、当地社区居民的符号以及旅游者在本地的行为
	听觉符号	牛、羊、马的嘶叫、鸟儿的鸣叫、流水声、风啸声等自然的声音符号，也包括民族音乐、地方音乐、当地小商贩的叫卖、草原牧民的吆喝等人为的声音符号
	嗅觉符号	清新的空气、花草果实的香味、独特菜肴的香味等

4）传播媒介是信息传递或接受过程中的载体和中介。人们用各种媒介记录、保存、处理、传递、表现信息。在不同的传播活动中，应根据需要选用不同媒介。旅游形象信息传播借助的媒介大致可以分为大众传播媒介、人际传播媒介、实物传播媒介、户外传播媒介等四大类（表 13-8）。

旅游形象传播媒介分类及特点　　　　　　　　　表 13-8

传播媒介分类		具体传播媒介	特点
大众传播媒介	旧媒介	各类报纸、旅游杂志、旅游类书籍、导游图、旅游手册等	① 保存性强，可重复阅读； ② 信息接受的选择性较强； ③ 印刷媒介制作工艺较简单，总成本较低，但单位成本比电子媒介高； ④ 传播速度不如电子媒介快，同步性较差； ⑤ 传播受大众文化水平、理解能力的限制
		电视、电影、广播、印刷媒介电子媒介	① 传播速度快，覆盖面大，可重复传播； ② 现场感强，对受众的情感影响大； ③ 传播效果较少受观众水平影响； ④ 单位受众成本低； ⑤ 传播的信息重复使用困难
	新媒介	网络、电视点播（VOD）等	① 受众的自主性高； ② 新媒介与旧媒介相比，传播的速度更快了； ③ 网络媒介的一个最大特点是它的虚拟性，大众传播形式经由网络传播，其性质由点对面的传播变成点对点的传播
人际传播媒介		语言、体语等媒介（面对面）；信函、电报、电话、计算机互联网（非面对面）	① 传递和接收信息的渠道多，方法灵活； ② 人际传播信息的意义更为丰富多彩，特殊的情境会产生新的意义； ③ 传播双向性强，反馈及时，互动频度高； ④ 具有自发性、自主性和非强制性，相对自由和平等
户外传播媒介		霓虹灯、广告牌、路牌、旗帜、灯箱、车船、气球、市政公众建筑等	① 户外传播媒介的宣传内容一般比较简单，信息量不大，侧重于景区名称、品牌名称的宣传，对于提高旅游地的知名度、提醒公众的消费欲望有一定的作用； ② 由于户外广告媒介形象突出、主题鲜明、色彩鲜艳，容易给人们的感觉系统以强烈的刺激，让人一目了然，留下深刻的印象； ③ 流动性媒介（车船），辐射范围相对较大，阅读对象遍及各地、各阶层、各职业和各年龄段，有利于提高旅游地的知名度
实物传播媒介		旅游产品、旅游纪念品、政府办公、企业营业场所的各类物品及标志性建筑（塑像）等	① 实物媒介具有立体化、看得见、摸得着等特点，可以得到全方位的感受； ② 更便于公众参与，并得到记忆深刻的效果

13.6.3　旅游形象传播模式

模式（Model），是对某一事项或实体的内在机制与外部联系进行的一种直观的简洁的描述。传播过程是一种信息传送和交换的复杂过程，人们为了研究这一复杂过程，往往首先将这个过程简化为若干个组成要素，然后分析这些要素在传播过程中的地位和作用，以及这些要素之间相互的联系和作用。这样就构成了多种多样的传播模式。

常见的传播模式有拉斯威尔的"5W"模式、香农—韦弗模式、奥斯古德—施拉姆循环模式、贝罗传播模式等。

13.6.4 旅游形象推广策略

一般而言,将旅游目的地的定位口号、代表性景观制成能反映该旅游地美感与文化价值的广告制品。通过电影、电视、广播、报纸杂志、网络等媒介的宣传与推广,向受众传达统一的品牌信息、内涵和口号。传统媒体和新媒体等凭借其直观性、实时性、普及性而成为当前推广效果最好的形象广告载体。此外,还可以在飞机、火车上散发宣传资料,统一组团到国内客源地举办旅游促销展示会,以及利用一些在国内旅游目的地之间进行的文化艺术、体育科技交流活动等加以推广。随着新技术、新趋势的发展,出现了多种多样新型的形象传播形式:

1. 网络传播

网络媒体作为一种新媒体,既是对传统媒体的一种继承,又有属于自身的许多新特点。随着各种新技术的不断发展,网络媒体的特性一直处于发展、丰富之中。它主要有如下优点:① 范围广:通过网络连接千家万户,并形成全球性的媒体,大幅度地提高了新闻推广的范围和时效;② 开放性:互联网超越时空界限,打破了传统地缘文化概念,形成了以推广信息为中心的跨国界、跨文化、跨语言的全新推广方式,信息的来源和享用都是向社会公开的;③ 可检索性:这种特性是传统媒体所不具备的。随着互联网的迅速发展,INTERNET 将会成为商业信息社会的中枢神经,旅游信息很适合网上传播。目前我国知名旅游资讯网站,例如,旅游资讯网、携程旅行网、中华旅游网等,还包括政府网站、门户网站、专业网站等。

2. 新媒体传播

在新媒体当中,博客、微博、微信在年轻人当中拥有巨大的影响力,而其独特的媒体特性让其在人际传播中发挥优势。旅游是一项个人化的休闲活动,也是具有一定消费风险的活动。基于安全和信任的原因,就旅游信息传播而言,人际传播有独特的价值。因此,针对个人博客、微博开展的广告投放是一个值得重视的方向。而各种驴友 BBS、摄影爱好者 BBS、QQ 聊天群等,都是可以考虑作为广告植入或开展事件营销的重点平台。

3. 文化传播

文化推广主要包括设计与当地旅游资源相关的宣传画册、LOGO、明信片、挂历、邮票、文创等;出版与旅游资源有关的书籍史料和小说,整理有关的民间传说、民间故事、旅游景点介绍、导游图等;创作推广地方音乐和戏曲;拍摄以当地旅游资源为背景的电影、电视剧、宣传片、微电影、短视频及有关专题片,争取电视台有关旅游栏目以当地的旅游景区为外景现场直播有关节目等。

4. 公共活动

事件营销往往以较小的成本，引爆巨大的媒介效应，从而迅速提高旅游目的地的知名度和关注度。公关活动推广一般是运用政府间的交流和外事活动的宣传，召开旅游新闻发布会，举办系列旅游节庆活动和相关的学术会议等，提高美誉度和知名度。公关活动的一般目标包括推广信息、联络感情、改变态度和引起行动等方面。此外，还有些具体的目标，如开辟市场、参加公益活动、创造良好的消费环境、摆脱形象危机等，其基本策略包括制造和发布新闻、举办有影响力的活动等。例如，中法友好年、中国文化年、"西安丝绸之路国际旅游节"、国际古迹遗址理事会（ICOMOS）学术年会等。

5. 人际传播

人际推广方式包括邀请专家学者、权威人士参观访问，组织影视体育明星协助宣传，内部公众的宣传表演以及旅游业经营管理人员和普通员工的精神风貌展示等。传统上的人际传播主要指以人体自身为媒介，尤以语言为主要手段，加以表情和动作等为辅助手段的个体间传播方式。在传播技术飞速发展的背景下，人际传播的形式越来越多地被运用于大众传播当中，凡是能较准确把握人际传播特性的节目都取得了不错的效果。传统媒介总是采用特定的方式呈现信息内容，而以人际传播形式呈现可以更好地帮助受众提升参与性、亲切度，进一步消隐受众与媒介间的物理距离和心理距离，通过人际宣传来影响公众的旅游意愿。例如，知名学者到特定地方演讲、知名作家访谈、影视明星担任地方旅游形象大使等。

6. 体验传播

20 世纪 90 年代，约瑟夫·派恩和詹姆斯·吉尔摩提出了"体验经济"的概念，即"以服务为依托，以商品为载体，以消费者为中心，为消费者创造值得回忆的活动"。旅游体验是旅游者在旅游过程中通过观赏、交往、模仿和消费等方式所体验到的放松、变化、经验、新奇和愉悦等心理快感。旅游体验就是要在旅游过程中，针对游客的"知情意行"展开专业的旅游活动设计。它不仅体现在旅游产品开发的环节上，更注重在旅游信息传播上，围绕游客的精神需求、心理体验展开旅游信息的专门化设计，利用各种媒体手段，营造氛围，让游客享受"体验"的乐趣。

13.6.5　旅游形象传播效果

传播效果是传播活动的出发点和归宿，指接受者在收到传播媒介传递的信息后，在思想感情、立场态度、行为举止等方面所发生的变化。针对旅游形象传播的目标，从正面影响角度讲，旅游形象传播对于旅游地公众和旅游者的影响可以达到三种程度，也就是三级传播效果。

1）首先，是将旅游形象信息完整、清晰地传播给受者，使旅游者能关注信息、记住信息，能从旅游形象信息中获取知识，即信息层次。

2）其次，通过传出的信息使受者在感情上认同或者改变受者的观念，对旅游地产生兴趣，即态度层次。

3）最后也是最重要的，受者在感性、理性认识之后，能采取行动，到旅游地去旅游，即行为层次。

总之，研究旅游形象传播对旅游地形象的树立、增强旅游地的吸引力有重要作用。加强对旅游形象传播要素的理解有利于形象传播工作的有效进行，根据传播类型和传播媒介有针对性地选择旅游形象的传播模式可以增强传播的效果。

第 14 章 营销规划

14.1 营销基本概念·理论

14.1.1 概念内涵

旅游目的地营销（Wahab et al，1976）是"一个管理过程，通过这个过程，国家旅游组织或旅游企业能够识别它们现实和潜在的目标游客，能在地方、区域、国家以及国际层面上与他们交流，从而确定并影响他们的愿望、需要、动机、喜恶，并相应地制定与调整自身的旅游产品，以达到最佳的游客满意度，最后实现它们的目标"。旅游目的地营销规划要解决的核心问题，就是如何通过营销活动与竞争对手展开竞争以吸引旅游者前来。

当今世界的旅游目的地营销已不再局限于目的地的物理位置。旅游目的地的营销重点已经发生了转变，过去主要关注旅游目的地作为一个地方的角色，而现在不仅关注环境背景，还关注游客体验如何在那样的背景下得以创造与形成。因此，旅游目的地营销已成为保持与发展旅游宏观产品精髓（Vukonic，1997）和保持目的地持续的竞争力水平（Richie and Crouch，2000）的一个必要手段。总体而言，旅游目的地营销是一个融合了个体或集体努力，以及形成全面游客体验的各项活动的混合体（Murphy et al.，2000）。

综上所述，旅游目的地营销可以概括为向旅游者提供旅游目的地相关信息，突出旅游地的形象并打造景区吸引物；通过向潜在群体和目标群体进行营销从而吸引其注意力，诱发其对旅游目的地的向往，进而产生旅游消费。

14.1.2 基本理论

市场营销组合概念自 20 世纪 50 年代由尼尔·博登提出以来，经历了 4P、4C、

4R、4V 的发展，对市场营销理论和实践产生了深刻的影响。市场营销环境的变化和企业营销实践的需要推动了营销组合理论的发展；市场营销理念的发展推动了营销组合的演变，营销组合的演变又进一步丰富了市场营销管理的理念；新旧营销组合之间不是对立关系，也不是替代关系，而是互为补充、相辅相成的关系，是继承、发展与创新的关系。因此，回顾营销组合理论的发展，探究不同营销组合的内涵及其关系，对旅游目的地营销有着重要的意义。

1. 4P 营销组合理论

4P 理论产生于 20 世纪 60 年代的美国，是随着营销组合理论的提出而出现的。它由营销学者麦卡锡提出。旅游目的地 4P 营销组合的内容为：产品（Product）、渠道（Place）、价格（Price）和促销（Promotion）。① 产品：是指一切可满足游客需求的有形产品和无形产品的总和；② 渠道：是指旅游产品从旅游生产企业向旅游消费者转移过程中所经过的各种独立组织的组合；③ 价格：是旅游产品价值的反映形式；价格不仅与产品本身相关联，也与品牌的附加内涵和价值相关联，与市场的供求关系相关联；④ 促销：关注如何将旅游产品信息有效地传递给潜在购买者。

随着外部市场环境的变化，出现了对传统 4P 理论的修正与改进，最具代表性的是菲利普·科特勒提出的 6P、10P 及 11P 营销组合理论。即在原来 4P 组合的基础上，增加两个因素："政治力量"（Political Power）、"公共关系"（Public Relations）去指导企业打破国际贸易壁垒。进而认为如何确定企业的"4P"战术，还需要战略性要素进行指导。因此，战略性营销要素还包括：探查（Probing）、细分（Partitioning）、优先（Prioritizing）、定位（Positioning）。此外，还吸取了服务营销的某些成果和观点，在其战略营销组合中加入了第 11 个 P 因素，即人（People），最终完成了营销组合从战术上到战略上的提升（图 14–1）。

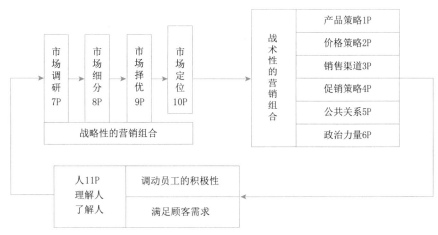

图14–1　旅游目的地营销的11P组合

2. 4C 营销组合理论

20 世纪 90 年代，美国市场学家罗伯特·劳特伯恩（RobertBob Lauterbort）对传统 4P 理论提出了新的观点："营销的 4C"。他强调企业首先应该把追求顾客满意放在第一位，产品必须满足顾客需求，同时降低顾客的购买成本，产品和服务在研发时就要充分考虑客户的购买力，然后要充分注意到顾客购买过程中的便利性，最后还应以消费者为中心实施有效的营销沟通。旅游目的地 4C 营销组合的内容为：消费者（Customer）、成本（Cost）、便利（Convenience）和沟通（Communication）。4C 给 4P 注入了理念核心：用关注消费者需求来阐释产品（Product）的内涵，用成本来细化价格（Price）的内容，用便利来指出渠道（Place）的作用，用沟通来让促销（Promotion）的概念更有意义。① 消费者：研究游客需求，根据需求来提供旅游产品，并由此产生游客认同感和满意度；② 成本：研究游客愿意为满足其旅游需求而支付的成本，包括金钱成本、时间成本、体力成本、精神成本、风险成本，努力降低游客购买的总成本；③ 便利：强调旅游企业在制定分销策略时要更多地考虑游客的便利，而不是企业自己的便利；④ 沟通：旅游企业为了创立竞争优势，必须不断与游客进行积极有效的双向沟通，获得旅游者对企业和产品的理解与认同。

3. 4R 营销组合理论

进入 21 世纪，新的形势、新的环境促使企业清醒地认识到：新世纪企业的生存和发展，在很大程度上依赖于忠诚顾客群，于是 4R 营销组合理论便应运而生。该理论是由美国学者唐·舒尔茨（Don Schultz）在 4C 营销理论的基础上提出的新营销理论。该营销理论认为，随着市场的发展，企业需要从更高层次上以更有效的方式在企业与顾客之间建立起有别于传统的新型的主动性关系。它更加注重企业和客户关系的长期互动,重在建立顾客忠诚。旅游目的地 4R 营销组合的内容为：关联（Relevance）、反应（Reaction）、关系（Relationship）和回报（Reward）。① 关联：在竞争性市场中，游客具有动态性，游客忠诚度是不断变化的；要提高游客的忠诚度，赢得长期且稳定的市场，最重要的是把旅游企业与旅游市场联系在一起，达到供给与需求的高度对应，形成一种互动、互求、互需的关系；② 反应：在相互影响的旅游市场中，旅游企业需要提高市场反应的速度，以抢占先机；③ 关系：旅游市场竞争日趋激烈，旅游企业争夺旅游市场的关键已转变为谁能与游客建立更加长期而稳固的关系；④ 回报：市场营销的真正价值在于其为企业带来短期和长期利润的能力，而对于游客来说，回报是旅游企业给游客带来的一定的使用价值。一切营销活动都必须以给游客及企业创造价值为目的。

4. 4V 营销组合理论

随着高科技产业的迅速崛起，高科技企业、高技术产品与服务不断涌现，互联网、移动通信工具、发达交通工具和先进的信息技术，使整个世界面貌焕然一新。以往企业和消费者之间信息不对称状态得到改善，沟通的渠道逐渐多元化，营销观念和方式也不断丰富与发展。吴金明（2001）等提出了 4V 营销组合理论。"4V"是指差异化（Variation）、功能化（Versatility）、附加价值（Value）、共鸣（Vibration）。① 差异化：在旅游消费者需求多样化和个性化的时代，游客需求的差异更加显著，旅游企业必须开展有效的差异化营销，通过产品差异化、市场差异化、形象差异化满足差异化的旅游消费者需求；② 功能化：根据旅游消费者需求的不同，提供具有不同功能或不同功能组合的系列化产品，从而方便旅游消费者根据自己的实际需求和承受能力进行选择；③ 附加价值：旅游企业在关注产品由物化劳动转化为活劳动创造的基本价值的同时，要更加重视产品由技术创新、营销和服务创新、文化与品牌创造的附加价值；④ 共鸣：旅游企业持续占领市场并保持竞争力的价值创新给旅游消费者所带来的"价值最大化"，以及由此带来旅游企业的"利润极大化"，实现旅游企业与旅游消费者之间在价值提供与价值追求之间的互动与共鸣。

综上所述，从 4P 到 4C 到 4R 再到 4V，代表了营销理论的发展和演变过程。四个理论产生于不同的时代和不同的营销环境，具有不同的特点。四者之间并不存在本质的矛盾，而是一种互补、完善和发展的关系（表 14-1）。

P、C、R、V 营销组合比较分析表　　　　　　　　　　表 14-1

类别 项目	4P 组合	4C 组合	4R 组合	4V 组合
营销理念	生产者导向	消费者导向	竞争者导向	价值导向
营销模式	推动型	拉动型	供应链	系统和社会营销
满足需求	相同或相近需求	个性化需求	感觉需求	差异化需求
营销方式	规模化营销	差异化营销	整合营销	差异化营销
营销目标	满足现实的具有相同或相近顾客需求，并获得目标利润最大化	满足现实的和潜在的个性化需求，培养顾客忠诚度	适应需求变化，并创造需求，追求各方互惠关系最大化	通过有效的价值提供，增加顾客忠诚，最终培养形成企业核心竞争力
营销工具	4P	4C	4R	4V
顾客沟通	一对一单向沟通	一对一双向沟通	一对一双向或单向沟通	双向或单向的沟通，形成差异化形象
投资成本	短期低 长期高	短期较低 长期较高	短期高 长期低	短期高 长期低

14.2　营销策略内容

14.2.1　产品策略

旅游目的地营销组合首要的问题就是以什么样的旅游产品来满足目标市场的需求。因此，产品策略应作为旅游目的地营销组合策略的基石，它直接决定着旅游目的地营销的价格策略、销售渠道策略、促销策略的制定，并决定着整个旅游营销策略的成败。根据旅游产品生命周期，在不同的产品周期中，产品营销策略也是有差异的（表 14-2）。

产品策略　　　　　　　　　　　　　　　　　　　表 14-2

生命周期	产品特点	营销策略
投入期	消费者对产品了解少； 投资额度远超实际收益； 市场中同质产品较少，竞争压力小	快速撇脂策略； 缓慢撇脂策略； 快速渗透策略； 缓慢渗透策略
成长期	产品信息在市场中传播广泛； 产品开始盈利； 同质竞争开始增加	改进旅游产品，提高产品质量； 开拓并采用新的销售渠道； 开拓新市场； 加强旅游促销
成熟期	产品已被广泛熟知； 销售趋于稳定，增长缓慢； 市场需求量开始饱和	市场改进策略； 产品改进策略； 营销组合改进策略； 旅游新产品的研制和开发
衰退期	市场需求发生改变； 产品销售量急剧下降； 旅游者转向新一代产品	放弃策略； 集中策略； 坚守阵地策略

14.2.2　价格策略

旅游产品的价格一方面反映旅游产品的价值，另一方面影响旅游产品在市场上的购买率（表 14-3）。

14.2.3　渠道策略

旅游目的地营销渠道策略是整个旅游目的地营销系统的重要组成部分，它对降低企业成本和提高企业竞争力具有重要意义。旅游销售渠道又称为分销渠道或通道，是指旅游产品从旅游生产企业向旅游消费者转移过程中所经过的一切取得使用权或协助权转移的中介组织或个人。按照旅游产品生产者和旅游者是否直接进行旅游产品交易划分，可把旅游营销渠道分为直接营销渠道和间接营销渠道两种模式（表 14-4）。

价格策略　　　　　　　　　　　　　　　表 14-3

旅游目的地营销价格策略分类	相关策略	策略特征	适用条件
以供求弹性为基础的定价策略	旅游企业把研制成功的旅游产品投放市场前，要考虑给新产品制定一个初始阶段的价格		
	撇脂定价策略	撇脂定价策略是高价策略；一些旅游产品在上市之初、经营者利用游客求新、求异心理，把产品价格定在高位，以期尽快收回成本，尽可能在短期内获取丰厚利润	①旅游产品新颖独特；②生产技术或资源具有垄断性；③旅游市场需求十分旺盛而旅游企业生产能力有限；④流行时间短，竞争压力小
	渗透定价策略	渗透定价策略是低价策略；经营者把价格定得低一些以吸引游客，以期挤入市场、增加销售量，在短期内获得较高的市场占有率	①潜在市场规模大；②分摊到单位旅游产品中的固定成本低，进而达到多销厚利的目的；③需求弹性大的大众化产品；④企业供给能力强
	满意定价策略	满意定价策略是介于撇脂定价和渗透定价之间的定价策略；权衡各种利弊得失，兼顾各方面利益，采取适中的、令各方面较为满意的价格策略	①需求弹性适中；②不愿引发价格战；③需求水平大致平衡
折扣策略	折扣策略是指旅游企业在确定基本价格的基础上，给予买方一定价格折扣的策略，以此吸引买方购买或增加消费		
	数量折扣	旅游企业根据买方购买旅游产品的数量或金额而给予不同价格折扣的定价策略，以鼓励中间商大量购买，吸引旅游者增加消费，吸引新的旅游者购买	①调动旅游中间商增加购买数量；②刺激旅游者增加消费量；③提高回头消费率；④吸引潜在旅游者加入购买
	功能折扣	旅游企业向中间商提供的一种折扣优惠；对于不同分销渠道的中间商，企业可以根据其提供的各种不同的服务和功能，给予不同的折扣优惠	对同一渠道成员必须提供同样的功能折扣，给批发商的折扣要大于给零售商的
	季节（时间）折扣	旅游企业根据旅游者购买季节（时间）的不同而给予一定的折扣	鼓励旅游者使用淡季旅游产品，也鼓励旅游中间商提前订购季节性产品
	现金折扣	鼓励购买者现金支付的优惠方式，它对按约定日期付款的旅游者给予一定的折扣，对提前付款的顾客给予更大的折扣	增强企业回笼货币的能力，减少企业的信用成本和坏账
	实物折扣	适用于关联性较强的旅游产品，如酒店对入住客人免费提供早餐、给就餐客人赠送果盘等	吸引客人，能保住主要利润来源，但也会增加成本
心理定价策略	根据旅游者对价格的不同心理反应，制定令其心理满意的价格，以刺激他们的购买，就是心理定价策略		
	尾数定价策略	旅游企业利用整数与尾数的位数差异，或尾数的心理象征意义制定旅游产品价格的策略。一般认为，尾数定价可以给人以便宜感，如 0.99 元仅比 1.00 元差 0.01 元	适用面较宽；还适用于需求弹性大的旅游产品定价
	整数定价策略	整数定价与尾数定价正好相反，指旅游企业在定价时，有意将旅游产品价格定为整数，以显示产品具有一定质量	价格较贵的高档产品，如旅游活动中的一些工艺品、字画
	招徕定价策略	旅游企业利用旅游消费者"求廉"的心理，将产品价格定得低于一般市价，个别的甚至低于成本，以吸引顾客、扩大销售的一种定价策略	从总的经济效益看，低价产品带动其他产品的销售，如某些餐厅向旅游者提供免费饮料

两种旅游销售渠道模式　　　　　　　　　　　　　　表 14-4

旅游销售渠道模式	直接营销渠道	直接营销渠道又称零级渠道，是指旅游产品生产者不借助任何中间商，直接把旅游产品销售给旅游者，即从生产者到旅游者	
		四种具体形式	旅游者直接到旅游产品生产者处购买旅游产品，通常以散客形式到景点、酒店、旅游交通企业等处购买旅游产品，旅游企业采取等客上门的形式销售旅游产品
			直接预定，随着电子技术的发展，旅游企业越来越多地采用电话预订、网上预订等方式直接销售旅游产品
			旅游生产企业在客源集中地自设门市部销售本企业产品，一般规模较大的旅游企业会在主要客源地自设门市部
			生产企业上门推销
		优点	①生产者通过与旅游者"零距离"接触，可以了解旅游者对旅游产品质量、价格等方面的意见，以便改进营销组合、适应目标市场需要；②由于没有中间商，省去了中间环节的那部分费用；③电话预订特别是网络销售渠道，突破了出售旅游产品的时空限制更是营销渠道的新宠
		缺点	旅游产品生产者与旅游市场接触面（网络销售渠道除外）有限，销售量有限，只适应于生产规模小或接待量有限的企业
	间接营销渠道	间接营销渠道是指生产者借助中间商将其产品销售给旅游者	
		特点	生产者不直接向旅游者售卖，而是先把产品卖给中间商或委托中间商代理，再由中间商进行售卖
		三种渠道模式　一级营销渠道模式　基本结构	旅游产品生产者—旅游零售商—旅游者
		运行方式	旅游零售商一般不买断旅游产品的所有权只进行代理销售，根据销售量从旅游产品提供者处取得佣金收入，有时还可从旅游者处获得代办手续费
		现实应用	航空运输公司、铁路运输企业请旅行社代理销售其客票、景点及酒店、旅行社代理销售门票等
		优点	环节较少，有利于把旅游产品快速推向市场
		缺点	销售范围有限，规模有限
		二级营销渠道模式　基本结构	生产者—旅游批发商—旅游零售商—旅游者
		运行方式	规模大的生产企业将其产品以大批量预订的形式销售给旅游批发商，旅游批发商将众多的旅游产品加以组合、包装成包价旅游线路，再以批量形式出售给旅游专售商或委托旅游零售商代理销售，最终由旅游零售商将旅游产品销售给旅游者
		优点	旅游批发商一般规模大，网点遍布，生产者借助旅游批发商，可以把旅游产品分销到更大的范围和更远目标市场，适用于规模大的旅游企业
		缺点	生产规模小或供给能力有限的旅游企业则不宜采取这种渠道模式，渠道速度较慢，渠道费用上升
		三级营销渠道模式　基本结构	旅游生产者—旅游总代理—旅游批发商—旅游零售商—旅游者
		运行方式	旅游生产企业与旅游批发商、零售商接触有限，一般较少直接在市场销售，而是委托总代理商把产品销售给旅游批发商，再转由他们把产品再委托给旅游零售商，由零售商再转卖给客源地旅游者
		现实应用	我国国际旅游市场营销
		优点	销售范围进一步扩大
		缺点	渠道最长，各环节有一个时间差，推销速度较慢，旅游产品生产出来后较长时间才能真正与旅游者见面，有时因此会错过时机，特别是会影响流行时间短的旅游产品销售，渠道费用最高

14.2.4　促销策略

1. 传统旅游促销

传统的旅游促销组合由广告、公共关系、营业推广和人员推销组成，不同的促销手段各有其特点，不同的企业产品在不同的时间、空间情况下，应选择适合于自己的促销策略和手段（表 14-5）。

上述四个方面的策略组合起来总称为旅游目的地营销组合策略。旅游目的地营销组合策略的基本思想在于：从制订旅游目的地产品策略入手，同时制订价格、促销及分销渠道策略，组合成旅游目的地营销策略总体，达到以合适的商品、合适的价格、合适的促销方式，把产品送达旅游消费者的目的。旅游企业经营的成败，在很大程度上取决于这些组合策略的选择和它们的综合运用效果。

旅游目的地促销组合类型　　　　　　　　　　　　表 14-5

旅游目的地促销组合类型	旅游广告策略	旅游广告是由旅游企业针对现存旅游者和潜在旅游者发起的，对旅游产品所做的有偿性的、非个人的展示和促销	
		目标	①提高目标市场对旅游目的地的意识（知名度）； ②改善旅游目的地形象； ③鼓励新的旅游者到访目的地； ④唤起旅游者的记忆，鼓励他们故地重游； ⑤介绍有关目的地旅游产品变化方面的信息
	旅游营业推广策略	旅游营业推广，又称为销售推广或销售促进，主要通过暂时性的奖励或展示，在短期内刺激消费者进行购买，并提高经销商和销售队伍绩效的促销方式	
		六个阶段	①计算在规定的促销期间期望通过营业推广活动实现的目标销售量和销售模式； ②计算在目标销售量完全实现以后可能获得的收益； ③明确说明位于销售推广的目标市场中的消费者情况； ④选择对目标市场最具吸引力的激励手段； ⑤制订并实施营业推广方案； ⑥监测和评估所获得的效果
	旅游公共关系策略	旅游公共关系就是旅游企业利用多种传播手段同包括消费者、中间商、社区居民、政府机构以及新闻媒介在内的各方面公众进行沟通协调，建立良好的社会形象和营销环境的活动	
		特点	可信度高、作用面广、传播力强
		应用	可以邀请旅行中间商免费参观旅游目的地，改善旅行商对目的地的印象；借助和利用他们的销售渠道和市场开发能力，向潜在旅游者更多地推荐本地区，提高预定数量
	人员推销策略	人员推销是与旅游者和旅游中间商开展面对面的交流的促销方式	
		主要形式	展览会、销售会议、电话推销、提供样品等
		优点	人员推销方式灵活、针对性强，容易强化购买动机，即时促成交易，且能及时反馈市场信息，有助于改进旅游组织的营销决策水平
		缺点	传播面小，对大众旅游者的影响效果有限

2. 网络旅游营销

1）官方网站营销

使用网络进行旅游信息查询、旅游决策制定，旅游产品购买已经是旅游行为决策中重要的一部分。旅游目的地进行网络营销已成为一种重要的营销手段（表14-6）。

官方网站营销			表 14-6
网络营销方式	具体分类	营销特征	功能
官方网站营销	国家旅游官方网站	构建旅游目的地官方网站是旅游目的地进行网络营销的第一步，官方网站既是宣传平台，又是旅游目的地与旅游者进行互动交流的平台	旅游信息提供功能、旅游信息交互功能、旅游产品在线交易功能、客户关系管理功能
	旅游区官方网站		
	旅游景区官方网站		

2）自媒体营销

自媒体营销包括微博营销、即时通信工具营销、短视频营销等（表14-7）

自媒体营销			表 14-7
网络营销方式	营销方式概述	营销策略	具体操作/内涵
微博营销	微博，是一个基于用户关系的信息分享、传播以及获取平台，用户可以通过 Web、Wap 以及各种客户端组建个人社区，实现即时分享	开设认证的官方微博，确保合理的发送频率	开设官方微博账号，内容更具有可信度，保证消息的合理发送频率
		创作独特的微博内容，与粉丝保持双向互动	将旅游品牌拟人化，使之生动、活泼、轻松、有趣，保持内容的独特性和形式的多样性；迅速地响应用户问题，线上快速地解答用户疑问
		发起系列的推广活动，借力名人引导效应	和其他旅游机构、旅游企业之间互动，开展一系列的旅游线上推广活动，借助名人效应，提高自身的推广价值
		整合利益相关者资源，实现多方合作共赢	扩大口碑，增加客源，推广形象；与门户网站品牌方合作，增加用户量，吸引广告商的介入，获得更多的利润
即时通信工具营销	即时通信允许两人或多人使用网络即时地传递文字、信息、档案、语音与视频，建立起直接联系并进行实时交流的终端软件，腾讯 QQ、微信、易信、网易泡泡等	内容为王	聘请见多识广的导游，当地居民、民间旅游爱好者，或者聘请专职人员听其讲述后整理成文，通过即时通信平台推送，满足潜在消费者阅读与分享的乐趣，同时避免内容的同质化
		口碑营销	通过一些优惠活动鼓励将特定内容进行分享和传播，保证内容或促销信息推送获得最大用户量的覆盖，最大化口碑传播效果。用户在旅游消费过程中的不满，或者特殊诉求，要特别注意解决，把负面影响减到最小
		关系营销	建立顾客信息库是实施关系营销的核心；在每位顾客初次咨询，购买产品或服务时，通过数据库，建立详细的顾客档案，可准确找到目标顾客群，降低营销成本，提高营销效率
		构建综合服务平台	游客可以直接关注综合平台，需要时在综合平台上查找相关的目的地即可；不但方便了用户，也为各地区旅游信息供应商和目的地进行即时通信工具营销创造了更大的市场空间

网络营销方式	营销方式概述	营销策略	具体操作 / 内涵
短视频营销	旅游目的地短视频是将当代社会中的冲突和解决方式用戏剧化的媒体形式得以呈现，旅游目的地短视频能够引发的"话题围观"也是一种媒体奇观性的体现，用户不仅仅是信息的制造者也是信息的发布者和传播者	从"资源开发"向"体验挖掘"转变	视频选材应从"资源开发"向"体验挖掘"转变；一是通过对现有目的地旅游活动体验进行筛选和评估；二是通过对重点旅游资源进行价值重估，将资源价值转变为体验价值，利用客户端多样化的滤镜、音乐、文字等特效艺术性地添加人们的体验感知与挑战性
		从"全民介绍"向"碎片转播"转变	引领现代社会人们快节奏生活方式下的浏览习惯和关注偏好；短视频以其易分享性，使传播者与受传者可以实现实时的交流与互动
		从"专业制作"向"去职业化"转变	"拍摄"不再成为专业设备、职业人员的专利，即时拍摄调动受众的消遣偏好，让更多的受众参与到旅游目的地短视频信息的收集、制作和传播中，为大众构建一个表达自我的媒体与营销平台，使旅游目的地营销与传播更具有可信性

第 15 章　旅游服务管理

15.1　资源管理

旅游资源是旅游目的地赖以生存、经营和发展的资源基础，是旅游目的地得以可持续发展的资源根本。目前，在地区旅游业发展过程中，对待旅游资源方面重开发和利用，轻保护与管理的问题较为突出。为实现人与自然和谐相处、经济效益和生态效益共赢的旅游目的地可持续发展目标，亟需对旅游资源进行科学有效的保护与管理。

15.1.1　旅游资源保护基本原则

对于旅游资源进行科学有效保护，优先要明确损害旅游资源的直接和相关因素及其危害程度。从因素类型可以分为两个方面：一方面是自然环境变化所带来的损害；另一方面是人为因素所带来的破坏。因此，保护旅游资源不仅要保护好旅游资源本身，还要保护好旅游资源所依托的生态环境和人文环境。

旅游资源保护应遵循以下基本原则。

1）开发与保护"双赢"原则

旅游资源保护与开发二者是相辅相成，有机联系在一起的矛盾统一体，二者不能割裂开来。旅游资源保护得好才具有开发价值，而开发利用又能推动和促进保护工作的开展。旅游资源保护是关系人类长远利益与发展的大事，但是人们往往从眼前的经济利益出发，着眼于短期目标，为了生产和生活的需要而置保护于不顾，没有经过科学的规划和设计盲目开发旅游资源，对旅游资源的永续利用和旅游业的可持续发展带来威胁。旅游资源开发绝对不对环境造成影响是困难的，但可以把这种影响降低到最低程度。本着开发与保护"双赢"的原则，实现旅游业的可持续发展。

2）经济、社会与环境效益"三增"原则

人们在积极发展经济为自身谋取利益的过程中，"经济需求的无限性和生态供给的有限性的矛盾"日益突出，这就要求能够最有效地利用旅游资源，来获得最大化的经济利益。但这种最有效地利用超过了资源的承载力，会使旅游资源生态系统的功能下降，其运行与维持的能力也会逐渐下降。据调查，我国22%的自然保护区由于开展旅游而造成保护对象受损害，11%出现旅游资源退化。因此，旅游资源开发过程中不能只片面地追求经济效益，要从人类社会长远发展的角度出发，协调好社会经济发展和生态环境之间的关系。景区建设、环境建设与生态建设的同步规划、同步实施与同步发展，能够做到经济效益、社会效益和生态效益的三兼顾、三统一。

3）合理规划，综合决策，协调发展的原则

在发展旅游产业，开发利用旅游资源的过程中，应统筹考虑旅游地人口、社会、经济、环境和资源的现状和发展趋势，充分考虑环境与资源对旅游业发展的承载能力，严格限制旅游景区（点）的游客容量，科学合理地制订旅游可持续发展规划，使旅游设施的布局和游客流量的设计建立在环境和资源可承受的能力之内；加强旅游景点建设的环境论证，促进人工设施与自然环境、区内环境与周边环境的和谐统一。与此同时，在制定区域环境保护规划时，应考虑旅游区的特殊功能，保证旅游区的环境质量；应采取法律、行政和经济等强有力手段，消除外部因素对旅游区环境与资源的污染和破坏，从而保障旅游与环境的协调发展。

15.1.2 旅游资源与生态环境保护规划流程

旅游资源与生态环境调查与评价是区域旅游资源与生态保护规划编制的基础与前提，因此对旅游资源与生态环境要进行科学全面的调查与评价。现状分析包括系统结构分析、数量分析与质量分析。系统结构分析、数量分析是指旅游资源与生态环境的种类与数量分析；质量分析是对其价值、质量高低进行分析，最终根据这三方面的现状分析结果制定相应的保护目标和保护方案（图15-1）。

15.1.3 分级分区保护方案

在旅游规划过程中，需要根据资源与环境的保护管理要求对旅游资源和生态环境提出具有针对性的分级分区保护方案。一般从空间层面划分为3~4级保护等级与区划，严格实施各级保护区所要求的相应措施（表15-1）。

1. 一级保护区

一级保护区是旅游区内禁止任何采伐和狩猎、也不能有任何建筑设施的重点保护区域，所以又可以称为绝对保护区，通常是各种原生性生态系统类型保存最好的地方。

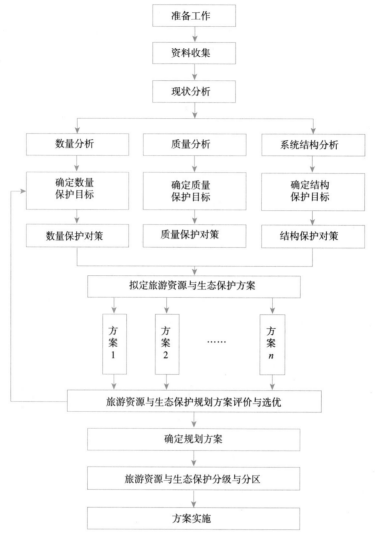

图15-1　旅游资源与生态保护规划编制流程图

旅游地分区保护目标　　　　　　　　　　表 15-1

保护区级别	主要保护对象或保护目的
一级保护区	主要保护旅游地总资源价值高的景观及国家级保护的动、植物种类和文物古迹等分布区域
二级保护区	主要保护旅游地资源价值良好、能反映旅游地特色的精华地区，以保持景物、景观的长久性
三级保护区	指一、二级保护区外的景物、景观及景点，有旅游价值的地区，对风景资源的保护有重要意义
四级保护区	指虽然没有较高资源价值的景观、景物，但对旅游资源构成有影响，存在保护必要性的以上三级保护区的界线外围地区

对这个区域要进行严格的生态保护，使之尽量不受人类的干扰，能够自然地生长和发展，保持物种多样性，并可以作为生态系统研究的场所。

2. 二级保护区

二级保护区一般位于一级保护区外围，包括一部分原生态系统类型和一些半开发地段。在二级保护区内可以安置必需的步行游赏道路和相关设施，严禁建设与风景无关的设施，机动交通工具不得进入此区。该区一方面可以预防与阻止一级保护区受到外界的影响和破坏，起到一定的缓冲作用；另一方面可以合理地开发生态旅游、采药、疗养、保健等服务，充分发挥其功能和效益。

3. 三级保护区

三级保护区内包括外部原生的或次生的生态系统类型，主要用于发展本地特有的生物资源生产；可以根据实际需要开展部分短期能有收益的农、林、牧业生产，建立人工生态系统，为当地所属自然景观带的植被恢复或人工生态系统的建立起到示范作用；还可以作为开展生态旅游活动的主要场所和生态旅游接待设施规划布局的区域。该区内可以安排少量旅游接待住宿设施，但必须限制与风景无关的建设，并限制机动交通工具进入。

4. 四级保护区

其位于生态旅游区的最外缘，是高密度开发旅游产品，开展旅游活动的服务接待中心和管理中心。外围服务区，可以作为生态旅游区的外围保障区，也可以作为生态旅游区的扩展预留区。该区内可以进行大量的旅游住宿设施和交通基础设施规划建设，是旅游人口和旅游活动集中的区域。

15.1.4　重点保护对象

旅游资源和生态环境保护常见的一些重点对象和目标需要特别关注，主要包括天然林、湿地、水源地、珍稀动植物群落、古树名木、文物古迹、名城名镇名村等。

1. 天然林带保护

天然林指天然起源的森林，包括自然形成与人工促进天然更新或者萌生所形成的森林。天然林是森林资源的主体和精华，是自然界中群落最稳定、生态功能最完备、生物多样性最丰富的陆地生态系统，是维护国土安全最重要的生态屏障。天然林按其退化程度可以大致分为原生林、次生林和疏林。原生林是未经开发利用，仍保持自然状态的森林；次生林是经人为采伐和破坏后，天然恢复起来的森林。一般来说，天然林的生物链条完整独立，物种的分布立体而丰富，有较强的自我恢复的能力，物种的多样化程度极高，对环境及气候起到了巨大的作用。

1）保护等级分级

Ⅰ级保护林地：是我国重要生态功能区内予以特殊保护和严格控制生产活动的区域，以保护生物多样性、特有自然景观为主要目的。包括流程 1000km 以上江河干流及其一级支流的源头汇水区、自然保护区的核心区和缓冲区、世界自然遗产地、重要水源涵养地、森林分布上限与高山植被上限之间的林地。Ⅱ级保护林地：是我国重要生态调节功能区内予以保护和限制经营利用的区域，以生态修复、生态治理、构建生态屏障为主要目的。包括除Ⅰ级保护林地外的国家级公益林地、军事禁区、自然保护区实验区、国家森林公园、沙化土地封禁保护区和沿海防护基干林带内的林地。Ⅲ级保护林地：是维护区域生态平衡和保障主要林产品生产基地建设的重要区域。包括除Ⅰ、Ⅱ级保护林地以外的地方公益林地，以及国家、地方规划建设的丰产优质用材林、木本粮油林、生物质能源林培育基地。Ⅳ级保护林地：是指需要予以保护并引导合理、适度利用的区域，包括未纳入上述Ⅰ、Ⅱ、Ⅲ级保护范围的各类林地。

2）保护管理措施

Ⅰ级保护林地管理措施：实行全面封禁保护，禁止生产性经营活动，禁止改变林地用途。Ⅱ级保护林地管理措施：实施局部封禁管护，鼓励和引导抚育性管理，改善林分质量和森林健康状况，禁止商业性采伐。除必需的工程建设占用外，不得以其他任何方式改变林地用途，禁止建设工程占用森林，其他地类严格控制。Ⅲ级保护林地管理措施：严格控制征占用森林。适度保障能源、交通、水利等基础设施和城乡建设用地，从严控制商业性经营设施建设用地，限制勘查、开采矿藏和其他项目用地。重点商品林地实行集约经营、定向培育。公益林地在确保生态系统健康和活力不受威胁或损害的情况下，允许适度经营和更新采伐。Ⅳ级保护林地管理措施：严格控制林地非法转用和流转，限制采石取土等用地。推行集约经营、农林复合经营，在法律允许的范围内合理安排各类生产活动，最大限度地挖掘林地生产力。

2. 湿地保护

根据《国际湿地公约》的定义，湿地即"不论天然或人工、长久或暂时的沼泽地、湿原、泥炭地或水域地带，带有或静止或流动、或为淡水、半咸水或咸水水体者，包括低潮时水深不超过 6m 的水域"。湿地被称为"地球之肾"，其作用是多方面的，包括调节大气成分、调节水分、提供动物栖息地、调节局部小气候等。它具有十分重要的生态功能，是人类赖以生存和持续发展的重要基础。保护湿地生态环境应着重保护湿地水源，防截流，防污染，保持湿地自然水量平衡。湿地公园一般实行分区管理。根据湿地保护的实际需要，可将湿地公园分为湿地保育区、恢复重建区、宣教展示区、合理利用区和管理服务区等。在湿地保育区和恢复重建区，除开展湿地资源保护、监测、培育和修复等必要活动外，不得进行任何与湿地生态系统保护和管理无关的其他活动。在宣教展示区、合理利用区和管理服务区，可以开展适当的生态展示、科普教育、生态旅游等活动，但不得损害湿地生态系统的基本功能。

3. 水源地保护

水源保护区是指国家对某些特别重要的水体加以特殊保护而划定的区域。一般可以将下述水体划为水源保护区：生活饮用水水源地、风景名胜区水体、重要渔业水体和其他有特殊经济文化价值的水体。我国水源保护区等级的划分依据为对取水水源水质影响程度大小，将水源保护区划分为水源一级、二级保护区。其中饮用水水源地保护区的划定：一级保护区，以取水点起上游 1000m，下游 100m 的水域及其河岸两侧纵深各 200m 的陆域。二级保护区，从一级保护区上界起止溯 2500m 及其河岸两侧纵深各 200m 的陆域。准保护区，从二级保护区上界起止溯 5000m 的水域及其河岸两侧纵深各 200m 的陆域。对于饮用水地表水源一级保护区范围内，禁止新建、扩建与供水设施和保护水源无关的建设项目；禁止向水域排放污水；不得设置与供水需要无关的码头，禁止停靠船舶；禁止堆置和存放工业废渣、城市垃圾、粪便和其他废弃物；禁止设置油库；禁止从事种植、放养畜禽和网箱养殖活动；禁止可能污染水源的旅游活动和其他活动。

4. 珍稀植物群落保护

珍稀植物是指天然生长的，稀有的，具有经济、文化、科学研究价值或有保护、美化自然环境作用的，对人类有益的植物。我国境内的珍稀植物有水杉、银杉、银杏、珙桐等。旅游开发的过程中要对区域内的珍稀植物制订保护规划。首先要对区域内的珍稀植物资源进行调查，了解其分布和生长情况，然后制订一些具体的措施，例如，在游人活动频繁的珍稀植物周围设置防护栏或防护网进行围封；为一些特别稀有的珍贵植物规划设计珍稀植物苗圃，就近进行保护性培育；设置标本展示中心，适当采集部分植物制作标本，为科研和生态环境教育服务。

5. 野生动物及其栖息地保护

根据我国《野生动物保护法》，野生动物是指珍贵、濒危的陆生、水生野生动物和有益的或者有重要经济、科学研究价值的动物，如麋鹿、大熊猫、扬子鳄、金丝猴等。要保护野生动物资源，就必须将野生动物及其栖息地一起保护，失去了赖以生存的自然环境，野生动物保护也就无从谈起。保护野生动物主要是保证其生存和繁殖，可以设立野生动物救助站，开展救助、治疗；增加动物食物和饮水补充点，在食物短缺的季节维持野生动物生存；开辟生态廊道和动物信道，使野生动物能够不受人类影响，正常地觅食、休息、迁徙、交配。同时还要制定相关的管理方法和管理条例，将野生动物及其栖息地的保护工作落到实处。

6. 古树名木保护

一般树龄在 100 年以上的大树即为古树；而那些树种稀有、名贵或具有历史价值、纪念意义的树木则可称为名木。根据《城市古树名木保护管理办法》建城〔2000〕192 号，古树名木分为一级和二级。凡树龄在 300 年以上，或者特别珍贵稀有，具有重要历史价值和纪念意义、重要科研价值的古树名木，为一级古树名木；其余为二级古树名木。对古树名木的保护是为了防止其被旅游者人为损伤，预防病虫害，保证充足的水分和养分，并通过修剪树枝保持其最佳形态等，总之是为了让其健康生长。要对旅游地的古树名木进行调查、鉴定、定级、登记、编号，并建立档案，设立标志；然后对其按实际情况分株制订养护、管理方案，落实养护责任单位、责任人。每年应对古树名木的生长情况做调查，并做好记录，发现生长异常需分析原因，及时采取养护措施并采集标本存档。

7. 文物古迹保护

古文化遗址、古墓葬、古建筑、石窟寺、石刻、壁画、近代现代重要史迹和代表性建筑等不可移交文物，根据它们的历史、艺术、科学价值，分别确定为全国重点文物保护单位，省级文物保护单位，市、县级文物保护单位。

文物古迹保护基本原则，主要包括：必须原址保护、尽可能减少干预、定期实施日常保养、保护现存实物原状与历史信息、按保护要求使用保护技术、正确把握审美标准、必须保护文物环境、不应重建已不存在的建筑、考古工作注意保护实物遗存、预防灾害侵袭等。

明确划定文物保护范围和建设控制地带。文物保护范围一般为文物本体外延 30m；建设控制地带为保护范围外四向 50~100m。《文物保护法》规定，在文物保护单位的保护范围和建设控制地带内，不得建设污染文物保护单位及其环境的设施，不得进行可能影响文物保护单位安全及其环境的活动。对已有的污染文物保护单位及其环境的设施，应当限期治理。

8. 名城名镇名村

《文物保护法》规定，保存文物特别丰富并且具有重大历史价值或者革命纪念意义的城市，由国务院核定公布为历史文化名城。

保存文物特别丰富并且具有重大历史价值或者革命纪念意义的城镇、街道、村庄，由省、自治区、直辖市人民政府核定公布为历史文化街区、村镇，并报国务院备案。

《历史文化名城名镇名村保护条例》（国务院令第 687 号公布）进一步规定，具备下列条件的城市、镇、村庄，可以申报历史文化名城、名镇、名村：保存文物特别丰富；历史建筑集中成片；保留着传统格局和历史风貌；历史上曾经作为政治、经济、文化、交通中心或者军事要地，或者发生过重要历史事件，或者其传统产业、历史上建设的重大工程对本地区的发展产生过重要影响，或者能够集中反映本地区建筑的文化特色、民族特色。

对于历史文化名城、历史古镇、传统村落的保护应遵循以下原则：① 真实性原则；

尊重历史文化的真实性是历史空间保护的基础，不得随意更改或增添历史要素、环境或活动。在物质衰败等不得已的情况下，应小心翼翼地选取原样恢复或部分复制与替代的技术手段和方法。②整体性原则：不仅对遗产本身进行保护，要将遗产及其周边的自然环境、人文环境作为不可分割的整体进行保护。强调保护街区的整体空间格局和传统风貌，除文物古迹、历史建筑外，对构成街区历史风貌的各类要素，包括历史环境、空间形态、道路骨架、空间骨架、自然环境特征、建筑群特征、构筑物特征等都应仔细研究，予以保护。③可持续性原则：在历史街区的保护与发展中，应确保其社会结构、经济发展的可持续性，真正实现历史街区历史文化价值的长久续存。④渐进保护原则：面对历史街区内更新需求不同的保护对象，可以采取分类更新和渐进式整治的方式，有针对性地采取保护与更新措施，最大程度地保留原有的历史文化风貌。⑤公众参与原则：公众参与是指街区内的社会群众/组织、单位或个人作为主体，在其权利、义务范围内进行有目的社会活动。

15.2　环境管理

随着旅游业迅速发展，旅游经济活动所引起的环境问题受到广泛关注。开发不合理、超负荷接待等将使旅游资源与生态环境遭到过量的冲击，引起旅游环境污染、景观受损、生物多样性降低等一系列环境问题。这些旅游环境问题的产生实质是旅游资源的开发利用超过了旅游环境容量的结果。因此，研究旅游环境容量的意义在于寻求和阐述游客数量与环境规模之间适度的量化关系，合理的旅游环境容量是旅游景区进行科学经营管理、组织观光游览和确定景区发展规模的重要依据。我国的《旅游法》及《景区最大承载量核定导则》出台后，一些旅游景区已经根据相关要求进行容量的测算，对缓解景区环境压力起到了一定的指导作用。

15.2.1　旅游环境容量概念·分类·特征

1. 概念内涵

旅游环境容量（Tourism Environmental Capacity）的定义可概括为：特定时间内某一地域的旅游单元（如旅游区、游览区、旅游点等）在不破坏生态平衡、达到旅游区环境质量要求并能满足游人最低游览要求时所能承受的旅游活动最大值，一般用游客数量来表示。

在旅游环境容量的阈值之内应至少满足三个条件：第一，不降低旅游目的地自然环境质量，也即环境的自然恢复能力不应受到损害，自然演替规律不应被打破，环境质量达到相应标准；第二，不降低游客的游览质量（包括视觉效果和参与效果），提高游客满意度；第三，不能损害旅游社区居民的社会福利平均值，也即不能超出当地居民对旅游开发影响的最大容忍程度，满足社区居民的社会心理要求。因此，旅游环境容量的实践价值集中体现在两个方面：一方面，在旅游地的规划和管理中作为一种强有力的工具，以保护旅游地的环境免遭退化或破坏；另一方面，旅游环境容量作为一种管理工具被使用，在客观上也保证了旅游者在旅游地的体验质量。

2. 旅游环境容量的分类

旅游环境容量是一个概念体系，根据各种容量的属性，可以分为基本容量和非基本容量两大类，后者是前者在时间和空间上具体化与外延的结果。

1）基本容量

（1）旅游心理容量：是指旅游者于某一地域进行旅游活动时，在不降低活动质量（保持最佳游兴状态）的条件下，地域所能容纳的旅游活动量，也称为旅游感知容量。旅游心理容量受到旅游者的价值观念、旅游活动类型、目的地社会经济条件的影响，是唯一从游客心理需求角度出发设立的一个容量概念，会因时、因地、因人而呈现出很大不同。

（2）旅游资源容量：这是在保持旅游资源质量的前提下，一定时间内旅游资源所能容纳的旅游活动量。一般而言，可以依据每位游客旅游活动所占据的空间资源单位进行较为准确的测算。

（3）旅游生态容量：一定时间内旅游地域的自然环境不致退化的前提下，旅游场所能容纳的旅游活动量。但现实运用中，生态容量的技术实现难度较大，主要原因是生态系统要素之间具有十分复杂的相互作用，这种机制承受旅游开发的影响判定存在诸多困难。

（4）旅游设施容量：指一定时间一定区域范围内旅游基础设施和服务设施规模所允许的能够接纳的旅游活动量。如供电供水设施、交通运输规模、住宿设施、停车位、码头泊位等设施规模。设施容量最为直观，其测量方式也简易，而且随着经济和社会发展会不断提高和改善。

（5）旅游社会容量：指旅游目的地的宗教信仰、民情风俗、生活方式和社会文明程度所决定的当地居民可以承受的旅游活动量。

2）非基本容量

是基本容量在时间和空间上的具体化与拓展，衍生出一系列其他的容量概念，即非基本容量，这些概念在实际工作中比基本容量概念应用更多，是旅游规划和管理中直接使用的技术工具。

（1）旅游极限容量和旅游合理容量：这是从管理和规划角度提出的。旅游极限容量是指最大的旅游承受能力。旅游地域接待的容量达到极限容量，称之为饱和。因此极限容量值也称为饱和点。饱和分季节性饱和与非季节性饱和、周期性饱和与偶发性饱和、局部饱和与整体饱和等多种情况。旅游合理容量也称旅游最适容量，是旅游规划和管理的重要工具。现在普遍运用的旅游合理容量值是来自于对已开发旅游地接待旅游活动量的经验归纳。

（2）既有旅游容量和期望旅游容量：这是在时间意义上的区分，既有旅游容量是目前具有的接待容量，又称为实际旅游容量、已开发旅游容量。期望旅游容量则指旅游地在未来可能达到的容纳旅游活动能力，也称为规划旅游容量。既有旅游容量和期望旅游容量可以是前文已述及的任何一种容量类型。

3.旅游环境容量的特征

1）综合性

旅游环境容量的综合性一般主要体现在两个方面：一方面，旅游环境容量是一个综合性的概念，它是多种容量，如旅游资源容量、旅游生态容量和旅游心理容量等进行总体综合平衡后的客观体现；另一方面，旅游环境容量是一个综合性的系统，它涉及旅游资源、旅游环境、游客心理和经济发展等各方面的内容，需要多学科相互合作共同研究。

2）客观性

一定时期内，特定地域的旅游环境在构成要素、基本功能等诸方面具有相对稳定性，其旅游环境容量的大小是客观存在的，可以通过数据调查、定量分析及数学模型计算得出。

3）动态性

旅游环境容量具有动态特性，旅游环境受到旅游季节波动性、资源保护与利用方式、服务管理水平、游客流动特性，以及社会经济发展等众多因素的影响，旅游环境容量则随着情况的不同发生动态变化。

4）可控性

虽然旅游环境容量复杂多变，但其客观可量化的性质，决定了只要充分掌握其变化规律与影响因素，即可根据自身的目标与需求，对旅游环境进行合理调控，将旅游环境容量控制在合理的范围内。可控性的特点也使其成为旅游景区规划发展中的重要技术工具。

15.2.2　旅游环境容量的测算

1.旅游环境容量基本空间标准

1）基本空间标准的概念

旅游环境容量的量测，基点在于有一个同旅游地承受旅游活动相对应的适当的基本空间标准，即单位利用者（通常是人或人群，也可以是旅游者使用的载体，如船、车等）所需占用的空间规模或设施量。以海滨浴场为例，基本空间标准多以平均每位海浴者所需占用的海滩面积来表示。

2）基本空间标准计量指标

表征基本空间标准的指标，在量测旅游资源容量时通常用人均占有面积数（m^2/人）；在量测旅游心理容量时的基本空间标准亦用人均占用面积数的指标；在量测设施容量时，多用设施比率（设施量/旅游者数）表示；在量测生态容量时，一般采用一定空间规模上生态环境能吸收和净化的旅游污染物的数量（污物量/环境规模）表示；地域社会容量的量测一般与空间规模无关，多以人口比率（旅游者人数/当地社区总人数）来衡量。此外，根据旅游场所或设施的空间特性，还常常用到长度、体积、数量等其他指标。

3）基本空间标准有关数据获得

基本空间标准数据的获得，大多是长期经验积累或专项研究结果。在旅游规划中，基本空间标准是规划时直接应用的一项重要指标。量测旅游资源容量、旅游心理容量时用到的基本空间标准的取得，需要对旅游者进行直接调查，经过对旅游场所的拥挤与否和满意程度的多次调查，即可得出这一场所的基本空间标准，然后将之用到同类型旅游场所的规划与管理之中，具体如何调查，也有各种不同方法。

2. 各类型旅游容量测算

1）旅游资源容量的测定

就资源本身的容纳能力而言，瞬时客流量取得较为简单，以资源的空间规模除以每人基本空间标准，即可得到资源的瞬时容量；再根据资源每日的开放时间和人均每次利用时间的比也即景点的日周转率，就可得出资源的日容量，这是常用的面积法。

$$Dm = \frac{S}{d}$$

$$Da = Dm \cdot \frac{T}{t}$$

式中　Dm——瞬时容量，人；

Da——日客流容量，人；

S——旅游区游览面积，m^2；

T——景区每日开放时间，小时或分钟；

t——人均每次游览时间，单位同 T；

d——每人基本空间标准，m^2/人。

在实际应用中，旅游地通常会根据旅游资源的特点，对不同区域采用不同的测算方法：成片游览景区采用面积法测算；线性游览区域采用线路法测算；再按景点、景区、公园测算日和年的游客容量。线路法是将一个旅游区以若干个景点为结点，以既定的粗细均匀的游览线路为通道，连接成网络系统，游客按既定线路游览，计算公式为：

$$Dm=\frac{L}{d'} \qquad\qquad (15-1)$$

$$Da=\frac{LT}{d't}=\frac{VT}{d'} \qquad\qquad (15-2)$$

式中　L——游览区内游览线路总长度;

　　　d'——游览线路上的游客合理间距;

　　　V——游客平均游览速度;Dm、Da、T 和 t 同上。

2)旅游生态容量的测定

生态容量的确定立足于维持当地原有的自然生态质量。维护旅游景区的自然生态质量,包含两个基本的方面:一方面,自然环境能够承受住因旅游活动所造成对生态的直接消极影响。例如,自然景区的植物遭受旅游者的直接践踏,但至迟这些植物能在下一个旅游旺季到来时恢复到原有的生长状况。另一方面,自然环境对于旅游者所产出的污染物能够完全吸收与净化。例如,旅游者的大量集中导致对水的污染可在较短时间内为当地自然生态系统所净化。当然,严格来说,旅游开发后的旅游景区生态质量不可能同开发前一模一样,但将旅游景区的生态系统维护在一个稳定的良性状态,是旅游规划和管理必须遵循的重要原则之一。

旅游生态容量中包含四个分量,分别为:水环境容纳量(水环境容纳量=水环境容量/人均废水产水量);大气环境容纳量(大气环境容纳量=区域大气环境容量/人均废气产生量);固体废弃物的容纳量可分为以下两种情况:对于无须由人工处理方法处理部分旅游污染物的旅游地,固体废弃物的容纳量=区域固体废弃物自净量/人均固体废弃物产生量;对于拥有人工处理方法处理部分固体废弃物的旅游地,固体废弃物的容纳量=(区域固体废弃物自净量+人工处理量)/人均固体废弃物产生量,以及其他类型的生态环境容量。

$$N=\mathrm{Min}[N(w),\ N(g),\ N(r),\ N(v),\ N(d),\ N(i)] \qquad (15-3)$$

式中　N——旅游生态容量;

$N(w)$——水环境容量;

$N(g)$——大气环境容量;

$N(r)$——固体废弃物容量;

$N(v)$——生物环境容量;

$N(d)$——噪声容忍环境容量;

$N(i)$——其他生态环境容量。

以水体环境容量 $N(w)$ 为例,其计算公式为:

$$N(w) = V(w) / R(w) \qquad (15-4)$$

式中　$N(w)$——水体环境容量；

　　　$V(w)$——水体环境污染物容量或净化量；

　　　$R(w)$——人均污水产生量。正常情况下，旅游污染物的产出量都超出旅游地生态系统的净化与吸收能力，因而一般都需要对污染物进行人工设施处理，计算时应考虑人工增加的净化量，旅游地生态环境容量将会明显扩大。

显然，旅游生态容量的测定，是基于每位游客一天所产生的各种污染物量和自然环境净化与吸收各种污染物的数量这两个重要参数。这两个参数会随旅游活动的性质、旅游地所处的区域自然环境而有大的差别。据相关资料统计，旅游者每人每天产生的主要污染物量（表 15-2）。但旅游地的自然环境对污染物的净化能力，目前国内尚未见到对旅游地进行的专门研究，一般更多依据处理污染物的环保设施的能力进行计算。

旅游者产生的主要污染物量　　　　　　　　　　表 15-2

类别	产生量
粪便	0.4kg/ 人 · 日
耗氧	2.36kg/ 人 · 日
CO_2	2.45kg/ 人 · 日
CO	0.4kg/ 人 · 日
SO_2	12.97g/ 人 · 日
BOD	40g/ 人 · 日
氨氮	7g/ 人 · 日
悬浮固体	60g/ 人 · 日
不居住游人垃圾	200g/ 人 · 日
居住游人垃圾	500g/ 人 · 日

3）旅游设施容量的测定

旅游设施容量的测算可以分为基础设施容量和服务设施容量（表 15-3）。

（1）基础设施容量：

$$Df = Min[F(t),\ F(w),\ F(e),\ F(g),\ F(i)] \qquad (15-5)$$

式中　Df——基础设施容量；

　$F(t)$——交通设施容量；

　$F(w)$——供水设施容量；

$F(e)$——供电设施容量；

$F(g)$——供气设施容量；

$F(i)$——其他基础设施容量。

以供水设施容量 $F(w)$ 为例，其计算公式为：

$$F(w)=V(w)/R(w) \tag{15-6}$$

式中　$F(w)$——供水设施容量；

$V(w)$——每日供水规模；

$R(w)$——人均每日用水量。

（2）服务设施容量

$$Ds=\mathrm{Min}\left[S(f),\ S(h),\ S(c),\ S(i)\right] \tag{15-7}$$

式中　Ds——服务设施容量；

$S(f)$——餐饮设施容量；

$S(h)$——住宿设施容量；

$S(c)$——文娱设施容量；

$S(i)$——其他服务设施容量。

以住宿设施容量 $S(h)$ 为例，其计算公式为：

$$S(h)=V(h)/R(h) \tag{15-8}$$

式中　$S(h)$——住宿设施容量；

$V(h)$——景区宾馆床位总规模；

$R(h)$——人均每日所需床位数。

旅游者基本消耗指标　　　　　　　　　　　　表 15-3

类型	基本消耗量
粮食	0.4kg/（人·日）
肉	0.15kg/（人·日）
蛋	0.1kg/（人·日）
奶	0.1kg/（人·日）
鱼	0.15kg/（人·日）
水果	1kg/（人·日）
蔬菜	2kg/（人·日）
酒、饮料	5kg/（人·日）

类型		基本消耗量
供水	居住游客供水	200L/（床·日）
	不居住游客供水	25L/（人·日）
供电		3kW·h/（床·日）
煤气		3L/（床·日）
热力		4×10^5J/（床·日）
电话（宾馆）		1门/床
车辆（宾馆）		0.15辆/床
停车场（宾馆）		4~5m²/床

3.旅游景区容量测算

1）计算方法

在计算旅游景区容量时，景点可容纳游人活动的能力即是景点容量，而景区是比景点空间范围更广的地域单元，它包括若干个景点，连接景点间的旅游道路，以及其他旅游活动的设施与空间。因此，景区容量则是所有景点及其间旅游道路容量之和。旅游景区容量的测定公式为：

$$T = \sum_{i=1}^{m} Di + \sum_{i=1}^{p} Ri + C \qquad (15-9)$$

式中　　T——旅游景区容量；

Di——第 i 景点容量；

Ri——第 i 景区内道路容量；

m、p——景点数、景区内道路数；

C——其他空间接纳的游人量。

对于大型的综合旅游区，空间结构若分为一级景区、二级景区、三级景点等多级单元，按照从小到大进行各单元旅游容量计算并求和。

2）确定取值

一个完整的旅游景区的接待能力有多大，受制于旅游资源、生态环境、旅游设施和基础设施等各类型旅游容量限制，以及当地社区宽容度等社会文化环境。一般对旅游景区而言，最基本的要求是对旅游资源容量和旅游设施容量进行测算，对旅游生态容量和地域社会容量等进行分析评估，若后者具有较为丰富和准确的数据支持，也应对其进行测算。如果上述各类型旅游容量都有测算值，那么一个旅游景区的环境容量则取最小值为宜（图15-2）。

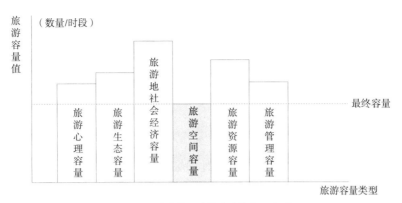

图15-2　旅游景区容量确定取值示意图

15.2.3　旅游环境容量的调节

1. 旅游环境的承载状态分析

旅游环境一般处于三种承载状态，即弱载、饱和、超载（表 15-4）。表征其不同状态，可以采用容压指标，客观反映旅游地开发利用强度与承载力状态，其计算公式如下。

$$P=\frac{M}{D}$$

式中　P——容压；

　　　M——现实旅游活动量；

　　　D——合理旅游环境容量。

旅游环境承载指数分级　　　　　　　　　　　　　　　　表 15-4

环境承载指数	< 0.8	0.8~1.2	> 1.2
级别划分	弱载	适载	强度超载

1）旅游环境弱载

说明旅游活动尚未达到旅游环境的承载极限，旅游活动的开展不会对旅游地的资源环境、旅游设施产生污染和破坏。在这种情况下，旅游环境的自身机能相对完善，并能自发地应对旅游活动带来的影响。但长期的弱载状态会造成旅游地资源的闲置和浪费，这就需要考虑提高旅游景区吸引力，进一步提升旅游经济活力，促进旅游规模适度增长。

2）旅游环境适载

说明旅游地的经济效益和环境效益取得良好的平衡关系，是一种有利于实现旅游可持续发展的状态条件。

3）旅游环境超载

说明旅游活动已经超出环境系统的承受能力，环境系统整体上已经开始超负荷运行，旅游地的整体机能已经出现下降情况，旅游可持续发展受到威胁。需要适度提高景区旅游容量，以及实施旅游活动管控措施，保持合理的承载状态。

2. 旅游环境容量的调控

1）弱载状态

弱载即实际的活动规模明显小于旅游地的容纳量，这时一般不会因游人过多而导致旅游环境质量降低的问题，可持续发展潜力很大。这种情况下，要充分挖掘旅游资源特色，以市场为导向，加大资源开发力度；针对客源市场进行宣传，提高知名度，开发特色旅游项目，大力开拓客源市场；同时还要注意旅游产品的更新换代，克服衰退现象；要注意与热点景区的合作，以热带冷，促进旅游地发展。

2）适载状态

适载即旅游开发强度与旅游地环境容量处于最协调状态，旅游开发取得了最佳经济效益，实现了旅游开发与环境保护的协调，注意保持系统良性运作。

3）超载状态

由于旅游容量超载常常导致严重的后果，对旅游业本身也产生很大的消极影响。因此，设法消除旅游容量超载成为旅游管理和规划中的重要工作。在旅游开发建设和规划管理中，解决旅游容量超载的措施主要包括以下几个方面（图 15-3）：

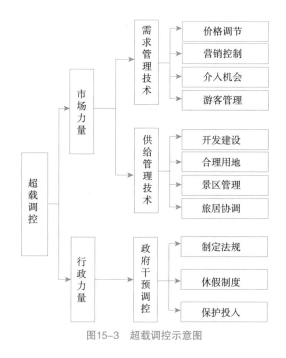

图15-3　超载调控示意图

（1）需求管理技术

从旅游需求方面着眼，有计划地分散引导客流，减低旅游旺季的高峰流量，使旺季的旅游流量保持在旅游容量饱和点之内。采取的有效方法主要如下。

① 价格调节。利用价格手段平衡旅游需求。当前，国内大多数旅游者对价格仍然很敏感，可以允许旅游地经营者提高价格，如门票、食宿、交通等费用，直到不再出现整体性超载，并在传播媒介中予以传播。在实践中，可采取旅游淡季低门票策略吸引旅游者，在旅游旺季提高价格控制人数量。也可采取对某种类型的旅游者实行特别票价策略，以吸引或劝止相关的旅游者。例如，降低票价鼓励学生旅游，可以促使其他家庭成员采取旅游行动。

② 营销控制。通过大众传播媒介，向潜在的旅游者陈述以往发生过的旅游超载现象及其后果，并预测当年旺季可能出现的旅游流量和超载情况，从而去影响旅游者选择旅游目的地的决策行为。

③ 介入机会。旅游地可以利用价格、媒介以及地理上的邻近性等，将潜在的以超载旅游地为目的地的旅游者吸引到未饱和的旅游地去。介入机会是指旅游者在旅游决策过程中，由于到乙地可以获得与到甲地总体相似的旅游体验，同时费用和时间更为节省，因此旅游者选择乙地而放弃甲地的现象。

④ 游客管理。实践证明，对旅游者进行相应的教育讲解及管理活动，让他们明白某些行为可能带来的负面影响，并告知正确的旅游行为，鼓励他们按正确的方式旅游，能避免和减少旅游者带来的负面影响，从而可能提高旅游环境容量。主要有间接管理和直接管理两类。其一，间接法是指改变影响游客和行为的因素，而又不被游客看作是对自己行动限制的方法，如树立完善说明性标识引导，铺设舒适而且完好的道路，在需求量高的地方新建景观景点，合理设计游览活动的行进路线，提供充分的信息和讲解服务，进行宣传教育等。其二，直接法则是直接改变游客的行为和意愿，使游客意识到自己行动受到一定限制的方法。如加强巡视，罚款，雇用看护员，使用闭路电视或摄影机监视，关闭标识系统待完善的道路，禁止野营野餐，禁止汽车进入，限制部分客房餐馆设施的使用等措施。

（2）供给管理技术

提高旅游供给能力，或调控旅游供给内部结构并辅之以对旅游需求的引导措施。这一方法的着眼点，在于扩大旅游空间或对旅游者实行空间分流，从而提高景区容量。

① 开发建设新景区：如果旅游地容量仍有扩大的潜力，应当尽快予以扩建。通过开发新的旅游资源提高旅游供给能力，避免超载现象的发生。如果旅游地已无扩建潜力或扩建后仍不能避免超载，则必须采取旅游地外部空间分流措施加以解决；

② 合理规划用地：通过功能区划合理控制用地，进一步优化用地结构和利用效率，提高景区空间资源利用效能，扩大动态旅游环境容量；

③ 强化景区管理：第一，对一些长期处于超载的旅游热点景区可实行限时开放或限量售票，限制进入者进入时间等办法解决旅游容量超载问题。第二，采用必要的技术措施，提高景观资源的抗侵蚀能力，有效延长其使用寿命，提高环境承载能力。

④ 协调旅居关系：妥善解决旅游活动与居民日常生活之间的矛盾。需要进一步完善服务设施配套，提供就业机会，增加当地居民收入，共享发展成果等措施来进一步改善旅居关系。同时应加强对旅游者关于民族、宗教等方面的宣传教育，使他们遵守当地的生活习惯，与当地居民形成一种融洽的关系。

（3）国家调控手段。

① 建立、健全相应的法律、法规：通过依法守法来保护和治理旅游环境，建立完善的旅游环境保护管理机构进行执行，并监督和管理旅游开发和发展中的环境问题。

② 完善休假制度：一是全面落实带薪休假制度，避免高峰期的旅游，这是完善我国假日旅游最根本的途径和必然趋势。二是推进奖励旅游。企事业单位推行奖励旅游既是对员工的一种激励，也是对休假制度的一种调整和补充。

③ 增加环保经费：国家应组织各级有关部门采取多渠道、多途径筹资办法，以保证逐年增加旅游环境保护的投资。

总之，在旅游地开发、规划与管理中有效地运用科学的方法，可以尽早避免旅游容量超载的发生。旅游地规划和管理者在开发伊始，就应该对旅游地容量状况与旅游地的目标市场有清醒的认识，使旅游地的各个组成部分能够协调运转。从长期的战略角度出发，各个旅游地只有妥善解决旅游容量超载问题，才能长期稳定地保持旅游经济收入，并带动地区社会经济发展。

15.3　游客管理

游客管理是旅游目的地管理的重要组成部分，是衡量旅游目的地管理完善程度的重要标志。游客管理是指旅游管理部门或机构通过运用科技、教育、经济、行政、法律等各种手段组织和管理游客行为的过程。

通过对游客的宣传教育、适当引导和必要制约，指导游客进行文明健康的旅游活动，维护旅游目的地的良好秩序，制止极少数游客的不良行为，减少游客活动对旅游目的地生态环境和社会环境的不良影响。具体包括六方面内容：容量管理；行为管理；影响管理；体验管理；安全管理；投诉管理。

1. 容量管理

旅游目的地的资源环境难以承受游客的无限增长。目的地旅游容量一般分为资源容量、设施容量、生态容量、社会容量和心理容量多种类型。对一个旅游区来说，最基本的要求是对资源容量和设施容量进行测算，对生态容量、社会容量和心理容量进行分析。有条件的话，也应对后三类环境容量进行测算研究。

2. 行为管理

游客行为管理主要是对游客在出游决策、游览过程中的行为进行约束和指引。通过科学的规划和游客管理，避免由于游客的不良行为和过量涌入，对景区生态环境和文物资源等造成破坏，同时，也包括对其他游客体验质量的影响。

因此，游客行为管理可以从以下几个方面着手。

1）通过科学合理的规划，调节游客的时空分布，引导规范游客的行为。例如，自觉排队、有序参观等行为。

2）制定和完善游客行为管理制度，加强日常监督和管理，避免不良旅游行为的发生。例如，制止乱扔垃圾、涂刻攀折、大声喧哗、擅入保护地带的活动等违规行为。

3）游客安全行为的管理，如避免进入危险性地带、接近大型动物等。

3. 影响管理

游客影响管理，主要指对游客负面影响的管理。例如，游客数量过多造成的拥挤、游客对景区景点的破坏；过度发展旅游造成目的地土地空间占用、消费价格上升、环境污染等。游客影响管理的内容主要包括生态、社会经济，以及文化三个方面，游客影响管理的主要目的是将游客在旅游活动中所产生的负面影响和消极作用降低。

4. 体验管理

游客体验管理是指旅游目的地管理组织有效地利用人力、物力、财力、信息等资源，以提供游客满意的旅游体验为目的的管理活动。实施游客体验管理目的是在实现可持续发展的基础上尽最大可能满足游客体验。旅游组织根据旅游者在旅游目的地的停留、游览过程所涉及的环节来考虑旅游体验所涉及的管理要素，从目的地主题特色、目的地环境氛围、视觉空间和解说系统管理、游客情感参与程度、景区游客互动、创造游客惊喜等方面影响游客体验质量。

5. 安全管理

游客安全管理是游客管理中的一项重之又重的工作。游客安全问题主要表现在犯罪活动、交通事故、游览游乐设施安全事故、火灾、疾病、中毒、恐怖袭击和其他意外事故等。需要目的地的旅游管理部门、旅游企业有意识、有计划地对旅游活动中各种不安全现象进行安全教育、防范与控制。这些活动既包括安全的教育与宣传，安全管理方针、政策、法规、条例的制定与实施，也包括安全防控、处理措施的制定与安全保障体系的构建与运作等。

6. 投诉管理

旅游投诉是旅游者、旅游经销商、旅游代理商为维护自身和他人合法权益，对损害其合法权益的旅游经营者和有关服务单位，以书面或口头形式向旅游行政管理部门提出投诉、请求处理的行为。无论是哪种原因产生的游客投诉，旅游行政管理部门或其他受理部门都应该认真解决，并以处理游客投诉为契机，减少旅游目的地负面形象，重新赢得游客的信任和满意感。

15.4　危机管理

旅游目的地危机管理是指为了预防可能危及、影响旅游目的地正常发展的各种突发性事件的发生，建立的一套预防、沟通、处理、化解危机的管理模式。主要包括：危机潜伏生成期的预警管理、凸显爆发期的应急管理、持续发生期的响应管理、化解消失期的调控管理和恢复重塑期的营销管理五部分内容。旅游目的地具有极强的综合性和脆弱性特征，其健康有序的发展运营涉及众多产业和环境条件，有效科学处理旅游目的地危机是尽快消除不利影响，减少目的地损失，恢复正常的旅游业态，推动持续发展的重要手段。

15.4.1　旅游目的地危机概念

危机（Crisis）一词源于希腊语中的"krincin"，其原始含义是筛选，现实意义为潜伏的祸害或危险，也是指既是危机又是机遇的时刻，是人生、团体、社会发展的转折点。

从游客的视角定义，旅游危机是指实际或者潜在的对游客产生负面影响的突发事件，且该突发事件使得游客难以接受，极大地破坏了旅游体验。从旅游目的地视角定义，旅游危机是指旅游目的地受到不可控的负面情形影响，从而导致了目的地的旅游发展产生了非正常的波动情形。

15.4.2　旅游目的地危机类型

1. 根据旅游危机的影响范围，旅游危机划分为宏观型的旅游目的地危机和微观型的旅游企业危机。

2. 根据危机的产生根源，旅游危机可分为旅游目的地外部不可控危机和内部可控危机。结合旅游目的地的实际，外部不可控危机包括安全性危机、经济性危机、社会文化性危机、政治性危机等；内部可控危机包括目的地经营管理不善引发的危机、旅游者带来的危机、安全事故危机等（表 15-5）。

旅游目的地危机的类型   表 15-5

主类	次类	基本类别	影响程度及案例
旅游目的地外部不可控危机	安全性危机	自然灾害	如 2006 年印尼海啸
		疾病疫情	影响面大，易危及游客健康，如 2019 年新冠肺炎等
		军事冲突	如伊拉克战争
		恐怖袭击	易对游客造成身心双重影响，如美国 "9·11" 暴恐事件
	经济性危机		如亚洲金融危机
	社会文化性危机		地域文化冲突，包括风俗、习惯、宗教的冲突
	政治性危机		重大政治事件，包括重要人物的安全、政策的调整
旅游目的地内部可控危机	管理危机	经营危机	经营失误，导致目的地无法正常运行
		形象危机	因为管理问题，导致在公众心目中的旅游形象严重受损
		生态环境危机	生态环境遭到破坏，如曾经的滇池蓝藻事件等
		重大事故	包括目的地设施、食物中毒、犯罪、交通意外等
	旅游者危机	旅游者规模危机	游者数量超出旅游目的地容量，带来社会、环境、管理压力
		旅游者素质危机	如旅游者的不文明行为造成环境污染、破坏等

15.4.3　旅游目的地危机管理

危机管理是指为应对各种危机情况所进行的信息收集、信息分析、问题决策、计划制订、措施制定、化解处理、动态处理、动态调整、经验总结和自我诊断的全过程。

旅游目的地危机管理是对旅游目的地所发生的各种危机进行事前、事中和事后各阶段、全过程的管理。目标是在最短的时间内有效控制危机，减弱其影响和危害，帮助旅游目的地、旅游行业和企业渡过难关，迅速恢复旅游目的地形象，重塑旅游者的信心。

15.4.4　旅游目的地危机管理的过程控制

结合旅游目的地的生命周期，旅游目的地危机发生发展的周期阶段可划分为五个阶段：潜伏生成期、凸显爆发期、持续发生期、化解消失期和恢复重塑期（图 15-4）。根据旅游危机周期理论和《中华人民共和国突发事件应对法》《旅游突发公共事件应急预案》等相关规定，旅游目的地危机管理的过程控制主要包括潜伏生成期预警管理、凸显爆发期应急管理、持续发生期响应管理、化解消失期调控管理和恢复重塑期营销管理五个过程。

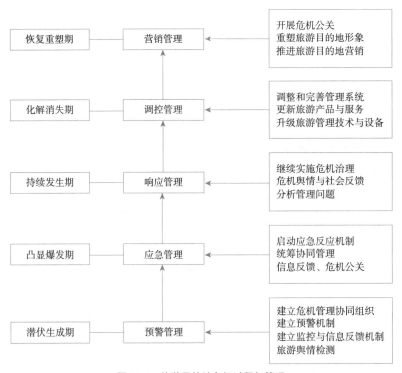

图15-4　旅游目的地危机过程与管理

1. 潜伏生成期的预警管理

1）建立多部门联合的危机管理组织

现代社会危机的衍生性和系统性导致危机管理所涉及的部门较多，需要协调的方面和层次众多。建立多部门联合的危机管理组织，作为特定的政府官方组织，在各危机阶段中组织横向合作，打破部门界限和功能分割，进行部门协调管理，整合人员、信息和各种资源，统筹资源配置，预防和控制危机，开展事后恢复重建等工作。

2）建立危机预警机制

按照文化和旅游部等相关高层管理部门的要求和国家出台的相应政策法规，旅游目的地必须制订旅游危机预警系统、旅游安全保障系统等危机管理系统，以保障危机发生时的应急管理。

3）建立完善的监控体系与信息反馈机制

旅游目的地危机潜伏生成期，诱发因素以隐患形式存在，此时做好相关信息的跟踪监控和资料的统计分析工作，可以预测旅游目的地可能发生的危机事件，达到未雨绸缪的效果。

2. 凸显爆发期的应急管理

1）启动应急反应机制，统筹管理协调

旅游目的地危机显现爆发后，应及时启动多部门联合应急管理指挥小组，统筹分配资源、协调应急管理，减少因管理不力不当而造成的次生焦点转移性危机事件。

2）利用多元媒介平台，及时启动危机公关

旅游目的地危机往往会引起公众的广泛关注甚至引发持续的网络舆情，必须坚持危机公关"黄金 4 小时"原则，在危机事件爆发后的 4 小时内，及时进行舆论引导、网络释疑，以积极态度通过网络自媒体平台面对公众。如果在危机事件发生初期逃避推诿，当危机扩大爆发时又仓促定论，不但会贻误时机，甚至会导致危机事件因网络舆情发酵升级。因此必须借助传统媒介和自媒体平台，及时启动目的地危机公关，恰当透明地通过新闻发布会、媒体见面会、网络问政等方式向公众公布事件原因、事态进展和演变结果。同时开通政务微博和其他官方微博，有效利用网络自媒体的传播扩散功能，传递正能量，提高官方组织机构的公信力。

3. 持续发生期的响应管理

1）及时响应公众舆论关注，平息网络舆情

持续发生期，旅游目的地的公众关注度持续增加，危机的负面影响迅速扩大化，此时，目的地管理方果断回应舆情变化，一方面，采取实际管理措施，迅速解决危机问题；另一方面，紧抓多方媒体平台，开展网络内外的危机响应管理，引导和控制网络舆情。在进行宣传和引导时，既要牢牢把握舆论主动权，防止挑拨性、煽动性、破坏性信息传播，又要给不同公众群体的诉求有所表达的渠道，做到疏堵结合，以疏为主，重在引导。

2）规范执行危机应急管理，减少管理缺陷

危机爆发后的应急管理上的缺陷及不足，往往成为持续演进期内被公众所诟病的问题，从而产生次生性的危机事件，甚至出现后发的焦点转移型旅游目的地危机，延长危机生命周期，扩大危机负面影响，波及更大范围的行业领域。为更公开透明地进行危机应急管理，可邀请权威机构参与危机的调查与处理。此外，要制度化旅游目的地危机管理流程步骤，规范化目的地危机管理人员的言行举止，避免因管理过程措施不当、管理人员言行不当而引起公众的不满和质疑，引发网络舆情。

4. 化解消失期的调控管理

1）做好危机管理善后工作，反馈善后信息

化解消失期旅游目的地危机的影响力逐渐下降，公众的关注度也逐渐降低，危机逐渐消解平息。此过程中，管理方应根据具体的危机阶段变化趋势，采取相应的善后措施。

对危机发生的诱因、反应的过程、造成的后果、波及的行业等进行内部总结，理清各阶段的管理措施和产生结果，形成资料文本纳入危机管理数据库，为将来可能发生的危机做实证指导和经验借鉴。同时，针对该阶段公众所关注的危机中反映出来的问题，进行信息反馈，为重塑旅游形象、提高旅游目的地美誉度做好铺垫。

2）理顺目的地旅游秩序，调控旅游持续发展

危机的发生使旅游目的地原有的秩序被打破，行业管理产生混乱，在化解消失期，需对目的地旅游秩序进行梳理，恢复改善旅游秩序，促进目的地旅游业的可持续发展。无论是自然灾害还是人为事故，在造成人员伤亡和财产损失的同时，都冲击着社会结构和功能的正常运转。一旦危机被控制住，地方政府就应该考虑援助企业经济性恢复生产；保障公众的正常生活，强化相关的福利待遇；稳定政治环境，重新恢复和建立各种秩序。

5. 恢复重塑期的营销管理

1）做好危机后公关，重塑旅游目的地形象

目的地形象的塑造主要源于旅游者的亲身体验和多样化媒体的宣传。危机后目的地形象的重振需要从这两个方面着手，尤其要加强网络平台的沟通和信息交流。增加信息沟通预算、技术手段支持和人力资源配备，加强与传统媒体和自媒体的沟通，吸引媒体重回目的地并向他们展示重振的成果，将自媒体内容、新闻报道等专项反映旅游活动的常态方面的内容。再者要加强与航空公司、饭店协会、旅游代理商等组织的合作，及时向他们通告目的地的相关信息，通过这些组织向媒体和游客提供危机平息后旅游目的地的新形象。

2）加强旅游营销，开展多样化促销宣传

旅游危机中，人们的旅游欲望普遍受到抑制，在危机过后，很容易出现"补偿心理"，即积极地外出旅游以弥补危机中受到抑制的需求。这正是旅游业恢复的大好时机，旅游企业应针对危机后旅游者的心理特点，开发新的产品，满足旅游者新出现的旅游诉求。危机事件后，旅游目的地成为吸引公众关注的焦点，备受舆论关注，旅游目的地及旅游企业应该抓住机会，及时推出新旅游产品和项目，扩大旅游促销宣传。

15.5　质量管理

15.5.1　旅游服务质量

旅游服务质量是旅游企业所提供服务的特性和特征的总和。旅游产品的过程性，决定了旅游服务质量是在旅游企业与旅游者之间的行为接触和情感交流中生成的。旅游服务质量包括技术质量和功能质量两个部分。

1. 技术质量

技术质量是旅游者在消费结束之后的"所得"，具体地说，是指旅游企业提供的服务项目、服务时间、设施设备、环境气氛等满足旅游者需求的程度。旅游结果质量又称为技术质量，旅游者对技术质量的评价相对比较客观。

2. 功能质量

功能质量衡量旅游者对获得服务结果的过程的满意程度。旅游服务的生产和消费具有同步性，服务的生产过程就是旅游者的消费过程，服务人员的行为举止必然影响到旅游者对服务质量的感知。过程质量不仅与服务人员的仪表仪容、服务态度、服务程序、服务方法，以及工作效率等因素有关，还受到旅游者心理特点、知识水平、行为偏好的影响。旅游过程质量又称为功能质量。与技术质量不同，功能质量一般不能用客观标准来衡量，旅游者通常会采用主观的方式来感知功能服务质量。

旅游服务质量由技术质量和功能质量两部分组成，前者表明"旅游者得到了什么服务"（What），后者度量"旅游者是如何得到服务的"（How）。旅游服务质量不是仅仅产出质量，旅游者还将亲自参与服务质量的形成，他们对服务质量的全面感受是一个复杂的过程。可见旅游服务质量具有过程性、主观性、整体性的特点。总而言之，旅游服务质量是旅游者感知出来的质量，是旅游者在整个旅游过程中对其接受的旅游服务水平的评价和总结。

15.5.2　旅游服务质量管理

旅游服务质量的特性，决定其评估标准的复杂性。旅游者通常从服务的结果质量、过程质量、形象质量出发，综合评估所感受到的旅游服务。因此，旅游服务质量的评估标准必须兼顾所有质量要素。具体而言，旅游质量管理是旅游目的地管理层制订质量方针和质量目标，通过质量策划、质量保证、质量控制和质量改进实现质量目标的过程（图 15-5）。

为保证和提升旅游服务质量，旅游目的地应执行相关国家标准、行业标准和地区标准。一系列的旅游标准为旅游发展提供了行动指南。例如，《旅游饭店星级的划分与

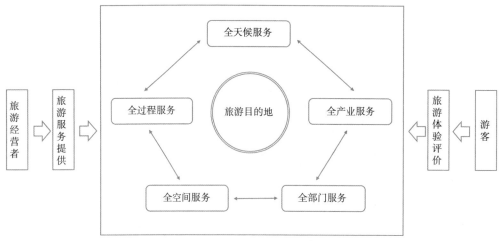

图15-5　旅游服务质量管理示意图

评定》GB/T 14308—2010、《旅行社等级的划分与评定》GB/T 31380—2015、《旅游景区质量等级的划分与评定》GB/T 17775—2003 等。2019 年，文化和旅游部《关于实施旅游服务质量提升计划的指导意见》（文旅市场发〔2019〕12 号），明确提出"七大任务"，即提升旅游区点服务水平、优化旅游住宿服务、提升旅行社服务水平、规范在线旅游经营服务、提高导游和领队业务能力、增强旅游市场秩序治理能力、建立完善旅游信用体系。

旅游服务质量提升的基本原则包括：

① 坚持政府、市场主体、行业组织、个人 4 个层面协同推进。

② 坚持加强和改进市场监管，完善旅游管理政策，支持、引导和规范市场主体健康发展。

③ 坚持落实市场主体责任，增强内生动力，提高旅游服务提供者提升旅游服务质量的自觉性。

④ 坚持发挥行业组织的协调作用和行业标准的引领作用，强化行业自律，提升旅游管理和服务水准。

⑤ 坚持提升从业人员专业素养和业务能力，调动广大从业人员提升旅游服务质量的积极性和主动性。

15.5.3　服务管理基本方法

PDCA 循环是美国质量管理专家休哈特（Walter A. Shewhart）首先提出的，由戴明（W. Edwards Deming）采纳、宣传，获得普及，所以又称戴明环。全面质量管理的思想基础和方法依据就是 PDCA 循环。PDCA 循环的含义是将质量管理分为四个阶段，即 Plan（计划）、Do（执行）、Check（检查）和 Act（处理），PDCA 循环就是按照这样的顺序进行质量管理，并且循环不止地进行下去的科学程序。在质量管理活动中，要求把各项工作按照作出计划、计划实施、检查实施效果，然后将成功的纳入标准，不成功的留待下一循环去解决（图 15-6）。

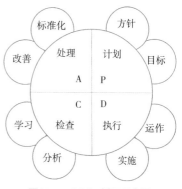

图15-6　PDCA循环示意图

①P（Plan）计划，包括方针和目标的确定，以及活动规划的制定。

②D（Do）执行，根据已知的信息，设计具体的方法、方案和计划布局；再根据设计和布局，进行具体运作，实现计划中的内容。

③C（Check）检查，总结执行计划的结果，分清哪些对了，哪些错了，明确效果，找出问题。

④A（Act）处理，对总结检查的结果进行处理，对成功的经验加以肯定，并予以标准化；对于失败的教训也要总结，引起重视。对于没有解决的问题，应提交给下一个 PDCA 循环去解决。

在质量管理中，PDCA 循环得到了广泛应用，并取得了很好的效果，因此有人称 PDCA 循环是质量管理的基本方法。之所以将其称之为 PDCA 循环，是因为这四个过程不是运行一次就完结，而是要周而复始地进行。一个循环完了，解决了一部分的问题，可能还有其他问题尚未解决，或者又出现了新的问题，再进行下一次循环。PDCA 循环的四个阶段，"策划—实施—检查—改进"的 PDCA 循环的管理模式，体现着科学认识论的一种具体管理手段和一套科学的工作程序。

15.5.4　服务标准化与个性化

旅游目的地服务质量管理要求各个方面都应推进标准化，越是大规模、高等级的综合性旅游景区，对服务标准化的需求就越多。旅游标准化越来越多地运用于世界著名酒店集团、旅游连锁餐饮企业、知名旅行社企业，标准化的服务是面对规模化经营用以保证服务质量和提升服务效率的关键因素之一。ISO-9000 族标准是国际标准组织（International Organization for Standardization，简称为 ISO）制定的有关质量管理的一组国家标准，在全世界范围内得到充分认可和广泛应用。从游客体验角度而言，旅游服务的无形性、生产和消费的同步性等特点，服务质量有更大的弹性和不确定性，未来保证每位游客都能享受到同等质量的服务，旅游目的地必须严格实施服务标准化程序。

与此同时，随着旅游经济的不断发展，旅游者的需求越来越多样化，对旅游服务质量的要求也越来越高。原有的标准化服务忽视游客需求差异，仅能满足最基本的服务质量，需要进一步优化和改善。在标准化基础上更加注重个性化、特色化、人性化的服务成为高质量服务的新要求。在此发展背景下，旅游服务质量管理正在从标准化服务向个性化服务进行升级演化。本质上，标准化服务注重的是规范和程序，个性化服务强调服务的灵活性和有的放矢。标准化与个性化的辩证关系既相互区别又相互依赖、相互转化。要达到服务个性化的要求，首先要有很好的标准化服务作为前提和基础。个性化服务必须以标准化服务为前提和依托，前者源于后者，同时高于后者。没有规范服务的基础而去奢谈个性服务，无疑是缘木求鱼。而如果只停留和满足于规范服务，不向个性服务发展，旅游目的地的管理和质量是难以进一步提升的。对于一些建立在标准化基础上的、比较成熟的个性服务，可以逐步建立适应个性服务要求的规范，即个性服务的后标准化。

第16章　旅游规划实施保障

16.1　政策法规保障

16.1.1　旅游政策概述

旅游政策是指党和国家以及全国各级旅游行政管理部门为实现我国旅游业建设与发展的目标而制定的行动准则，是党和国家的政策在旅游行业中的具体体现。2013年颁布的《中华人民共和国旅游法》为保障旅游者和旅游经营者的合法权益，规范旅游市场秩序，保护和合理利用旅游资源，促进旅游业持续健康发展做出重要贡献。

16.1.2　旅游政策监管保障规划

2009年国务院发布《关于加快发展旅游业的意见》（国发〔2009〕41号）和2014年颁布的《国务院关于促进旅游业改革发展的若干意见》（国发〔2014〕31号），对我国旅游业发展起到了良好的政策支持和保障作用。

1. 行业管理政策

旅游行业管理政策是为规范行业管理、促进行业健康发展提供建议和指导，加快旅游行政管理及相关部门的职能转变，加强旅游行业规划和旅游法制建设，促进不同区域旅游业的协调发展，促进产业融合发展。

2. 旅游市场政策

优化旅游市场环境，保证旅游者获得良好的旅游体验并维护他们的基本权益，完善旅游市场监管体系，加强旅游诚信建设，推动旅游产品多样化发展，优化旅游消费环境，是旅游市场政策的作用。

3. 区域合作政策

现代旅游业的发展越来越强调区域合作的重要性，制定区域合作政策不仅可以利用不同区域的旅游资源特色，实现优势互补，并且可以利用区域合作扩大旅游经营规模和影响力。一方面可以拉长旅游产业链，提高旅游产业的融合能力，拓展旅游市场圈层；另一方面也可以提高旅游市场交易效率，降低旅游市场交易成本。

4. 资金引导政策

旅游业发展需要大量资金投入，旅游政策要为旅游业的资金流动和资本投入指明方向并提供便利。首先，要深化旅游业改革开放程度，放宽旅游市场准入。其次，要加大对旅游业的金融支持力度。最后进一步完善旅游企业融资担保等体系，加大多种形式的融资支持。

5. 旅游安全政策

制定旅游安全政策的主要目的是保障旅游者的人身安全和旅游地的生态环境安全。建设更为完善的旅游安全保障体系，以旅游交通、设施和餐饮安全为重点，完善旅游安全提示预警制度，推动建立旅游紧急救援体系，搞好旅游保险服务。

6. 旅游税费政策

加大政府财政支持力度，设立旅游产业发展专项基金、旅游消费惠民专项基金和旅游行业应急专项基金等；协调银行业金融机构，加强金融信贷支持，创新文化旅游投资融资渠道，支持旅游产业做大做强。

16.1.3　旅游管理体制保障规划

1. 完善行业管理体制

坚持效能原则、协同化原则、社会参与（监督）原则、行业自律原则，在规划中持续探索和完善适合区域旅游经济发展的旅游市场管理体制。

2. 法规与标准的执行监察

我国已经制定和颁布了 40 项旅游业管理及评估标准，并收录在《中国旅游业国家标准和行业标准汇编》中，是世界上颁布和制定旅游业标准最多的国家。此外，《中华人民共和国旅游法》第一百一十二条对保障旅游者和旅游经营者的合法权益，规范旅游市场秩序做出明确规定。

3. 加强管理体制改革

旅游管理体制主要指党委、政府领导和监管旅游产业发展的组织体系与运作机制。根据我国国情和旅游产业的自身发展规律，我国旅游管理体制经历了由传统管理体制向新体制变革和转换的过程。

4.建立法人管理机制

建立责权统一的法人管理机制是旅游市场发展的必然要求。在巩固行业法人管理体系的基础上，针对导游、旅游运输、住宿饮食等方面，探索建立统一的大市场及其管理体系，进一步强化新条件下的税务、审计等管理工作。

5.产品质量与价格管理

按照国际贸易规定在价格政策方面与国际接轨，调整我国旅游商品和服务的价格结构，在价格形成机制上与国际接轨；加强市场价格管理，在法律法规建设上与国际接轨，使我国的旅游价格体系和价格结构更加合理，从而推动旅游经济的快速发展。

16.2　旅游用地保障

根据国土资源部[①]、住房和城乡建设部、国家旅游局联合出台的《关于支持旅游业发展用地政策的意见》（国土资规〔2015〕10 号），从旅游活动全环节和旅游业发展的角度来积极保障旅游业发展用地的落实。

1）有效落实旅游重点项目新增建设用地。按照资源和生态保护、文物安全、节约集约用地原则，在与土地利用总体规划、城乡规划、风景名胜区规划、环境保护规划等相关规划衔接的基础上，加快编制旅游发展规划。对符合相关规划的旅游项目，各地应按照项目建设时序，及时安排新增建设用地计划指标，依法办理土地转用、征收或收回手续，积极组织实施土地供应。加大旅游扶贫用地保障。

2）支持使用未利用地、废弃地、边远海岛等土地建设旅游项目。在符合生态环境保护要求和相关规划的前提下，对使用荒山、荒地、荒滩及石漠化、边远海岛土地建设的旅游项目，优先安排新增建设用地计划指标，出让底价可按不低于土地取得成本、土地前期开发成本和按规定应收取相关费用之和的原则确定。对复垦利用垃圾场、废弃矿山等历史遗留损毁土地建设的旅游项目，各地可按照"谁投资、谁受益"的原则，制定支持政策，吸引社会投资，鼓励土地权利人自行复垦。政府收回和征收的历史遗留损毁土地用于旅游项目建设的，可合并开展确定复垦投资主体和土地供应工作，但应通过招标拍卖挂牌方式进行。

3）依法实行用地分类管理制度。旅游项目中，属于永久性设施建设用地的，依法按建设用地管理；属于自然景观用地及农牧渔业种植、养殖用地的，不征收（收回）、

---

① 2018 年 3 月，根据第十三届全国人民代表大会第一次会议批准的《国务院机构改革方案》，将国土资源部的职责，整合，组建"中华人民共和国自然资源部"，不再保留"国土资源部"。

不转用，按现用途管理，由景区管理机构和经营主体与土地权利人依法协调种植、养殖、管护与旅游经营关系。

4）多方式供应建设用地。旅游相关建设项目用地中，用途单一且符合法定划拨范围的，可以划拨方式供应；用途混合且包括经营性用途的，应当采取招标拍卖挂牌方式供应，其中影视城、仿古城等人造景观用地按《城市用地分类与规划建设用地标准》GB 50137—2011 的"娱乐康体用地"办理规划手续，土地供应方式、价格、使用年限依法按旅游用地确定。景区内建设亭、台、栈道、厕所、步道、索道缆车等设施用地，可按《城市用地分类与规划建设用地标准》GB 50137—2011"其他建设用地"办理规划手续，参照公园用途办理土地供应手续。风景名胜区的规划、建设和管理，应当遵守有关法律、行政法规和国务院规定。鼓励以长期租赁、先租后让、租让结合方式供应旅游项目建设用地。

5）在符合土地利用总体规划、县域乡村建设规划、乡和村庄规划、风景名胜区规划等相关规划的前提下，农村集体经济组织可以依法使用建设用地自办或以土地使用权入股、联营等方式与其他单位和个人共同举办住宿、餐饮、停车场等旅游接待服务企业。依据各省、自治区、直辖市制定的管理办法，城镇和乡村居民可以利用自有住宅或者其他条件依法从事旅游经营。农村集体经济组织以外的单位和个人，可依法通过承包经营流转的方式，使用农民集体所有的农用地、未利用地，从事与旅游相关的种植业、林业、畜牧业和渔业生产。支持通过开展城乡建设用地增减挂钩试点，优化农村建设用地布局，建设旅游设施。

此外，进一步明确旅游新业态用地政策，如乡村旅游用地、自驾车房车营地项目用地、邮轮游艇码头用地，促进利用现有文化遗产、大型公共设施、知名院校、科研机构、工矿企业、大型农场开展文化、研学旅游活动，在符合规划、不改变土地用途的前提下，开发建设住宿、餐饮等旅游接待设施。积极做好旅游业发展用地等不动产登记发证工作，依法明晰产权、保护权益，为旅游业发展提供必要的产权保障和融资条件。同时，建立部门共同监管机制，严格旅游业用地供应和利用监管，进一步完善旅游业发展用地政策。

16.3　人力资源保障

旅游目的地人力资源保障是指运用心理学、行为学、经济学和管理学理论，对目的地旅游行业人力资源的取得、整合、调控与开发，以及保持和利用等方面所进行的一系列规划管理活动，根据旅游发展战略要求，以及内外部环境变化，运用科学方法对所属人力资源的供需进行预测，制定相应政策与措施，使旅游人力资源供给和需求达到平衡，最终实现旅游可持续发展的过程。旅游人力资源管理的目标是为规划区旅游发展提供数量充足、素质适宜、结构合理的从业人员。主要内容包括：① 旅游人力资源现状调查；② 旅游人力资源问题诊断；③ 旅游人力资源需求分析；④ 旅游人力资源供给对策。

16.3.1　旅游人力资源需求预测方法

1. 经验推算法

经验推算法的基础是国内外关于旅游就业、旅游人力资源内部结构、旅游从业人员服务游客的数量、旅游从业人员创造的国民生产总值等方面的经验数据。如根据国际旅游业发展态势和我国实际情况，旅游直接就业人数与间接就业人数之比一般按 1∶5 计算；根据测算出来的总就业人数可以推算旅游业直接从业人数。

2. 总体需求结构分析预测法

总体需求结构分析可用如下公式表示：

$$NHR=P+C-D \tag{16-1}$$

式中　NHR——未来一段时间内企业需要的人力资源；

　　　P——现有的人力资源；

　　　C——未来一段时间内需要增减的人力资源。如果未来一段时间内由于某项业务的发展需要增加人力资源数量，则 C 就是正的，反之，C 就是负的；

　　　D——由于技术改进或劳动生产率提高所节省的人力资源。

3. 成本分析预测法

人力资源成本分析预测法是从成本的角度进行预测，公式如下：

$$NHR=TB/[(S+BN+W+O)\times(1+a\%T)]$$

式中　NHR——未来一段时间内企业需要的人力资源；

　　　TB——未来一段时间内人力资源预算总额；

　　　S——目前每人的平均工资；

　　　BN——目前每人的平均奖金；

　　　W——目前每人的平均福利；

　　　O——目前每人的平均其他支出；

　　　T——未来一段时间的年限；

　　　$a\%$——计划年人力资源成本增加的平均百分数。

4. 比率预测法

比率预测法是根据业务量预测人力资源需求的方法。业务量有多种表示方法，如经营规模＝人力资源的数量 × 人均生产率；销售收入＝销售员的数量 × 每位销售员的销售额；产出水平＝生产的小时数 × 单位小时产量；运行成本＝员工的数量 × 每位员工的人工成本等。采用这种方法时需要掌握一些关键数据，如人均产率、人均销售额、单位工时产量、人均成本等。

5. 回归预测法

回归预测法是运用回归原理对人力资源需求进行预测，根据与人力资源相关的各种因素及其内在联系建立一个数学模型，预测其发展变化的一种定量方法。在该模型中可把人力资源需求作为多项变量的函数，并利用数学关系加以计算，从而得到预测结果。

16.3.2　旅游人力资源供给预测方法

1. 内部供给预测的方法

1）技术调查法

技术调查法是为了解员工的工作经验、受教育程度、特殊技能等与工作有关的信息而设计的一种方法。企业可以在员工正式聘用之时将其资料输入计算机，以供随时调用。

2）管理人员置换图

管理人员置换图又称职位置换图。该方法记录各个管理人员的工作绩效、晋升的可能性和所需要的训练等内容，由此来决定哪些人员可以填补企业的重要职位空缺。

3）马尔科夫（Markov）分析矩阵表

马尔科夫分析矩阵表的基本思想是找出过去人力资源变动的规律，以此来推测未来的人力资源变动趋势。由于组织通常对根据判断进行的预测不满意，因此，越来越强调运用统计技术来预测未来人力资源变化的趋势。

2. 外部供给预测的方法

外部供给预测也要分析潜在员工的数量，供给预测的对象是从外部加入组织的人力资源、能力等因素。适用于旅游企业的方法主要有文献查阅法、询问法、直接观察法、会议调查法。

16.3.3　旅游人力资源保障规划

1. 旅游教育规划

要解决旅游人力资源两极分化的问题就要从旅游教育这个根源上入手。在学历教育中加强实践的部分，培养能够将理论和实践相结合的高级管理人才；在职业教育中增加具体服务技能的培养，培养高水平的服务人才。具体途径有调整学历教育、加强职业教育。

2. 员工培训规划

通过管理技能培训，提高他们的抽象思维能力、决策能力、组织能力和创新能力；通过服务技能培训，增强员工的基础知识和技能，以及与旅游相关的知识和技能。

3. 人才引进规划

随着旅游行业的高速发展，旅游人才的教育和培养可能难以满足当地需求，这时就需要进行适当的人才引进。人才引进需要明确旅游业紧缺人才和完善旅游人才引进政策，根据实际需要，有目的、有计划地为旅游业的发展提供紧缺人才或者进行人才储备。

4. 加强旅游人力资源管理

旅游人力资源管理不仅是从企业层面而言的，如果要发展一地的旅游业，宏观层面的旅游人力资源管理也是必不可少的。从加强旅游从业资格管理，完善当地旅游人力市场两方面入手，对整个行业的人力资源进行科学有效的管理，才能保证这个行业的健康稳步发展。

16.4　投资融资保障

投资融资是维持旅游目的地生存、促进发展、增强竞争实力的重要保证。旅游目的地投资管理是为了获取最大效益而对投资活动进行的计划、组织、决策、领导、控制和创新的过程，其一般包括旅游投资估算在旅游项目的建设规模、技术方案等初步确定的基础上，估算项目投入总资金（包括建设投资、流动资金和沉没成本）、旅游产出估算（旅游发展的经济效益、社会效益和生态效益进行提前预测和估算）、旅游风险评估（对影响游资收益的各因素进行预测，采取相应措施减少风险，提高投资的安全性，最大限度地实现预期收益的过程）三大部分内容。投资管理是旅游目的地经济发展必不可少的条件，是收益最优化、规避风险的重要举措，也是实现扩大再生产的物质基础，影响旅游目的地的发展趋势和方向。

16.4.1　旅游投资和融资

1. 旅游投资

旅游投资（Tourism Investment）是指在一定时期内，根据旅游供求市场的变化，以资金、实物和管理等方式组合到旅游项目建设和金融商品投资中，并在未来获得收益的一系列经济活动。旅游业向旅游者提供包括食、住、行、游、购、娱六大要素的旅游产品。旅游投资包括固定资产投资和流动资产投资两部分，固定资产投资主要是旅游基础设施和配套设施建设，决定了未来旅游活动的地点、规模和特色，旅游投资决策的关键是如何进行固定资产投资决策。

2. 旅游融资

旅游资源开发和规划中可供选择的融资途径是多样化的。旅游开发商可以从以下八个方面进行融资：银行信贷，私募资本融资，政策支持性融资，商业信用融资，租赁融资，产权融资，国内上市融资，招商引资。

16.4.2　旅游投资估算

根据项目投资与项目任务单元的内在联系，可将项目投资划分为项目建设投资和流动资金投资两部分。

1. 建设投资

建设投资是指项目筹备与建设期间的各项开支，具体包括固定资产投资、无形资产投资、开办费、预备费、固定资产投资方向调节税和建设期借款利息。其中，前三项属于建设投资的基本要素，后三项属于派生要素。

2. 流动资金

流动资金也称运营资金，是指项目建成后维持项目正常运营所需的资金项目流动资金，由定额流动资金和超额流动资金两部分构成。前者是指规定有最低限度经常需要量的部分，主要表现为储备资金、生产资金和成品资金，是项目运营资金的主要组成部分；后者是指无需规定最低需要量的部分，主要表现为应收款和货币资金。从项目投资估算角度而言，更注重对定额流动资金进行估测。

3. 机会成本

机会成本是投资决策分析中常用的一个特定成本概念，指企业为从事某项经营活动而放弃另一项经营活动的机会，或利用一定资源获得某种收入时所放弃的另一种收入。投资决策者在决策过程中应当选择实际收益大于机会成本的经营项目，使机会成本在备选最优方案的收益中得到补偿，这样才能对最优方案的经济效益做出全面的、合理的评价。机会成本虽然不构成一般意义上的成本，不构成企业的实际支出，也不入账，但它是决策者进行正确决策所必须考虑的现实因素。

16.4.3　旅游产出评估

1. 评估原则

1）客观公正原则

对于旅游规划与开发所带来的效益要进行客观公正的评价，力求做到客观公正、科学合理。

2）全面系统原则

旅游规划与开发涉及人类社会及自然界的诸多方面，其影响程度和范围也具有全面性和系统性。因此，在评估旅游规划项目的产出效益时，必须兼顾全面系统原则，确保其合理性、系统性。

3）适度超前原则

旅游规划一般都包括中远期的开发内容，这说明该项目对于旅游地的影响是长期的、深远的。在对旅游规划项目进行效益评估时，不能仅对规划目前所产生的效益进行近期评估，而应该采取适度超前的原则，有一定预见性、前瞻性地做好长期评估。

4）力求定量原则

对旅游规划的产出效益进行评估，也就是对旅游开发过程中的投入产出进行数量上的衡量并加以比较。既然是数量上的比较，就要求运用科学的方法，尽可能地对投入和产出进行量化的分析，并且在制定指标时要采用统一的标准，以便开展不同地域或时段上的横向和纵向比较。

5）可持续发展原则

可持续发展强调代际公平和代内公平。在进行旅游评价与开发效益评估时，要以可持续发展为原则和准绳，对规划项目的可持续性进行评价。

2. 旅游效益评估

1）经济效益评估

旅游规划项目的经济效益评估主要是评估其盈利性，这是决定是否进行一项新投资的主要因素，即投资产生的净收益或产出与成本之差。在旅游业中，经济效益取决于游客的数量、需求和支出模式、产品或服务成本的变化假设。分析经济效益的可行性主要使用盈利水平分析，盈利性基本指标可分为静态指标和动态指标两大类。

（1）盈利性静态指标：静态指标是指不考虑资金时间价值的指标，常应用于投资项目的投资机会研究阶段和初步可行性研究阶段。主要包括以下具体指标：

① 投资回收期。投资回收期以年为单位表示，计算公式为：

$$投资回收期＝原始投资额 / 每年净收益 \qquad （16-2）$$

投资回收期可用财务现金流量表中的净现金流量计算求得，计算公式为：

$$投资回收期 = 原始投资额 / 每年现金净流入量 \qquad （16-3）$$

② 投资净利润率。投资净利润率是指项目达到设计生产能力后的一个正常生产年份的年净利润总额与项目总投资的比率。计算公式为：

$$投资净利润率＝年净利润总额 / 投资总额 \times 100\% \qquad （16-4）$$

③ 投资利税率。投资利税率是指项目达到设计生产能力后一个正常生产年份的年利税总额或项目生产期内的年平均利税总额与项目总投资的比率，计算公式为：

$$投资利税率＝年利税总额 / 投资总额 \times 100\%　　　　（16-5）$$

④ 资本金利润率。资本金利润率是指项目达到设计生产能力后一个正常生产年份的年利润总额或项目生产期内的年平均利润总额与资本金总额的比率，反映了投入项目资本金的盈利能力，计算公式为：

$$资本金利润率＝年利润总额 / 资本金总额 \times 100\%　　　　（16-6）$$

（2）盈利性动态指标。动态指标是指考虑资金时间价值，反映项目计算期内总的盈利能力的财务评价指标，主要包括净现值、现值指数和内含报酬率等。

① 净现值。净现值（Net Present Value，NPV）是指在项目计算期内，按行业基准折现率或其他设定的折现率计算的各年净现金流量现值的代数和。其计算公式为：

$$净现值 = 未来报酬的总现值 - 投资额的现值$$

即

$$NPV = \sum_{t=1}^{n} \frac{Ct}{(1+i)^t} - Co　　　　（16-7）$$

式中　Ct——未来报酬的终值；

　　　Co——投资额的现值；

　　　i——利率；

　　　t——期限；

净现值是考察项目在计算期内盈利能力的动态评价指标，可根据财务现金流量表计算求得。计算结果可能有三种，NPV ＞ 0，NPV=0 或 NPV ＜ 0。净现值大于零表明项目盈利能力超过基准收益率或设定折现率所要求达到的盈利水平；净现值小于零表明项目盈利能力达不到基准收益率或设定折现率的盈利水平；净现值等于零则表明项目盈利能力正好达到基准收益率或设定折现率的盈利水平。一般来说，净现值大于或等于零的项目可行，项目净现值越大，说明其盈利能力越大。

② 现值指数。现值指数（Net Present Value Ratio，NPVR）是未来现金流入量现值与现金流出量现值的比率，也称为财务净现值率、现值比率、获利指数等。其计算公式：

$$NPVR = \frac{\sum_{t=1}^{n} \frac{Ct}{(1+i)^t}}{Co}　　　　（16-8）$$

某项目投资方案如果现值指数大于 1，则可行；否则为无利或不可行。现值指数是一个相对数，反映投资的效率；而财务净现值是绝对指标，反映投资的效益。

③ 内含报酬率。内含报酬率（Internal Rate of Return，IRR）是指项目投资实际可望达到的收益率。实质上它是使项目的净现值等于零时的折现率，又称内部报酬率或内部收益率，也可理解为项目在整个计算期内各年净现金流量现值累计等于零时的折现率，它反映了拟建项目实际的投资收益水平。内含报酬率应满足下列表达式：

$$\sum_{t=1}^{n} \frac{Ct}{(1+iRR)^{t}} - Co = 0 \qquad (16-9)$$

式中　iRR——内含报酬率。

计算出的内含报酬率与基准收益率或设定的折现率比较，如果前者大于后者，则说明项目是可行的，否则不可行。

2）社会效益评估

社会效益的评估包括以下多个方面。

（1）旅游目的地社会基础设施条件的改善：旅游基础设施建设资金投向主要包括，建设景区内道路、游览步道、停车场和景区到干线公路的连接通道等；改善景区内供水、供电、卫生、安全等设施；改善景区环境治理、资源保护、垃圾污水处理设施等；建设游客咨询服务中心等。

（2）旅游目的地社会就业环境的改善：一般认为，旅游业是以劳动密集型为主导的服务性产业，2019 年底，中国旅游业贡献的就业岗位数达到 7991 万个，占全部就业的 10%。旅游业是低就业门槛的产业，旅游业的人力资源结构总体上向初级技能劳动者倾斜，劳动就业的培训成本低，据一些发达国家的统计，旅游业安排就业的平均成本要比其他经济部门低 36.3%，为众多低学历、少培训的人提供就业、发展的机会。

（3）旅游目的地社会文化的变化：社会文化影响是指旅游使人们的价值观念、行为举止、家庭关系、生活方式、安全状况、道德标准、传统礼仪和社会结构等发生变化。游客对旅游目的地的社会文化影响包括文化差异、示范效应、价值观、生活方式等方面。

3）环境效益评估

旅游规划项目的环境效益评估是评价和衡量旅游项目投入产出的重要方面。旅游业的发展和旅游资源的开发应该以有益于旅游地的环境美化、有助于旅游地生态系统的不断优化为前提。在评估环境效益时，需要确定旅游地的旅游生态环境容量，来衡量和避免旅游活动产生的负面影响。

16.4.4　旅游产出分析指标

在旅游产出分析中，有些关键数据对产出分析结果影响很大，科学、客观、准确地得出关键数据，对规划成果的水平至关重要，这些关键数据包括：游客人数、游客人均支出、游客人均停留天数、游客类别比重和旅游直接收入与间接收入等。

1. 游客人数

投入产出分析和游客人数的预测互为因果关系，游客人数预测决定了投入和产出的比例，投入的多少又影响着游客人数的多少。游客人数增长率预测不准确，会极大影响旅游的投入产出分析结果。游客人数增长率预测主要取决于旅游地生命周期的阶段、景区基期接待游客人数、旅游产品的吸引力、旅游营销水平、当地经济发展水平、距主要客源地的空间距离等。增长率预测常采用数量预测方法。对已建成景区，应在深入景区进行旅游市场调查的基础上，根据历史数据，选择数理统计预测法，如滑动平均法、马尔科夫链预测法等来进行预测，可同时使用几种方法分别计算，再取结果的均值，或取结果比较接近的一两种方法的计算值。对于新建景区，没有基期接待游客人数，可采用类比法，即可利用周边相邻或相近景区的发展数据，来确定新建旅游区的游客人数增长率。

在预测游客年增长率时，主要考虑区域经济发展水平、旅游投入情况、旅游营销能力等条件的发展与变化，最为重要的是游客的可进入性即区域交通条件的变化，如高速公路、铁路，以及民航的建设情况。另外，可提供的旅游产品的吸引力和水平、现有基础设施和旅游资源的开发情况、旅游项目的开发建设等，都会影响到游客年增长率的变化。

2. 游客人均支出

游客的人均支出决定着旅游收入。游客旅游支出的增长幅度应与旅游产品、资源开发程度和旅游设施建设相协调，并和旅游资金投入相关联。计算游客人均支出时可根据历史数据，或类比景区的数据，以及旅游地生命周期发展阶段来确定。如根据旅游地的初创期、发展期、成熟期和衰退期四个不同阶段来估算游客增长率，较为科学、客观。游客的人均日消费包括吃、住、行、游、娱、购等费用，但必须结合景区实际来分析这六项旅游消费支出，如有些支出可能在一个特定旅游地不会发生，就不应该计算在内。

3. 游客人均停留天数

游客的人均停留天数也决定着旅游收入。影响游客停留天数的因素包括景区性质、开发规模、景区景点建成和开放的时间、景点数量的多少、旅游设施建设投入等。其中，景区性质是最重要的因素。例如，以观光旅游为主的旅游地，游客停留天数不会太长，游客增长率也不可能太快，多为1~2天；休闲度假型旅游地游客停留天数相对较长，游客增长率相对较快，一般平均3~5天。游客停留时间的确定依据主要包括历史数据、市场调查以及旅游发展趋势等。

4. 游客类别比重

1) 国内游客和入境游客的比重

国内游客和入境游客的发展规律和速度不同，应该分别进行预测。入境旅游主要受景区知名度、可进入性、软硬件服务水平等因素的影响。国内旅游受到交通区位、假期分布、价格等因素影响较多。一般来说，国内著名景区入境游客增长较快；新建景区国内游客增长较快。确定国内和入境游客比重时需根据旅游地具体情况进行科学、客观的分析计算。

2）本地游客和外地游客的比重

本地游客和外地游客在旅游增长率、旅游支出、旅游停留天数等方面都有很大区别。利用历史资料进行预测时，往往是根据历年旅游者增长幅度，不区分本地、外地游客推断出游客总增长速度，这是不科学、不准确的。本地游客在一定时间内将保持在一个较稳定的基数之上，或增长速度较慢。本地游客的旅游支出要明显低于外地游客，因其一般不支付住宿费用，餐饮花费、交通费用也较少，购物费用则更少。同时，本地游客一次出游停留天数多为半天到一天之内，一般不过夜。所以两者应分别来测算。

5. 旅游直接收入与间接收入

直接收入和间接收入的比重大不相同。一般来说，旅游业直接收入是指景区、景点的门票收入；旅行社收入；宾馆、饭店收入；旅游购物收入；旅游娱乐收入；旅游交通收入（小交通收入，如旅游目的地城市到景区、景区间的交通收入）等。间接收入的范围则要广得多，包括快餐服务业、交通运输业、邮电通信业、零售商业、旅游地产业、旅游演艺业、旅游文化业、旅游动漫产业等。由于条件不同、所属行业系统不同，二者的比例在各地也不相同。优先要确定哪些是旅游业的直接收入，哪些是旅游业的间接收入。国际经验表明，"旅游直接收入和间接收入之比在 1∶10 到 1∶8 之间"。

上述参数的确定，影响到旅游收入分析的客观性和准确性，本地游客和外地游客的旅游支出不同，外地的游客支出要高一些；观光型游客和休闲度假型游客的消费支出也不一样，休闲度假型游客支出要高一些，旅游地的区位不同，旅游项目、旅游资源知名度、旅游业发展水平和阶段不同，都会令上述参数具有一定的变化幅度。规划时要根据各地实际情况，进行客观、科学的分析，尽可能准确地确定决定旅游产出结果的参数值，使旅游产出分析结果可信可用。

16.4.5　旅游投资风险评估

1. 投资风险的含义

投资风险（Investment Risk）是指资金投放以后，其实际投资收益与预期投资收益存在的差异。旅游投资决策所涉及的某些因素具有长期性和变动性，旅游工程的建设和运行所需原材料、燃料、动力等会发生变化，社会、政治、经济和自然等方面的变化也会对旅游业产生影响，这决定了旅游企业投资收益的不确定性。投资风险一般是难以避免的，但可以在深入分析投资风险的基础上采取相应措施，尽可能减少风险，提高投资的安全性，最大限度地实现预期收益。在一般情况下，旅游投资风险有两类。

1）系统风险，又称市场风险，是旅游投资无法规避的风险，也是所有旅游投资项目都要共同面临的风险，如物价上涨、经济不景气、高利率和自然灾害等。

2）非系统风险，又称企业风险，是指由于企业对旅游投资项目经营不善，或者管理不当等引起的风险，可以通过改善经营和加强管理等方式来减少这类风险。

2. 投资风险分析的一般过程

风险分析可分解为风险识别与风险测量两个环节，具体步骤如下。

第一步，鉴别主要的不确定因素。影响旅游投资的不确定因素有很多，但不同因素在不同旅游投资项目中的不确定性程度及对项目的影响程度是不一样的。因此，在开始风险分析时，首先要从各个影响旅游投资收益的变量及相关因素中，找出不确定程度较大的关键因素或变量。这些关键的不确定因素主要有：销售收入、经营成本、投资额和建设期等。

第二步，估计不确定因素的变化范围，进行初步分析。在确认旅游投资项目中关键的不确定因素后，估计这些因素的变化范围，确定其边界或变化率，也可以进行盈亏平衡分析。

第三步，进行敏感性分析。对项目中的不确定因素进行敏感性分析，分析这些因素对旅游投资的影响程度，确认敏感性因素。

第四步，进行概率分析。对旅游投资项目不确定因素带来的不利后果出现的可能性进行分析，以筛选敏感且出现可能性较大的不确定因素，从而为投资决策提供依据。

3. 投资风险的测定

评估旅游投资风险的大小，可以用投资风险率指标。所谓投资风险率，就是指标准离差率与风险价值系数的乘积。标准离差率是标准离差与期望利润的比率；而风险价值系数一般由投资者决定。当投资风险率计算出来后，就与银行贷款利率相加，所得之和如果小于投资利润率，那么方案是可行的，否则是不可行的。

1）期望利润的计算

期望利润是指旅游投资方案最可能实现的利润值。它是对旅游投资的各个随机变量以其各自的概率进行加权平均后得到的平均数，不同的投资方案有不同的期望利润。其计算公式如下。

$$E = \sum_{i=1}^{n} X_i P_i \tag{16-10}$$

式中　E——期望利润；

　　　X_i——第 i 种结果的利润；

　　　P_i——第 i 种结果发生的概率。

2）标准离差与标准离差率的计算

标准离差是各种可能实现的利润与期望利润之间离差的平方根；标准离差率则是标准离差与期望利润的比率，其计算公式如下。

$$\sigma = \sqrt{\sum_{i=1}^{n}\left(Xi-E\right)^2 Pi} \qquad （16-11）$$

$$\sigma' = \frac{\sigma}{E} \times 100\% \qquad （16-12）$$

式中　σ——标准离差；

　　　σ'——标准离差率。

根据标准离差公式、标准离差率公式和前面计算的期望利润结果，就可以计算出各个旅游投资方案的标准离差和标准离差率，对不同的旅游投资方案进行比较，标准离差和标准离差率小的方案一般都优于标准离差和标准离差率大的方案。

3）风险价值的衡量与计算

标准离差率计算出来后，就可以计算投资风险率了。所谓投资风险率，是指标准离差率与风险价值系数的乘积。对不同旅游投资方案的投资风险率进行比较，一般投资风险率小的方案为优化方案。此外，也可以用投资方案的投资利润率与投资风险率加银行利率进行比较，若旅游投资方案的投资利润率高于投资风险率加银行利率，则旅游投资方案可行；反之，则旅游投资方案不可行。投资风险率的计算公式如下：

$$\delta = \sigma' \times F$$

式中　δ——投资风险率；

　　　F——风险价值系数。

4. 加强旅游投资项目风险管理的对策

1）增强风险防范意识

风险是客观存在的，而且与报酬成正比。如果对风险一概加以排除或规避，就无法实现企业利润最大化的经济目标。因此，投资者应树立投资风险意识，不仅要从理论高度认识到项目风险产生的根本原因，还要从旅游投资项目本身的特点这一角度进行探索；对项目投资的各个环节及其相互之间的联系、外部环境对投资活动的影响进行深入地研究和分析，摸清产生风险的各种要素，寻找风险产生的特点和规律；克服投资决策的盲目性，提高企业综合决策水平。

2）正确识别与估量风险

旅游企业不仅要认识风险，还要学会正确识别风险，这就需要投资者周密地分析企业所处的经济环境，剖析企业投资活动中存在的不利因素及对企业未来收益的影响。

同时，应科学地估量风险的大小，掌握风险的程度，包括各种潜在风险可能造成的损失、发生的频率，以及对旅游企业生产经营、生态环境、社会环境造成的影响等。通过风险估量，为今后投资风险决策、预防和控制，以及处理等提供准确依据。

3）建立风险预警系统，完善风险防范机制

首先，旅游企业应建立风险预警系统，加强风险监测。风险预警系统是对风险进行识别、监测、评价和预测的信息系统，其内容包括外部环境和企业内部的相关信息，可分为内部报告子系统、市场信息子系统、风险分析子系统和风险预警子系统等。其次，旅游企业应完善风险防范机制。最后，旅游企业内部应建立规范科学的投资决策程序和管理程序。规范科学的内部运行程序是及时识别风险、化解风险的重要保证，用程序化、规范化防止盲目投资和偏颇。

4）运用风险管理技术和方法

风险控制的实质，就是在风险分析的基础上，针对旅游企业存在的各种风险因素，采取控制技术以减少或消除风险损失。旅游企业控制和处理投资风险的方法有以下几种：① 回避法，指设法避免损失发生的可能性，从根本上远离风险源，从而消除风险损失；② 分散法，即通过旅游企业之间联营、多种经营及对外投资多元化等方式分散投资风险；③ 转移法，风险转移就是旅游企业以某种方式将所面临的某些风险转移给他方，具体包括购买保险将风险转移给保险公司承担，通过契约的形式将风险损失转移给他人，通过各种形式的联合经营将风险横向转移等；④ 自留法，这种方法是指旅游企业自己承担风险，风险损害后果自负，旅游企业可预留一笔风险金或随着生产经营的进行计划风险准备金等。

目前国家正在大力发展第三产业，优化产业结构，而旅游业作为第三产业的支柱产业，能带动其他产业快速发展。近年来各地都在大力投资开发旅游业，由于旅游业本身的特点，在旅游开发过程中，旅游投资的风险问题不容忽视。

16.5　科技信息保障

16.5.1　旅游和科技结合

信息服务技术的发展涉及旅游产品等旅游业的多个方面，尤其是电子商务类技术将给旅游业带来核心技术，软件技术的发展除了带来新的"室内"旅游形式（包括三维模拟、远程互动娱乐、旅游出游选择等服务）外，都将对旅游业营销及旅游管理产生多种作用；环境科学技术的发展增加了旅游景观、旅游资源和旅游闲暇空间；制造业、医学、航天等其他技术分别带来增加旅游服务、减少旅游障碍和开发新的旅游目的地的作用；交通技术的发展，将会给旅游业的空间组织形式及宏观空间格局（从全球洲际格局到区域城市间的格局）带来极大的变化。空间障碍的缩小意味着资源吸引物在旅游系统中的作用将会提高，从而呈现旅游业的目的地化的趋势。

16.5.2　旅游信息科技保障措施

1. 建立现代旅游目的地管理系统

旅游目的地管理系统是指可综合介绍旅游目的地的旅游资源、旅游服务设施等，同时支持在线预订和交易的电子数据库系统。管理系统可以提高劳动效率、节约人力，是旅游业管理技术化、最优化的实现途径，满足旅游业迅猛发展的需要。

2. 旅游信息服务体系的科技创新支撑

不仅要建立现代旅游信息网络。将产业链各方（旅行社、宾馆、饭店、大商场、旅游景点等）的信息资源进行有效整合、衔接、共享，才能及时、便捷地为旅行者提供满足他们需要的信息。还需要加快旅游电子商务的建设。对旅游电子商务的建设要实现标准化和规范化，促使电子商务的网站和管理信息系统的数据库格式和接口的标准化，建立健全旅游电子商务的规范体系。

3. 生态环境保护的科技保障

旅游资源开发过程中注重利用高科技手段对旅游资源加以保护，科学进行旅游规划、管理、服务，将科技成果充分运用到旅游资源开发和保护中。由于先进技术的引入，如地理信息系统、全球定位系统、遥感技术乃至数字地球、数字城市等技术的运用，将使旅游规划的分析及表达水平得到极大的提高。关于旅游开发的环境影响评价、旅游环境审计、环境规划、旅游环境承载力理论与测算模型等方面科学研究的作用也很突出。

16.5.3　智慧旅游目的地建设和管理

1. 智慧旅游目的地建设

1）互联网 / 移动互联网技术

互联网，即广域网、局域网及单机按照一定的通信协议组成的国际计算机网络。互联网与旅游的结合体现在以下几个方面：多语言网络广告、智能搜索引擎、数字地图、电子服务、虚拟旅游（Virtual Tour）、客户关系管理和客户管理系统、播客（Podcasting）、网上娱乐、电子杂志、电子布告栏（BBS）等。移动互联网与智慧旅游结合，便产生了旅游移动互联网平台，其具体应用包括移动信息查询、信息定制服务、移动搜索、移动定位服务、移动支付服务等。

2）物联网技术

智慧旅游中的物联网可以理解为互联网旅游应用的扩展，以及泛在网的旅游应用形式。物联网技术突破了互联网应用的"在线"局限，适应旅游者的移动，以及非在线特征。泛在网是指无所不在的网络，即基于个人和社会的需求，利用现有的和新的网络技术，实现人与人、人与物、物与物之间无所不在地按需进行的信息获取、传递、存储、认知、决策及使用等的综合服务网络体系。基于物联网的旅游应用的"线上""线下"融合体现了泛在网"无所不在"的本质特征，而这种本质也是适应旅游者动态与移动特征的。

3）云计算技术

计算机终端、移动终端等终端使用者不需了解技术细节或相关专业知识，只需关注自己需要什么样的资源，以及如何通过网络来得到相应服务，其目的是解决互联网发展所带来的巨量数据存储与处理问题。从某种程度上讲，云计算技术在智慧旅游中体现的是旅游资源与社会资源的共享与充分利用，以及一种资源优化的集约性智慧。

4）人工智能技术

如果将物联网、云计算，以及移动互联网技术看成智慧旅游的构架技术，那么人工智能就是智慧旅游的内核技术。人工智能是智慧旅游用来有效处理与使用数据、信息与知识，利用计算机推理技术进行决策支持并解决问题的关键技术。在旅游研究领域，人工智能更多地被用于旅游需求预测中；而人工智能在智慧旅游中的作用不仅在于此，还包含游憩质量评价、旅游服务质量评价、旅游突发事件预警、旅游影响感知研究等诸多领域。

2. 智慧旅游目的地的管理

1）智慧旅游目的地公共管理

我国旅游管理公共体系需要与国际进一步接轨，要通过借鉴发达国家的经验，不断加强各个城市智慧旅游目的地管理研究的基础设施建设和公共质量监管，使各个城市共同发展，达到国际化标准。旅游景点和指示牌要用中英文双标，公交、出租、火车等公共设施也用双语。同时，各地相关管理部门应提供一些人性化服务，如提供信息咨询平台，提高旅游者满意度，从而加深旅游者对该景点的印象。

2）智慧旅游目的地信息管理

旅游业是一个信息密集产业，当前我国旅游业是以信息为基础的产业，需要建设和创新传统旅游企业的信息链接，进一步整理产品信息。现代旅游业需要建立一个完善的内部系统和信息公布平台，向社会提供一个优质的旅游信息服务。电子产品开始在旅游管理系统中应用，使得旅游业有了跨越式发展，提升了企业的竞争力。

3）智慧旅游目的地旅游者管理

旅游者是旅游业的主体，企业和旅游者属于相互依存的关系，对企业来说，为了保证旅游资源的持续发展，就必须对旅游者的管理加以重视。智慧旅游通过信息共享与服务平台，集遥感技术、地理信息系统、全球定位系统及虚拟现实技术于一体，为游客需求与偏好管理提供信息，实现出行预订；为景区容量、游客行为与安全管理提供预测、监控技术支持；实现业务管理、经营与服务的信息共享。

4）智慧旅游目的地政务管理

政府、旅游管理部门是旅游活动过程中不可缺少的参与者，通过智慧化的系统和平台，可以实现政务智慧化，提高政务水平和服务能力，开发电子商务、移动政务等深化应用，推动政府管理模式和服务模式的变革。同时，为游客提供安全保障体系，促进旅游全过程有序、顺利、安全地进行。智慧政务系统旨在建立一个省、地、县三级政务平台，是政务管理、地理信息系统和在线应急指挥救援的重要办公平台。

5）智慧旅游目的地企业管理

在企业智慧旅游的背景下，企业应该不断地探索，实现旅游管理自动化、一体化、智能化；同时还应该建设监测调度系统，监管系统包括导游管理、旅游方案管理、旅游车辆管理等。企业也可以充分利用云计算、物联网建设旅游内部管理信息平台，实现各种数据的传递与共享。

第 17 章　旅游规划实施影响评估

一个旅游地或旅游景区的规划实施，必然会引起所在地区社会、经济与环境的变化。旅游规划实施对所在地区的发展既有积极影响的一面，也可能有消极影响的一面。旅游地或旅游景区规划应当通过详细的实施影响评价，正确评估旅游规划实施的效果和影响，并提出有效的控制措施，发挥积极作用，限制消极作用。

规划评估 ① 是保障规划实施、促进绩效问责的重要机制，也是规划全生命周期中不可或缺的环节。实施规划评估，一方面在规划实施过程中，动态监控规划执行情况，及时发现偏差并进行修正和调整；另一方面在规划执行结束后，对规划执行结果进行评估，总结规划实施效果，为新一轮的规划编制提供依据。在西方发达国家实践中，规划评估已经成为普遍做法。2003 年，英国政府发布《中央政府评估绿皮书》，要求政策和规划在制定前需要进行预估（Appraisal），实施过程中需要监测（Monitoring），实施结束后需要进行评估（Evaluation）。自"十五"规划开始，我国正式启动了规划评估工作，对于扭转我国发展规划中长期存在的"重编制、轻实施、缺评估"等现象取得了一些成效。但是，由于体制机制的原因，尤其是发展规划本身缺乏法律保障，规划评估在评估主体、评估方法、评估过程和结果运用上仍然存在着一些亟待解决的关键问题，在一定程度上影响了发展规划评估的权威性和实施效果。

---

① 李善同，龚璞.实践与前瞻[J].中国行政管理，2019（8）.

17.1 旅游规划实施评估目的和意义

17.1.1 评估目的

为了提高旅游规划的可操作性并确保规划的严格执行，有必要建立旅游规划实施影响评估机制，进行旅游规划实施影响评估，即在旅游规划实施一段时期后，围绕规划提出的主要目标、重点任务和政策措施，组织开展规划实施评估，全面分析检查规划实施效果及各项政策措施落实情况，推动规划有效实施，并通过对新形势和新背景的分析，为动态调整和修订规划提供依据。

17.1.2 评估意义

旅游规划实施评估主要以《旅游发展规划实施评估导则》为支撑。导则适用于各类旅游发展规划和旅游专项规划，其评估内容主要包括规划的基本情况，规划主要目标的落实情况，规划主要内容、重点项目、重点任务的执行进展情况，规划实施的综合影响、总体评价及原因分析，实施存在的问题与建议等。以导则为指导，明确评估内容、评估重点与技术路线。

旅游规划实施评估是保障规划实施、促进绩效问责的重要机制，也是旅游规划周期中不可或缺的环节。进行旅游规划实施影响评估，一方面是能在规划实施过程中，动态监控规划执行情况，及时发现偏差并进行修正和调整；另一方面是在规划执行结束后，能够总结规划实施效果，为新一轮的旅游规划编制提供依据。

17.2 旅游规划实施评估原则

1）全面评估与重点评估相结合

在组织相关专家对旅游规划中的内容进行全方位评估的基础上，重点评估旅游规划的目标任务、重点项目、政策措施等落实情况。

2）定性评估与定量评估相结合

在定性评估规划目标的实现程度、主要任务和政策落实的同时，注重各项指标的定量分析，力求准确反映规划实施进展。

3）阶段性目标评估与战略性目标评估相结合

既立足当前，总结经验，查找问题，又着眼长远，分析发展形势，开展前瞻性的预判，为规划修编以及其他规划的编制奠定基础。

4）自我评估与外部评估相结合

既由旅游地、旅游景区开展自我评估，突出规划落实的主体责任，又充分利用评估单位（专家）的视角确保结果客观可行。

17.3 旅游规划实施评估内容与流程

17.3.1 评估内容

1）评估旅游发展规划主要指标的完成情况

分析主要发展目标的完成情况，重点就旅游接待人数、旅游收入、旅游就业、旅游投资、旅游总收入占 GDP 比重等指标及其增长速度的完成情况进行评估和分析。

2）评估规划中提出的重点项目、重点任务的实施情况

对重点项目、重点任务的实施情况和效果进行总体评估和逐个评估。分析项目和任务是否得以实施，实施的进展情况、实施的效果、相关各方面的反映和评价等。

3）评估规划实施带来的影响和综合效果

分析评估规划实施对当地旅游业发展、旅游目的地建设的影响，对当地国民经济社会发展、生态文明建设、文化建设、社会进步等的影响，利益相关方的认知度和满意度等。

4）评估规划实施成果

对规划主要内容实施情况进行评估，对规划提出的发展定位、形象定位、发展目标、发展战略、空间布局、重点项目、主要举措等主要内容的科学性和可操作性，对规划成果质量等进行评估。

17.3.2 评估流程

旅游规划实施评估为确保结论客观真实、对策措施科学可行，工作以"全面评估与重点评估、定性评估与定量评估、阶段性目标评估与战略性目标评估、自我评估与外部评估"四结合为原则，建立了实施评估流程（图 17-1）。

1）评估准备

成立评估领导协调小组，提出评估要求，确定评估工作方案，委托负责评估的单位、组建专家委员会，明确相关责任。

2）构建评估系统

根据旅游规划实施评估的内容以及实际发展情况等，在实地调查的基础上，通过

图17-1　旅游规划实施评估流程

Delphi 专家问卷法、小组讨论、头脑风暴等方法，确定旅游规划实施评估的关键要素，以此构成多目标综合评估系统。

3）编写规划实施评估报告

承担评估任务的单位应组织相关领域专家在系统收集资料、实证调查分析、深入比较研究等基础上，根据构建的评估系统对其进行评估，负责编制旅游规划实施评估报告，并收集准备各种相关内容的证明材料。

17.4　旅游规划实施经济影响评估

17.4.1　积极影响

1.创造就业机会

亨德尔森（Henderson）估算，1 个旅游地或旅游景区 1 万名游客每日可平均创造 13 人的就业机会，1 万个饭店使用者每日可创造 28 人的就业机会。旅游规划的实施将为当地社区居民的就业创造更多的机会，吸收相当数量的劳动者就业。其就业特点是季节性、低地位、低工资、女性就业机会相对较多等。同时，实施旅游规划可以改善一个地区劳动力就业结构，促进国民经济各个部门更加协调地发展。

2. 调整产业结构，带动其他行业发展

旅游规划的实施能够促进旅游目的地地区原有的经济结构发生改变。旅游者的消费需求成为推动生产发展的新动力，为其他部门和行业开辟新的生产门路提供了可能。由于旅游消费是一种较高水平的消费，对产品的更新换代要求的速度高于一般日常消费，因而刺激有关行业技术发展。旅游消费涉及食、住、行、游、娱、购等多方面，为了与旅游者的消费相适应，必然会调整国民经济产业结构，加快相关产业的发展。

17.4.2　消极影响

1. 旅游过度超前发展

作为一种较高水平的消费，旅游者会对旅游服务提出超出日常消费水平的要求，一定程度上会促使旅游产业超前发展。但旅游业的综合性决定了旅游业的发展必须与国民经济发展相适应，只有在与旅游业有关的产业可以承载的范围内，旅游业才能得到正常发展。旅游业的发展受交通、电力、通信等行业的影响，特别是受交通的影响。这些行业的发展需要大量的资金和较长的建设期，这是旅游业本身无法解决的问题。旅游业与区域经济系统必须协调发展，旅游业发展才会产生显著的经济效益，同时对区域经济起到应有的推动作用。

2. 过分依赖旅游业

旅游目的地过分依赖旅游业，造成目的地产业结构单一敏感，容易受到旅游需求变化的影响，不利于经济稳定和长足发展。例如，1990 年海湾危机，使对这一地区的旅游需求急剧下降，区域经济受到很大影响。

3. 通货膨胀和土地价格上升

旅游者往往能以较高价格购买商品，零售商为旅游者服务可以获得较高边际利润，他们可以通过提高价格转嫁给旅游者而支付较高的租金和税收，并获得高额利润。从而引起旅游目的地物价普遍抬升。旅游规划的实施对土地的需求加剧，宾馆、度假村、旅游设施的建设，会引起土地价格上升，增加土地拥有者的收入，但是本地居民由于土地价格上升不得不为租房增加开支。

17.4.3　评估方法

旅游规划实施的经济影响评估方法基本上有四种：盘存 / 预算法（Inventory/Budget Method）、投入产出分析（Input-output Analysis）、费用效益分析（Benefit-cost Analysis）、旅游乘数评估法（Tourism Multiplier Evaluation Method）。

1. 盘存 / 预算法

盘存是指企业、事业、行政机关等单位对实物、现金进行实地盘点和银行来往款项的核查，这种方法适用于对一个拟建项目、一个旅游企业或其他评估单位、整个旅游产业所创造的价值和所使用的资源总量进行总体评价。它既可以作为独立的方法使用，也可以用在投入产出分析中的第一阶段上，其主要包括永续盘存法和实地盘存法两种方式。

永续盘存法是指根据逐笔登记的各种材料收入和发出的数量，并随时结出账面结存数量进行经济评估的方法。

实地盘存法是指期末通过对材料进行实物盘点来确定期末材料结存数量，据以推算本期发出材料的数量。

2. 投入产出分析

使用矩阵代数来测算有多少产出可留作消费（需求）和有多少将再用于生产活动以获得最终净产出。因此，可以用一种投入产出模型来估算为满足某一水平的旅游需求所必需的收入、就业和生产的数量，也就是可以利用投入产出乘数来预测经济效益。

所谓投入产出乘数，是指在投入产出数学模型中起着乘数作用的那部分，$(1-A)^{-1}$，亦称里昂惕夫逆矩阵，或称完全需求系数矩阵。其实际的经济含义是：当最终产品每增加一个单位时，对旅游总产品的完全需求量。它的乘数作用和意义充分体现在投入产出模型中，即：

$$X=(1-A)^{-1Y} \tag{17-1}$$

式中　X——旅游总产品向量；

　　　Y——最终产品向量；

　　　A——直接消耗系数矩阵。

3. 费用效益分析法

这种方法最初用于对公共物品和服务开发项目的评价。计算公式为：

$$销售额 = \frac{（固定成本 + 预期利润）}{边际贡献}$$

在大多数情况下，尤其是在旅游与户外娱乐项目开发方面，由政府机构投资和运作的项目所产生的效益不能直接用市场价格衡量，成本却主要与政府的资本支出相联系。由于费用效益分析的焦点在于拟建项目的净收益，这种方法在分析经济效应时也就有一些局限。

4. 旅游乘数评估法

旅游乘数是用以测定单位旅游消费对旅游接待地区各种经济现象的影响程度的系数，通俗地说就是旅游带动系数。由于旅游业是一个关联产业，包括了食、住、行、游、购、娱等方面,具有跨行业的性质,因此,一般来讲,单位旅游消费越大,旅游带动系数越大,旅游乘数效应越高;反之,单位旅游消费越小,其旅游乘数效应越低。在这种评估方法中,一般计算三种乘数。

1)产出乘数

此乘数用以测定每单位的追加支出在经济体中产出的总支出(或销售量),用乘数系数表示。

2)收入乘数

此乘数用以描述追加支出与收入变动之间的关系。

$$旅游收入乘数 = \frac{(直接收入 + 间接收入 + 诱导收入)}{旅游消费总额}$$

3)就业乘数

此乘数用以描述追加支出与增加的直接和间接就业机会之间的关系,直接就业包括由旅游者支出或旅游投资所直接产生的实际就业岗位,如餐馆的就业岗位;而间接就业包括由餐馆雇员消费所创造的就业岗位。

17.5　旅游规划实施环境影响评估

17.5.1　环境影响评价

旅游目的地在规划建设中要坚持保护环境的原则,强调旅游生态化。旅游规划实施可能产生的环境效益包括:

第一,植被绿化美化。在各类道路、荒地、农林地、建筑地块加强植被培育和绿化,同时在花木种类、林相改造、植物景观等方面进行美化,培育良好的水源涵养性,产生"绿岛效应",对于区域小气候有明显的调节作用。

第二,生态物种保护。旅游规划地建成后可有效地保护珍稀动植物繁育,为濒危生物提供安全稳定的居所,保护和拯救珍稀物种,对于研究地球生命变迁和生态物种延续都有积极意义。

第三,生态景观化建设和生态维护效应兼顾。旅游规划实施中,对旅游地所拥有的生态资源,进行景观化改造,打造一系列标志性生态游览景观,同时严格遵守生态保护要求,降低旅游开发对生态的冲击和破坏,使之持续发展。

同时旅游规划实施对自然环境的潜在负面影响有以下方面:

第一，可能改变动植物的种群结构。由于破坏动物繁殖习性、猎杀动物使得动物被迫迁移，植被则可能因采集砍伐和践踏而遭破坏。

第二，旅游活动产生的生产、生活污水污染水源，车辆排放尾气污染空气，旅游交通运输和旅游活动产生噪声污染。

第三，旅游活动导致土壤板结、水土流失、增加地面滑坡的危险性、损害地质遗迹等，加快地下水、地表水的耗竭，增加发生火灾的危险性等。

第四，旅游行为活动对人文环境也有明显影响。旅游地与外界的交流，导致了旅游地社区生产、生活方式的改变。给地方传统文化，特别是民族文化形成巨大冲击，区域文化特征和文化多样性趋于淡化。

17.5.2　环境影响评估纲要和内容

旅游规划实施的环境影响评价大纲主要包括以下几个方面：① 总则（包括评价任务的由来、编制依据、控制污染和保护环境的目标、评价标准、评价项目及其工作等级与重点等）；② 建设项目概况及初步工程分析；③ 拟建项目地区环境简况；④ 建设项目工程分析的内容与方法，环境影响因素识别与评价因子筛选；⑤ 环境现状调查；⑥ 确定环境影响评价建设项目的环境影响技术方案、方法，明确环境影响评价的主要内容和评价重点；⑦ 环境影响评价的专题设置及实施方案；⑧ 评价工作成果清单，拟提出的结论和建议的内容；⑨ 评价工作组织、计划安排；⑩ 经费概算。

对旅游规划的环境影响评价内容主要分为规划实施前旅游环境影响评价和规划实施后环境影响评价两方面。

1. 旅游规划实施前

在旅游开发规划实施方案编制之前，旅游环境影响评价的主要内容有以下方面：① 旅游开发总体布局合理性分析。主要结合旅游地自然和环境条件，分析各种旅游功能分区的合理性。② 旅游开发土地利用生态适宜性分析。根据规划地的自然、社会和环境因素，分析各种土地类型对旅游开发活动的适宜性，由此评价区内用于旅游的各类土地利用的合理性。③ 旅游环境承载能力分析。通过分析区域自然环境因素及其特征，找出其中的限制因子，以确定区域环境对旅游开发活动强度和规模的可接受能力，分析改变环境承载能力的可能途径。④ 旅游开发活动环境影响预测与评价。预测与评价旅游开发活动对区内外大气、水、噪声及生态等环境的影响，并由此分析或制定旅游开发活动环境保护措施。⑤ 旅游环境管理体系规划。包括旅游项目区环境管理方针、环境管理机构的设置、项目区环境管理规划方案、环境监测系统规划等。

2. 旅游规划实施后

旅游规划方案的实施，将不同程度地对旅游环境产生影响，甚至导致旅游环境失衡。

因此，有必要建立区域旅游环境动态监测和事后影响评价制度。具体内容有：① 旅游环境现状调查与评价。摸清旅游区环境质量状况，对比环境质量标准，找出旅游环境存在的主要问题及产生这些环境问题的主要影响因子，同时就旅游环境目前承载状况做出评价。② 结合旅游环境的长期监测，利用遥感和地理信息系统技术，建立旅游环境地理信息系统，达到对旅游环境影响的动态评价和管理。③ 旅游环境管理体系评价。弄清现有管理体系和措施的实践效果、目前存在的问题及改善管理办法。

17.5.3　环境影响评估方法

1. 环境影响评价（EIA）

所谓环境影响评价（EIA，Environmental Impact Assessment），是指"对某项政策、项目、工程或活动对环境可能产生的影响进行严格的评估"。EIA 贯穿了从项目的提出到规划实施的环境影响分析，以及项目完成后的评价等一系列过程，并鼓励公众的咨询和参与。完整的环境影响评价，被界定为是"一种有关计划提案的安排、展示及评价的方法，其内容包括该计划在自然资源、经济条件、美学鉴赏、社会环境以及文化层次上的影响力，无论是直接的或间接的，都应加以评价"。

评价的内容应包括全部的负面影响（也包括获得的益处），涉及对生态系统的影响，对社区的影响，对地方的美学价值、游憩价值和科学价值的影响，对当地主要建筑物的影响，以及产生的废物的处置方式。此外 EIA 还应对计划中的开发所采用的环境管理系统的质量、范围和深度提出解决方案，理论上这些 EIA 所需的费用，应由开发商负责承担，因为它是在计划批准执行之前进行的，所以该项研究费用应该纳入前期的开发成本之中。EIA 通常是一个连续的过程，在不同的国家和地区，由于对所要解决的问题有不同的要求，参与 EIA 的角色组合各有差异，因此这个过程也不太一样，但整体程序大致一致（图 17-2）。

2. 环境影响陈述（EIS）

根据惯例，开发商必须编制一份专门的环境影响陈述（Environmental Impact Statements，EIS），它也是 EIA 过程中的成果之一。所谓 EIS 是指"一份由项目支持者起草的专门文件，该文件陈述的内容包括：所计划的活动或开发行动；该项目对环境产生的影响的可能性、概率性和必然性大小；可能替代方案的分析；提出某些环境管理程序，该程序中应该包括环境监测、项目后分析或审计以及项目建成后的环境恢复规划。"

EIS 的编制是一项专业任务，必须由具有该项业务资质的专门咨询机构或者由多个相关机构合作完成，在区域旅游开发规划中，这类陈述及其结论是重要的考虑因素和控制性指标。EIS 的设计思路是：针对环境有潜在危害的决策做全面科学的论证评价，并为公众和决策者尽可能提供合理的优选方案，以避免或减少对环境的负面影响，提高环境质量。

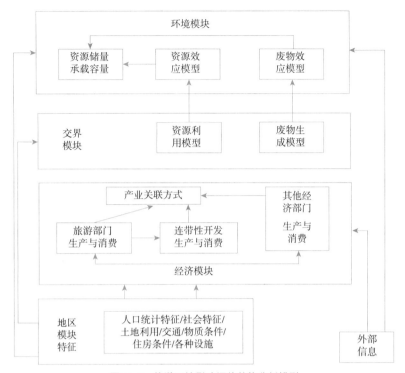

图17-2　旅游环境影响评价整体分析模型

3. 环境管理系统（EMS）

Middleton 等（1998 年）指出，环境管理系统（Environmental Management System，EMS）是旅游区现有的日常业务工作内容之一，也是用来显示政府或其他机构对涉及项目的环境保护、项目的环境影响或减少影响程度是控制能力的一个方式。具体的管理过程是通过环境审计等方式实现的，包括提出目标、可测定的指标、详细计划，以及一个监测与评价过程。在一些大型机构，EMS 可以作为正式的年度报告的一部分，以便向有关方面提供信息，在将来技术障碍得到克服的情况下，它还可以作为环境会计的一部分，出现在公司或政府的会计程序中。

旅游地的环境监测是指就游客的游憩活动对旅游地的生态环境所产生的影响进行跟踪观察、测定和分析。监测内容包括：旅游地环境本底调查；游憩活动对植被、野生动物、微生物、土壤、水质、空气质量等的影响；游憩利用量；游憩活动方式及其时空分布规律；各种环保措施的效应等监测的标准是国家有关景观娱乐场所大气、水体、噪声以及环境医学对人体健康、舒适度提出的质量标准。其中大气质量在风景区内可执行《环境空气质量标准》（GB 3095—2012）；水体质量采用《景观娱乐用水水质标准》（GB 12941—91）；噪声水平标准采用风景区域噪声标准等。

17.6　旅游规划实施社会文化影响评估

17.6.1　积极影响

1. 旅游规划实施改善了旅游目的地社会基础设施条件

旅游业是一项以旅游者为对象的服务性行业，一个最基本的标准就是让游客获得物质和精神上的享受。而游客要得到美好的精神享受，要以一定的物质基础为前提。因此，在旅游规划实施的过程中，需要加大对该区域公共基础设施的投入。公共基础设施属于社会公共产品，主要为社会大众服务，多属非营利性设施，投资额大，回收期长。公共基础设施主要靠政府的投入，在旅游规划与开发中，公共基础设施投入是旅游业发展的先导条件，交通、通信、电力供应、给水排水工程等基础设施建设可为旅游企业的发展铺平道路。同时，由于社会公共设施的服务对象是社会大众，因而本区域内的居民也会因此获得便利和满足感，促进地区和谐发展。

2. 旅游规划实施促进旅游地文化的发展和建设

旅游规划的实施促进了旅游地人与人的沟通交流，也有利于不同文化间的对话。这种文化效益具体表现在：① 陶冶情操，增强文明意识。旅游规划的实施，为广大民众提供了优质的休闲、疗养和旅游场所，有利于改善生活品质、转变生活方式、陶冶情操及增强文明意识。② 开展科普教育，增强生态意识。旅游规划区的生态环境质量较好，为人们提供了良好的生态教育场所，有利于促进科普教育，增强公众生态环保意识。③ 拓宽科研领域，提高科研水平。旅游地优越的自然资源和生态环境，为广大科研工作者提供了绝佳的开展生态保护、资源利用等方面科研的场所，有利于提升地区科研水平。

17.6.2　消极影响

1. 当地文化的过度商品化

由于发展旅游业的需要，很多民俗活动和传统节日庆典的举办都已被商品化。通常的表现是，这类活动不再按传统上的特定时间和特定地点举办，而是随时都会搬上"舞台"进行表演。而且，为了迎合旅游者的观看兴趣，活动内容常会被压缩，活动节奏会明显加快。所有这一切意味着，这些活动很大程度上已经失去了其传统上的意义和真正的文化价值。

此外，为了满足旅游者的购物需要，当地的很多手工艺品都会专用机器进行大批量生产，甚至粗制滥造，致使很多这类产品实际上已不再能反映其传统风格和制作技艺，这会使旅游目的地文化的形象和价值受到损害和贬低。

2. 文化迁移和摩擦

旅游规划的实施会导致文化采借、摩擦、潜移。在旅游发展过程中通常是强势文化吞没弱势文化。总的来看，旅游可能会导致文化的调和，从而使弱势特色文化消亡。当然，旅游者对于特色文化的偏好，又将成为保护弱势文化的力量。

17.6.3　社会文化影响评估方法

1. 旅游就业评估

该项指标评估主要是针对单位旅游消费给旅游接待地区带来的旅游就业率进行的，即旅游就业乘数。旅游就业乘数的计算公式为：

$$旅游就业乘数 = \frac{旅游拉动的全部就业}{直接就业}$$

民生问题是旅游的重大问题，因而旅游就业评估是旅游规划实施社会效益评估体系中至关重要的一个指标。旅游就业人数以及就业比率越高，旅游社会效益越好，反之，旅游就业人数以及就业比率越低，旅游社会效益越差。

2. 当地居民创收评估

当地居民创收这项评估指标是通过旅游规划实施后人均旅游收入增长指标来衡量的。该项指标主要受当地总人数和旅游创造的总收入影响，在人数既定的情况下，旅游创造的经济收入越高，人均旅游收入则越高，当地居民创收评估效果就越好。反之，旅游创造的经济收入越少，人均旅游收入越少，当地居民创收评估效果越差。计算公式为：

$$人均旅游收入增长率：r = \frac{(R_i - R_0)}{R_0} \times 100\%$$

其中　r——人均旅游收入增长率；

　　　R_i——第 i 期人均旅游收入；

　　　R_0——基期人均旅游收入。

3. 基础设施建设评估

基础设施建设具体表现为基础道路、电力电信、给排水、防灾防洪等工程的建设，其评估指标主要依据人均设施拥有量或占有量，在人数既定的情形下，基础设施建设工程量越大，人均设施拥有量或占有量越大，那么基础设施建设评估效果更好，反之，则更差。计算公式为：

$$人均设施拥有量 = \frac{总设施量}{地域范围内总人口数}$$

4. 文化设施建设评估

该项指标主要是通过人均文化设施面积来衡量。人均文化设施面积等于文化设施建设总面积除以总人数。文化设施建设主要包括旅游地博物馆、展览馆、歌剧院、影视城、娱乐城等的建设。人均文化设施面积越大，文化设施建设评估效益越好，旅游对当地文化效益贡献率越高。

$$人均文化设施面积 = \frac{文化设施总面积}{地域范围内总人口数}$$

5. 文化保护与传承评估

文化保护与传承评估是旅游文化评估的另一重要指标，该指标表现为旅游文化事业的投入，文物、非物质文化遗产规模与等级等。旅游文化事业的投入越大，文物、非物质文化遗产等级越高，文化保护与传承评估效果越好，其对旅游文化的促进作用越强。

附　录

旅游规划与设计案例（目录）①

扫码激活

一、旅游产业发展规划

导言

第一篇　综合分析

① 其余附录内容请登录"建工书院"平台下载阅览。

十、旅游景区创建提升规划

十一、旅游规划环境影响评价

十二、旅游项目策划报告

十三、景区游憩规划设计

图表来源

第 1 章

图 1-1~图 1-4　作者自绘.

表 1-1　作者自绘.

第 2 章

图 2-1　作者自绘.

第 3 章

图 3-1~图 3-4　作者自绘.

图 3-5　保继刚，楚义芳，等. 旅游地理学 [M]. 北京：高等教育出版社，1999.

图 3-6~图 3-8　作者自绘.

表 3-1~表 3-6　作者自绘.

表 3-7　根据国家标准《旅游资源分类、调查与评价》GB/T 18972—2017 表 1 制作.

表 3-8~表 3-10　作者自绘.

第 4 章

表 4-1、表 4-2　作者自绘.

第 5 章

表 5-1　作者自绘.

第 6 章

图 6-1　改绘自：Stephen L. J. Smith .The Tourism Product[J]. Annals of tourism research，1994，21（3）：582–595.

图 6-2　改绘自：Butler.R.W. The Concept of a Tourist Area Cycle of Evolution：implications for Management of Resources，Canadian Geographer[J]，1980，24（1）：5–12.

表 6-1　改绘自：Stephen L. J. Smith .The Tourism Product[J]. Annals of tourism research，1994，21（3）：582–595.

表 6-2~表 6-4　作者自绘.

表 6-5　改绘自：简王华：旅游规划与开发 [M]. 武汉：华中师范大学出版社，2006.

表 6-6　作者自绘.

第 7 章

图 7-1　作者自绘 .

表 7-1　引自：付业勤，郑向敏 . 国内工业旅游发展研究 [J]. 旅游研究，2012，4（3）：72-78.

第 8 章

图 8-1 ~ 图 8-16　作者自绘 .

图 8-17、图 8-18　改绘自：李德华 . 城市规划原理 [M]. 3 版 . 北京：中国建筑工业出版社，2001.

图 8-19、图 8-20　改绘自：戴慎志 . 城市工程系统规划 [M]. 2 版 . 北京：中国建筑工业出版社，
　　　　　　　　　2008.

图 8-21、图 8-22　改绘自：戴慎志 . 城市系统规划 [M]. 3 版 . 北京：中国建筑工业出版社，2015.

图 8-23　作者自绘 .

表 8-1 ~ 表 8-5　作者自绘 .

表 8-6　改绘自：中华人民共和国住房和城乡建设部 . 饮食健康设计标准：JGJ 64—2017 [S]. 北
　　　京：中国建筑工业出版社，2018.

表 8-7 ~ 表 8-9　作者自绘 .

表 8-10　改绘自：National Park Service Interactive Design Center Wayside Exhibits Users Guide，1997.

表 8-11、表 8-12　改绘自：中华人民共和国住房和城乡建设部 . 城市道路工程设计法规范：CJJ
　　　　　　　　　37—2012 [S]. 北京：中国建筑工业出版社，2012.

表 8-13 ~ 表 8-16　作者自绘 .

表 8-17　改绘自：中华人民共和国住房和城乡建设部 . 风景名胜区详细规划标准：GB/T 51294—
　　　　2018 [S]. 北京：中国建筑工业出版社，2018.

表 8-18　作者自绘 .

表 8-19　改绘自：中华人民共和国住房和城乡建设部，等 . 风景名胜区总体规划标准：GB/T
　　　　50298—2018 [S]. 北京：中国建筑工业出版社，2018.

表 8-20　改绘自：国家环境保护总局 . 地表水环境质量标准：GB 3838—2002[S]. 北京：中国建筑
　　　　工业出版社，2002.

表 8-21 ~ 表 8-26　作者自绘 .

表 8-27　改绘自：中华人民共和国住房和城乡建设部，等 . 内河通航标准：GB 50139—2014 [S].
　　　　北京：中国建筑工业出版社，2014.

表 8-28　改绘自：中华人民共和国建设部，等 . 城市用地竖向规划规范：CJJ 83—99 [S]. 北京：
　　　　中国建筑工业出版社，1999.

表 8-29、表 8-30　作者自绘 .

第 9 章

图 9-1　作者自绘 .

表 9-1　根据《城市规划编制办法》整理而成 .

表 9-2 ~ 表 9-5　作者自绘 .

表 9-6　改绘自：国家技术监督局，中华人民共和国建设部 . 城市道路交通规划设计规范：GB
　　　50220—95 [S]. 北京：中国建筑工业出版社，1995.

表 9-7、表 9-8　作者自绘 .

第 10 章

图 10-1 ~ 图 10-4　作者自绘 .

表 10-1 ~ 表 10-13　作者自绘 .

第 11 章

图 11-1　改绘自：钱健，宋雷. 建筑外环境设计 [M]. 上海：同济大学出版社，2001.

图 11-2~图 11-6　作者自绘.

表 11-1　作者自绘.

表 11-2　改绘自：中华人民和共和国住房和城乡建设部. 公园设计规范：GB 51192—2016 [S]. 北京：中国建筑工业出版社，2016.

表 11-3~表 11-7　作者自绘.

第 12 章

图 12-1~图 12-5　改绘自：吴为廉，潘肖澎. 旅游康体游憩设施设计与管 [M]. 北京：中国建筑工业出版社，1999.

图 12-6~图 12-45　改绘自：福格. 公园游憩设施与场地规划导则 [M]. 吴承照，郑娟娟译. 北京：中国建筑工业出版社，2016.

表 12-1~表 12-4　作者自绘.

表 12-5　改绘自：福格. 公园游憩设施与场地规划导则 [M]. 吴承照，郑娟娟译. 北京：中国建筑工业出版社，2016.

表 12-6~表 12-8　作者自绘.

第 13 章

图 13-1~图 13-3　作者自绘.

表 13-1~表 13-8　作者自绘.

第 14 章

图 14-1　作者自绘.

表 14-1~表 14-7　作者自绘.

第 15 章

图 15-1~图 15-3　作者自绘.

图 15-4　改绘自：娄晓凤. 自媒体时代旅游目的地危机管理研究 [D]. 厦门：华侨大学，2013.

图 15-5、图 15-6　作者自绘.

表 15-1　作者自绘.

表 15-2　改绘自：旅游与环境编写组. 旅游与环境 [M]. 北京：中国环境科学出版社，1986，作者自绘.

表 15-3　改绘自：保继刚，楚义芳. 旅游地理学 [M]. 北京：高等教育出版社，1999.

表 15-4　改绘自：刘殿生. 资源与环境综合承载力分析 [J]. 环境科学研究，1995(5)：7-12.

表 15-5　作者自绘.

第 16 章

无

第 17 章

图 17-1、图 17-2　作者自绘.

主要参考文献

[1] 谭纵波.城市规划 [M].北京：清华大学出版社，2005.

[2] 吴志强，等.城市规划原理 [M].4 版.北京：中国建筑工业出版社，2010.

[3] 马耀峰，严艳，魏峰群.旅游规划 [M].北京：中国人民大学出版社，2011.

[4] 冯学钢.旅游规划 [M].上海：华东师范大学出版社，2017.

[5] 张凌云.旅游规划理论与实践 [M].北京：清华大学出版社，2012.

[6] 保继刚，等.旅游规划案例 [M].广州：广东旅游出版社，2003.

[7] 肖星.旅游策划教程 [M].广州：华南理工大学出版社，2005.

[8] 蒋三庚.旅游策划 [M].北京：首都经济贸易大学出版社，2002.

[9] 邹统钎.旅游景区开发与管理 [M].北京：清华大学出版社，2004.

[10] 曹诗图.旅游开发与规划 [M].湖北：武汉大学出版社，2007.

[11] 杨振之.旅游资源开发与规划 [M].成都：四川大学出版社，2002.

[12] 马勇，李玺.旅游规划与开发 [M].北京：高等教育出版社，2002.

[13] 陈兴中，方海川，汪明林.旅游资源开发与规划 [M].北京：科学出版社，2005.

[14] 张伟强，陈文君.旅游规划原理 [M].广州：华南理工大学出版社，2005.

[15] 赵黎明，黄安民.旅游规划教程 [M].北京：科学出版社，2005.

[16] 陈家刚.旅游规划与开发·理论·案例 [M].天津：南开大学出版社，2005.

[17] 辛建荣.旅游区规划与管理 [M].天津：南开大学出版社，2005.

[18] 黄羊山.旅游规划原理 [M].南京：东南大学出版社，2004.

[19] 龚绍芳.旅游规划与开发 [M].郑州：郑州大学出版社，2007.

[20] 吴必虎.区域旅游规划原理 [M].北京：中国旅游出版社，2001.

[21] 金华，王丽华.旅游规划学 [M].大连：东北财经大学出版社，2003.

[22] 简王华.旅游规划与开发 [M].武汉：华中师范大学出版社，2006.

[23] 李家清.旅游开发与规划 [M].武汉：华中师范大学出版社，2000.

[24] 王艳平，郭舒.旅游规划学 [M].北京：中国旅游出版社，2007.

[25] 沈祖祥.旅游策划——理论、方法与定制化原创样本 [M].上海：复旦大学出版社，2007.

[26] 吴志强，吴承照.城市旅游规划原理 [M].北京：中国建筑工业出版社，2005.

[27] 黄翔.旅游节庆策划与营销研究 [M].天津：南开大学出版社，2008.

[28] 明庆忠，李庆雷．旅游规划教程 [M]．天津：南开大学出版社，2006．

[29] Gunn C. A，Turgut Var. Tourism Planning： Basics Concepts Cases[M]. 4th ed. New York：Routledge，2002．

[30] Mill R. C，A Morrison. The Tourism System[M]. Englewood Cliffs，NJ：Prentice Hall，1985．

[31] 廖培．旅游规划方案评价的理论与技术研究 [M]．成都：四川大学出版社，2016．

[32] 唐代剑．旅游规划原理 [M]．杭州：浙江大学出版社，2005．

[33] 王春利，窦群．旅游规划与开发 [M]．北京：首都经济贸易大学出版社，2008．

[34] 苏东水．产业经济学 [M]．北京：高等教育出版社，2010．

[35] 马勇，等．旅游规划与开发 [M]．北京：高等教育出版社，2012．

[36] 吴国清．旅游规划原理 [M]．北京：旅游教育出版社，2010．

[37] 王庆生．旅游规划与开发 [M]．上海：中国铁道出版社，2016．

[38] 陶慧，等．旅游规划与开发：理论、实务与案例 [M]．北京：中国经济出版社，2014．

[39] 冯学钢，吴文智，于秋阳．旅游规划 [M]．上海：华东师范大学出版社，2011．

[40] 王德刚．旅游规划与开发 [M]．北京：中国旅游出版社，2017．

[41] 甘枝茂，马耀峰．旅游资源与开发 [M]．天津：南开大学出版社，2000：30–43．

[42] 国家质量监督检验检疫总局．旅游规划通则：GB/T 18971—2003[S]．北京：中国标准出版社，2003．

[43] 李天元．旅游学 [M]．北京：高等教育出版社，2002．

[44] 林南枝，旅游市场学 [M]．天津：南开大学出版社，2000．

[45] 马耀峰，宋保平，赵振斌．旅游资源开发 [M]．北京：科学出版社，2005．

[46] 王衍用，殷平．旅游规划与开发 [M]．北京：北京大学出版社，2007．

[47] 谢彦君．基础旅游学 [M]．北京：中国旅游出版社，2004．

[48] 张林，等．旅游地理学 [M]．天津：南开大学出版社，2007．

[49] 邹统钎．旅游开发与规划 [M]．广州：广东旅游出版社，1999．

[50] 王德刚．旅游学概论 [M]．北京：清华大出版社，2012：79．

[51] 程道品，伍进．旅游市场营销学 [M]．北京：北京大学出版社，2009．

[52] 马勇．旅游市场营销管理 [M]．大连：东北财经大学出版社，2002．

[53] 菲利普·科特勒，等．旅游市场营销 [M]. 4 版．谢彦君，梁春娟，译注．大连：东北财经大学出版社，2006．

[54] 杨桂华，陶犁．旅游资源与开发 [M]．昆明：云南大学出版社，2010．

[55] 张婷．旅游市场营销 [M]．上海：华南理工大学出版社，2008．

[56] 李天元．中国旅游可持续发展研究 [M]．天津：南开大学出版社，2004．

[57] 马勇，王春雷．旅游市场营销管理 [M]．广州：广东旅游出版社，2003．

[58] 马勇，周霄．WTO 与中国旅游产业发展新论 [M]．北京：科学出版社，2003．

[59] 马勇，周霄．旅游学概论 [M]．北京：旅游教育出版社，2004．

[60] 马勇．旅游经济管理 [M]．天津：南开大学出版社，1999．

[61] 马勇．旅游学概论 [M]．北京：高等教育出版社，1999．

[62] 李小建．经济地理学 [M]．北京：高等教育出版社，1999．

[63] 陈才．区域经济地理学 [M]．北京：科学出版社，2001．

[64] 杨爱华，苗长川．旅游经济学 [M]．北京：清华大学出版社，2009．

[65] 李辉作．旅游经济学 [M]．北京：电子工业出版社，2009．

[66] 王兴斌.旅游产业规划指南 [M].北京：中国旅游出版社，2000.

[67] 朱沁夫.旅游经济学 [M].长沙：湖南大学出版社，2005.

[68] 田里，牟红.旅游经济学 [M].北京：清华大学出版社，2007.

[69] Pearce Douglas. Tourist Development： Two Processes. Travel Research[J]. Journal of Travel Research，1978（1）：43–51.

[70] Pearce Douglas. Tourism Today： A Geographical Analysis[M]. Second Edition. London： Longman Scientific & Technical Press，1995.

[71] Pearce Douglas. Tourist Development： A Geographical Analysis [M]. London： Longman Press，1995.

[72] Landgren J. O. J. Tourist Impact on Island Entrepreneurship in the Caribbean [C]. Conference Paper Quoted in Mathieson，1973.

[73] Gorsen E. The Spatio–Temporal Development of Intemational Tourism：Attempt at a Center Periphery Model[Z]. In a Consummation Tourism Preservation，Chet，Aix–en–Provence，1981.

[74] 马勇，李玺，李娟文.旅游规划与开发 [M].北京：科学出版社，2002.

[75] 马勇，李玺.旅游规划与开发 [M].2 版.北京：高等教育出版社，2006.

[76] 全华，王丽华.旅游规划学 [M].大连：东北财经大学出版社，2003.

[77] 卞显红，王苏洁.长江三角洲城市旅游空间一体化分析及其联合发展战略 [M].北京：经济科学出版社，2006.

[78] 爱德华·因斯克普，马克·科伦伯格.旅游度假区的综合开发模式 [M].国家旅游局人教司，译.北京：中国旅游出版社，1993.

[79] 张京祥，罗震东.中国当代城乡规划思潮 [M].南京：东南大学出版社，2013.

[80] 周作明，卢玉平.旅游规划学 [M].北京：旅游教育出版社，2008.

[81] 陆玉麒.区域发展中的空间结构研究 [M].南京：南京师范大学出版社，1998.

[82] Mediik S. Managing Tourism[M]. London： Butterworth–Heinemann Ltd，1991.

[83] Middleton V. T. C，Hawkins R. Sustainable Tourism：A Marketing Perspective [M]. London： Butterworth–Heinemann，1998.

[84] 魏小安.旅游发展与管理 [M].北京：旅游教育出版社，1996.

[85] 魏小安.旅游目的地发展实证研究 [M].北京：中国旅游出版社，2002.

[86] 陶汉军，林南枝.旅游经济学 [M].上海：上海人民出版社，1995.

[87] 杨时进，江新懋.旅游概论 [M].北京：中国旅游出版社，1983.

[88] 林南枝.旅游市场学 [M].天津：南开大学出版社，1995.

[89] 杜江，向萍.旅行社经营管理 [M].上海：同济大学出版社，1990.

[90] 施涵蕴.旅游饭店市场营销 [M].北京：中国华侨出版公司，1990.

[91] 迟景才.改革开放 20 年旅游经济探索 [M].广东：广东旅游出版社，1998.

[92] 迟景才.旅游经济探索 [M].广东：广东旅游出版社，1998.

[93] 陈传康，保继刚.北京旅游地理 [M].北京：中国旅游出版社，1989 .

[94] 罗明义.旅游经济学 [M].天津：南开大学出版社，2005.

[95] 明庆忠.旅游地规划 [M].北京：科学出版社，2003.

[96] 史密斯.游憩地理学：理论与方法 [M].北京：高等教育出版社，1992.

[97] 世界旅游组织.国家和区域旅游规划方法与实例分析 [M].北京：电子工业出版社，2004.

[98] 王庆生.旅游区规划研究 [M].西安：西安地图出版社，2000.

[99] 吴人韦.旅游规划原理 [M]. 北京：旅游教育出版社，1999.

[100] 孙施文.现代城市规划理论 [M]. 北京：中国建筑工业出版社，2007.

[101] 同济大学.城市规划原理 [M]. 2 版.北京：中国建筑工业出版社，1991.

[102] 魏小安，刘赵平，张树民.中国旅游业新世纪发展大趋势 [M]. 广州：广东旅游出版社，1999.

[103] 唐代剑，池静.中国乡村旅游开发与管理 [M]. 杭州：浙江大学出版社，2005.

[104] 孙钢.旅游经济新论 [M]. 北京：中国旅游出版社，1997.

[105] 马勇，舒伯阳.区域旅游规划理论，方法，案例 [M]. 天津：南开大学出版社，1999.

[106] 王德刚，田芸.工业旅游开发研究 [M]. 山东：山东大学出版社，2008.

[107] 杨炯鑫，殷红梅.乡村旅游开发及规划实践 [M]. 贵阳：贵州科技出版社，2007.

[108] 武彬，龚玉和.旅游策划文化创意 [M]. 北京：中国经济出版社，2007.

[109] 魏敏.旅游资源规划与开发 [M]. 北京：清华大学出版社，2017.

[110] 郭英.高尔夫球场与环境保护 [M]// 汪贵生，骆耀南，四川省旅游地学研究会.旅游地学研究与旅游资源开发 [M]. 成都：四川科学技术出版社，1995：217–220.

[111] 周玲强.旅游景区经营管理 [M]. 杭州：浙江大学出版社，2006.

[112] 马勇，李玺.旅游景区规划与项目设计 [M]. 北京：中国旅游出版社，2008.

[113] 董靓.旅游景区规划设计 [M]. 北京：中国建筑工业出版社，2017.

[114] 吴忠军.旅游景区规划与开发 [M]. 北京：高等教育出版社，2003.

[115] 李庆雷，明庆忠.旅游规划：技术与方法，理论·案例 [M]. 天津：南开大学出版社，2008.

[116] 杨振之，张志亮，李玉琴.系统科学视野下的世界级旅游目的地可持续发展研究 [M]. 北京：社会科学文献出版社，2014.

[117] 原群.旅游规划与策划：创新与思辨 [M]. 北京：旅游教育出版社，2014.

[118] 田应华.旅游社会学概论 [M]. 北京：中国物资出版社，2011.

[119] 保继刚.旅游区规划与策划案例 [M]. 广州：广东旅游出版社，2005.

[120] 克莱尔·A. 冈恩，特格特·瓦尔.旅游规划理论与案例 [M]. 吴必虎，关冬青，党宁，译.大连：东北财经大学出版社，2005.

[121] 李文，吴妍.风景区规划 [M]. 北京：中国林业出版社，2018.

[122] 吴殿廷.旅游开发与规划 [M]. 北京：北京师范大学出版社，2010.

[123] 保继刚，楚义芳.旅游地理学 [M]. 北京：高等教育出版社，1999.

[124] 杨振之，周坤.旅游策划理论与实务 [M]. 武汉：华中科技大学出版社，2019.

[125] 阳建强.详细规划 [M]. 北京：中国建筑工业出版社，2016.

[126] 王希亮.园林绿化工任职晋级必读 [M]. 北京：中国建筑工业出版社，2011.

[127] 曾艳，王植芳，陈丽，等.风景园林艺术原理 [M]. 天津：天津大学出版社，2015.

[128] 崔莉.旅游景观设计 [M]. 北京：旅游教育出版社，2008.

[129] 吕志强.景观设计概论 [M]. 北京：中国轻工业出版社，2006.

[130] 檀文迪，高一帆.景观设计 [M]. 北京：清华大学出版社，2015.

[131] 赵良.景观设计 [M]. 武汉：华中科技大学出版社，2009.

[132] 孙青丽，李抒音.景观设计概论 [M]. 天津：南开大学出版社，2016.

[133] 韩杰.旅游地理学 [M]. 大连：东北财经大学出版社，2002.

[134] 刘福智，等.园林景观规划与设计 [M]. 北京：机械工业出版社，2007.

[135] 邓涛.旅游区景观设计原理 [M]. 北京：中国建筑工业出版社，2007.

[136] 丁绍刚，等 . 风景园林概论 [M]. 北京：中国建筑工业出版社，2008.

[137] 邱扶东 . 旅游心理学 [M]. 台北：立信会计出版社，2003.

[138] 胡先祥 . 景观规划设计 [M]. 北京：机械工业出版社，2008.

[139] 董晓华，等 . 园林规划设计 [M]. 北京：高等教育出版社，2011.

[140] 汤晓敏，王云 . 景观艺术学——景观要素与艺术原理 [M]. 上海：上海交通大学出版社，
2009.

[141] 乔治·E·福格 . 公园游憩设施与场地规划导则 [M]. 吴承照，郑娟娟，译 . 北京：中国建筑
工业出版社，2016.

[142] 曼纽尔·鲍德 – 博拉，弗雷德·劳森等 . 旅游与游憩规划设计手册 [M]. 唐子颖，吴必虎
等译 . 北京：中国建筑工业出版社，2004.

[143] 吴为廉，潘肖澎 . 旅游康体游憩设施设计与管理 [M]. 北京：中国建筑工业出版社，2000.

[144] 葛全胜，宁志中，刘浩龙 . 旅游景区设施设计与管理 [M]. 北京：中国旅游出版社，2009.

[145] 杰奎因·阿尔瓦多·巴侬，克里斯桑·安德拉什，潘有才 . 旅游基础设施 [M]. 张安凤，译 . 桂
林：广西师范大学出版社，2018.

[146] 尹隽 . 旅游目的地形象策划 [M]. 北京：中国邮电出版社，2006.

[147] 张朝枝 . 目的地市场营销与管理：理论与实践 [M]. 北京：中国旅游出版社，2014.

[148] 黄安民 . 旅游目的地管理 [M]. 武汉：华中科技大学出版社，2016.

[149] 姜若愚，刘奕文 . 旅游投资与管理 [M]. 昆明：云南大学出版社，2007.

[150] 林越英 . 旅游环境保护概论 [M]. 北京：旅游教育出版社，1999.

[151] 王昕，张海龙 . 旅游目的地管理 [M]. 北京：中国旅游出版社，2019.

[152] 吴必虎，柴彦威 . 区域旅游开发与管理 [M]. 北京：海洋出版社，1998.

[153] 魏敏 . 旅游规划：理论·实践·方法 [M]. 大连：东北财经大学出版社，2010.

[154] 徐德宽，马波，等 . 区域旅游开发的理论与实践 [M]. 南京：江苏人民出版社，1996.

[155] 徐虹，路科 . 旅游目的地管理 [M]. 天津：南开大学出版社 .2015.

[156] 谢彦君 . 基础旅游学 [M]. 北京：中国旅游出版社，1999.

[157] 颜文洪，张朝枝 . 旅游环境学 [M]. 北京：科学出版社，2005.

[158] 杨美霞，等 . 旅游环境管理 [M]. 长沙：湖南大学出版社，2007.

[159] 张红 . 旅游业管理 [M]. 北京：科学出版社，2006.

[160] 邹统钎 . 旅游目的地开发与管理 [M]. 天津：南开大学出版社，2015.

[161] 邹统钎 . 旅游目的地管理 [M]. 北京：高等教育出版社，2019.

[162] 后东升，樊丽丽 . 旅游学概论 [M]. 咸阳：西北农林科技大学出版社，2007.

[163] 臧良运 . 旅游学概论 [M]. 北京：电子工业出版社，2009.

[164] 张超广 . 旅游学概论 [M]. 北京：冶金工业出版社，2008.

[165] 李云霞，李洁，董立昆 . 旅游学概论：理论与案例 [M]. 北京：高等教育出版社，2008.

[166] 李宏 . 旅游目的地新媒体营销：策略、方法与案例 [M]. 北京：旅游教育出版社，2014.

[167] 李雪松 . 旅游目的地管理 [M]. 北京：中国旅游出版社，2017.

[168] 王晨光 . 旅游目的地营销 [M]. 北京：经济科技出版社，2005.

[169] 邹统钎 . 旅游目的地营销 [M]. 北京：经济管理出版社，2012.

[170] 陆林 . 旅游规划原理 [M]. 北京：高等教育出版社，2005.

[171] 吴必虎，俞曦，严琳 . 城市旅游规划研究与实施评估 [M]. 北京：中国旅游出版社，2010.

[172] 张凌云 . 旅游规划：一种综合可持续的开发方法 [M]. 北京：旅游教育出版社，2004.

后 记

　　回顾本人的求学治学历程，从工程勘察到建筑学，从人文地理到城乡规划，从文化遗产到旅游规划，经过多年的工作和学习，职业身份也从城市规划师转变为高校教师，因而对于不同学科知识的理解虽不能"务于精熟"，但也算"观其大略"。我私下以为，这种较为开放的视野有利于拉开距离、变换视角、集成要素，"繁复多元"的思维习惯可能更适合旅游规划教学与科研工作的开展。本教材的编排也反映出个人多年围绕规划设计所进行的阅读、实践和思考。旅游规划涉及城乡规划、产业发展、文化地理、景观设计等诸多学科，尤其是面对具体的旅游规划项目，设计团队每每感觉缺乏一本概览全局的通识教材和行之有效的设计手册。因此，多年来一直有一个强烈的冲动去编撰一本"学以致用"的旅游规划与设计教材。所以，本教材在内容和体例上都努力贯彻通识教材兼实践手册二合一的初心，希望尽可能达成"学用结合、知行合一"的目的。

　　本教材第 1、2、9、10 和 13 章由魏峰群负责，第 3、4、5、6 和 7 章由李振亭负责，第 8 章由刘新颜负责，第 11 和 12 章由孙碧琛负责，第 14、15、16 和 17 章由吴冰负责，线上资源由郑海博负责，全书由魏峰群统稿。参与本书编撰、绘图、校对、数字资源汇集等工作的还有赵晶雪、林碧霞、李星周、韩丽颖、杨蕾洁、马文硕、李文瑞、康莉、贾榕榕、马瑛、邢白雪、张昕和王宏宇等硕士研究生。

　　在本教材的编撰过程中，得到了陕西师范大学、西安建筑科技大学、长安大学、西北大学、北京林业大学、陕西省城乡规划设计研究院、西安建大城市规划设计研究院等单位的设计师和学者们的技术支持与帮助，在此深表谢意。同时，由衷感谢中国建筑工业出版社编辑的辛勤工作和鼎力支持。

　　最后，致谢教材中所有引用和参考的书籍文献，是它们真正启悟了灵感，汇聚成就了本书。借用所谓"原书是圣典，译者是信徒"，作为编者深有自知之明，谨致谢忱！

魏峰群

2021 年 11 月 17 日于西安雁塔